OEUVRES

COMPLÈTES

DE PIGAULT-LEBRUN.

TOME XIX.

ADÉLAIDE DE MÉRAN.

DE L'IMPRIMERIE DE FIRMIN DIDOT.

OEUVRES

COMPLÈTES

DE PIGAULT-LEBRUN.

TOME DIX-NEUVIÈME.

A PARIS,

CHEZ J.-N. BARBA, LIBRAIRE,

ÉDITEUR DES OEUVRES DE M. PICARD ET DE M. ALEX. DUVAL,
PALAIS-ROYAL, N° 51, DERRIÈRE LE THÉATRE-FRANÇAIS.

1824.

ADÉLAÏDE DE MÉRAN.

CHAPITRE PREMIER.

INTRODUCTION.

Tu m'as quittée, toi, qui partageas seize ans les jeux de mon enfance ! tu m'as quittée pour un mari ! Je ne sais rien du mariage ; mais il me semble impossible que personne remplace dans ton cœur une amie telle que moi. On peut penser auprès de son époux ; mais retrouve-t-on avec lui ces doux épanchements, ces saillies heureuses, ces traits de gaieté qui faisaient le charme de notre vie ? Tu ne le crois pas, puisque tu veux que je t'écrive comme je te parlais ; ton mari ne te suffit pas, puisque tu éprouves le besoin de me lire. Je t'avoue franchement que ton absence me cause un vide affreux, et que t'écrire, c'est soulager mon cœur. Je t'écrirai donc ; je t'écrirai tout, mes actions, mes pensées, et je t'adresserai mes cahiers à mesure que je les remplirai.

Tu trouveras dans ce début une teinte de mélancolie qui ne m'est pas naturelle, et que je ne peux attribuer qu'à notre séparation. Je la surmonterai, car que peut-elle contre un mal sans remède? elle te rendrait moins heureuse, si ton mari possède ton cœur; elle t'affligerait davantage, si tu ne goûtais pas avec lui les douceurs de l'amour, de cet amour dont nous avons si souvent parlé, sans le connaître, et que je ne connais pas davantage aujourd'hui.

L'intérieur de cette maison est ce qu'il était quand tu nous a quittés. Mon père souffre toujours de la nécessité de vivre au fond d'une province, confondu avec quelques propriétaires, qui prennent avec lui un ton d'égalité qui le choque, et dont la fortune rapide lui paraît blesser les principes rigides dont il a toujours fait profession. Il regrette le temps, où, entouré de complaisans et de valets, chamarré d'or et de cordons, il allait chercher des humiliations à la cour. Il se plaint toujours des Anglais, qui ont sacrifié, à Quiberon, l'élite de la noblesse française. Il leur impute la perte de ses meilleurs amis et des trois quarts de sa fortune. Tout cela peut être très-vrai, son ressentiment peut être légitime; mais moi, qui n'ai pas vu cette pompe, ces grandeurs, et qui n'ai rien à regretter, je conçois qu'on puisse oublier le passé, et se trouver heureux du présent, entre une épouse attentive et prévenante, et une fille tendre et soumise. Qu'importe qu'on ait eu cent mille écus de rente, lorsqu'ils sont perdus sans retour, et que, de cette immense fortune, il reste encore une terre qui produit au-delà de nos besoins ? Ma mère, tu le sais, administre sa maison avec une économie qui n'est pas sans dignité, et qui permet de mettre tous les ans quelque chose en réserve. Que de motifs de consolation pour mon père ! que de raisons pour moi d'être satisfaite de mon sort !

M. de Méran continue à me traiter comme un enfant. Il ne me marque aucune confiance; il ne parle de ses affaires à ma mère que lorsque je suis absente. J'ai cependant seize ans, et il sait combien je lui suis attachée. Mais il m'a vu naître, grandir; il a contracté l'habitude de me voir telle que j'ai été long-temps, et de me traiter en conséquence. Cette espèce de bizarrerie n'influe en rien sur ses sentiments pour moi : c'est un excellent père, quoiqu'il s'épargne la peine, ou se prive du plaisir de le paraître. Ma bonne mère s'efforce de me dédommager de cette réserve austère, et elle y réussit à peu près.

Nous avons, depuis quelques jours, le propriétaire de très-beaux herbages, qui touchent à notre parc, et qui s'étendent jusqu'aux portes d'Argentan. M. Rigaud est un bonhomme, qui rit facilement, qui a de l'esprit naturel, pas la moindre prétention, et qui, en deux ou trois visites, a plu à mon père, à un tel point, qu'il est presque commensal du château.

Voici comment il a réussi auprès de M. de Méran. Il a demandé la permission de lui offrir son *hommage respectueux* par une lettre assez bien tournée, et si remplie d'égards, que les portes lui ont été ouvertes aussitôt. Il s'est présenté avec aisance, mais avec une politesse et des marques de déférence qui ont disposé en sa faveur. Il a constamment refusé un fauteuil, que ma mère avait fait avancer près de celui de M. de Méran ; il a pris une chaise, a parlé peu, n'a jamais interrompu, et a laissé entrevoir, pour l'ancienne noblesse, une estime, une considération qui lui ont concilié tout-à-fait les bonnes graces de M. de Méran.

Mon père lui a proposé une partie d'échecs, honneur qu'il n'a fait encore à aucun de nos voisins. M. Rigaud a accepté par une profonde inclination. Il a perdu trois ou quatre parties de suite, et cette manière n'est pas la plus mauvaise de bien faire sa cour. Il a déclaré qu'il s'avouait vaincu, et que, pour acquérir une certaine force à ce jeu, il faut avoir été officier-général : il a été prié à dîner pour le lendemain.

Je n'ai plus à te parler que de Jules, instigateur, inventeur, coopérateur de nos jeux enfantins. Il y a trois ans, je sautais, je courais, je folâtrais avec lui. Maintenant sa taille, son air, ses vingt ans, m'inspirent une réserve que je condamne, mais que je ne saurais vaincre. C'est surtout lorsque je suis seule avec lui, que je sens combien tu m'étais nécessaire, et quelle est l'importance de la perte que j'ai faite. Je te disais tout, et souvent je ne trouve pas un mot auprès de Jules. Il est aussi silencieux que moi. Nous marchons l'un à côté de l'autre; nous faisons dix fois le tour du parc; nous rentrons sans avoir parlé de toi, ni de nous, et nous appelons cela nous être promenés.

Hier, mon père a reçu une lettre de l'oncle de Jules, M. d'Estouville. Il est rentré dans la totalité de ses biens. Il remercie M. de Méran des soins qu'il a donnés à l'éducation de son neveu, et il le prie de lui envoyer le jeune homme à Paris, où il se propose de lui donner un état conforme à sa naissance. Mon père a lu la lettre à haute voix, et je ne sais pourquoi M. d'Estouville m'a déplu pour la première fois.

Tu n'as pas oublié que le marquis de Courcelles, père de Jules, était l'ami intime du mien; qu'il a été tué à Quiberon, à côté de M. de Méran, et qu'il l'a conjuré, en mourant, d'avoir soin de son fils. Mon père l'a promis, et tu sais avec quelle scrupuleuse exactitude il a rempli cet engagement. Par la volonté de M. de Courcelles, par une suite de soins tendres et soutenus, M. de Méran est devenu le second père de Jules, et je ne crois pas que personne ait le droit de lui ôter son pupille. Je conçois que M. d'Estouville, jouissant aujourd'hui d'une grande fortune, se conduise en homme délicat ; mais je crois qu'il aurait tort d'insister, et qu'il doit laisser à mon père la satisfaction de jouir de ses bienfaits. Qu'il fasse une pension à son neveu ; qu'elle soit considérable ; il le peut, puisqu'il n'a point d'enfans ; mais qu'il laisse Jules dans une maison qui, depuis quinze ans, est la sienne ; où il a ses habitudes, ses plaisirs ; dont il n'a jamais pensé à s'éloigner, et que les propositions de son oncle semblent lui rendre plus chère. Il a pâli, rougi, pendant que mon père lisait ; son grand œil bleu se portait, d'un air suppliant, sur ma mère et sur moi. Je ne peux rien, et ma mère bien peu de chose. Le cœur de M. de Méran a prononcé seul, et conformément à nos vœux. Il a déclaré que jamais il ne renoncera aux droits dont le marquis de Courcelles l'a investi. Il a ajouté que ses preuves sont consignées dans un certificat de MM. Merseuil et du Fernage, qui ont entendu, recueilli les dernières paroles du marquis de Courcelles, et qu'il est décidé à faire valoir cette pièce, si on l'y contraint.

Les yeux de Jules se sont remplis de douces larmes ; il s'est levé, s'est allé jeter aux genoux de mon père, qui l'a relevé, et la pressé dans ses bras. Je tenais, je ne sais comment, le bas de l'habit de M. de Méran. Je l'ai porté sur mon cœur ; par un mouvement irréfléchi, involontaire.

Mon père s'est tourné de mon côté, m'a embrassée avec une tendresse qu'il ne m'avait jamais marquée. Ma mère a souri.

Nous nous sommes séparés. J'ai été essuyer mes yeux dans ma chambre. Jules a traversé le corridor, en essuyant les siens; il s'est arrêté à ma porte; je l'avais laissée ouverte. Il s'est avancé, il a reculé; je suivais tous ses mouvements dans ma glace. Un soupir a frappé mon oreille, et a produit sur moi un effet que je n'avais pas éprouvé encore. Je suis entrée dans mon cabinet; j'ai pris un livre, je l'ai jeté; j'en ai repris un autre, qui m'a déplu autant que le premier. J'ai regardé mes petits oiseaux, que le printemps semble ranimer, et j'ai soupiré à mon tour. Je suis descendue par mon escalier dérobé; je me suis enfoncée dans le parc. J'ai vu de loin M. et madame de Méran, qui paraissaient causer avec intérêt et chaleur. Je les ai abordés : la conversation a changé d'objet. Jules nous a joints. Il m'a offert son bras; je l'ai pris en rougissant. Mon père et ma mère se sont regardés, et ont souri encore. Nous sommes rentrés.

CHAPITRE II.

Premières anxiétés d'un jeune cœur.

Tout ce qui s'est passé hier me paraît un songe, une illusion. Tantôt je m'abandonne à mes souvenirs; tantôt je frémis, en pensant à des incidents qui m'ont séduite, entraînée, et qui, peut-être, ne me préparent que des peines. Pourquoi Jules a-t-il rougi, pâli, lorsque mon père a lu l'article de la lettre de son oncle, qui l'appelle auprès de lui? pourquoi m'a-t-il regardée avec tant d'expression, lorsque ses yeux et sa bouche sont restés muets à l'égard de mon père? pourquoi s'est-il jeté aux pieds de M. de Méran avec la vivacité, le délire d'un homme à qui on vient d'accorder plus que la vie, quand il a eu la certitude de ne plus nous quitter? Que signifient ces larmes brûlantes qui tombaient sur ses joues? comment se fait-il que ma reconnaissance ait égalé la sienne, et que je l'aie marquée à mon père d'une manière aussi positive? qui a fait couler mes larmes? pourquoi ai-je été les cacher? quelle crainte a empêché Jules de franchir le seuil de ma porte, et d'entrer dans une chambre qui lui a été ouverte dans tous les temps? par quelle raison ma lecture chérie m'a-t-elle paru insupportable? par quelle puissance deux pauvres petits serins ont-ils fixé mon attention? d'où vient ce soupir qui m'est échappé en les regardant? quelle sensation nouvelle, et inconnue jusqu'alors, m'a fait rougir quand Jules m'a offert son bras, et que je l'ai accepté? qui a fait sourire M. et madame de Méran à l'aspect d'un trouble que j'aurais voulu cacher à ceux qui m'entourent et à moi-même? C'est ce sourire qui fait naître quelquefois des espérances, peut-être bien mensongères.

Je ne finirais pas, et ce chapitre serait tout en questions, si je ne réfléchissais que jamais je n'ai rien éprouvé de semblable auprès de toi, et si cette idée ne suffisait pour m'éclairer sur ce qui se passe dans mon cœur. Que ne donnerais-je pas pour t'avoir ici! Nous parlerions... de ce dont je ne peux parler qu'à toi. Ton absence me condamne à un silence absolu. Jules, à chaque instant plus réservé, plus timide, me cherche et m'évite à la fois. Il me regarde; il semble qu'il ait quelque chose à me dire : j'écoute, j'attends, et il se tait. Mon père me parle rarement, et toujours de choses indifférentes. Madame de Méran m'entretient d'affaires domestiques, et, d'aujourd'hui, je n'entends plus rien de ce qu'ils me disent. Suis-je libre un instant, je vais dans le parc me recueillir, penser... à quoi? à qui? ai-je besoin de le dire? Mon cœur bat, mon sein se gonfle; je soupire, et je ne me soulage pas. Je pleure, et, confuse, humiliée, je m'échappe dans la campagne. Je rentre furtivement; ma bonne Jeannette répare le désordre de ma toilette, n'en parle à personne, et moi je pense qu'elle doit me prendre pour un enfant; que ma conduite est bizarre, déplacée. Je me promets d'en changer, et le jour suivant ramènera les mêmes sensations, les mêmes extravagances. Je n'ai lu de ma vie qu'un roman, que le hasard a fait tomber sous ma main.

J'ai ri aux éclats du grand sérieux des personnages, de l'importance qu'ils attachaient à ce que je croyais n'être que des bagatelles. Je ne rirais plus, si je relisais ce livre aujourd'hui. Non, ma chère, ce n'est pas ton absence seule qui me rend distraite, rêveuse, mélancolique; je conçois maintenant que tu aies pu quitter ton amie pour suivre un jeune homme bien fait, aimable, que t'ont présenté tes parens.

La naissance, la considération publique, la fortune, tout était égal entre vous. Jules n'a pour lui que l'amitié de mon père, et il est un âge, dit-on, où les sensations s'émoussent, et où l'esprit de calcul les remplace. Il m'est impossible de prévoir ce qui m'est réservé. Je sais bien ce que je désire : je n'ose le dire qu'à toi.

Quel chemin effrayant m'a fait faire en un jour une lettre que j'eusse entendue avec la plus parfaite indifférence, si Jules n'en était l'objet! Que dis-je? Le feu existait; il était concentré; un incident très-simple a suffi pour le développer; où s'arrêtera l'incendie? Parlons d'autre chose.

J'ai jugé M. Rigaud bien légèrement. C'est un homme d'un mérite distingué. Il a porté l'art de la mécanique au-delà de ce qu'on osait en attendre. Il est l'inventeur d'un métier qui travaille la laine depuis la tonte jusqu'à la dernière perfection du drap. Cette machine, de cent vingt pieds de longueur, est divisée en compartimens. Dans le premier, la laine se lave; elle sèche et elle est cardée dans le second; elle se teint et se file dans le troisième. Le drap se tisse plus loin, et il sort du métier émondé et lustré. Chaque mécanique peut faire vingt aunes de drap en quinze heures, et un enfant suffit pour conduire l'ouvrage.

M. Rigaud se propose de faire fabriquer jusqu'à cent métiers, et d'obtenir la fourniture d'habillement de l'armée. Son drap n'aura pas la finesse, le moelleux de celui de Louviers; mais il sera à un prix tel que le gouvernement économisera soixante-quinze pour cent sur cet objet, et cette étoffe sera d'une grande utilité pour la classe indigente du peuple.

M. Rigaud parle de tout cela avec une modestie dont je lui sais bien bon gré. Il me semble qu'à sa place, j'aurais un peu de vanité. Il n'a pu cependant résister au désir de nous faire voir les différens rapports qui ont été faits sur sa mécanique, et qui sont autant d'éloges complets. Ce mouvement d'un juste orgueil est tellement naturel, qu'il ne peut donner lieu à aucune réflexion.

Le local qu'habitait à Paris M. Rigaud, est beaucoup trop resserré pour une entreprise de cette importance. Il va faire construire de vastes hangars sur sa terre, et ses ouvriers lui enverront ses métiers, à mesure qu'ils seront confectionnés. Ces bonnes gens ne se connaissent pas entre eux. Les menuisiers, les serruriers, les bourreliers, ont été pris aux plus grandes distances possibles les uns des autres, et chaque individu fabriquera toujours une même roue, ou telle autre chose, dont il lui sera impossible de prévoir l'emploi. M. Rigaud a jugé cette mesure indispensable, pour s'assurer le secret et la propriété exclusive de sa découverte. C'est lui-même qui montera ses métiers.

Celui qui existe, arrivera ce soir dans des caisses fermées avec son cachet, et sous la surveillance de gens sur qui il peut compter. Il propose à mon père de lui faire voir demain quelques essais. Cette offre a été acceptée avec une politesse qui m'a paru tenir de la reconnaissance.

Je te parlerai souvent de M. Rigaud. J'ai besoin de lui pour éloigner des idées qui me séduisent quelquefois, mais qui souvent m'effraient. Combien je me repentirai plus tard de m'être livrée à un penchant bien doux, ma Claire, mais qui ne peut attirer sur moi que des chagrins! cependant mon père et ma mère ont souri, en voyant l'embarras de Jules et le trouble que je ne pouvais cacher. S'ils n'avaient le dessein de mettre le comble à leurs bienfaits, laisseraient-ils avec moi, toujours avec moi, un jeune homme beau, bien fait, aimable... Aimable! Il ne l'est plus depuis qu'il est muet. Comment fait-on parler un homme qui aime et qui s'obstine à se taire? Dis-le-moi, mon amie, toi qui es maintenant plus instruite que moi.

Oh! oui, oui, M. et madame de Méran ont des projets. C'est à cette idée que je m'arrête. Je la caresse et je la conserve soigneusement au fond de mon cœur. Elle me rendra heureuse aussi long-temps qu'elle existera; et s'il faut y renoncer, il sera temps alors, non de me plaindre, mais de gémir en secret.

Tout-à-l'heure, je parlais de toi à maman, de ton mariage, de ton époux. J'avais un œil à mon ouvrage, l'autre épiait la vérité dans les traits de ma bonne mère. J'ai parlé du bonheur qui résulte d'une union bien assortie, avec une chaleur qui, je crois, ne m'est pas ordinaire. L'étonnement s'est peint dans les yeux de madame de Méran. Je me suis tue, et, presque aussitôt, j'ai surpris un sourire imperceptible, qui m'a fait connaître qu'on pénètre mes projets, et qu'on ne les blâme pas.

M. Jules était présent. Il a rougi, à son ordinaire, et n'a pas daigné proférer un mot. Cet homme-là aurait-il la prétention de me pénétrer aussi? Ne l'a-t-il pas déja fait? Je ne m'en consolerais point. Laisser lire dans son cœur, c'est en quelque sorte se déclarer la première, et je sais qu'une jeune personne qui ne peut s'empêcher d'aimer, doit au moins être impénétrable.

Que les hommes sont heureux! Rien ne les empêche de chercher à plaire, de dévoiler leur ame à l'objet qui les a charmés, de solliciter un aveu si doux à faire, et qui, je le sens, doit porter, dans tout notre être, une ivresse, une vie jusqu'alors inconnues. Jules est un homme, et il se tait!... Peut-être n'a-t-il rien à me dire... Je te mens, Claire, je me mens à moi-même. Il me dirait beaucoup, s'il pouvait vaincre sa timidité. Qui peut le rendre craintif à ce point? Ai-je l'air si terrible? Mon caractère est doux, et ma physionomie peint, dit-on, mon caractère. Éloignons ces réflexions. Attendons, avec calme, qu'il plaise à ce beau monsieur-là de parler. Avec calme! je suis piquée, très-piquée, et je le lui prouverai à la première occasion.

La voilà; elle se présente d'elle-même. Nous sortons pour aller prendre le frais dans la prairie. Il avance d'un pas, il recule de deux, comme il a maintenant la mauvaise habitude de le faire. Il voudrait m'offrir son bras; moi, je prends celui de mon père.

Il est mécontent, il fait la moue. Tant mieux. Qu'il donne la main à madame de Méran. C'est ce qu'il fait; c'est tout ce qui lui restait à faire. Oh! comme il me regarde! pauvre enfant! je suis presque fâchée de ne l'avoir pas attendu. « Que « regardez-vous donc toujours derrière vous, me « dit M. de Méran? N'avez-vous jamais vu votre « mère? » Ces expressions sont sèches; mais elles me rappellent à ce que je me dois: il est, je crois, des circonstances où, pour frapper juste, il faut frapper fort. Je ne sais si maman a entendu ce que vient de dire mon père; mais elle prend le devant. Bon, je ne serai plus tentée de tourner la tête. Ah! c'est M. Jules qui la tourne à son tour. Quelle inconséquence! j'ai pu, à la rigueur, ne regarder que ma mère; mais lui, qui regarde-t-il? M. de Méran? Peut-on le supposer? Je presse ma marche: il faut que nous soyons en ligne pour éviter les interprétations. Mon père me suit, sans réflexions, sans interpellations. Je crois qu'il sourit encore. Que veulent donc dire tous ces sourires-là? Rien que de bon, n'est-il pas vrai, Claire?

Oh! mon père m'a aussi devinée. Il ralentit sa marche, lorsque nous sommes à côté de maman et de Jules. Je me sens rougir... Mais d'une force! il regarde maman avec une expression que je ne lui ai pas vue encore. Ma mère répond à ce coup d'œil par un autre qui veut dire: cela est vrai; vous voyez juste, et je pense comme vous. Pas la moindre apparence de mécontentement. Tout va bien, Claire; tout va bien.

Je suis d'une gaieté folle. Je laisse le bras de mon père, et je joue sur le gazon, en chantant cette ronde si jolie, que tu aimes tant, et que M. Jules a faite dans le temps où il parlait. M. Jules me regarde, et continue à promener majestueusement ma mère. Oh, l'insupportable homme!... Je crois que madame de Méran dégage son bras... Oui, oui. Jules s'avance, et moi je recule: il faut bien se venger un peu. Il s'arrête, interdit. Je commence le couplet : *Il faut danser avec sa mie*, *etc.*, et il reste cloué à sa place. Hé, va donc, mon ami, lui dit M. de Méran, en le poussant par les deux épaules. Je n'aurais pas cru mon père capable de ce trait de bienveillance. Forte de son approbation, je fais la moitié du chemin. Nos mains se rencontrent; je sens la sienne frémir. Qu'a-t-il donc? oh! je le sais: il me communique son frémissement... C'est celui du plaisir.

Nous nous arrêtons à l'instant. Nos mains tombent; les sons expirent sur nos lèvres. « C'est « assez danser, nous crie maman. » Elle reprend le bras de Jules; je reprends celui de mon père, et je répète, intérieurement, ces mots qui lui sont échappés : *hé! va donc, mon ami.* Je les répète en me déshabillant; en attendant le sommeil. Je les répète encore en rouvrant les yeux à la lumière, et mon cœur à l'espérance, à la joie, au bonheur.

Le moment du réveil est celui de la journée où les idées sont plus fraîches, les perceptions plus faciles, où on se rend compte, presque sans prévention, de sa conduite et de celle des autres. Tu croiras facilement que je suis honteuse d'avoir accusé Jules, de lui avoir marqué du dépit. L'intéressant jeune homme remplit un devoir pénible, et ce n'est point à moi à l'en punir. Il m'aime, Claire; il m'aime de toute son ame; mais il sent sa position. Sa résistance aux volontés de son oncle, peut le brouiller avec lui, et dès lors il n'a plus rien à attendre que de l'amitié de M. de Méran. Est-il dans la probité, est-il même dans la délicatesse de chercher à plaire à la fille de son bienfaiteur, sans avoir obtenu l'aveu de ses parens? Il faut éviter les occasions; il faut le vouloir au moins. Nos sentimens ne dépendent pas de nous, peut-être; mais une ame honnête et forte comprime ceux que la reconnaissance défend de dévoiler. Voilà les véritables causes de l'extrême réserve de Jules; voilà ce que tu me répondrais, si ce cahier était rempli et que je te l'eusse adressé. Comment n'ai-je pas pensé tout cela plus tôt?

J'estime Jules plus que je ne peux te le dire. Je ne chercherai plus à le faire parler. Mais je le dédommagerai, autant que me le permettra la décence, de la contrainte qu'il s'impose. Combien il doit souffrir! combien je souffre moi-même, et pour lui et pour moi! depuis deux jours il a cessé de me donner des leçons; je lui en demanderai une aujourd'hui. La musique rafraîchit le sang; elle porte une espèce de calme dans le cœur le plus agité; elle établit entre le maître et l'élève une sorte d'intimité, qui doit tourner au profit de l'amour discret. Je n'ai aucune expérience des passions; mais je sens que Jules a besoin d'être avec moi, comme moi d'être avec lui; que le son de ma voix le touche, comme la sienne m'a souvent fait tressaillir, lorsqu'il se trouvait inopinément à côté de moi. Je soutiendrai son courage par des expressions pleines de bonté, par ces mots jetés qui inspirent la confiance et l'espoir. Ce n'est pas là l'interroger, l'attirer, m'exposer à lui faire prendre de moi une idée défavorable, n'est-ce pas, Claire?

Si je pressentais ma mère? Si je lui laissais entrevoir que je suis persuadée qu'elle a lu dans mon cœur et dans celui de Jules? Si j'implorais, ouvertement enfin, les effets de l'indulgence qu'elle nous marque à tous deux? Pourquoi, si j'ai réellement pénétré ses desseins et ceux de mon père, refuserait-elle de faire entendre à Jules qu'il peut espérer? Autorisé par cette espèce d'acquiescement à nos vœux, il me dirait qu'il m'aime. Oh! quel plaisir j'aurais à l'entendre! je lui dirais que je l'aime aussi. Quel bien je lui ferais! tous les jours, à toutes les heures, à chaque instant, nous parlerions de notre amour. N'est-ce pas là le bien suprême? En est-il un au-dessus de celui-là? Je ne sais; mais je ne peux le concevoir.

Oui, je parlerai à maman... Non, non, elle n'osera rien prendre sur elle. Elle consultera M. de Méran. Il faudra qu'elle lui rende ce que je lui aurai dit. Me pardonnera-t-il de le presser ainsi, de vouloir avancer le terme qu'il a fixé, ou du moins de chercher à pénétrer, malgré lui, ce qu'il juge à propos de me cacher encore? Quelle opinion aura-t-il d'une fille qui aime, et qui ose avouer son amour à ses parens, qui ne l'interrogent pas? Est-ce là, prévention à part, la conduite que doit tenir une jeune personne, bien élevée, modeste, qui connaît ses devoirs, et qui les respecte? Non, non, je ne parlerai point.

Je me suis placée près de lui à déjeuner. Je l'ai servi; je n'ai cessé de lui parler de choses bien indifférentes, à la vérité; mais ne trouves-tu pas que, dans certaines circonstances, le langage a un accent qui change le sens des mots? Il m'a répondu assez péniblement d'abord. Bientôt son langage s'est accentué comme le mien; son œil s'est animé; ses lèvres vermeilles m'ont souri. Je crois qu'il était heureux. J'étais si satisfaite de lui avoir procuré un instant de bonheur!... Ah! je me rappelle que mon père et ma mère ont gardé le silence le plus absolu; ils écoutaient, et je suis certaine qu'il ne nous est pas échappé un mot, qui puisse altérer leur estime pour nous, et la juste confiance qu'ils nous accordent.

En quittant la table, j'ai invité Jules à passer au piano. Il m'a suivie sans résistance; mais sans paraître le désirer. Cette douce familiarité, qui a fait si long-temps le charme de notre vie, lui paraît dangereuse aujourd'hui. Ne crains pas, mon ami; je veille pour tous deux... je veille! Je me flatte de régler les mouvemens de son cœur, et j'aime autant que lui, et je n'ai que seize ans! Enfant imprudente et orgueilleuse!

Ma mère a pris son ouvrage, et elle vient s'établir auprès de nous; tant mieux: tout, jusqu'à l'innocence, a besoin d'un appui. Je fais un choix d'airs qui respirent la gaieté ; Jules m'en présente un bien sentimental, et qu'il chante comme un ange. Il ne chantera pas celui-là aujourd'hui : il ne le chantera pas de long-temps.

Je me mets au piano ; je prélude ; je commence. Sa voix tremble. Je veux la soutenir de la mienne ; nous ne savons ce que nous faisons ; moi, je ne vois plus la musique. Je m'étais cependant bien promis d'être maîtresse de moi. Ma mère éclate de rire, et, sans parler de ce qui vient de se passer, elle commence un conte très-plaisant, dont le souvenir a, dit-elle, provoqué ces éclats. Tu sais qu'elle conte avec beaucoup de grace. Insensiblement elle nous a communiqué sa gaieté. Jules a ri franchement, de tout son cœur. Nous nous sommes remis au piano, et nous avons chanté, pendant deux grandes heures, avec une justesse, un agrément, une facilité, dont je suis encore étonnée.

En nous levant, nous avons trouvé M. de Méran appuyé sur le dossier de mon fauteuil. « Bien, « mes enfans, fort bien, a-t-il dit ; je vous re- « mercie du plaisir que vous m'avez procuré ; mais « M. Rigaud nous attend. Allons voir la machine « qui fait vingt aunes de drap en quinze heures. »

Mes enfans, a-t-il dit ; mes enfans ! Claire, sens-tu bien la force de cette expression ? Il nous remercie du plaisir que nous lui avons fait ! Jamais mon père ne s'est montré bon et affectueux à ce point. Je me repens presque de l'avoir jugé sévère, et il est des momens où je me sens capable de lui dire tout... Non, je ne dirai rien; je suis retenue par les réflexions que je t'ai communiquées plus haut.

Il est d'autres momens où je crois que je consentirais à passer ma vie auprès de Jules, sans autres liens que ceux qui nous unissent déja : sans autres jouissances que de pouvoir le calmer, le rendre à lui-même. Que nous apprendrons-nous, quand nous nous dirons : J'aime? que nous servira-t-il de le répéter?

CHAPITRE III.

Le jeune cœur s'ouvre à la félicité.

Je me contredis. Oui, si c'est un bonheur d'aimer, le bien suprême est de se le dire, de se le répéter, toujours, sans cesse. Lis, Claire, lis attentivement les détails de cette journée.

Nous arrivons chez M. Rigaud. Il vient au-devant de nous, jusqu'au bas de son perron, et M. de Méran reconnaît cette marque de respect en lui présentant la main. Nous sommes reçus, sous le vestibule, par une femme de quarante ans, qui a dû être très-jolie, et qui paraît avoir reçu une éducation soignée; c'est madame Rigaud. Son mari nous l'a présentée. Mon père se plaint obligeamment de ne l'avoir pas vue au château;

M. Rigaud balbutie quelques mots sur les égards dus aux distances, et entraîné par de tels procédés, M. de Méran invite madame Rigaud à venir passer avec ma mère les momens dont elle pourra disposer. Ma pauvre mère, condamnée jusqu'alors à éviter toute espèce de liaisons avec les femmes de nos voisins, et à qui une retraite absolue ne convient pas, s'attache aussitôt au seul individu de son sexe qu'il lui soit permis de voir. Elle marque à madame Rigaud une bienveillance qui n'est pas de la protection, qui n'est pas non plus de la familiarité; elle a pris précisément le ton qui peut enhardir sa nouvelle amie sans blesser les préjugés, où le juste orgueil de M. de Méran.

La maison est bien, très-bien. Je remarque avec plaisir l'attachement que deux vieux domestiques ont pour leurs maîtres : il fait l'éloge des uns et des autres.

Après un quart d'heure de conversation, sur des objets assez indifférens, M. Rigaud reproduit son idée favorite, celle qui l'occupe essentiellement, et dont il ne peut se détacher qu'en apparence. Il revient à sa mécanique, à son drap, à ses projets de fortune; il nous propose de passer dans le bâtiment, où son métier est établi provisoirement. Nous le suivons.

Un enfant de dix à douze ans fait jouer une pompe, et la partie de la mécanique, destinée au lavage des laines, s'emplit d'eau. L'enfant, armé d'un entonnoir, verse la teinture dans un autre compartiment. Cette première opération se fait par des conduits, qui dispensent de rien ouvrir, et l'enfant, machine lui-même, fait tout mouvoir, sans avoir d'idée de ce qu'il fait.

La seule chose qu'on puisse apercevoir est un triple rang de crochets extérieurs, qui saisissent partiellement la laine, qui la tirent dans l'intérieur, et ressortent pour se rattacher aux toisons, qu'on a besoin d'approcher à mesure que les crochets opèrent. Trente ou quarante livres de laine sont entrées ainsi, et en assez peu de temps, dans le premier compartiment de la mécanique.

M. de Méran regardait très-attentivement, et ne s'est pas permis une question. Maman causait avec madame Rigaud; Jules semblait étudier la disposition et l'effet des rouages par le bruit qu'ils produisaient, et moi, à qui l'art de la mécanique est fort indifférent, je ne voyais que Jules, et quand je le vois, le temps passe avec rapidité.

« M. le comte, le drap ne commencera à sortir « du métier que dans quelques heures, dit M. Ri- « gaud. Voulez-vous me faire l'honneur de visiter « mon petit domaine ? » Son petit domaine ! il est plus étendu que le nôtre, et l'épithète a paru déplaire à M. de Méran, qui cependant s'est laissé conduire.

Nous l'avons suivi, et partout nous avons reconnu une main intelligente et active. Nous sommes arrivés à un petit bois, dont la lisière n'annonçait rien qui pût piquer notre curiosité. Nous y sommes entrés, cependant, sur les pas de notre guide, et nous avons parcouru quelques allées tortueuses, mais soignées. Bientôt nous entendons le murmure d'une cascade, dont l'eau tombe mollement du haut d'une roche sur un sable bordé de gazon. Nous tournons de ce côté, et nous traversons des bosquets de lilas et de rosiers, qui parfument l'air. De petites retraites agréables, sans être recherchées, sont ménagées de loin en loin. Il échappe à ma mère de dire que ces berceaux parlent plus à l'imagination et au cœur, que des ruines bâties hier et des kiosques, accessibles de toutes parts aux rayons du soleil, et à l'œil perçant des curieux. M. de Méran a un kiosque et des ruines toutes neuves, et il met ce qu'il a fort au-dessus des propriétés des autres. D'ailleurs des colonnes brisées rappellent ces monumens gothiques, élevés à grands frais par les seigneurs de la cour de François Ier, et c'est de cette époque que date l'illustration de notre famille. Sous aucun rapport, M. de Méran ne peut souffrir de comparaison avec la roture, et un regard expressif a annoncé son mécontentement à ma pauvre mère. Elle a voulu réparer la faute bien involontaire qu'elle venait de commettre, et elle n'a trouvé que des phrases gauches et forcées, qui ajoutaient visiblement à l'humeur de M. de Méran. Il était près d'éclater : Jules et moi, nous étions sur des charbons ardens. Fort heureusement, nous avons découvert la cascade, et à côté du bassin, un homme habillé en Neptune, et armé du redoutable trident. La nouveauté de ce spectacle a fixé l'attention générale, et on a continué d'avancer, sans s'occuper davantage de chapiteaux renversés. Le dieu des mers a salué gravement mon père, et lui a débité des vers, qui m'ont paru meilleurs que ceux que faisait ma maîtresse de pension pour la distribution des prix. Ces vers-ci étaient un éloge pompeux de l'amiral Bonnivet, dont nous descendons, et de plusieurs chefs d'escadre, ses arrière petits-fils, qui se signalèrent en différentes occasions. Le dieu terminait en regrettant que les talens distingués de mon père fussent inutiles à son pays.

Si M. de Méran n'eût été loué de la manière qui devait le flatter le plus, si nous n'eussions craint de le blesser ouvertement, il eût éclaté de rire, et nous aussi. Neptune était représenté par le maître d'école du village, gros et court comme Sancho Pança. Une peau de mouton lui couvrait les épaules; une autre, décemment placée par-devant, descendait jusqu'aux genoux. Les jambes, les bras, et la poitrine découverts, étaient en rapport parfait avec une peau d'ours. Le trident était une fourche, sur laquelle on apercevait encore des traces de l'usage journalier auquel elle est consacrée. Ajoute à tout cela, la perruque à marrons dont se pare maître Antoine pour paraître au lutrin, une voix de basse-contre sans modulations, et tu auras une juste idée du chantre de l'amiral Bonnivet et de ses descendans.

L'anxiété et le trouble de l'auteur le trahissaient malgré lui. Nous avons tous deviné madame Rigaud, et nous l'avons félicitée. M. de Méran lui a demandé la permission de l'embrasser avec la noble courtoisie des chevaliers du siècle de François 1er. M. Rigaud, enchanté de cette marque de haute bienveillance, s'est enhardi jusqu'à proposer un dîner offert de grand cœur, et qui pouvait être accepté sans que cela tirât à conséquence. Le correctif *sans conséquence* a levé toutes les difficultés que M. de Méran allait peut-être opposer à l'invitation. Il a donné, d'un air gracieux, un honnête pourboire à Neptune, qui l'a accepté avec de grandes révérences, et nous avons repris gaiement le chemin de la maison, très-satisfaits les uns des autres.

Nous avons trouvé un dîner très-bon et fort bien servi. Mais ce qui a probablement contribué à le faire trouver excellent à mon père, c'est qu'on lui avait donné un fauteuil plus élevé que les autres de quelques pouces, et que son verre de cristal, taillé en forme de calice, était le seul de cette espèce qu'on eût mis sur la table.

M. Rigaud nous a appris que le bien qu'il possède est dans sa famille depuis deux cents ans, et qu'il a promis à son père mourant de ne jamais le vendre ni l'aliéner. Il a ajouté que son entreprise exigeant une grande mise de fonds, il comptait partir incessamment pour Paris, où il chercherait un associé, dont les capitaux entreraient en compensation avec son industrie, et qu'il admettrait au partage égal des bénéfices. Il présume que le gain pourra aller de quatre à cinq cent mille francs par an. Ainsi, un associé qui mettrait un demi-million dans la chose retirerait ses fonds en deux ans à peu près, et jouirait ensuite, lui et les siens, de deux cent mille livres de rente, au moins, bien claires et bien nettes.

On allait quitter la table, lorsqu'on est venu nous annoncer que le drap commençait à sortir de l'extrémité de la mécanique. Nous avons couru et nous nous sommes convaincus, par la vue et le toucher, que M. Rigaud ne promet rien qu'il ne puisse faire. Nous avons vu de bon drap, bien frappé, bien lustré, d'un beau bleu, et ce qui a levé tous les doutes sur la durée d'une teinture aussi promptement imprimée à la laine, c'est l'épreuve du vinaigre à laquelle M. Rigaud a soumis devant nous un échantillon de son drap, dont la couleur n'a souffert aucune altération.

M. et madame de Méran ont félicité M. Rigaud sur ses talens et ses succès. Nous avons pris congé d'eux, et nous sommes rentrés au château. De toute cette journée, je n'avais pu être un instant à moi. Il était temps que je cédasse au vœu le plus doux de mon cœur, celui d'être avec Jules, de le voir, de lui parler, de l'entendre. Mon père et ma mère m'en ont donné la facilité. Ils se sont enfermés ensemble, pendant deux heures au moins, pour parler... j'ignorais encore de quel objet. Jules était vis-à-vis de moi. Il me regardait... Tu sais comme il me regarde, quand son imagination est exaltée. Ajoute à ce premier charme celui, plus irrésistible, sans doute, de l'amour passionné qui se peignait dans ses yeux. Il a fait un mouvement; j'ai cru qu'il allait se précipiter à mes genoux. Un tremblement universel m'a saisie, et cependant je désirais vivement qu'il cédât à cette première impulsion. J'avais tort, sans doute, car enfin s'il avait parlé, j'aurais répondu, ou plutôt le mot *j'aime* se serait échappé en même temps de nos lèvres brûlantes. Claire, j'ai cru jusqu'à présent qu'il est facile d'être sage, de l'être toujours. Je ne comprenais pas qu'on pût louer une femme vertueuse. Je commence à pressentir que cette réputation est le fruit de bien des efforts, et je conçois qu'on estime et qu'on respecte celle qui se les impose.

J'étais là, toujours là. Mes yeux fixés sur Jules devaient l'encourager, je le sens, et je te l'avoue. Il a rétrogradé; il s'est éloigné, et je t'avoue encore que cette conduite a froissé mon cœur. « Ne « pouvoir ni parler ni se taire! » s'est-il écrié; « cet « état est affreux, il est insoutenable. » Il est sorti.

J'ai pleuré, Claire, quand j'ai cessé de le voir; oui, j'ai pleuré d'amour et de dépit. Je te fais encore cet aveu dans l'humilité de mon ame. Serait-il vrai qu'une femme est dans la dépendance de l'homme qu'elle aime; que la crainte de le perdre, ou même de l'affliger, peut la rendre capable de tout? Ah! trop heureuse alors celle qui, comme moi, a trouvé un homme dont la probité égale la tendresse.

On vient de lui remettre une lettre. Il la lit dans le jardin. De qui est-elle? Je ne suis pas jalouse; je n'ai pas même le droit de l'être; mais rien de ce qui le touche ne peut m'être indifférent. Il est tout simple que je descende au jardin. Où serais-je donc avec lui, si j'évitais de le rencontrer dans un endroit où les yeux de nos gens, de nos parens, peut-être, seront fixés sur nous? Quand le mot amour s'échappe pour la première fois, ce doit être un torrent qui brise, qui renverse toutes les barrières qu'on lui oppose. Il sera contenu, comprimé dans un lieu où la faiblesse est sous la garantie des mœurs publiques. Je descends au jardin.

Je m'approche de lui. Il se parle à lui-même. « Enfin, se disait-il, si je ne peux rien pour elle, « j'ai du moins un sacrifice à lui faire, et celui-ci « me semble diminuer l'intervalle que la fortune « a mis entre nous. — De quel sacrifice parlez- « vous, Jules? Je ne souffrirai pas que vous m'en « fassiez aucun. » Imprudente! A quelle humiliation je me serais exposée, si ce n'avait pas été de moi qu'il parlait? Il a tourné la tête; il a serré précipitamment sa lettre, et nous sommes restés muets l'un vis-à-vis de l'autre.

J'ai repris un peu de courage. « Jules, de qui
« est cette lettre? — Elle est de mon oncle, ma-
« demoiselle — Mademoiselle ! Autrefois vous me
« nommiez votre sœur. — Ce nom ne convient
« plus. — M'aimez-vous moins que quand vous
« me le donniez? — Vous aimer moins, vous aimer
« moins ! Le croyez-vous, mademoiselle? » Je me
suis tue : j'ai senti qu'une question de plus amè-
nerait un aveu positif, et que j'aurais à me reprocher de l'avoir provoqué.

« Eh bien! monsieur, que vous écrit votre on-
« cle? — Permettez que ce soit mon secret. —
« Voilà le premier que vous avez pour moi. —
« Le premier, Adèle, le premier! oh! il en est un
« bien plus important, qui me tourmente, qui
« me tue, que je ne peux dire, ni renfermer. »
Mon trouble croissait à chaque instant. Je craignais de l'avoir trop entendu; je tremblais de lui
répondre. Si j'avais ouvert la bouche, c'en était
fait. Nous étions d'intelligence, sans que ce mot,
si redouté, fût prononcé par aucun de nous. Je
me suis tournée vers le château. J'ai invoqué la
présence de ma mère dans toute la bonne foi de
mon cœur. Je l'ai vue sur les degrés. De quel
poids je me suis trouvée soulagée. J'ai couru à
elle. Je l'ai pressée dans mes bras; j'ai caché ma
rougeur dans son sein.

Cependant, Claire, il est impossible que Jules et moi nous taisions plus long-temps. A la première occasion, au premier moment, l'explosion...

« Ma bonne mère, Jules a reçu une lettre de
« M. d'Estouville. Je suis certaine qu'elle parle
« d'affaires de la plus haute importance, et Jules
« refuse de satisfaire l'intérêt pressant que nous
« lui portons. Il parle de sacrifices. Oh! il n'en
« doit à personne; empêchez-le d'en faire aucun.

« Jules, lui dit maman, M. de Méran n'a pas
« balancé à vous lire la lettre qu'il a reçue de
« votre oncle; pourquoi n'imitez-vous pas cette
« franchise? Est-ce à votre âge qu'on juge sans
« prévention, et qu'on connaît ses véritables in-
« térêts? — Je les connais, madame, je les con-
« nais. Je n'ai qu'un désir, et je n'en peux avoir
« d'autre, celui de passer ma vie avec vous, de
« vous prouver ma sincère reconnaissance, mon
« vif attachement. C'est dans l'expression journa-
« lière de ces sentimens que je place ma félicité.
« Voilà la seule que je puisse connaître, que je
« veuille goûter. Le reste m'est indifférent. — La
« confiance est la première marque de la sincérité
« des sentimens dont vous parlez. Donnez-moi
« cette lettre. — Dispensez-moi de vous la mon-
« trer, madame; je vous en prie, je vous en con-
« jure. — Devez-vous avoir des secrets pour moi,
« qui vous ai tenu lieu de mère? Et à qui donc
« parlerez-vous sans réserve, si ce n'est à ceux
« qui vous aiment si tendrement? — Je crains de

3.

« les affliger. — Hé! ne voyez-vous pas que vous
« nous tourmentez l'une et l'autre; que la crainte
« du mal qui vous menace, peut-être, nous frappe
« comme s'il était arrivé? S'il est réel, nous de-
« vons le connaître pour le partager. S'il est
« imaginaire, vous devez dissiper l'anxiété qui
« nous agite. Donnez-moi cette lettre, M. de
« Courcelles, ou je ne crois plus à votre amitié.
« — Madame, la voilà. »

Je passe mon bras sous celui de ma mère, et je
lis avec elle. M. d'Estouville est furieux. Il reproche amèrement à Jules la préférence qu'il nous
accorde sur lui. Il déclare formellement que s'il
ne part pas aussitôt pour Paris, il le privera de
sa succession. Il ne craint pas de lui dire, qu'un
homme comme lui doit rougir de vivre des bienfaits d'un étranger. Un étranger! M. de Méran
n'est-il pas son père, et les dons de l'amitié hu-
milient-ils jamais?

Cependant il s'agit de deux cent mille livres de
rente. Oh! quel sacrifice en effet! non, je ne le
recevrai pas. Je ferai mon devoir; j'en aurai le
courage. « Parlez-lui, maman; rendez-le à son
« parent, à lui-même, à la fortune. Si l'amitié a
« ses droits, la nature n'a-t-elle pas les siens?
« Oserons-nous les lui ravir? — Ainsi, mademoi-
« selle, vous me chassez de chez vous! — Vous
« chasser, Jules, vous chasser! — Je connais votre
« cœur à tous; vous rejetterez un sacrifice que le
« mien a juré irrévocablement. Voilà ce que j'avais

« prévu ; voilà la persécution que je redoutais, et
« que je voulais m'épargner. Bannissez-moi de
« votre présence ; exilez-moi des lieux qui me
« sont si chers, et où je laisserai plus que ma vie.
« Je partirai ; mais je n'irai point recevoir de lois
« de M. d'Estouville, que je ne connais que par
« la tyrannie qu'il voudrait exercer sur un être,
« qui n'attend, qui ne veut rien de lui que l'oubli
« le plus absolu. Je prendrai rang dans une de
« nos phalanges, et je prouverai que l'homme
« courageux ne cède ni aux promesses, ni aux
« menaces, et qu'il sait supporter l'adversité. »

Ah ! Claire, si tu savais combien mon faible
cœur a joui en l'écoutant ! c'est à ce cœur si tendre qu'il parlait, et l'énergie de ses sentimens a
ranimé l'espérance et la force, qui s'éteignaient
en moi. J'étais vraie, lorsque je l'engageais à obéir
à son oncle ; mais je crois que je serais morte,
s'il eût cédé à mes raisonnemens, à ceux, plus
suivis encore, que ma mère a opposés à sa résolution.

Mon père nous a joints en ce moment, et maman lui a présenté la lettre de M. d'Estouville.
M. de Méran a lu avec attention, et a réfléchi
quelque temps après avoir cessé de lire. Je voyais
l'incertitude se peindre dans tous ses traits. J'attendais mon arrêt, appuyée sur ma mère et tremblante de tout mon corps. « Pour Dieu, monsieur,
« prononcez, lui dit-elle ; vous n'avez pas d'idée
« de ce que nous souffrons tous. — Ce n'est pas

« à moi, madame, qu'il convient de prononcer.
« M. de Courcelles a seul le droit de juger entre
« son oncle et nous. — Mon père, son jugement
« est porté. — Et quel est-il, mademoiselle? —
« Il renonce à deux cent mille livres de rente.
« Il les sacrifie au plaisir de vivre avec vous, de
« vous aimer, de vous en donner chaque jour des
« preuves nouvelles. »

La sérénité a reparu sur le visage de mon père.
« Jeune homme, a-t-il dit, à votre place, je me
« conduirais comme vous. Mais ma position et
« mon âge m'imposent des devoirs, dont je ne
« peux m'écarter, et je les trahirais, en prolon-
« geant votre séjour chez moi, si je n'avais à vous
« offrir l'équivalent de ce que vous ôte votre on-
« cle. J'ai à parler à M. Rigaud. Attendez-moi ici.
« Je m'expliquerai à mon retour. »

Un équivalent! quel peut-il être, Claire, si ce
n'est la main de sa fille? Pénétrée de cette idée,
je me jette dans les bras de ma mère; je l'embrasse, en répandant de douces larmes. Jules
tient sa main et la couvre de baisers. Et lui aussi,
il a deviné l'équivalent dont a parlé mon père.
Ah! quand on aime comme nous, est-il une
pensée qui ne soit commune à tous deux?

Enfin dans deux heures, plus tôt peut-être,
Jules pourra me dire qu'il m'aime, sans manquer
à son bienfaiteur. Je pourrai l'écouter, lui répondre, sans blesser ni la décence, ni la piété filiale.
Ah! Claire, quel moment que celui où nos âmes

se confondront pour la première fois! il sera plus délicieux encore par ce calme intérieur, qui naîtra de l'approbation de nos parens, par la certitude que notre félicité sera aussi la leur. Oh! je le sens, si le bonheur parfait ne résulte pas toujours de l'accomplissement rigoureux de ses devoirs, au moins n'existe-t-il jamais pour ceux qui les négligent, ou qui les enfreignent.

Ma mère s'abandonne à toute sa sensibilité. Elle partage notre allégresse; elle nous serre tous deux dans ses bras; elle nous appelle ses enfans; elle nous regarde alternativement; ses yeux puisent une vie nouvelle dans les nôtres. Des mots sans suite lui échappent, et cependant ils laissent tout pénétrer. Elle ne dira rien de positif; elle veut laisser à mon père le plaisir de nous annoncer la bienheureuse nouvelle. Ah! il ne nous manque que la satisfaction d'entendre confirmer, par M. de Méran, ce que nous savons déja.

Jules parle à présent; il a retrouvé les mots heureux qui charmaient nos jeux enfantins. Il m'a rendu le nom de sœur; mais c'est pour un moment : ce nom que je désirais si ardemment, et qu'il me refusait tout à l'heure, ne dit plus assez maintenant. Je serai son amie, sa douce, sa tendre, sa fidèle amie; j'imaginerai, s'il se peut, des qualifications plus expressives encore, pour les recevoir de lui, pour les lui prodiguer.

Ah! Claire, tu me reconnaîtrais aujourd'hui; je suis folle d'amour et de bonheur. Ma tête délire; mais c'est avec cette gaieté, ce doux abandon, qui te plaisaient tant, il y a quelques mois. Ma mère sourit à la saillie qui m'échappe, à celle qui pétille sur les lèvres de Jules. Elle-même a des traits heureux, qu'excite le bonheur commun, et qu'elle renfermait jusqu'ici, sans doute par la crainte de déplaire à M. de Méran. Il prétend que la dignité et la réserve sont les graces d'une femme de quarante ans. Ma mère n'en a que trente-cinq, et elle est encore jolie. N'importe, il ne faut pas qu'elle rie... oh! elle rira quand je serai la femme de mon Jules, et que nous serons bien cachés tous les trois. *La femme de mon Jules!* que ce mot est doux à prononcer! Ah! oui, oui, on peut quitter son amie pour son époux.

A propos, pourquoi donc M. de Méran est-il allé chez M. Rigaud? quelle affaire si importante peut l'avoir conduit là? Pourquoi ne pas *s'expliquer clairement* d'abord, et parler ensuite mécanique et drap le reste de la soirée? Ma mère pourrait répondre à cette question. Sans doute cette seconde visite, rendue le même jour à M. Rigaud, a été concertée dans le long entretien que M. et madame de Méran ont eu ensemble. Je parle, j'insiste, je ris, je caresse, je boude, je m'éloigne.... pour revenir bien vite : maman est impénétrable. Elle commence un conte, je l'interromps; elle en recommence un autre; je chante, je danse autour d'elle. Jules s'empare de ma main; je prends celle de maman, et nous voilà tous trois sautant cette ronde que le méchant refusait l'autre jour de chanter avec moi dans la prairie.

Tout à coup un homme prend ma main et celle de ma mère. Je regarde... oh! mon Dieu, c'est M. de Méran! Est-ce un songe, une illusion? M. de Méran ne blâme pas nos jeux; il ne dédaigne pas de s'y mêler. M. de Méran danser! je n'en reviens pas, Claire. Il faut qu'il soit heureux, bien heureux, pour oublier ainsi ses habitudes, et l'étiquette, quelquefois minutieuse, qui règle toutes ses actions. Ah! j'ai le meilleur des pères. Je le craignais; je ne peux plus que l'aimer.

Cette saillie de gaieté ne pouvait durer. M. de Méran a repris bientôt ce maintien imposant, ce ton solennel, qui ressemblent si bien à la sévérité, et qui m'ont si long-temps abusée. « Rentrons, a-t-il dit; j'ai des choses importantes à « vous communiquer. »

Nous l'avons accompagné jusqu'à son appartement, où tout était disposé pour l'auguste conférence qui allait s'ouvrir. En nous plaçant, j'ai rencontré la main de Jules, et je crois que je l'ai pressée. Dans la position où nous sommes, il n'y a pas de mal à cela, n'est-ce pas, Claire?

Mon père a pris la parole, et nous a invités à ne pas l'interrompre. « M. de Courcelles, j'ai « promis à mon ami mourant de vous tenir lieu « de père, c'est-à-dire que j'ai contracté l'enga-

« gement de ne pas mettre de bornes à mon af-
« fection, à mes soins, à mes bienfaits. Jusqu'à ce
« moment, vous m'avez dû beaucoup; mais une
« grande fortune vous appelle; vous la rejetez par
« l'effet de votre reconnaissance, de votre atta-
« chement envers ma famille; vous êtes donc
« quitte avec moi, et pour que je sois réellement
« votre père, il faut que vous me deviez quelque
« chose : je vous offre la main de ma fille. »

Ici, Claire, sans nous regarder, sans nous parler, sans nous entendre, Jules et moi, nous sommes tombés à ses genoux. La chambre de mon père était devenue un temple. Nous voyions en lui le ministre qui consacrait le plus tendre amour. Nos têtes inclinées appelaient sa bénédiction.

« Relevez-vous, mes enfans, et écoutez. Ma-
« dame de Méran et moi avons pénétré, dès
« long-temps, votre inclination mutuelle, et nous
« y avons applaudi en secret. Nous avions formé
« le projet de vous unir, avant que M. d'Estou-
« ville pensât à s'attacher Jules par ses libéralités.
« Ma fortune actuelle pouvait suffire à tous; vous
« eussiez partagé notre sort, mes enfans, et héri-
« tiers un jour de nos biens, Jules eût joui d'une
« aisance qui eût pu suffire à ses vœux. Les cir-
« constances sont changées. M. d'Estouville paraît
« déterminé à reconnaître la docilité de Jules par
« des sacrifices présens. M. de Courcelles les re-
« jette : je lui dois un dédommagement.

« — Rien, rien, mon père, rien que la main
« d'Adèle, et je possède tout. — Monsieur, vous
« pensez en amant; je dois agir en père. Ne m'in-
« terrompez plus, s'il vous plaît. Vous avez été
« témoins, comme moi, des succès de M. Rigaud;
« vous connaissez les avantages qu'on doit rai-
« sonnablement attendre d'une telle entreprise.
« Je viens de chez lui; je lui ai proposé d'être
« l'associé qu'il allait chercher à Paris, et il a
« accepté ma proposition, avec les marques d'une
« satisfaction vraie.

« Ne croyez pas que les circonstances puissent
« influer sur mes opinions. J'ai toujours regardé
« le commerce comme fort au-dessous de ma nais-
« sance, et ma manière de voir est encore la
« même à cet égard; mais je suis loin de consi-
« dérer l'opération de M. Rigaud comme une
« affaire mercantile. Cet homme-là devient essen-
« tiellement utile à toutes les classes de la so-
« ciété; il s'immortalise par sa découverte; et
« joindre mon nom au sien, c'est l'associer au
« génie et à la gloire.

« Lui et moi partons demain pour Paris. Je
« vais y emprunter cinq cent mille francs sur ma
« terre; il va y presser la confection de ses mé-
« tiers. Trois ans, au plus, me suffiront pour réti-
« rer ma mise. Alors je libère mon bien. Madame
« de Méran et moi, nous continuons d'y vivre
« avec la dignité qui convient à notre rang; et
« j'abandonne à M. de Courcelles deux cent mille

« livres de rente légitimement acquises. C'est pré-
« cisément ce qu'il peut attendre de son oncle,
« et mademoiselle de Méran lui apporte en dot un
« grand nom et d'assez belles espérances. Toute
« la France doit applaudir à ces dispositions, et
« je me félicite de les avoir conçues.

« A l'époque où je rentrerai dans mes fonds,
« Jules aura vingt-trois ans; mon Adèle en aura
« dix-neuf. C'est ordinairement à cet âge qu'on
« dispose de soi avec jugement : il est difficile de
« bien sentir plus tôt les obligations sacrées que
« le mariage impose. Jules emploiera ces trois
« années, non à faire le commis marchand, je
« rougirais de le lui proposer; mais à s'instruire
« auprès de M. Rigaud, à veiller à ses intérêts et
« à ceux d'Adèle, comme j'examine la conduite et
« les comptes de mon régisseur.

« Le terme marqué pour votre union n'est pas
« aussi éloigné que vous pouvez le croire : le
« temps s'écoule vite, mes enfans, quand on
« s'occupe et quand on aime. A chaque somme
« qui me rentrera, Jules réfléchira qu'il a fait un
« pas de plus vers le bonheur; il lira dans les
« yeux d'Adèle l'amour modeste qui récompense
« la fidélité et le travail de l'amant, et qui compte
« les instans, sans prétendre y rien retrancher.

« Aimez-vous, mes enfans. Votre mère et moi,
« nous y consentons, nous vous y invitons; mais,
« Jules, le jour heureux est encore éloigné. In-
« capable de former un plan de séduction, vous

« l'êtes peut-être également de résister à des oc-
« casions sans cesse renaissantes. Monsieur, je
« vous confie l'innocence d'Adèle. C'est sous votre
« sauve-garde que je mets son inexpérience.
« Que ce dépôt soit sacré pour vous. Justifiez ma
« confiance par la plus rigide vertu. Souvenez-
« vous qu'on ne transige point avec elle, et que
« la résolution de s'arrêter à tel ou tel degré, n'est
« que préparer, assurer une chute complète et
« irréparable. »

Jules s'est remis aux genoux de M. de Méran, et j'y suis tombée avec lui. Nous avons prononcé d'une voix ferme, et dans toute la pureté de notre cœur, le serment d'être toujours dignes des plus respectables parens, et de nous conduire en leur absence, comme si nous étions devant eux.

Mon père et ma mère nous ont bénis. Ils nous ont relevés, embrassés... Embrassés avec une satisfaction, une tendresse, dont je ne peux te donner d'idée. Jules a pris ma main. Ivre de joie et d'amour, il l'a couverte de baisers. Cet aveu, si long-temps renfermé, si ardemment attendu, s'est échappé de sa bouche en traits de feu. Il a voulu entendre de la mienne l'assurance d'un sentiment que je n'ai pu lui cacher. Je lui ai juré amour éternel, avec la réserve d'expressions que me prescrivait la bienséance ; mais avec ce trouble, cette rougeur, cette voix altérée et tremblante, qui annoncent au vainqueur chéri toute l'étendue de son bonheur.

Nous sommes irréprochables, Claire. Pas un mot ne nous est échappé, avant que mon père et ma mère eussent autorisé cet amour, timide à paraître. Mais qu'il était temps qu'ils prononçassent! un jour plus tard, peut-être... Ah! n'altérons point par de tristes réflexions la sérénité de celui-ci.

Nous ne pensons plus qu'aux dispositions nécessaires pour le départ de M. de Méran. Jules et moi, nous allons, nous venons, nous montons, nous descendons; nous nous rencontrons; nous nous heurtons; nous rions, nous repartons. Nos gens ne conçoivent rien à notre célérité. Le mot est à peine prononcé, que l'objet est placé dans une malle, dans une valise, et notre prévoyance supplée le mot qui n'est pas articulé encore. Cher et respectable père! c'est pour nous qu'il va supporter les fatigues d'un assez long voyage! Ah! prouvons-lui, par notre empressement à lui complaire, combien nous sommes pénétrés, heureux de sa bonté.

Dans l'état où je suis, on ne dort pas. Il faut s'occuper de son bonheur; il faut surtout pouvoir en parler. Ma mère sait tout, et je ne peux avoir de confidente plus sage, plus respectable qu'elle. Je passe dans sa chambre; je l'attire sur son ottomane; je l'étourdis de mon caquetage; je ne lui donne pas le temps de me répondre. Elle a presque autant de plaisir à m'entendre que moi à déraisonner. Les heures s'écoulent, et nous ne nous en apercevons pas. Le jour commence à poindre; il m'avertit de mon indiscrétion; j'en demande pardon à ma mère, et une mère, heureuse de la félicité de sa fille, n'a rien à lui pardonner.

On sonne à la grille à tout briser. C'est M. Rigaud, et c'est Jules qui va lui ouvrir. Ah! je le vois, mon charmant ami n'a pas plus dormi que moi. Dans un instant, tous les domestiques sont debout. M. de Méran passe chez ma mère; il nous trouve fatiguées; il nous gronde un peu. Il fait arranger sa voiture; il envoie chercher les chevaux. M. Rigaud demande la permission de nous saluer; je lui demande celle de lui offrir le chocolat que j'ai préparé la veille. Il accepte; j'appelle Jeannette, et avant qu'elle soit descendue, le chocolat est servi. Nous nous mettons tous à table. Jules prie mon père de se charger d'une lettre pour son oncle. Il nous en fait la lecture. Elle est respectueuse; elle exprime de la sensibilité, de la reconnaissance; elle est bien.

Le fouet des postillons nous fait quitter la table. Nous conduisons mon père à sa voiture. Ma mère et Jules l'embrassent; moi, je l'étreins dans mes bras; je le presse contre mon cœur. Une larme coule sur sa joue; je la recueille et je pleure aussi. Ah! Claire, ces larmes-là sont celles du plaisir.

La berline s'éloigne. Je rentre, appuyée sur le bras de ma mère et sur celui de Jules. Je suis excédée, anéantie. Tant de sensations se sont succédé si rapidement ! Cependant je mets ce cahier sous enveloppe, parce que je suis impatiente de recevoir ta réponse. Sois franche comme moi. Dis-moi tout ce que tu penses.

Ma mère me presse de me mettre au lit. Je te quitte pour lui obéir.

CHAPITRE IV.

Première séparation.

Quel beau jour ! les objets que dore le soleil, sont-ils aussi rians que je les vois ? Jamais la nature ne m'a paru si belle, et peut-être doit-elle à mon cœur satisfait une partie de ses charmes. Je crois que l'œil d'un être heureux embellit tout ce qu'il fixe.

Je descends à ce petit jardin, que je cultivais avec Jules et toi, et qui, depuis six mois, est tout-à-fait abandonné. Je veux lui rendre sa parure : il m'offre tant de souvenirs ! c'est là que nous nous laissions aller à la gaieté de l'enfance ; c'est là que s'est développé le sentiment qui nous unit l'une à l'autre ; c'est là que Jules a commencé à me fixer, que j'ai remarqué les progrès que je faisais sur son cœur, que j'ai été effrayée d'un amour qui pouvait faire notre malheur. Avec quel plaisir je le cultiverai, maintenant que l'anxiété qui me minait est disparue, et qu'il m'est permis d'avoir Jules pour émule et pour compagnon de cet agréable délassement!... Il m'a prévenue. Il donne ses ordres au jardinier; il exécute avec lui. Sans cesse nous pensons, nous agissons sympathiquement. N'avons-nous qu'une même et seule ame à nous deux ?

Oh! mon Dieu, l'ortie et le chardon ont crû de toutes parts. Cette pièce de gazon, que nous foulions d'un pied léger, est dépouillée de sa verdure. Ce banc, où nous nous mettions avec la volonté de travailler, et où nous ne faisions que rire et jouer, chancèle sur ses supports. Ce bosquet, sous lequel nous nous cachions alternativement pour le plaisir de nous chercher, de nous trouver, de nous embrasser, ne m'offre que l'image de la dévastation. Des branches desséchées ou rompues; la terre jonchée des fleurs, qu'une main insouciante a arrachées; la fuite du rossignol et de la fauvette, dont le chant nous faisait si doucement rêver; toutes ces traces des ravages du temps et de l'abandon des trois fortunés propriétaires, m'ont arraché un profond soupir. « Ma chère, ma charmante Adèle, ce mar-
« ronnier, que nous avons planté ensemble, n'a
« pas souffert de la destruction générale. Il a
« grandi, et notre chiffre, que j'y ai gravé, s'est
« étendu avec l'écorce. Oh! mon amie, c'est la
« crainte de revoir ce chiffre qui m'a éloignée
« d'une retraite qui m'était si chère. En le gra-
« vant, je croyais tracer un souvenir d'amitié, et

« depuis, ces deux lettres m'avertissaient sans
« cesse du changement qui s'était fait dans mon
« cœur. Désespéré de mon amour, je fuyais tout
« ce qui pouvait le nourrir, l'augmenter; je gé-
« missais en secret de ne pouvoir échapper à moi-
« même. Aujourd'hui je cherche tous les objets
« qui ont quelque rapport avec cet amour, que
« mon Adèle partage, et qui est approuvé de ses
« parens. Oh! défrichons, embellissons cette re-
« traite; rappelons-y nos petits chantres ailés, et
« leurs touchantes amours. Revoyons ce chiffre;
« revoyons-le tous les jours, à toutes les heures.
« Jurons-nous à l'ombre de notre marronnier d'être
« fidèles, comme l'est la nature à le reverdir cha-
« que printemps. »

Il travaillait, il traçait, il émondait en me parlant ainsi. Moi, je ne faisais rien, je ne lui répondais pas, je l'écoutais dans une sorte d'ivresse,
d'enchantement. Il avait cessé de parler, et j'é-
coutais encore. Ah! Claire, que je suis heureuse!
je ne demande rien que d'entendre toujours Jules
me parler ainsi. Sa voix est si douce, son ton si
pénétrant, sa figure si expressive! il n'est pas une
partie de mon être qui ne jouisse auprès de lui.
Est-il vrai que le mariage ajoutera à ma félicité?
Que peut-il y ajouter? Dis-le-moi, Claire.

Ma mère vient nous trouver. Je lui montre le
marronnier et le chiffre : elle les connaissait comme
moi. « Puissiez-vous, mes enfans, vous aimer aussi
« long-temps que durera ce gage de votre amour.

« — Maman, quand on aime une fois, n'est-ce
« pas pour la vie?

« — Ambroise, je vous recommande particu-
« lièrement ce petit jardin. J'y viendrai travailler
« souvent avec ma fille et M. de Courcelles. Ré-
« tablissez le cours de ce petit ruisseau, obstrué
« de toutes parts. Son cours lent et régulier est
« l'image d'une vie heureuse et tranquille.

Jeannette accourt. Elle nous annonce madame
Rigaud. Nous allons la recevoir. Elle sourit aussi
en nous regardant Jules et moi. Nous ne disons
cependant rien qui puisse l'éclairer. L'amour heureux ne peut-il se cacher? Elle est aimable, madame Rigaud. Elle répand de l'intérêt sur tout ce
qu'elle dit, et elle parle de tout, excepté de
l'amour. A la vérité, elle a quarante ans... Hé
bien! qu'importe? Ne peut-on se rappeler un
beau jour parce qu'il est écoulé? Le jour nébu-
leux qui lui succède, n'en rend-il pas le souvenir
plus précieux? Ah! jusque sous les glaces de l'âge,
Jules et moi nous aimerons à célébrer nos premières amours. La politesse de madame Rigaud,
les agrémens de sa conversation nous forcent à
l'écouter, à lui répondre, et pas un mot qui aille
à mon cœur, qui flatte celui de Jules! Quel temps
elle nous fait perdre!

On dit qu'il y a des femmes qui savent dissimuler. Comment donc font-elles? Que je me
taise, ou que je parle, mon cœur est toujours à
découvert. Maman me regarde d'une manière qui

m'annonce qu'elle pénètre mon mécontentement, et qu'elle ne l'approuve pas. Elle veut parler, et elle paraît embarrassée sur le choix de ses expressions. Peut-être craint-elle de me nuire dans l'esprit de madame Rigaud; peut-être aussi désirerait-elle nous mettre tous à notre aise. « Mon « aimable voisine, dit-elle enfin, vous remarquez « sans doute la contrainte de ces deux jeunes « gens, et vous n'en pouvez deviner la cause : je « vais vous la dire. Ils s'aiment depuis long-temps, « et hier, M. de Méran a arrêté leur mariage pour « une époque assez éloignée, il est vrai; cependant « la joie qu'ils ont ressentie ne leur a laissé que « la faculté de jouir de leur bonheur, et leur a ôté « celle de s'exprimer, et même d'être à la conver- « sation. Excusez-les.

« — Comment, madame la comtesse, que je « les excuse! ce qu'ils éprouvent est très-naturel, « et j'aime à les voir heureux, comme je l'ai été « à leur âge. L'aspect de ce couple charmant me « rappelle à des souvenirs bien doux. Permettez « que je les en remercie, et que je les félicite. » Madame Rigaud nous a embrassés tous deux. De quel pesant fardeau je suis débarrassée! Que je sais de gré à ma mère de s'être expliquée franchement! Nous sommes avec nos confidens, et, en leur présence, on se laisse aller à l'impulsion de son cœur.

Nous avons cessé de nous contraindre. Jules s'est approché de moi. Il m'a demandé ma main;

je la lui ai laissé prendre. Il m'a parlé amour; je lui ai répondu. Il y avait dans nos idées une incohérence, un désordre, qui ne devaient pas donner une opinion favorable de notre esprit. Quand on aime, on dit toujours bien pour soi; on doit rarement plaire aux autres. J'ai regardé madame Rigaud; elle m'a paru attendrie. J'en ai conclu que l'amour n'est jamais si touchant, que lorsqu'il déraisonne, et que la liaison des pensées, la correction du langage prouvent du cacul, et par conséquent un cœur froid.

Le dîner a été charmant. Jules et moi avons fait l'histoire de notre petit ménage depuis... Mais depuis hier, jusqu'à... jusqu'à... Mais, je crois, jusqu'à la plus extrême vieillesse. Je ne suis pas vaine; mais j'avoue avoir esquissé des tableaux que les Graces n'eussent pas désavoués : quand on est dans l'enchantement, on peint toujours bien le bonheur. La vigueur du pinceau de Jules entraînait maman et madame Rigaud avec une force irrrésistible. Elles souriaient; elles pleuraient; elles me pressaient tour à tour dans leurs bras.

Dès ce moment, l'étiquette a été bannie du château. Madame Rigaud y passe une journée, nous allons le lendemain nous établir chez elle. Sans cesse elle entend l'expression du sentiment le plus pur et le plus vrai. Ce langage ne paraît pas l'ennuyer, car elle est toujours avec nous. Peut-être quand on a passé l'âge d'aimer, croit-on rétrograder en voyant la félicité des autres. Peut-être est-ce là une des jouissances de notre arrière-saison.

Maman s'attache tous les jours davantage à madame Rigaud. Moi, je la trouve charmante. Peut-être encore sa complaisance ajoute-t-elle quelque chose à son mérite. Croirais-tu qu'elle la porte jusqu'à passer des heures entières avec nous dans le petit jardin? Il est entièrement restauré. Je le trouve délicieux. Oh! ce marronnier, comme il s'élève, depuis que sa tige est débarrassée des vilaines plantes qui en dérobaient une partie! Comme il est droit, vert, majestueux! Et ce chiffre! avec quel plaisir je m'arrête devant lui! Que je rêve là doucement! Quelquefois madame Rigaud me jette sa pelotte de coton pour me tirer de ma rêverie; maman me dit que je suis un enfant; je ne sens, je n'entends rien. Jules paraît; je cours au-devant de lui. Il a seul le pouvoir de m'arracher au marronnier, ou plutôt le marronnier n'est qu'un trophée érigé à l'amour: il n'est précieux que lorsque Jules n'est pas avec moi.

Je reçois ta réponse. Tu me félicites, ma bonne Claire; mais tu me crois plus heureuse que prudente. J'aurais parlé, dis-tu, si mon père ne se fût expliqué très-à-propos, et ne m'eût épargné une démarche répréhensible. Je ne sais ce que j'aurais fait, Claire; mais je m'applaudis avec toi de n'avoir rien à me reprocher. Le terme fixé pour notre mariage t'effraie. Pourquoi donc? Crois-tu qu'on se lasse d'être heureuse? Et je le suis tant! Tu me conseilles d'être toujours auprès de ma mère, ou de madame Rigaud. Je n'en vois pas la nécessité. Mais il est vraisemblable que ces dames pensent comme toi, parce qu'une d'elles est sans cesse avec nous. Que m'importe? Il nous est permis de tout dire; n'est-ce pas comme si nous étions seuls?

Ton mari t'aime tendrement, et tu as la certitude d'être mère dans quelques mois. Je partage avec toi ce double bonheur; je t'en fais mon sincère compliment. M. de Villers a, dis-tu, des momens de vivacité qui t'embarrassent, qui t'effraient quelquefois. Permets que je te conseille à mon tour. Un homme vif n'est jamais à craindre pour l'objet qu'il aime. Ne heurte point M. de Villers; laisse-le dire. Souris-lui, embrasse-le, quand il sera calmé; il te demandera pardon. Tu vas t'écrier que je parle en femme raisonnable; que tu étais loin de me croire cette connaissance du cœur humain. Ma chère amie, je ne veux pas d'éloges que je n'ai pas mérités. Le moyen que je t'indique a souvent été employé par ma bonne mère, et toujours avec succès. On ne se défie pas de l'enfance, et ce que j'ai vu et entendu, il y a neuf ou dix ans, ne s'effacera jamais de ma mémoire.

Ces dames et Jules suivent l'allée qui conduit au petit jardin. Jules se tourne à chaque pas du côté du château. Oui, oui, mon ami, je t'entends, je te suis. J'ouvre ma croisée; je fais voltiger mon mouchoir. Je suis entendue; Jules me répond de la main. Je te quitte, Claire. Je vole où m'appelle l'amour.

On vient de remettre à maman un énorme paquet de mon père. Il renferme une lettre de monsieur à madame Rigaud. Notre cher mécanicien annonce l'envoi de plusieurs métiers. Il a joint à sa lettre les plans des hangars qu'il faut faire construire. Il engage sa femme à aller à Argentan; à y voir les ouvriers de toute espèce, à leur communiquer les plans, à leur faire rédiger leurs devis. Il prie M. de Courcelles d'accompagner sa femme, de la seconder. Il n'y a pas, dit-il, un moment à perdre. Il est clair que mon père a trouvé de l'argent.

Jules et moi nous nous regardons tristement. Nous séparer, pour combien d'heures, lorsque nous sommes si bien ensemble! voilà ce que disent nos yeux. Maman nous a entendus. « Mes « enfans, il le faut. La politesse et votre intérêt « l'exigent. — Mademoiselle, je ne garderai M. de « Courcelles que trois jours. — Trois jours, ma- « dame, pour aller à Argentan, à deux lieues « d'ici! — Trois jours, sont-ils donc si longs, « mademoiselle? — Ils passent rapidement quand « je suis avec lui. — Adèle, ma fille, le marronnier « te restera. — Et quel sera l'appui de Jules, ma- « man? — La satisfaction de travailler à assurer

« votre union. Résignez-vous, mes enfans. — Il
« le faut bien. »

A propos, et la lettre de mon père? Maman ne finit pas de la lire : il est vrai qu'elle a huit pages d'une écriture très-serrée. Ah! elle me parvient enfin. J'attire Jules sur le banc; nous tenons chacun un côté de la lettre; nous lisons ensemble. J'avais passé mon bras autour de son cou... Je l'ai retiré, Claire; je l'ai retiré aussitôt.

Mon père a trouvé cinq cent mille francs à un intérêt raisonnable. Il a passé son acte d'association avec M. Rigaud, et il a versé ses fonds dans ses mains. M. Rigaud va faire des acquisitions considérables en laines. Dans deux mois l'entreprise sera en pleine activité. Mon père oublié, ignoré maintenant, a cependant conservé à Paris un ami puissant, qui fait le bien, lorsqu'il en trouve l'occasion. Il n'est plus douteux que les draps, nécessaires à l'habillement des armées, seront fournis par M. Rigaud. Mon père termine cet article très-long, par deux lignes charmantes : il s'applaudit à chaque instant du parti qu'il a pris, parce qu'il assure la félicité de sa fille chérie et de son fils adoptif.

Il a été chez M. d'Estouville. Il s'est fait accompagner de MM. de Merteuil et du Fernage. L'explication a été vive; mais M. d'Estouville a fini par convenir qu'il n'a pas le droit de contraindre son neveu. La lettre de Jules a singulièrement contribué à le calmer : il a paru satisfait du ton de respect et d'affection qui y règnent. Il persiste cependant dans le dessein de ne laisser son bien qu'à celui qui s'attachera à son sort, et qui prendra soin de sa vieillesse. Avec quel plaisir je vois qu'il n'existe plus d'inimitié entre l'oncle et le neveu! Que nous importe la fortune de M. d'Estouville? ne sommes-nous pas riches déja? ne le serons-nous pas davantage dans quelques années, et, à la rigueur, ne le serions-nous pas assez de notre amour?

Ah! M. de Méran a été te voir plusieurs fois, et tu l'as accueilli comme un second père. Je t'en remercie, Claire. Probablement il ne t'a pas dit tout ce qu'il pense de toi : je vais te l'apprendre. Tu es plus jolie que jamais; ta grossesse te donne un air de langueur qui te sied à merveille; tu es toujours ce que tu fus ici, bonne, douce, spirituelle, aimable; ton mari raffole de toi; tu fais son bonheur et celui de tous ceux qui t'appartiennent; enfin, tu tiens ta maison avec une facilité, une noblesse qu'on rencontre rarement dans une femme de vingt ans. Si mon père était là, je l'embrasserais sur les deux joues pour la justice qu'il te rend. Il finit sa lettre en nous annonçant son prochain retour.

Ah! mon Dieu! madame Rigaud ne propose-t-elle pas à Jules de partir dès demain? Où serait donc l'inconvénient de différer d'un jour ou deux? Je combats la résolution de madame Rigaud. Maman me fait observer que si Jules ne part qu'après-demain, il reviendra un jour plus tard : je baisse la tête et je n'ajoute pas un mot. Pauvre Jules! pauvre Adèle.

Où iront-ils loger? dans quelque mauvaise auberge où ils manqueront de tout. Trouve-t-on quelque chose à Argentan? Je veux qu'il soit là comme ici... à la présence près de son Adèle, que rien ne peut remplacer. Et moi, comme je vais être seule! Ah! Claire, c'est la première fois que nous nous quittons depuis qu'il est sorti de son lycée, et qu'il est entré chez mon père.

Je fais une revue exacte dans l'office et dans les armoires où maman serre ses petites friandises, et je fais des paquets de ce qu'il y a de mieux. J'envoie Jeannette à la cave; je lui ordonne d'arranger un panier du meilleur vin; de faire rouler ensuite un coucher complet dans une banne, et de le faire charger sur le cabriolet dans lequel ils monteront demain matin. Si M. de Méran était avec nous, je n'oserais disposer ainsi de ce qui est au château; mais maman est si bonne! Peut-être n'ai-je fait que la prévenir. Où donc est-elle? où sont-ils tous les trois? Jules part demain, et il peut perdre un seul instant! Leur absence me laisse au moins la liberté de tout arranger à mon gré.

Ah! le voilà. Il a mis quelques effets dans une valise. Ces soins-là étaient indispensables, et je l'accusais! Il faut savoir réparer une injustice, et je n'ai qu'un moyen pour cela : c'est de me montrer plus aimante que je ne l'ai paru encore. Il est bien doux d'effacer ainsi ses torts. Je me consolerais d'en avoir à chaque instant, en m'abandonnant sans réserve à la vivacité de mon amour.

Il m'écrira, Claire, il m'écrira tous les jours d'Argentan ; je lui répondrai ; maman le permet, sous la seule condition que les lettres de Jules lui seront adressées, et qu'elle fera partir les miennes. Elle veut lire les unes et les autres, rien n'est plus clair. Eh bien, elle aura une jouissance de plus, et nous un témoin irrécusable de l'innocence de notre amour.

Notre souper est triste, bien triste. Je pense que, dans quelques heures, je ne le verrai plus. Il fait la même réflexion : je lis sa pensée dans ses yeux. Maman n'est pas gaie, sans doute parce qu'elle nous voit souffrans. Madame Rigaud veut animer la conversation. Peine inutile. Personne ne lui répond, et l'esprit ne produit pas long-temps seul.

Tu vas dire, Claire, que notre chagrin est de l'enfantillage ; que trois jours sont un point imperceptible de la durée de notre existence. Tu diras tout ce que tu voudras : le raisonnement ne peut rien contre le sentiment. J'éprouve qu'en amour la perte la plus légère est immense. Il n'est au pouvoir de personne de me persuader le contraire.

Maman remarque qu'il est l'heure de se retirer : c'est dire que nous nous fassions nos adieux.

Des adieux! ce mot a quelque chose d'effrayant, de funèbre. « Jules, remettons ce moment à de-
« main. N'ajoutons pas une nuit à celles que nous
« passerons éloignés l'un de l'autre. Celle-ci s'é-
« coulera plus doucement par l'espérance de nous
« revoir encore. » Il sort plongé dans une profonde tristesse. Maman me conduit chez moi : elle veut me faire un conte. Ah! je suis incapable d'écouter. Madame Rigaud est plus adroite : elle me parle de son retour; de la joie que Jules et moi aurons à nous retrouver. Elle fixe mon attention; elle la soutient par la grace, le charme de ses tableaux; elle me console. Madame Rigaud a aimé. Oh! elle a aimé bien tendrement : l'expérience seule peut donner cette connaissance approfondie des replis du cœur humain.

Je n'ai pas dormi, Claire, et la nuit ne m'a pas paru longue. Je l'ai passée à répéter ce que m'a dit madame Rigaud, à ajouter des tableaux aux siens, à laisser errer mon imagination sur les scènes de bonheur qui se succédaient sans interruption.

Le jour paraît. Je m'habille, je descends. Maman, Jules, madame Rigaud, m'ont devancée. Comment ont-ils donc fait? Si je n'avais craint que maman m'accusât de folie, je serais là depuis deux heures.

Le domestique, qui doit les conduire, vient les avertir que leur voiture est prête. Je lui fais sa leçon; je m'épuise en recommandations : il semble que la route d'ici à Argentan soit semée de précipices, et c'est le plus beau chemin du monde. Que veux-tu, Claire? Peut-être ne cherché-je que des prétextes, pour retenir Jules quelques instans de plus.

Voilà le moment redouté; le voilà, Claire, puisque c'est le dernier. Je n'ai pas la force de lui parler. Que lui dirais-je, d'ailleurs, qui pût exprimer ce que je sens? Il tient ma main; je le regarde; une larme s'échappe de ma paupière; je l'essuie furtivement. En portant mes yeux sur les siens, je le vois s'efforcer de retenir des pleurs, qui coulent malgré lui. Ma main lui échappe; madame Rigaud l'entraîne; je cache ma peine dans le sein de maman. Elle me conduit au marronnier, elle me le montre. « Adèle, c'est ici que « tu le reverras. »

Que signifient ces éclats de rire? Nous passons dans la cour; nous trouvons nos gens arrêtés devant le cabriolet. Il est encombré de manière à n'y pas faire entrer une épingle : ce que je faisais de mon côté, maman l'avait fait du sien. « Ces « dames, dit madame Rigaud, en riant de tout « son cœur, ont cru que nous partions pour les « Grandes Indes. » Maman a ri; Jules a ri; j'ai ri avec eux. Il m'est démontré maintenant que les extrêmes se touchent.

Il faut décharger le cabriolet, et faire un choix dans les choses qu'on y a entassées. Au moins une heure de gagnée, Claire. Mais dans une heure, il faudra revenir aux pénibles sensations qui nous affectaient si fortement, il y a quatre minutes. Ah! lorsqu'un mal est inévitable, il n'y a pas à différer : il faut se résigner, se présenter, et recevoir le coup.

C'en est fait, il est parti cette fois. Mon pauvre cœur est oppressé. Maman me parle. Hé! que me font des mots? Il n'y a que des larmes qui puissent me soulager. J'en trouve, Claire; elles coulent en abondance; et je me sens mieux. Oh! je suis seule, absolument seule. Je le cherche dans tous les lieux qu'il animait, qu'il embellissait de sa présence. Une solitude désolante, un désert aride ont succédé à la vie, au mouvement. Oh! si je me séparais de lui pour toujours, je mourrais, je le sens, et la mort serait le plus grand bien qui pût m'arriver : c'est le seul remède à d'éternelles douleurs.

Pourquoi donc cette soif de richesses? Quarante mille livres de rente n'auraient-elles pas suffi aux besoins de tous? Jules et moi aurions-nous demandé quelque chose à mon père? Aurait-il été forcé à diminuer son train? Nous aurions vécu comme nous vivons maintenant. M. de Méran pouvait commencer notre félicité, en jouir lui-même demain, aujourd'hui, hier. Mais on nous impose trois ans d'attente, et qui sait ce qui peut arriver pendant un espace aussi long? Jules sera assujéti à un travail qui lui dérobera presque tout son temps. Que lui restera-t-il à donner à l'amour?

Dans trois ans, nous aurons deux cent mille francs de revenu! Hé! nous aimerons-nous davantage, et le bonheur réside-t-il dans le faste et le superflu? Il est en nous; c'est là qu'il faut le chercher, et non sous des monceaux d'or, qui doivent flétrir et dessécher le cœur.

Je m'arrête. Je crois que je raisonne mal, Claire. Je réponds du cœur et de la conduite de Jules. Mais des parens, qui ont de la prudence, marient-ils un homme de vingt ans? Ai-je bien moi-même ce qu'on exige d'une maîtresse de maison? Est-ce à seize ans, dépourvue de tout usage du monde, timide quelquefois jusqu'à paraître embarrassée, que je pourrais diriger mes gens, leur inspirer du respect, régler les plaisirs d'un cercle, y développer la dignité aimable qui plaît et qui impose? M. de Méran peut-il consentir à ce que Jules renonce à la fortune de son oncle, sans lui offrir l'équivalent de ce qu'il me sacrifie? Bornera-t-il ses espérances à cette terre, qui produit à peine le quart des revenus de M. d'Estouville, et n'est-il pas dans la nature qu'un père soit flatté de voir sa fille posséder de grands biens? Quand je juge avec désintéressement, je ne trouve rien à opposer à ces raisonnemens-là. Je sens que la sagesse même règle la conduite de mes parens; que ce sont eux, et non moi qu'il faut croire; que je dois bénir leur prévoyance, leur bonté, et me soumettre sans murmure. Voilà ce que je me dis à présent, et dans quelques minutes, mon cœur reviendra tout entier à Jules, à l'amour; je me laisserai aller à des plaintes indiscrètes, déplacées. Pauvre jeune fille! je n'ai plus une heure de calme; je change d'opinion à chaque instant, et cependant je suis heureuse de cet avenir même, qui se montre encore si loin de moi. Étrange opposition d'un individu avec lui-même! Ces combats entre mon cœur et ma raison dureront-ils, Claire?

Le cabriolet ne revient pas. Sans doute Jules a voulu m'écrire avant que de le faire repartir. Peut-être écrit-il en ce moment. Je vais lui écrire aussi. Forte de son absence, je laisse courir ma plume; je ne cherche pas une expression; elles se présentent en foule, et elles sont toutes délirantes.... Non, cette lettre ne partira pas. Il y a trop d'amour sur ce papier. Qu'il rentre au fond de mon cœur; qu'il ne s'en échappe que des lueurs que puisse avouer la plus rigoureuse décence. Ne dois-je pas d'ailleurs présenter mes lettres ouvertes à maman? Oui, je bénis sa prévoyance. Je sens la nécessité de m'y soumettre.

Qu'il serait heureux cependant s'il lisait cette lettre!... Mais son estime; mais ce que je me dois!... C'en est fait, Claire, la lettre est en morceaux. J'ai fait une bonne action, car je suis contente de moi.

Je descends auprès de ma mère. J'écrirai sous ses yeux. Sa présence calmera mon imagination, et il ne m'échappera pas un mot indigne d'elle et de moi.

C'est cela; c'est bien cela. Je ne laisse percer

qu'un sentiment doux. Jules suppléera ce que je ne peux lui dire. « Tu parais embarrassée, Adèle. « Écris à ton ami, comme si ta fille devait lire tes « lettres un jour. Parle-lui à son retour comme tu « voudras que parle ta fille à l'amant que tu lui « auras choisi. » Je me lève; j'embrasse maman de tout mon cœur, et je me jure à moi-même de ne jamais oublier ces conseils.

J'entends le pas d'un cheval, un bruit de roues... C'est le cabriolet qui rentre...: oui, le voilà. Je cours, je vole. Firmin me remet la lettre que j'attendais. Je la prends, je porte la main sur le cachet.... je m'arrête. Je me souviens de ce que j'ai promis à ma mère. Je reviens en courant; je lui présente le paquet. Elle l'ouvre, elle lit; elle me remet la lettre. « Tu peux la lire, mon enfant. Les expressions sont « tendres; mais ce sont celles d'un cœur honnête. »

Une première lettre de lui! Conçois-tu ma joie, mon ravissement? Jules a tracé ces caractères: oh! combien ils sont précieux pour moi! Je ne lis pas, je dévore. Je relis, pour relire encore, et je crois toujours lire pour la première fois. Je m'échappe; je cours sous le marronnier; je veux réunir tout ce qui parle à mon cœur. Là, je pèse, j'interprète chaque mot. Je trouve, je rétablis le vrai sens, caché sous une réserve indispensable. Je porte la lettre sur mes lèvres; je la serre dans mon sein; je l'en retire pour la baiser encore, pour la relire... je suis hors de moi.

Et Jules? ne saura-t-il pas que je me suis occupée de lui, que je ne peux m'occuper d'autre chose? N'éprouve-t-il pas le besoin de me lire? Ne lui rendrai-je pas le bien qu'il me fait? Je rentre au château. Je presse maman de faire repartir Firmin. Elle a lu, elle a cacheté ma lettre; elle en est contente; elle me permet d'en disposer. Je cherche Firmin. Le pauvre homme se repose. Je souffre du surcroît de fatigue que je vais lui imposer; mais dans une heure Jules peut avoir ma lettre. Et j'attendrais à demain! non, non, cela est impossible. Je parle à Firmin. Mon ton est doux et caressant; je presse lorsque je peux commander. Effet certain de la bonté sur ceux qui sont dans notre dépendance! Dès que Firmin m'a comprise, il se lève; il va à l'écurie; je ne le quitte pas, et pendant qu'il selle un cheval, je l'interroge sur Argentan, sur l'auberge, sur ce qu'y fait Jules, sur ce qu'il dit; je demanderais presque ce qu'il pense. Au départ de mon courrier, je connais le *Lion Rouge* et la chambre de Jules, comme si je l'avais accompagné.

J'apprends, au retour de Firmin, qu'il s'est enfermé avec ma lettre, et qu'il n'a plus reparu. Il a travaillé toute la journée. Madame Rigaud se loue infiniment de son intelligence et de son activité. Elle croit possible de nous le ramener demain au soir. Oh! oui, cela est possible, très-possible. Qu'elle me le ramène, et le baiser de la reconnaissance sera le prix de ce qu'elle aura fait pour moi.

Firmin rapporte une lettre de mon père. Surcroît de bonheur ! bonheur inespéré ! Il arrive aussi demain soir avec M. Rigaud. Oh ! il faut que Jules revienne ; il le faut absolument. Au point du jour, je renvoie Firmin à Argentan. Quelle réunion précieuse comblera demain tous mes vœux ! Et je n'aurai passé qu'une nuit loin de Jules ! J'emploierai ce temps à arranger une petite fête : ce sera celle de la piété filiale et de l'amour. « Une « petite fête, n'est-ce pas, maman ? Tu le per- » mets ? — Je t'y invite. Je t'aiderai dans tes dis- » positions. »

L'idée de Jules est unie maintenant à celle de mon père. Ces deux êtres-là sont inséparables ; Adèle les porte tous deux dans son cœur. Je m'en occupe exclusivement dans ce lit, dont la vivacité de mes sensations semble avoir banni le sommeil. Des paysannes vêtues de blanc ; des bouquets et des rubans à leur corset... des guirlandes de fleurs présentées par elles à mon père, et attachées par Jules et moi, sous le berceau où il sera assis. Elles formeront une espèce de dais sur sa tête. Maman, placée à côté de lui, partagera nos hommages. M. et madame Rigaud... les bords du ruisseau illuminés... une musette... un repas champêtre... Mes yeux se ferment... Je n'ai pas dormi la nuit dernière ; je cède, malgré moi, à la fatigue et aux douceurs du repos.

CHAPITRE V.

Une petite fête.

Dix heures, dix heures! Est-il possible de dormir ainsi quand on attend son père et son amant? Je m'habille à la hâte; je descends; je prends à peine le temps de déjeuner, et je cours le village : je n'ai pas un instant à perdre.

J'ai rassemblé six paysannes, jeunes, un peu hâlées, mais jolies. Je les emmène avec moi. Je les introduis dans le grand parterre : je ne veux pas qu'on arrache une feuille au petit jardin. J'invite Ambroise à se réunir à elles, à trancher sans pitié le lilas, le seringat, l'anémone, la jonquille et l'humble muguet. Je préside aux travaux, j'encourage mes petites ouvrières; dans une demi-heure nous avons d'énormes faisceaux de fleurs. Je les fais porter à l'ombre; Ambroise va chercher des cerceaux, des bottes de jonc, et assis tous ensemble sous le grand tilleul, nous travaillons avec ardeur à faire nos guirlandes. Maman paraît sous son grand chapeau de paille; elle se place au milieu de nous. La chansonnette se fait entendre; elle égaie notre travail; elle ajoute à notre activité.

Ah! mon Dieu! j'ai perdu la tête. J'ai oublié de faire partir Firmin pour Argentan. Il faut que Jules sache que son bienfaiteur arrive aujourd'hui. Il est dans les convenances qu'il se rende ici pour le recevoir. Madame Rigaud n'a rien à opposer à un semblable motif. Je ne dirai pas un mot de notre amour dans mon billet : j'aurais l'air d'avoir cherché un prétexte pour satisfaire mon cœur, et j'affaiblirais la raison que je veux donner comme l'unique cause de mes instances. Il y a bien un peu de calcul et de ruse dans ce que je fais là ; j'en conviens, Claire. Mais tu conviendras aussi que tout cela est très-innocent.

Je prends le crayon de maman. Je trouve un chiffon de papier dans son sac. J'écris cinq à six lignes ; je les lui montre ; je les donne à Firmin ; il part comme le vent. Jules reviendra ce soir. Oui, oui, il reviendra.

Hé! mais il nous faut de l'artillerie, pour célébrer dignement le retour de mon père. Maman a chargé le garde-chasse de distribuer de la poudre à ceux de nos habitans qui ont de vieilles canardières. Bon! oh! quel bruit ils vont faire! Elle a ordonné le souper ; il sera servi sous la coudrette. Point de livrée ; rien qui rappelle la servitude. Les jeunes filles apporteront les plats. Quand elles seront habillées, ce seront autant d'Hébé. « Idée « heureuse, excellente maman... » Oh, mon Dieu, je n'entends rien à travailler le jonc ; mes fleurs se détachent ; quelques-unes se brisent. Mes jeunes filles rient de ma maladresse... « Jeannette, du « fil, du gros fil, du fil en quantité. Dépêchez-« vous, courez, volez. »

Où donc est allé Ambroise? Ah! il arrange les cerceaux qui doivent supporter les guirlandes. « Et une musette, maman? Où trouverons-nous « une musette? Le ménétrier du village ne joue « que du violon, et son instrument n'a que trois « cordes. — L'instrument qui plaira le plus à ton « père, est celui qui résonnera sous tes doigts. Ce « soir, on apportera le piano dans ton petit bos- « quet. — Et des verres de couleur, maman? — « Tu ne penses pas à ceux qui t'ont si bien servi « à ma fête. — Jeannette, Jeannette, allez vite dans « le petit grenier. Faites descendre ces verres; qu'on « les nettoie; qu'on les apporte ici. Nous étudie- « rons la manière la plus avantageuse de les placer « à l'effet. Est-ce bien tout, maman? Ne manque- « t-il plus rien? — Je ne le crois pas, ma fille. — « Finissons nos guirlandes, et allons dîner. — Dîner « à midi! Ma pauvre Adèle, tu crois abréger le « temps, en faisant en quelques heures ce qui « pourrait t'occuper pendant une journée. — Tu « as raison, maman. Mon agitation, le mouvement « que je me donne, la célérité que je mets à tout, « ne font pas aller plus vite les aiguilles de ma « montre. Hélas! »

Que ce jour est long, Claire! Nos dispositions étaient multipliées; elles sont faites, et j'ai encore cinq à six heures à attendre! Le temps s'arrête-t-il pour l'être impatient? Je vais, je reviens, je re- passe partout; je m'afflige tout de bon de ne trouver plus rien à faire. Je tire ma montre, je regarde la pendule ; je ne peux m'en rapporter à elles. Je consulte le cadran solaire : le soleil ne marche pas aujourd'hui. Je me dépite, je m'ennuie, je bâille, je me fâche sérieusement ; je suis en ce moment le petit être le plus déraisonnable qui existe dans la nature.

Ah ! la cloche sonne enfin. Enfin nous allons dîner. Une heure à table ; une autre employée à tout revoir, à répéter mes instructions, à m'assurer qu'elles sont conçues, qu'elles seront bien exécutées, et nous verrons après.

Firmin est de retour. Madame Rigaud croit toujours pouvoir revenir aujourd'hui ; mais il lui est impossible de déterminer l'heure. Elle croit ! Peut-on s'exprimer ainsi ! Ne se doute-t-elle pas que je compte les minutes, que je suis sur des charbons ? Elle croit ! Et Jules ! qui ne me répond pas un mot ! Il est au milieu de dix à douze ouvriers, dit Firmin. Des charpentiers, des serruriers ! Et que suis-je donc, moi ?... Ne sens-tu pas, injuste petite créature, qu'il se hâte de tout terminer pour te revoir plus tôt ? Un regard de lui ne vaut-il pas vingt lettres ? Dînons, maman, dînons. »

Elle ne finit pas. J'aurais dîné trois fois, pendant qu'elle mange cette aile de volaille. Je ne suis pas maîtresse de moi ; je saute sur ma chaise ; je me sens prête à m'envoler. Oh ! Claire, quel mal m'aurait fait ce cœur-là, si on m'eût refusé Jules ! Maman a la bonté de ne pas se fâcher. Elle pardonne à ce qu'elle appelle mon enfantillage. Oh !

non, non, je ne suis plus un enfant. L'enfance ne connaît pas ce feu divin qui circule dans mes veines.

Enfin maman se lève. Je cours de tous les côtés; je cherche à étendre mon horizon. Étourdie que je suis! Quand Jules est parti, j'étais affligée, navrée, absorbée. Je n'ai pensé ni au belvédère, ni au télescope. Mon œil contristé eût accompagné Jules jusqu'aux portes d'Argentan. Je reviens sur mes pas; je monte, j'ajuste l'instrument. Voilà l'enceinte de la ville; les murailles sont au bout de ma lunette; je crois respirer le même air que lui. Déja je suis heureuse.

On me touche le bras; je me tourne : c'est ma-
« man. «Adèle, ta façon d'aimer ne vaut rien. Nos
« facultés sont bornées, et tu uses l'amour avant
« le temps. — L'amour, maman! c'est l'éther, le
« feu céleste qui anime tout; il est indestructible.
« — Viens faire un piquet à écrire. —Un piquet,
« maman, quand j'attends Jules, quand je suis fixée
« ici par l'espoir de voir sortir le cabriolet d'Argen-
« tan dans une heure, dans une minute, à l'instant
« même; quand je peux le suivre à travers le feuil-
« lage jusqu'à la grille du château! Je ne serais pas
« au jeu. Dispensez-moi de jouer, ma bonne mère;
« laissez-moi ici. — Et ton père, qui peut-être ar-
« rivera le premier? — Tu as raison. Envoie un
« domestique à la dernière poste; qu'il y prenne
« un cheval quand ces messieurs y arriveront;

« qu'il revienne ventre-à-terre. Je descends, je
« vole au-devant de mon père, je me précipite
« dans ses bras. Mais, par grace, laisse-moi ici.—
« Quelle enfant! quelle enfant! » Elle se retire.

Pour l'empire du monde, je n'éloignerais pas
mon œil du télescope. Est-on en prison dans cette
ville? Personne n'en sort. Vous verrez que madame Rigaud ne se mettra en route qu'après avoir
fait écrire le dernier clou, la dernière cheville.
Quelle femme! Et je croyais qu'elle avait aimé!

Ah! ah! une voiture... Hé, non, ce n'est pas
cela. M. Jules avait bien affaire d'accepter une
pareille proposition! Est-ce au fils d'un chef d'escadre qu'il convient de se mêler de hangars?...
Allons, allons, n'est-ce pas l'amour qui le fait
descendre de son rang? Dois-je lui reprocher un
oubli dont je suis l'unique objet? D'ailleurs mon
père, esclave de l'honneur, juge irrécusable de
tout ce qui s'y rapporte, aurait-il souffert que
l'homme qui doit être son fils eût à rougir à ses
propres yeux, et à ceux des autres?... Ah! un
cabriolet! caisse et roues jaunes! Le voilà, le
voilà!... Non, non. Ce cheval est blanc; le nôtre
est noir.

La nuit s'approche, et dans une heure je ne
pourrai plus rien distinguer. Je suis au supplice...
Me trompé-je encore? Oh! c'est lui, c'est lui,
cette fois! La capote porte dans l'intérieur du
cabriolet une ombre qui ne me permet pas de

distinguer ses traits. N'importe; c'est lui qui conduit, et je vois un gant chamois, une manche verte. Le voilà, le voilà !

Une longue file d'ormes, qu'on a négligé d'élaguer, me dérobe la voiture. Pourquoi ne pas élaguer tous les arbres? A-t-on besoin d'ombre sur une grande route? Un quart-d'heure s'écoulera avant que le cabriolet reparaisse. Oh! cela ne finira pas. Ce cheval ne va point. Ne peut-il le presser? Ah! je l'ai entrevu. Il a mis le cheval au galop; il partage mon impatience. Encore des arbres, toujours des arbres !

Il a dépassé enfin la maudite avenue. Je le revois; je ne le perdrai plus de vue. Oh! c'est bien lui. Son bel œil se porte sur ce belvédère. Son cœur lui dit que je suis là. Dans dix minutes, il sera ici.

Je descends. « Maman, n'est-il pas dans les « convenances que nous allions recevoir madame « Rigaud? — Madame Rigaud? oui, oui, ma fille, « allons au-devant de madame Rigaud. » Le ton avec lequel elle a prononcé ces paroles tient de la finesse, de la raillerie : je n'ai pas l'air de m'en apercevoir. Je passe mon bras sous le sien; je l'entraîne. Ma pauvre mère ne marche plus. « Adèle, « je ne peux soutenir un tel pas. Tu ne vois pas « que nous courons. Je suis fort aise de revoir « madame Rigaud; mais je ne crois pas qu'il soit « nécessaire d'aller au-delà de la grille. — Eh ! « maman, nous la rencontrerons vis-à-vis de la

« ferme, et tu ne seras pas sortie de tes domai-
« nes. — Adèle, tu n'ignores pas que je te pénè-
« tre. Souviens-toi de cette vérité, elle te sera
« utile dans beaucoup de circonstances : qui fait
« trop, dépasse le but et n'y revient jamais. —
« Mais maman... — Asseyons-nous ici, mademoi-
« selle. »

Il n'y a rien à répliquer à cela : je me soumets.
Nous sommes assises sur un banc qui touche à
la grille. Si tu voyais, Claire, ta bonne amie,
allongeant son nez en l'air et ses bras à travers
les barreaux, s'y appuyant avec force, tu dirais
qu'elle veut renverser, reculer au moins cette
grille. Ce que tu aurais dit, maman vient de me
le dire. Je me retire précipitamment; je croise
mes mains sur ma poitrine; je me tais. Mais mon
cœur bat avec une violence !

Le cabriolet tourne enfin ce coude où est la
laiterie, tu sais, où nous gâtions tout, en voulant
faire du fromage. Jules nous voit... Il ne se donne
pas le temps d'arrêter; il ouvre la voiture; il
s'élance; il est à côté de nous. « Que faites-vous,
« monsieur? lui dit ma mère. Vous laissez une
« dame, que vous êtes chargé de conduire. Vous
« l'exposez aux accidens que peut causer votre
« imprudence. » Il retourne, il prend la bride du
cheval, il le conduit. Il fait à madame Rigaud les
excuses les plus polies, les plus franches. Nous
l'avons toujours dit, Claire : il a le cœur excellent.

Madame Rigaud descend, et nous prenons tous

les quatre le chemin du château. Elle ne cesse de louer Jules, c'est-à-dire qu'elle parle charpente, mécanique, draps jusqu'à satiété. N'aurons-nous pas le temps de nous occuper de tout cela, quand le moment sera venu? J'ai bien d'autres affaires dans la tête aujourd'hui. Je n'ai pas vu Jules depuis deux jours, et au bout de deux jours on a tant de choses à se dire! aussi nous disons, nous disons, que ne disons-nous pas? Je détaille à mon ami mes dispositions pour la fête du soir. Je lui en donne la surintendance; je veux qu'il en ait tout l'honneur aux yeux de M. de Méran. Je suis longue dans mes descriptions, parce qu'il m'interrompt souvent. A propos d'une fleur, il me parle de moi. A propos de la joie que j'aurai de revoir mon père, je peins à Jules un sentiment, qui n'est pas l'amour filial. Oh! que nous sommes bien comme cela! je tiens son bras; je le regarde, il me sourit avec une tendresse, une expression! Tout à coup, nous cessons de parler; nous reprenons la parole ensemble, et cependant nous nous entendons à merveille. Des mots ne sont pas nécessaires quand on aime comme nous.

Désordre charmant, abandon délicieux, non, rien ne peut vous être comparé. La pudeur même, qui fait souvent expirer la parole sur mes lèvres, n'ôte rien aux jouissances de l'amour. Mon trouble, ma rougeur, l'agitation de mon sein ne disent-ils pas plus que je ne saurais exprimer, et maman peut-elle me défendre cela?

Antoine rentre dans la cour du château. Il a vu mon père et M. Rigaud arriver à la dernière poste. On lui tenait un cheval prêt. Il a été comme l'éclair. Dans peu d'instans je réunirai autour de moi tout ce qui m'attache à la vie. « Jules, vous « m'avez bien comprise? — Parfaitement, ma « charmante amie. — Je me repose entièrement « sur vous de l'exécution. — Vous me quittez, « Adèle ! — Je vais recevoir mon père — J'y vais « avec vous. Pensez-donc que j'ai été trente-six « heures sans vous voir, et qu'un moment ne « suffit pas à mon cœur. — Et dites-moi, mon- « sieur, qui dirigera le feu roulant? Qui conduira « M. et madame de Méran sous le petit bosquet? « Qui ménagera à mon père des surprises répé- « tées? Mon ami, nous nous reverrons cent fois « dans la soirée, et un sourire de notre bienfai- « teur nous dédommagera des privations volon- « taires que nous allons nous imposer. » Tu vois, Claire, combien je suis raisonnable quand il le faut. Oh! sache-moi gré de ma conduite. Tout le mérite m'en appartient : je te jure qu'elle m'a peu coûté.

Jules a rassemblé nos mousquetaires. Il les range des deux côtés de la grille; il visite les armes; il m'assure que tout ira bien. Il court donner un coup d'œil au bosquet. A peine il nous a quittées, que le fouet des postillons se fait entendre dans l'éloignement. Maman, madame Rigaud et moi nous courons à la grille : maman va très-bien, quand elle le veut. Ah! elle prend la grande route; elle marchera, dit-elle, jusqu'à ce qu'elle rencontre la berline. Elle a raison : elle doit plus à mon père qu'à Jules et à madame Rigaud. Une tendre épouse ne peut jamais *dépasser le but*. Oh! Jules, je ferai tout pour toi, et peut-être croirai-je ne jamais faire assez.

Maman fait signe de la main aux postillons : ils prennent le petit pas. Mon père les fait arrêter; il descend; il est dans nos bras. Nous marchons tous ensemble. Il est entre ma mère et moi; il semble se partager entre nous. M. Rigaud chemine avec sa femme : tout le monde est content.

Nous ne sommes plus qu'à vingt pas de la grille. Mon père va rentrer chez lui au milieu d'un déluge de feu. Il lui rappellera le combat d'Ouessant, où il s'est immortalisé. Combien il va être étonné, satisfait! je ne me sens pas d'aise.

Mon grand-maître de l'artillerie est revenu à son poste. J'entends le commandement *apprêtez armes*, *en joue*, *feu*. Mon père sourit; il m'embrasse.

Désolation de la désolation! les armes manquent, ou font long feu : Jules m'en avait cependant répondu. Il arrive au bruit de deux ou trois coups, qui se succèdent de loin en loin. « Quelle « poudre avez-vous donc distribuée? dit-il au « garde-chasse. — Monsieur, j'ai gardé la meil- « leure pour le service du château. » Jules fait une scène à ce pauvre homme; M. de Méran gronde et le menace. Ce malheureux est père de famille. Perdra-t-il sa place pour quelques coups de fusil de plus ou de moins? Je fais signe à sa femme, qui, cachée dans la foule, cherche à jouir de la fête. Elle approche; elle tient un enfant de chaque main. Mon père les voit; sa physionomie se remet. Je prends son bras; Jules offre le sien à maman; nous marchons vers le bosquet.

Mes petites paysannes, jolies comme des anges, se présentent avec une grace naïve. Elles nous enlacent de leurs guirlandes; elles nous conduisent au trône de gazon qu'elles ont préparé. Nous y plaçons M. et madame de Méran. En un clin d'œil, les guirlandes ont formé sur leurs têtes une couronne émaillée et odorante... Autre accident! les cerceaux fléchissent sous le poids des fleurs; ils crient; ils se rompent; l'édifice, élevé avec tant de soins, s'écroule; mon père et ma mère sont ensevelis sous les roses et le jasmin. Nous les dégageons, et pour ramener la sérénité sur le front de M. de Méran, je cours à mon piano. Jules m'y accompagne : nous nous disposons à chanter cet air si joli de la piété filiale... Quelle fatalité me poursuit donc aujourd'hui! L'humidité du bosquet a pénétré l'instrument. Il est discord; il m'est impossible d'en tirer quatre sons de suite. Je m'afflige, je me désole; mon père se fatigue de ces contre-temps répétés; il fronce le sourcil. Jules se hâte de faire allumer les verres de couleur. Il ordonne qu'on serve le souper.

Ah! du moins, l'illumination réussit à merveille; elle est d'un effet charmant. Mais le souper est mal servi; il n'y a pas d'intelligence dans l'arrangement des plats; les sauces ont été renversées dans le trajet du château au bosquet. Il est décidé que rien ne réussira ce soir. Il y a de quoi perdre la tête! je ne sais plus ce que je fais, ce que je dis.

Bientôt une pluie affreuse vient mettre le comble à toutes mes infortunes. Les plats sont inondés, mon piano perdu; les verres de couleur s'éteignent les uns après les autres; nous sommes mouillés jusqu'à la peau. Nous regagnons le château en courant; mon père glisse dans une allée du jardin, il tombe; Jules se précipite; il le relève, et je crois entrevoir qu'il est couvert de boue. Je voudrais être à cent pieds sous terre.

Nous rentrons. Chacun se retire de son côté; nous changeons de la tête aux pieds; nous nous retrouvons au salon. Je suis humiliée, confuse, rouge jusqu'au blanc des yeux. « Il n'y a pas « d'événement qui n'ait son côté moral, dit M. de « Méran. Souvenez-vous, ma fille, que ce qu'on « fait avec précipitation réussit rarement. — Mais, « reprend ma mère, toute la prévoyance humaine « ne peut empêcher un orage. — Allons, allons, « mes enfans, ne pensons plus à cela. Adèle, dis « qu'on nous serve des œufs à toutes sauces, car « il faut enfin souper. »

Je ne cours pas, je vole. J'ordonne et j'exécute

à la fois, trop heureuse de faire oublier mes très-récentes disgraces. Je furette dans tous les coins de l'office, et dans une demi-heure de temps je parviens à faire servir un repas qui a l'air de quelque chose. Je me garde bien d'ouvrir la bouche ; Jules est aussi silencieux que moi, et s'il nous arrive de lever les yeux, c'est pour nous regarder à la dérobée.

« Ma chère Adèle, me dit enfin mon père, je
« te sais bon gré de l'intention, et au moins ta
« fête n'a pas eu de suites désastreuses. Cepen-
« dant, ajoute-t-il en riant :

> « Si je croyais aux présages,
> « Je sens que j'aurais grand'peur. »

« Qu'en dites-vous, M. Rigaud ? Une fête, donnée
« pour célébrer notre association, notre retour,
« le commencement très-prochain de nos travaux,
« et qui finit aussi mal, peut donner lieu à de
« tristes réflexions ? » Tout cela est dit gaiement, et nous rions tous des présages et des accidens qui en ont amené l'idée. Bientôt on ne s'occupe plus que du présent ; on se livre au plaisir de se trouver réunis, et demain, mon premier soin sera de faire disparaître tout ce qui pourrait rappeler cette malencontreuse soirée.

Jules m'a prévenue. Il ne reste plus de traces de mes petits chagrins d'hier, et j'ai le bon esprit de n'y plus penser. Puis-je, d'ailleurs, m'occuper d'autre chose que de Jules, quand je suis avec lui? Ah, Claire! qu'il est aimable, qu'il est aimant! Comme il parle! Pour s'exprimer ainsi, il faut être tout amour. Oh! je le sens, je parlerais comme lui, si je me laissais aller à l'impulsion de mon cœur. Mais, mon amie, lui répondre ainsi, serait jeter de la poudre sur des charbons ardens; nous sortirions bientôt des bornes que nous nous sommes prescrites, et je n'oublierai jamais que tu me conseilles d'être partout avec lui, comme si ma mère était présente. Je ne dis rien; mais j'écoute dans un ravissement dont je ne peux te donner d'idée. Être charmant, tu me deviens nécessaire comme l'air que je respire!

Que cette matinée est belle! Quel prestige l'amour répand sur tout ce qui l'environne! Je le répète, une plante, une fleur, un brin d'herbe, tout me paraît animé du bonheur qui me pénètre. Il a pris mon bras; il tient ma main; la sienne lui parle. Oh! comme elle est éloquente! oh! comme la mienne lui répond!

« Cessons, Jules, cessons. Cette situation est « trop forte; elle est brûlante; je ne peux la sou- « tenir plus long-temps. » Je dégage mon bras, je m'éloigne de lui; je m'arrête, il me regarde; je lui souris, il se rapproche; maman paraît; je vais à elle, je l'embrasse, j'oppose un sentiment à un autre; je suis calme en rentrant au château.

On ne parle au déjeuner que d'affaires sérieuses, et on ne dit pas un mot qui ne se rapporte à Jules. Il va être continuellement occupé. Il le sera, ainsi que je l'ai prévu, de manière à n'avoir que de courts intervalles à donner à l'amour, et il serait si doux de lui consacrer toute notre vie ! Aujourd'hui même, il doit recevoir les devis des différens ouvriers ; il discutera avec eux les intérêts communs. Dès demain, il fera arriver les bois de charpente ; il suivra tous les travaux. M. Rigaud le guidera d'abord, c'est-à-dire que si je visite les ateliers, nous serons obsédés sans cesse par quelqu'un, par des étrangers, devant qui il faudra imposer silence même à nos yeux. C'est bien dur, Claire.

CHAPITRE VI.

Le premier baiser d'amour.

Six jours sont à peine écoulés, et l'enclos de M. Rigaud est devenu méconnaissable. Tout y est renversé, encombré ; on ne sait où mettre le pied. Ici résonne la hache ; là, s'élève une forge, dont le foyer brûle avant qu'elle soit couverte. La chèvre, le levier, la bisaigue, crient sous les bras vigoureux qui les remuent. Les ouvriers vont, viennent, rient, chantent et jurent tout à la fois ; il y a de quoi devenir sourd. M. de Méran se promène au milieu de ces vastes ateliers. Il encourage pas sa présence ; il récompense le zèle et l'industrie ; il est à tout. Hier, M. Rigaud le comparait au roi Idoménée, bâtissant la ville de Salente, et mon père n'a pu cacher le plaisir que lui a fait la comparaison.

Et ton amie, que crois-tu qu'elle fasse au milieu de ce désordre apparent? Crois-tu qu'elle se soit oubliée? non, Claire. Elle s'est entendue avec Jules, et Jules a fait élever une maisonnette en planches, bien simple, bien gaie, et décorée d'un joli papier. Pour les autres, c'est son cabinet; pour nous c'est un temple érigé à l'Amour. Il est assez spacieux pour que quatre à cinq personnes y soient fort à leur aise. Dans l'endroit le plus éclairé, Jules a placé son bureau, ses plans, ses crayons, ses livres de compte : c'est le digne architecte du roi Idoménée. Tout près de là, il a ménagé un petit coin, que remplit exactement ce lourd métier, qu'on ne déplace pas comme on veut. Plus loin est une chiffonnière. Mademoiselle Adèle brode au métier; maman et madame Rigaud cousent ou festonnent. On parle peu; on pense beaucoup. Jules sort, rentre sans cesse, et chacun de ses mouvemens m'autorise à lever les yeux... sur lui, Claire.

On ne peut pas toujours broder. Quelquefois je sors avec lui. Nous courons ensemble; je saute d'une pièce de bois sur une autre; j'évite un outil tranchant; pour cela, le bras ou la main de Jules me sont nécessaires, et l'Amour glane où il ne peut moissonner.

Nous nous rendons ordinairement chez M. Rigaud après le déjeuner. Quelquefois nous dînons chez lui; souvent il vient dîner avec nous. Le soir, nous nous rassemblons sous mon marronnier. Papa et M. Rigaud parlent draps; maman et madame Rigaud parlent ménage; Jules et moi nous parlons amour. Les journées s'écoulent dans une agréable activité, et je viens d'éprouver que le travail est le contre-poids des passions : l'oisiveté les nourrit et les accroît. Je travaillerai, Jules travaillera : l'exaltation de sa tête et de la mienne n'amènent que des dangers. Quand elles sont échauffées, et que nous sommes seuls, nous aimons plus qu'il le faut, plus que nous le devons. J'en suis encore effrayée. Écoute, Claire, écoute.

Il est arrivé aujourd'hui une quantité considérable de laines. Madame Rigaud est particulièrement chargée de cette partie. Jules reçoit les laines, les inscrit; elle les fait emmagasiner, remuer, aérer. Elle a été occupée de ces soins pendant la plus grande partie de la journée, et maman, qui sans paraître s'occuper de rien observe tout, a oublié, pendant une grande heure, son utile surveillance. Elle a été... je ne sais où, et je suis restée seule avec Jules. J'avoue que mon premier mouvement a été de plaisir. La réflexion m'a ramenée à un sentiment de crainte, d'une crainte vague, dont je ne pouvais trop me rendre compte. Mais est-il possible, Claire, de redouter long-temps l'homme qu'on adore? L'aiguille est tombée de ma main; je suis restée les deux bras appuyés sur mon métier, les yeux fixés sur Jules.

Il avait aussi laissé tomber sa plume, et quand on se regarde ainsi, comment ne pas s'approcher? Insensiblement nos chaises se sont touchées; nos mains se sont enlacées. Nous parlions en mots entrecoupés, très-bas, et de trop près. J'ignore réellement comment je suis arrivée là; mais je me suis trouvée sur les genoux de Jules; mon visage touchait presque au sien; je respirais son haleine; la mienne l'enivrait; nous étions hors de nous. Tout à coup, Claire, nos lèvres se sont rencontrées, se sont fixées, une puissance surnaturelle semblait les rendre inséparables. Quel baiser! Quel feu, quel désordre, quelle volupté il a porté dans tous mes sens! Je voyais le danger; je n'avais ni la force, ni la volonté de m'y soustraire. Je périssais, si Jules eût été un homme ordinaire. Il n'avait qu'à vouloir, qu'à commander. Il ne l'a pas voulu : graces lui en soient rendues. Il a détaché ses lèvres des miennes; il m'a repoussée doucement; je me suis retrouvée sur ma chaise; il a éloigné la sienne; il s'est levé; il est sorti.

Je suis restée en proie à mes réflexions, et j'en faisais d'affligeantes. Convaincue de l'énormité de ma faute, forcée de m'avouer que je ne suis rien que par la générosité de Jules, j'ai senti mon infériorité, et cette sensation humiliante m'a arraché des larmes. Je me suis promis de tout avouer à maman, de la conjurer de ne pas me quitter une minute. J'ai pensé bientôt que cette mesure nous exposerait Jules et moi à des reproches bien mérités; qu'elle provoquerait peut-être l'arrêt de notre séparation; qu'au moins on nous priverait de la liberté honnête dont nous jouissons, et je n'ai pas eu le courage de donner des armes contre lui et contre moi. Je me suis mise à son bureau; j'ai pris sa plume; je lui ai écrit quelques lignes. Je n'ai pas affecté une fierté à laquelle ma faiblesse l'aurait empêché de croire. Je me suis montrée ce que je suis. Je l'ai supplié de m'épargner à l'avenir, d'éviter les occasions d'être seul avec moi. Je lui ai rappelé que mon innocence est un dépôt que M. de Méran lui a confié. Je ne lui ai pas reproché de l'avoir ternie: j'étais sa complice, ou plutôt je me suis laissée entraîner comme lui à la plus périlleuse, mais à la plus délicieuse ivresse. J'ai caché mon papier sous un de ses plans; je suis sortie; j'ai cherché maman; je lui ai dit que j'étais indisposée; je suis rentrée au château; je me suis enfermée chez moi. Pour les mines de Golconde, je n'aurais point paru devant Jules en ce moment : il avait sur moi trop d'avantage et de supériorité.

Quel baiser, Claire, quel baiser! Je ne l'oublierai de ma vie. Oh! il m'a éclairée, tout-à-fait éclairée; je n'ai plus de questions à te faire; je sais maintenant ce qui manque à mon bonheur et à celui de Jules. Je suis étendue sur ma chaise-longue, la tête et le cœur pleins de ce terrible et si doux baiser. Je me le reproche amèrement, et j'en appelle un second avec une violence dont je ne suis pas maîtresse, et que je ne peux avouer qu'à toi. Je regarde mes serins avec envie; je ne peux en détacher mes yeux. Heureux petits êtres, qui ne connaissez que l'impulsion de la nature, et qui cédez, sans contrainte et sans remords, à l'attrait du plaisir... Où vais-je m'égarer! Je m'arrache de cette chambre; je parcours le château, et partout je porte avec moi le trait empoisonné.

Ma mère, inquiète de ma santé, me cherche, me rencontre, me parle. Oh! maman est mon ange tutélaire. La voir, l'écouter, c'est revenir à moi; c'est former la résolution d'être toujours digne d'elle.

Ce soir, en jouant sous le marronnier, il m'a glissé un papier. C'est la réponse à mon billet. J'ai pris le sien à la dérobée; je l'ai caché dans mon sein palpitant. J'étais mécontente de moi : je dissimulais, j'avais un secret pour ma mère; j'oubliais qu'elle doit lire avant moi tout ce que Jules m'écrit, et mes réflexions et mes regrets n'ont rien pu contre le charme qui me subjuguait. Une voix intérieure me disait, au contraire, que l'amour seul doit lire ce qui ne peut être senti que par lui. Cette voix toute-puissante a fait taire celle de ma conscience. Voilà des torts, des torts graves. Hé! qui n'en a pas quelques-uns dans sa vie?

Impatiente de parcourir ces précieux caractères, j'abrège la durée de nos jeux; je me hâte de me renfermer chez moi. Je tire le talisman de mon corset protecteur... Oh! Claire, quelle lettre! C'est un brasier que j'avais caché dans mon sein. Si maman lisait cet écrit, tout serait perdu, terminé; une séparation, dont je ne pourrais me plaindre, serait la suite de ces transports décevans et indiscrets. Pourquoi m'écrire ainsi? N'a-t-il pas vingt ans? Ne sait-il pas qu'une pauvre jeune fille, dont le cœur s'ouvre à peine à l'amour, ne peut résister à toutes ses forces réunies? il me demande pardon de s'être oublié dans son cabinet; il s'accuse de ma faiblesse; il professe pour moi la plus haute estime, et il parle de ce baiser avec un délire qu'il me communique à l'instant, et qui étouffe mes remords. Est-il capable d'un plan de séduction? Veut-il couvrir de fleurs le précipice qu'il creuse sous mes pas? Oh! non, non, il est bon, honnête, délicat. Pouvait-il régler ses expressions au moment où j'avais fait passer dans son ame tous les feux qui embrasaient la mienne? S'il avait pu m'écrire avec quelque réserve, je lui aurais reproché de ne pas m'aimer, et, en effet, il ne m'aimerait pas. Mais ce style ravissant, ce baiser peint avec une vérité telle, qu'en lisant je crois le recevoir et le donner encore, tout cela me transporte, m'accable, me tue. Dix lettres comme celle-là, et c'en est fait de ma sagesse ou de ma vie. Et cependant, Claire, je ne peux ôter mes yeux de dessus ce dangereux papier. Je l'ai lu vingt fois, je le sais par cœur, et je le relis encore. J'ajoute à ce qu'il dit; je lis ce qu'il pouvait dire... insensée! Ne dit-il pas assez, et ce que je dis moi-même vaut-il ce qui est écrit?

Je me mets au lit. Je place ce billet sur mon cœur. Il le corrode, il le brûle. Je l'éloigne, pour le reprendre, pour m'exposer encore au même supplice, pour savourer la même ivresse. Le sommeil fuit, et si, par intervalles, il appesantit ma paupière, cette lettre, ce baiser se retracent à mon imagination enflammée. Il n'est donc plus de repos pour moi ni le jour, ni la nuit.

Les premiers rayons du soleil me surprennent dans ces alternatives de regrets et de jouissances. Je me lève fatiguée, excédée, et cet accablement même est ma sauve-garde : il rappelle ma raison. Elle agit seule, lorsque je suis incapable de sentir. Je sais ce qu'elle exige de moi. Le sacrifice est cruel. N'importe; je vais le consommer à l'instant. Dans un moment, peut-être, je ne le pourrais plus, je ne le voudrais plus.

Je tiens ce papier, je le tiens ouvert, tendu; mes doigts se contractent; je vais le mettre en pièces... Oh! que je lise une fois encore... Non, non, si je le relis, je le remettrai dans mon sein; je le relirai cent fois dans la journée, et ma raison s'égarera sans retour.

Je suis à genoux, Claire, à genoux devant ce billet. Je le couvre de baisers et de larmes. Je sens renaître l'amour et ses transports. Je me hâte; je n'ai qu'une seconde à moi; je la donne au devoir... Sa lettre est en lambeaux; ses débris couvrent mon parquet.

Je les ramasse avec un respect religieux. Je les porte encore sur mes lèvres; je les y reporte encore, et, en détournant la vue, je les place sur ma lampe de nuit. Orgueilleuse de ma victoire, j'attise le feu avec une joie féroce. Je m'arrache le cœur et je crois jouir.

Oui, je jouis en effet. Cette crise terminée, je sens que j'ai rempli un devoir indispensable, et malheur à celle qui a fait ce qu'elle a dû et qui n'est pas contente d'elle.

Je ne lui écrirai plus; je lui défendrai de m'écrire, non avec le ton timide d'une amante qui demande grace, mais avec la fermeté d'une femme qui veut être obéie. Jamais non plus je ne serai seule avec lui; j'en contracte l'engagement devant toi, Claire; j'en jure par ce que je dois à mes parens, à moi, à Jules lui-même, à qui je veux épargner un crime. Punis-moi, dénonce-moi à ma mère, ôte-moi son estime, sa confiance, fais-moi séparer de l'homme que j'adore, si je viole ma promesse.

Je suis là, toujours là, immobile à ma place, et sais-tu ce qui m'occupe en ce moment? Je rougis de te le dire; mais je me suis imposé la loi de ne te rien cacher. Qui me défendra de moi-même, si je dissimule avec toi? Je suis fixée vis-à-vis de ces oiseaux: je les regarde avec avidité; leurs caresses reproduisent ce trouble dangereux que je redoute tant, et qui a tant de charmes! Eux aussi connaissent le baiser! Oh! que leur sort me semble digne d'envie! Ce spectacle me ramène aux institutions sociales, à leur origine; je n'ai plus qu'un pas à faire pour les attaquer, les haïr, pour n'admettre que la nature et ses lois. Je me séparerai de mes serins; j'éloignerai de moi tout ce qui me rappellerait un moment d'oubli, tout ce qui m'en ferait désirer un second. Madame Rigaud a trouvé ces oiseaux jolis; je vais les lui offrir. Elle croira que je m'impose une privation; elle m'en saura gré. Oui, c'en est une; mais elle ignorera toujours de quel genre elle est.

La cage est détachée. Je la prends, je l'emporte; ce nouveau sacrifice est fait... A quoi pensé-je? La pauvre mère couve ses petits. Elle les abandonnera; ils perdront la vie, parce que j'ai reçu un baiser de feu! Le soin de ma sûreté me donne-t-il le droit d'être cruelle? Non, non, vivez, innocens petits êtres, vivez et baisez-vous un jour.

Je remets la cage à sa place. Mais je faufile un rideau; mais je l'attache entre moi et le frêle asile du bonheur; mais je charge Jeannette de pourvoir aux besoins de la petite famille; mais je me promets de n'entrer dans ma chambre que lorsque les amours sommeilleront, et d'en sortir avant leur réveil. Es-tu contente, Claire?

Je passe chez ma mère. C'est là que je suis

bien ; c'est là que j'échappe à moi-même. Elle est indisposée. Je ne la quitterai pas d'aujourd'hui. J'ordonne à Jeannette de garnir le lit qui est dans ce cabinet. Tendre mère! Comme elle est sensible à ces attentions! comme elle loue ce qu'elle appelle la tendresse filiale! Ah! Claire, qu'il est cruel de recevoir des éloges et de sentir qu'on ne les mérite pas.

CHAPITRE VII.

Le second baiser.

J'ai été imprudente, dis-tu. Oh! oui, bien imprudente. Tu ne me juges pas coupable. Je ne crois pas l'être en effet. Tu trembles que je le devienne; tu me conseilles, tu me pries, tu m'ordonnes de fuir Jules, de ne plus lui écrire, et surtout de ne jamais recevoir de lettres de lui ; tu me conseilles... Que ne me conseilles-tu pas? Ah! Claire, le moment où tu vis M. de Villers, décida la plénitude de ton bonheur. Le juger, l'aimer, lui plaire, être à lui, a été l'affaire d'une semaine. Tu n'as pas eu le temps de désirer, et qu'il est facile de conseiller les privations du sein de l'abondance.

Ne t'alarme pas de ce que je te dis. Tu remplis envers moi les saints devoirs de l'amitié; et je me montrerai digne de ta tendre sollicitude. Oui, je combattrai sans cesse, et je vaincrai, je l'espère, parce que je ferai tout pour vaincre. On oublie la lettre qu'on a écrite : je pourrai donc lui écrire quelquefois. Mais je lui défendrai de me répondre, parce qu'il est impossible de se détacher des caractères divins que trace cet homme-là... Que dis-je? Sera-t-il en sa puissance de m'obéir? Aurai-je la cruauté de lui inspirer des désirs que je ne voudrai point partager? L'exposerai-je à combattre seul? Non, non, je rétablirai le calme dans son cœur agité, et, pour cela, il ne faut pas lui écrire; il faut même ne pas lui parler amour.

Que de sacrifices! et à qui vais-je les faire? A l'espérance d'un peu d'or. Ah! dis-moi, mon amie, est-ce dans ton opulence que tu trouves le bonheur? Le nécessaire, une chaumière, et l'homme qu'on adore ne suffisent-ils pas?... Je m'arrête. Ces réflexions me rendraient ingrate, injuste envers mon père, et d'ailleurs il n'est pas de puissance capable de rien changer à ses résolutions, quand il a prononcé. Parlons d'autre chose.

Trente métiers sont déjà montés. Dans quelques jours nous en aurons soixante en pleine activité. La fabrication est rapide, et les débouchés sont certains. M. Rigaud a terminé tous ses marchés avec le ministère. Il s'est engagé à fournir vingt mille aunes de drap par mois. Les prix sont très-modérés, et cependant les bénéfices sont immenses. Dans le premier trimestre, mon père touchera dix fois ce qu'il faut pour payer les intérêts de la somme qu'il a empruntée. L'allégresse est dans tous les cœurs. Elle se peint sur toutes les physionomies. Les heures de repos s'écoulent au sein de tous les plaisirs qu'il est possible de se procurer ici. Tous les soirs mon marronnier prête la fraîcheur de son feuillage aux jeux les plus animés. Ma mère et madame Rigaud ne dédaignent pas de se mêler à la jeunesse du voisinage. M. de Méran a cessé de l'éloigner du château, depuis qu'il sent les avantages et par conséquent la nécessité de vivre avec ses inférieurs. Mais malheur à qui s'écarterait de l'étiquette qu'il a établie! Son exclusion serait aussitôt prononcée.

Au reste, cette étiquette n'a rien de trop gênant. Elle ne s'observe qu'à l'égard de M. et de madame de Méran. Ma grande jeunesse n'inspire pas encore ce triste respect, si inférieur à une saillie de gaieté. On m'aime, cela vaut mieux, et je fais tout ce que je peux pour le mériter. Réservée avec les jeunes gens, je mets nos demoiselles à leur aise. Je préviens leurs désirs, je place chacune d'elles dans le jour qui lui convient. Toutes n'ont pas de l'esprit, et toutes paraissent en avoir. Elles me quittent satisfaites de moi, et impatientes du lendemain.

Il y a là un petit monsieur bien lourd, bien gauche, bien plaisant, qui m'a fait l'honneur de me remarquer. Il est toujours auprès de moi; il me regarde sans cesse et ne dit pas un mot. S'il parlait, j'en rirais; si M. de Méran l'entendait, il le ferait jeter dans les fossés du château : le crime le plus irrémissible pour un roturier, serait d'oser s'occuper de moi. Les idées bien connues de mon père à cet égard, lient peut-être la langue de M. Hubert. Au reste, il n'est pas très-maladroit aux petits jeux, et *le gage touché* lui vaut souvent quelque chose.

Madame Hubert est une bonne grosse femme, aussi ridicule que son fils, qu'elle a la bonté de trouver charmant. Elle répète souvent qu'il aura cent mille francs un jour, et qu'il peut prétendre aux partis les plus distingués. Pour me mettre à portée de faire une application, elle ajoute que je suis une demoiselle accomplie sous tous les rapports et... Elle arrête sur le *et*, parce que je la regarde d'un air qui signifie clairement que je ne veux pas entendre le reste. Elle m'excéderait, si elle n'avait des tours de phrase d'une originalité à démonter la gravité la plus imperturbable.

Hier, nous jouions à notre ordinaire. J'ai été obligée deux ou trois fois de prêter mes joues à M. Hubert. Croirais-tu, Claire, que Jules a fait une mine qui m'a effrayée? Je ne sais s'il a dit quelque chose à mon père; mais un instant après, *le gage touché* a été interdit, avec une sévérité qui ne permettra plus d'y penser. Jules jaloux! et de qui, bon Dieu? de M. Hubert. Existe-t-il un homme que je puisse lui préférer, qui puisse même soutenir avec lui aucune espèce de comparaison? N'importe, les familiarités lui déplaisent, je ne m'amuserai plus de M. Hubert, me suis-je dit ; je ne rirai plus de sa chère maman. Oh ! mon bien-aimé, si je ne peux combler ta félicité, au moins t'épargnerai-je jusqu'au plus léger chagrin. Tu te plaindras peut-être de notre destinée ; de moi, jamais.

Je n'ai pas voulu qu'il rentrât chez lui avant que j'eusse dissipé le nuage qui obscurcissait sa figure charmante. J'ai été le prendre au milieu du cercle. Je l'ai conduit à un tertre, sur lequel maman et madame Rigaud étaient assises. Là, je me suis expliquée avec toute la franchise de mon ame. Honteux de me voir réparer, avec cette publicité, une faute qui n'existait que dans son imagination, il a rougi, balbutié ; il a voulu nier sa petite et ridicule jalousie. Je lui en ai arraché l'aveu. « Mon ami, lui ai-je dit ensuite, qui me re-
« fuse une confiance illimitée, ne m'estime point,
« et ne mérite point mon amour. Je puis vous
« déplaire ; mais je ne saurais être coupable, et
« si vous avez quelque idée de la justice, vous
« me parlerez quand il m'arrivera de vous affliger.
« Mon empressement à vous rassurer, à vous cal-
« mer, à reconnaître des torts, sans doute bien
« involontaires, vous prouvera que mon cœur est
« tout à vous, qu'il ne bat que par vous et pour
« vous, et qu'une modestie, excessive et déplacée,
« peut seule vous faire craindre des rivaux. »

Oh ! mon amie, si tu l'avais vu alors ; il t'eût attendrie. Quelques touffes de lilas et de rosiers nous cachaient au reste de la compagnie. Il est tombé à mes pieds, à ceux de ma mère. Il les a pressés, embrassés; il nous a demandé pardon à toutes deux. Il m'a juré une estime sans bornes; mais il m'aime trop, dit-il, pour n'être pas jaloux, même de l'air que je respire, et il ne peut supporter de me voir donner, avec facilité, à d'autres des baisers dont je suis si avare envers lui. Des baisers, Claire! il appelle cela des baisers! Il m'en a donné un, lui! C'est celui-là qui en mérite le nom, et qui jamais ne s'effacera de ma mémoire.

Je l'ai relevé, je l'ai mis dans les bras de ma mère; elle l'a embrassé! Je l'ai embrassé à mon tour; je l'ai embrassé plusieurs fois, et je ne lui ai pas donné un baiser. Je lui ai rendu seulement ce que j'avais accordé à ce vilain petit Hubert. Je ne peux plus le souffrir; sa grosse mère m'est insupportable. Je ne leur parlerai plus, je ne les regarderai plus; ma froideur les bannira du château. Ils ont inquiété, tourmenté Jules; je ne leur ferai pas de grace.

Dans huit jours, la première livraison de draps partira pour Paris. M. Rigaud donnera ce jour-là un dîner splendide, où mon père a consenti que les chefs d'ateliers fussent admis, à condition qu'on dînera sur la pelouse; qu'ils seront au bas bout de la nappe, car il n'y aura pas de table, afin que ces gens-là ne puissent pas dire avoir eu l'honneur d'être admis à celle de M. le comte de Méran. M. le comte donne la place du haut à Jules, son agent général, et lui et ma mère auront l'air d'être là sans conséquence, seulement pour encourager nos principaux ouvriers. Un petit bal terminera la fête. Mais il est bien convenu qu'on dansera chez M. Rigaud, et qu'on laissera les chefs d'ateliers boire entre eux sur le gazon : il ne faut pas qu'aucune de ces mains-là touche celle de mademoiselle de Méran.

Qu'est-ce donc, Claire, que le plaisir qui est ainsi calculé? De quoi jouit-on, quand on redoute sans cesse l'ombre de cette égalité, qui seule répand sur la vie de ceux qui se conviennent, cet aimable abandon, ce charme que je ne peux définir, même en sentant tout ce qu'il vaut? Mon pauvre père s'ennuiera magnifiquement. Maman aura l'air de s'amuser beaucoup, parce que les opinions, les arrangemens de mon père doivent lui plaire constamment. Moi, je serai avec Jules, et je suis toujours si bien avec lui!

Qu'il est aimable, qu'il est bon! Croirais-tu que M. Hubert et sa mère sont les objets de ses attentions, de ses prévenances? Il semble vouloir les dédommager de l'abandon absolu où je les laisse. Il cherche à me faire oublier qu'il a été jaloux, ou peut-être il veut expier ce mouvement de jalousie en caressant l'homme qui l'a excité.

Sa vie et la mienne sont semées maintenant de privations et de chagrins. Qu'est devenue cette gaieté folâtre qui m'animait autrefois? Je regretterais ma paisible indifférence, s'il m'était possible d'exister sans amour. Jules et moi nous nous cherchons par l'effet d'une force irrésistible ; nous nous rencontrons, nous nous évitons, pour nous retrouver, et nous éviter encore. Éclairés par notre faiblesse, fermes dans la résolution d'être irréprochables, sans être convenus de rien, nous fuyons les occasions, les jouissances les plus simples et les plus innocentes. Je ne prends plus son bras, ce bras que pressait, que caressait ma main ; je ne trouve plus la sienne. Je m'interdis ces riens charmans qui nous faisaient palpiter de joie l'un et l'autre. Nous ne nous parlons plus que devant des témoins, dont la présence nous force à nous circonscrire dans les plus rigoureuses bienséances. Notre bouche a perdu l'habitude de dire *amour*, et le sentiment le plus vif est concentré au fond de nos cœurs. Quels ravages il fait dans le mien ! Je ne vis plus, Claire ; je languis, semblable à la fleur que le soleil a frappée, et qui penche sur sa tige flétrie et décolorée.

Quel état ! il est insoutenable, et, de long-temps, notre sort ne peut changer que par une explosion subite et terrible. Je fais tout pour la prévenir. J'ai confié à maman mes douleurs, mes combats et mes craintes. Je ne lui ai rien caché que ce fatal et ravissant baiser. Avec quelle bonté elle me soutient, elle me console ! Elle ne me conseille pas, Claire ; elle sait que l'amour n'écoute que ce qu'il lui est doux d'entendre ; qu'il ne fait que ce qui le flatte. Elle me montre le but dans l'éloignement ; elle me fait pressentir les délices que me réserve l'avenir ; elle s'afflige avec moi sur le présent. Quel trésor qu'une bonne mère !

Avec quelle confiance je te parle ! avec quelle franchise je t'ouvre mon ame ! Prends bien garde, Claire, tu es dépositaire du secret de mon honneur. Ce que je confie à l'amitié doit être couvert d'un voile impénétrable, comme ces antiques mystères, qu'on dérobait soigneusement à l'œil des profanes. Ne m'expose pas à rougir devant M. de Villers, quand je le reverrai. Hé, quel homme est capable de juger le cœur d'une femme ? Il faut, pour le connaître, avoir nos penchans, notre faiblesse ; les avoir combattus comme nous ; s'être vaincu comme nous, dans l'obscurité et le silence ; se contenter, comme nous, du témoignage de sa conscience, et renoncer à la gloire d'éclat que cherchent, qu'idolâtrent, qu'obtiennent des hommes, qui souvent ne la méritent point.

Je crois que ta pauvre amie devient philosophe. Quel maître que l'amour ! Avec quelle facilité il développe nos facultés intellectuelles ! C'est lui qui nous force à observer, à comparer, à juger, et une femme sensible gagne en six mois ce que sa triste indifférence ne lui eût pas donné d'expérience en plusieurs années.

La maison de M. Rigaud était encombrée de ballots de draps. Il avait fallu en mettre jusque dans le château. Tout cela a été chargé ce matin sur des chariots, qui ont été dirigés aussitôt sur Paris. La fête va commencer. Je ne suis point parée. C'est par mes qualités, et non par un luxe qui humilie toujours nos inférieurs, que je veux obtenir la considération de nos bons paysans. Une simple robe blanche, un soulier noir, un de ces chapeaux de paille, qui me coiffe si bien, dit Jules, négligemment noué sous le menton avec un ruban bleu-clair, voilà toute ma toilette. M. de Méran a mis un superbe habit brodé, et il a voulu que ma mère se parât de ses diamans.

Ce que j'ai prévu vient d'arriver. Nos villageois s'éloignent de mon père, et ils se rapprochent de moi. A la vérité, Jules est toujours là; il est leur chef immédiat, et il a su s'en faire aimer. Il est mis aussi simplement que moi. L'art n'a pas défiguré les dons qu'il a reçus de la nature, et il est beau, il est beau, Claire, comme l'Amour adolescent.

On va se placer. M. Hubert s'approche. Jules se jette entre lui et moi. Encore un mouvement de jalousie. Je regarde Jules si tendrement, je lui souris avec tant de douceur! Il est calmé.

M. de Méran est tourmenté au point de me faire de la peine. Hélas! mon digne père n'a d'autre défaut que de ne vouloir point reconnaître un homme sous la bure. Rien n'échappe à madame Rigaud. Elle dit tout haut que M. de Méran est assis d'une manière incommode, et elle ordonne qu'on apporte une table. A ces mots, mon père semble respirer plus facilement.

La table est là. Elle tient juste six couverts. M. et madame de Méran vont s'y placer, et ils invitent M. et madame Rigaud à les suivre. Mon père vient me prendre sur le gazon, où j'étais à côté de Jules, où j'étais si bien ! Je fais signe à mon bien-aimé ; il vient se mettre auprès de moi. M. Hubert rougit, pâlit. Ce jeune homme souffre, et quoiqu'il m'ait fait bien du mal, je ne peux m'empêcher de le plaindre.

M. de Méran a repris toute sa gaieté. Enfans que nous sommes ! A quoi tiennent nos dispositions intérieures ? Souvent à des niaiseries.

Tout en moi est-il sensation, amour, jouissance ? Quel est, Claire, le nouveau plaisir que je goûte en ce moment ? Je n'en soupçonnais pas l'existence. Le pied du bien-aimé est légèrement appuyé sur le mien ; nos genoux, nos jambes se pressent, et je tressaille d'aise et de bonheur. Depuis que j'ai donné et reçu ce baiser enchanteur, je n'ai pas connu de semblables délices. Un second baiser pourrait seul me les faire oublier. Non, non, plus de baisers, je les crains trop. Mais que le feu qui brûle mon cœur se répande dans mes veines, qu'il circule avec mon sang, qu'il se communique à tout mon être ; que le pied parle, puisqu'il a aussi son langage. Ce langage, pour être muet, n'est pas moins expressif, et n'est pas dangereux. Je peux à mon gré prolonger ou dissiper le charme. Il suffit de me lever pour qu'il n'en reste que le souvenir.

Mais souvenir d'amour ne s'affaiblit pas aisément; souvenir est encore jouissance. Elle se reproduit, dans le silence et le recueillement. Mes forces ne suffisent pas à ce que j'éprouve. On a quitté la table, et je me sens mal à mon aise. Mes sensations m'ont-elles trop agitée, ou cette indisposition est-elle naturelle? Je ne sais; mais je la sens augmenter de moment en moment. Personne auprès de moi que Jules, à qui il appartenait de s'apercevoir le premier que je suis souffrante. Il s'approche, il est effrayé; il m'offre son bras; je suis forcée de le prendre. Tu vois, Claire, qu'il n'y a pas de ma faute.

J'étais arrivée, je ne sais comment, à l'extrémité du jardin. Je pensais à Jules, en marchant, et quand je pense à lui, je marcherais des heures entières sans m'en douter. Il y a là une touffe d'arbres, au milieu de laquelle on a construit un joli pavillon. J'avais de la peine à me soutenir, et il a bien fallu que j'entrasse. Il m'a approché un siége; il s'est assis vis-à-vis de moi. Sa figure charmante exprimait à la fois la crainte et le plus tendre intérêt. Je lui ai souri pour le rassurer. Il n'y a pas de mal à cela.

Toujours craintif, il s'approchait de plus en plus. Il a pris ma main; je la lui ai abandonnée: je croyais avoir de la fièvre, et il voulait s'en assurer. De la fièvre! je n'en avais pas encore, Claire. Mais bientôt... fièvre de désirs, de félicité, d'ivresse, pourquoi m'avez-vous quittée?

Où en étais-je? Ah! il tenait ma main, et qu'importait-il qu'il en tînt deux ou une? J'ai avancé la seconde, et tu sens qu'il l'a saisie. Il les caressait, il les couvrait de baisers, et ces baisers allaient droit à mon cœur. Sa jolie tête était presque sur mes genoux; la mienne était inclinée vers lui, et mon œil avide suivait tous ses mouvemens. Il se relève, Claire; je n'ai pas le temps de me retirer, peut-être n'y pensé-je point. Pour la seconde fois, sa bouche rencontre la mienne. Immobile sur mon siége, je le presse dans mes bras; je me sens enveloppée par les siens; nos deux corps enlacés semblent n'en faire qu'un. Notre haleine est embrasée; des torrens de feu passent de l'un à l'autre; la même ivresse nous domine; le même oubli de nous, du devoir, de l'honneur, nous égare. Un instant encore, et c'en est fait de ton amie : elle brûle de tout accorder; elle trouve tout légitime.

Quel ange de miséricorde a conduit là ma respectable mère? Inquiète de ne pas me voir, elle me cherchait partout. Elle entre dans ce pavillon, et elle y trouve sa fille dans les bras d'un homme perdu d'amour et de désirs. Elle jette un cri perçant. Non, la foudre tombant à mes pieds ne me causerait pas un tel effroi. Je me sens défaillir, et c'est encore dans les bras de Jules que je perds le sentiment.

La connaissance m'est rendue, et je me trouve dans mon lit. Ma bonne mère est assise près de moi. Oh que son aspect me fait de mal! Je dé-

tourne la tête; je voudrais me cacher à tout l'univers, à moi-même. « Reviens, me dit-elle, reviens
« à ta mère, qui te blâme, qui te plaint, et qui
« t'aime toujours. Ton âge est celui des erreurs;
« mais où chercheras-tu des consolations et un
« appui, si je t'éloigne de moi par une sévérité
« mal entendue? Mon enfant, sèche tes larmes;
« elles ne répareront pas la faute que tu as com-
« mise; elles te rendront plus faible, et tu as be-
« soin de toute ton énergie et de ta résignation.

« Laissons le passé, et occupons-nous de l'avenir.
« Jusqu'ici, tu m'as confié toutes tes actions. Fais
« plus, dévoile-moi tes plus secrètes pensées. Sois
« avec moi ce que tu serais avec Claire; je t'aime
« plus qu'elle, et je suis aussi indulgente. Prendre
« l'engagement de me découvrir tes pensées, c'est
« t'imposer la loi de n'en avoir que d'honnêtes,
« ou de rejeter, à l'instant, celles qui ne s'accor-
« deraient point avec ce que tu te dois. Je sais que
« mon âge et ma qualité de mère doivent t'inspirer
« une sorte de réserve. Eh bien, mon ange, oublie
« ce que je suis. Je te dispense du respect; je ne
« veux que ton affection; mais je la veux toute
« entière.

« Je parlerai le même langage à M. de Courcelles.
« Je le persuaderai, je l'espère, et je le détermi-
« nerai à un sacrifice que votre position respec-
« tive rend nécessaire. — Eh! quel sacrifice avez-
« vous à lui demander, maman? — Vous ne pouvez
« habiter plus long-temps sous le même toit. Je

« ne vous fais pas de reproches; j'aime à croire que
« rien n'a été prévu, arrangé par vous, que l'oc-
« casion a tout fait. Mais il est de mon devoir d'em-
« pêcher qu'il s'en présente d'autres, dont le ré-
« sultat nous serait fatal à tous. Adèle déshonorée;
« son père furieux, armé contre son amant; sa
« mère mourante de chagrin, et entraînant peut-
« être après elle sa malheureuse fille, voilà les
« maux que peut causer un moment, et que nous
« devons prévenir. — Oui, j'ai commis une faute,
« une grande faute, je le sens à la rigueur de la
« punition que vous m'infligez. Je la reçois, ma-
« man, avec respect et soumission. Mais, dites-
« moi, où exilerez-vous Jules? Pendant quel temps
« sera-t-il banni de votre présence! — Il faut, ma
« fille, qu'il insinue à M. de Méran que le bien de
« notre association exige qu'il loge et qu'il mange
« chez M. Rigaud. Tu le verras tous les jours ;
« mais tu le verras avec moi, et sous la condition
« expresse que, lorsque nous serons là, tu ne t'é-
« loigneras pas de moi de quatre pas. Ici, tu me
« parleras de ton amour, de tes peines, de tes
« combats. J'éclairerai ta faible raison; je la sou-
« tiendrai; je l'opposerai à ton cœur. Crois-moi,
« mon enfant, deux ans et demi sont bientôt écou-
« lés, même au sein de l'infortune. Doivent-ils
« paraître éternels, quand on est soutenu par l'es-
« pérance, par la certitude du bonheur le plus
« complet qui puisse embellir la carrière, souvent
« pénible, que nous parcourons tous? Dis-moi,

« Adèle, approuves-tu mon plan, acceptes-tu mes
« propositions ? Réponds avec franchise et avec
« liberté. Si tu as quelques objections sensées à
« me faire, parle. Me voilà prête à me rendre à
« la force, à la justesse de tes raisonnemens. »

Je m'attendais à des reproches, et maman me prodiguait les marques les plus touchantes de sa bonté. Oh! que le coupable est humilié, quand on lui oppose la générosité et le pardon! Je me soulève péniblement; je me mets à genoux devant ma mère; j'élève vers elle mes mains jointes; je balbutie la promesse qu'elle a exigée, et je tombe dans ses bras. Je me sens pressée sur son sein; ses larmes mouillent ma joue; les miennes coulent avec abondance.

« Remettons-nous, ma fille. Votre père et les
« personnes qui sont ici viendront bientôt sans
« doute demander dans quel état vous êtes. Qu'un
« calme, au moins apparent, dérobe à tous les yeux
« la scène douloureuse qui vient de se passer. Plus
« d'espoir de bonheur pour vous, si M. de Méran
« avait quelque soupçon de votre faiblesse. Jamais
« on ne lui en a connu, et qui n'a rien à se par-
« donner, pardonne rarement aux autres. »

Qui eût entendu maman s'exprimer ainsi, eût pensé qu'elle a pu quelquefois avoir besoin d'indulgence. Ah! elle unit l'extrême bonté à la vertu la plus pure. C'est une justice que mon père s'est toujours plu à lui rendre; c'est elle qu'il m'a toujours proposée pour modèle.

Ma mère me faisait répéter ce que ma bouche avait tant de peine à prononcer. Ah! Claire, confier ses plus secrètes pensées est facile à promettre. Mais qui peut garantir la fidèle exécution d'un semblable engagement? Je promettais pour complaire à maman, et je la trompais, mon amie, car j'étais toute à la scène du pavillon, et je ne lui en disais pas un mot lorsque Jules est entré dans ma chambre.

Il a tout entendu. Il s'élance, il se précipite aux pieds de ma mère. Il déplore son audace criminelle; il veut mettre un terme à ses coupables entreprises; il élèvera une barrière entre lui et moi; il s'accuse, il accuse l'amour; une passion insurmontable, effrénée, a tout fait; il se déclare indigne des bontés de M. de Méran; il invoque le suprême bonheur; il supplie ma mère de consacrer les doux nœuds qui nous unissent déjà. Sa pauvre tête s'égare, se perd. Ses idées n'ont pas de suite; ses mots sont sans liaison. C'est un enfant qui déraisonne, qui s'afflige, qui se calme, pour s'affliger encore, et se calmer de nouveau.

M. de Méran paraît. Son œil est étincelant. Il a tout entendu aussi. Je voudrais être morte.

« Monsieur, dit-il à Jules, j'avais confié l'inno« cence à l'honneur. Vous vous êtes chargé de ce « dépôt sacré. Quel compte maintenant avez-vous « à en rendre à vous et aux autres? N'alléguez « pas un amour indomptable : cette excuse est celle « des séducteurs. Les brigands, qui infestent les

« grandes routes, prétendent aussi être entraînés
« par une force irrésistible. L'exacte probité ne
« transige jamais avec le devoir; elle suit invaria-
« blement la route qu'elle s'est tracée. Je suis
« fâché de vous le dire, monsieur. Je ne vous
« mets plus au rang des honnêtes gens.

« Levez-vous, monsieur, levez-vous. Que signi-
« fient ces exclamations exagérées, ces mouve-
« mens impétueux? Ils ne m'abuseront pas. Et
« vous, mademoiselle, noyez-vous maintenant
« dans d'inutiles larmes. Pleurez l'estime perdue
« de votre père, de votre mère, et sans doute
« celle de votre complice... Laissez-moi, mon-
« sieur, laissez-moi. Me suivrez-vous à genoux
« jusque dans le salon? Rendrez-vous public le
« déshonneur de ma fille? Laissez-moi, vous dis-je.
« Je ne vous aime plus, je ne vous connais plus,
« et si je ne ménageais en vous la mémoire d'un
« ami, qui m'est bien chère, vous auriez déja
« reçu des marques de mon ressentiment. — M. de
« Méran, mon ami, ménagez votre fille. Elle suf-
« foque, elle périt. Prêtez l'oreille aux accens du
« repentir. Ouvrez-lui votre cœur et vos bras.
« Songez qu'un père est l'image de Dieu, qui punit
« et qui pardonne. Bornez le châtiment à la peine
« que j'ai prononcée. Adèle a été faible sans doute;
« mais elle n'est pas indigne de votre estime.
« Rendez-la-lui, et pardonnez. »

Pardonnez-moi, pardonnez-nous, nous écrions-
nous tous trois ensemble, et tous trois aux pieds

de mon père : j'avais rassemblé ce qu'il me restait de forces pour m'élancer de mon lit; ma mère n'avait eu que le temps de jeter un schall sur mes épaules. Il nous voyait tous trois prosternés, supplians; il nous regardait d'un œil sec. « Voilà, « s'écrie ma mère, la première grace que je vous « demande. La refuserez-vous à vingt ans de ten- « dresse et de vertu? »

O mon amie! quel cœur que celui d'un père! La fierté, le ressentiment, l'énergie même disparaissent. Un œil humide, des bras qui s'avancent, qui vont nous enlacer, annoncent la fin de cet épouvantable orage. M. de Méran relève ma mère. « Tu as vaincu, lui dit-il. Non, je ne peux rien « te refuser. » Il me relève; il relève Jules. « Calme- « toi, infortuné jeune homme. Je ne saurais te « haïr ni te méconnaître. Je te la rends. » Il nous presse l'un et l'autre sur son cœur. Ses larmes, qu'il s'efforçait de comprimer, s'ouvrent enfin un passage. Il se laisse aller sur mon ottomane. Nous y tombons avec lui, et nos bénédictions s'échappent à travers nos sanglots. Qu'elles étaient douces ces larmes que nous versions ensemble! Elles étaient le sceau de l'entier oubli du passé, de la plus parfaite réconciliation.

« Jules, Adèle, j'entends, j'ordonne que ce qu'a « prescrit madame de Méran soit exécuté de point « en point. Laissons-la avec sa fille; suivez-moi, « Jules. Je vais parler à M. Rigaud. »

Ils sont sortis. Mon père est rentré le soir;

Jules n'était pas avec lui. Ainsi l'expiation de ma faiblesse commence dès ce moment. Je l'expierai pendant deux ans et demi encore! Ah! Claire, la peine est-elle dans la proportion de ma faute?

CHAPITRE VIII.

Quel coup !

J'ai reçu toutes tes lettres. Tu approuves la sage prévoyance de mes parens. Et moi aussi, je l'approuve, et je ne souffre pas moins.

J'ai passé deux mois sans t'écrire. Que t'aurais-je dit? Vœux inutiles, privations trop fortement senties, voilà de quoi se composent la vie de Jules et la mienne.

Notre commerce a pris une extension telle que nous n'aurions osé l'espérer. Les demandes viennent de toutes parts, et les fonds qui rentrent sont employés en acquisitions de métiers et de matières premières. Tout à l'heure, maman disait, d'un ton timide, que des circonstances favorables peuvent rapprocher un terme qu'auraient éloigné des événemens malheureux, sans que personne ait eu à se plaindre. Mon père n'a pas répondu. Mais sa figure s'est resserrée, et un coup d'œil expressif a empêché ma bonne mère d'ajouter un mot. J'ai soupiré, et comme elle j'ai gardé le silence. M. de Méran se promenait par la chambre d'un air préoccupé. Je suivais tous ses mouvemens; je cherchais à surprendre sa pensée. Il s'est arrêté devant ma mère, et d'un ton de bienveillance, bien propre à lui faire oublier ce que ce coup d'œil avait de dur, il lui a dit : « Ma bonne amie, on ne marie pas des « enfans. »

Des enfans, Claire! J'ai bientôt dix-sept ans. Bientôt Jules en aura vingt-un.

Que de choses j'avais à répondre! Je cherchais des tours, des expressions qui rendissent ma pensée, sans blesser M. de Méran, lorsque M. Rigaud est entré. Sa figure était décomposée, sa voix tremblante, sa démarche mal assurée. Il a tiré M. de Méran à l'écart. « Qu'y a-t-il, bon Dieu? « s'est écrié ma mère. — Rien, ma bonne maman, « rien, ai-je répondu. Peut-être une indisposition, « peut-être... — Non, non, Adèle, ce n'est pas « cela. M. Rigaud paraît profondément affecté. »

Jeannette vient appeler maman de la part de mon père. Oh! oui, oui, il y a quelque chose d'extraordinaire, d'alarmant.

Je sonne; je fais venir Firmin. « Allez, courez « chez M. Rigaud. Demandez M. de Courcelles. « Voyez-le, dites-lui... Dites-lui... que vous venez « savoir comment il se porte. Allez, ne perdez « pas un moment. »

Je vais, je viens, je sors, je rentre, je m'assieds, je me lève; je ne suis plus à moi. Serait-il arrivé quelque malheur à Jules? Prétendrait-on me le cacher?... Firmin ne revient pas. Quelle lenteur! Le voilà, le voilà.

Un billet de Jules! il n'est pas cacheté. Le lirai-je? Je ne le dois pas. Mais point de cachet... Qui saura... Hé! ne le saurai-je pas, moi? en discutant avec moi-même, j'ai ouvert le papier. Je cherche le mot *amour*. Il n'y est pas; je peux lire... Dieu, grand Dieu! une lettre foudroyante du ministre, adressée à M. Rigaud. De quoi s'agit-il donc? Les expressions de cette lettre doivent être communes à mon père et à son associé, à mon père, qui me consolait à la fin de la scène de douleur que je t'ai écrite, et qui a besoin de consolations à son tour. Je cours, je vole lui offrir celles qu'il est en mon pouvoir de lui donner. J'entre dans son cabinet; je me jette dans ses bras.

M. Rigaud est debout; son visage est couvert de ses mains. Ma mère, assise dans un coin, paraît accablée. Pauvre enfant, pauvre enfant, dit et répète mon père, en me serrant douloureusement dans ses bras. « Pour Dieu, m'écriai-je, tirez-
« moi de l'anxiété insupportable où je suis. Que
« dit cette lettre? Où est-elle? » Je la vois sur un bureau; je veux m'en saisir; M. de Méran me retient; ma mère prend la lettre et l'enferme sous la clé.

Ah! sans doute, un grand malheur accable ma famille. Quel peut-il être? Je sollicite, je prie, je presse, je conjure. « Vous le saurez trop tôt, ma
« fille, me dit M. de Méran. — Ah! mon père,
« craindre un malheur, quel qu'il puisse être,

8.

« c'est plus qu'en être frappé. Ne voyez-vous pas
« le mal affreux que me fait le ménagement dont
« vous usez envers moi? Parlez, je vous en sup-
« plie. Sommes-nous menacés dans notre fortune,
« notre liberté, notre honneur? Je supporterai
« tout avec vous et pour vous ; je vous donnerai
« l'exemple du courage. Celui de Jules soutiendra
« le mien, et notre amour, nos soins, nos égards
« vous dédommageront de ce que vous aurez
« perdu. — Jules, ma fille, Jules! — Je connais
« son cœur, mon père, et je vous réponds de lui.
« Mais donnez-moi cette lettre; au nom de Dieu
« donnez-moi-la. — Donnez-la-lui, madame. Que
« gagnerons-nous à différer? Je crois qu'elle a
« raison : le mal qu'on redoute est plus cruel que
« celui qu'on éprouve. »

Je la tiens cette lettre; je la dévore des yeux...
Juste ciel! mon père, M. Rigaud, accusés d'avoir
trompé le gouvernement, d'avoir fait sciemment
des livraisons défectueuses; des injonctions rui-
neuses pour le moment; des menaces pour l'avenir; un style dur et méprisant; tout ce qui peut
irriter, accabler mon père, se trouve rassemblé
dans cette lettre cruelle. « Il faut répondre, lui
« dis-je. Il faut dire qu'un homme de votre sang
« peut se tromper lui-même, et ne trompe sciem-
« ment personne. Il faut offrir votre fortune en
« dédommagement du tort qu'a souffert le gou-
« vernement; il faut appeler des menaces à la jus-
« tice du ministre lui-même; il faut lui faire sentir

« que l'expression du mépris est déplacée même
« à l'égard du coupable convaincu. — Tu es mon
« sang, tu es ma digne fille. Ce que tu me con-
« seilles est fait. — Voyons maintenant, mon père,
« quels sont les défauts des draps qui ont été
« livrés, et sur lesquels on n'entre dans aucun
« détail. Allons chez M. Rigaud; faisons travailler
« un métier à découvert. Le secret sera perdu
« sans doute; mais l'honneur peut être conservé. »
M. Rigaud, mon père, maman, m'entourent, me
caressent, me louent. De quoi me louent-ils? Je
ne suis qu'une fille sensible, qui veut offrir à
Jules une main pure.

Je sors, et on me suit. Je marche d'un pas
ferme. Je souris à ma pauvre mère; je l'engage à
espérer. Je lui dis que le mal ne peut être aussi
grand que le croit le ministre; que sa lettre a été
écrite dans un mouvement d'indignation, que le
temps dissipera des préjugés défavorables, et
qu'ils feront place à l'équité. Je le croyais, Claire;
mais je le croyais seule. La consternation était
peinte sur tous les visages; tous les cœurs étaient
brisés. Et moi, dépourvue d'expérience, qui ai
à peine quelque usage du monde, je prenais
pour des réalités les rêves de mon imagination.
Ah! j'ai cru long-temps cette terre peuplée d'hommes tels que Jules et mon père.

Nous approchons des ateliers. Jules vient au-
devant de nous. Il est pâle, défait, méconnaissable. « Tout est perdu, dit-il, et le ministre a

« raison. Personne ici n'est coupable ; mais qui
« peut pénétrer dans l'intérieur des consciences?
« — Expliquez-vous, mon ami, lui criai-je. Les
« faits d'abord; nous reviendrons ensuite aux prin-
« cipes. »

Ce que j'ai examiné, Claire, il vient de l'exécuter. Il a fait sortir les ouvriers. D'un bras vigoureux il a soulevé les couvercles d'un métier.
Il a reconnu que les fils qui se rompent ne peuvent plus se rattacher, et que le duvet du drap
couvre ces défectuosités. Il a été dans ses magasins; il a ouvert un ballot; il a tiré le drap avec
force, et il s'est déchiré sous sa main. Il juge que
le mordant nécessaire pour faire prendre la teinture en aussi peu de temps doit être corrosif.

« Jules, mon ami, passez à votre bureau; écri-
« vez un mémoire en faveur de notre bon père.
« Dites qu'il est étranger aux arts mécaniques ;
« que M. Rigaud lui-même a pu être abusé par les
« rapports avantageux que des sociétés savantes
« ont faits sur sa découverte. Dites qu'il est facile
« à un inventeur de se flatter d'un plein succès,
« et qu'un homme qui a vécu cinquante ans sans
« reproche, ne doit pas être jugé légèrement. Écri-
« vez, mon ami. Que ce mémoire soit imprimé;
« qu'il soit distribué à Paris avec profusion. Sau-
« vons l'honneur, et s'il faut perdre la fortune,
« c'est vous qui me dédommagerez; c'est votre
« cœur qui me tiendra lieu de tout. Si le mien
« suffit à votre félicité, qu'aurons-nous à regret-

« ter? — Adélaïde et une chaumière, et je serai
« le plus riche des mortels. Mais mon protecteur,
« mon ami, mon père, dépouillé de tous les pres-
« tiges de la jeunesse, qui nous soutiennent main-
« tenant, habitué à l'opulence, obligé de descendre
« de son rang, privé peut-être de la juste consi-
« dération dont il a joui jusqu'à présent, aura-t-il
« le courage de supporter son sort? — Jeune
« homme, pourquoi serais-je moins fort que vous?
« Pourquoi me jugez-vous ainsi? Dans quelle cir-
« constance m'avez-vous vu faiblir? Faites ce que
« vous prescrit ma fille. »

On s'aperçoit enfin que madame Rigaud n'est
pas avec nous. M. de Méran veut la voir. Elle
s'accuse du renversement de notre fortune, dit
son mari; elle craint de se présenter. « Qu'elle
« vienne, s'écrie mon père. Vous êtes d'honnêtes
« gens; je ne vous reproche rien. Mon amour
« pour ces enfans et la fatalité ont tout fait. »

Bonne madame Rigaud! Elle paraît, timide,
éplorée. Je vais à elle, je l'embrasse; je la conduis à ma mère, qui l'accueille, qui la caresse,
qui la rassure. Pauvre mère, qui elle-même a tant
besoin de consolations! « Madame, dit mon père
« à madame Rigaud, l'infortune est moins sensible
« quand elle est partagée. Mais le premier devoir
« du malheureux est la résignation. Épargnez tou-
« tes deux à vos époux le spectacle d'une afflic-
« tion à laquelle ils ne peuvent apporter de re-
« mède. » Épargnez, toutes deux, à vos époux!

a-t-il dit... Voilà la première fois qu'il parle collectivement de son associé et de lui, de madame Rigaud et de la comtesse de Méran. Ah! le malheur a du moins cela de bon, qu'il rapproche les hommes, et leur donne des appuis qui les aident à supporter leur sort.

Jules écrit au milieu des craintes, distrait par une conversation plus ou moins animée, à laquelle il est forcé lui-même de prendre part. Je suis derrière lui; je lis à mesure qu'il écrit. Il me semble que ce n'est pas cela; que ce n'est pas un mémoire qu'il rédige. Je ne trouve pas de suite, de liaison dans ses idées. Ce qu'il fait sera du moins très-utile pour diriger une plume plus exercée et une tête calme.

Firmin nous apporte nos lettres. M. Rigaud en ouvre une qui le fait frémir. Qu'y a-t-il encore à redouter, et où s'arrêtera l'infortune? Cette ettre est de notre homme d'affaires à Paris. Nos marchands refusent de payer. Cent mille écus de billets, mis dans la circulation, retombent sur nous. Les effets ont été protestés; les marchandises déposées; des procédures commencées. Notre ruine est entière. Celle de M. Rigaud paraît inévitable.

Des événemens désastreux et inattendus nous frappent avec une force qui suspend l'usage de nos facultés intellectuelles. Nous éprouvons bientôt le besoin de retrouver des idées, de les classer, pour opposer à l'orage une résistance proportionnée au danger. M. de Méran s'est montré le premier, calme et grand. Il a entraîné tous les autres.

Après une sérieuse, mais courte discussion, il a été arrêté que mon père et M. Rigaud partiront demain pour Paris; que M. Rigaud suivra les affaires contentieuses; que mon père verra le ministre et fera imprimer des mémoires.

En examinant plus en détail ce qu'il conviendra de faire, on a senti que M. Rigaud ne pourrait suffire à tout, et on a décidé que Jules partira avec ces messieurs. Son absence peut être longue; hé bien, Claire, je ne me suis pas permis la moindre réflexion. J'ai pensé que la présence de Jules serait agréable à M. de Méran, le distrairait de ses chagrins, et quand il a daigné me demander mon consentement, je l'ai donné avec une facilité, une grace, dont il a paru me savoir bien bon gré. Je me dois cette justice, Claire : d'aujourd'hui je n'ai donné une pensée à l'amour. J'ai été tout entière à mes respectables et infortunés parens.

Mais le soir, quand je suis rentrée dans ma chambre, quand le silence et le calme de la nuit m'ont rendue à moi-même, et m'ont permis de me porter dans l'avenir, j'ai frémi, j'ai répandu des larmes. Quand reviendra-t-il, me suis-je demandé, et dans quel état sera son cœur? Je suis jolie, dit-on; mais on dit aussi qu'il est à Paris mille objets séduisans, qui font de l'art de plaire leur unique occupation, qui attirent, attachent, enchaînent. Non, reprenais-je aussitôt, seule je peux fixer Jules, parce qu'aucune femme ne peut l'aimer comme moi... Mais l'occasion, la facilité... Mais ses sermens, mais l'honneur... Et puis, ce ne sont pas des plaisirs qu'il lui faut; c'est un cœur, et le mien le suivra partout.

Il écrira tous les jours, et il adressera ses lettres à maman. Tous les jours je lui écrirai aussi sous le couvert de mon père. M. et madame de Méran liront avant nous : telle est leur volonté. Mais qu'importe? il n'y aura de changé que les adresses, et les adresses ne sont rien. L'amour est tout, et c'est lui qui conduira notre main.

Le jour me surprend dans ces alternatives d'espérances et de craintes. Je me lève précipitamment; je descends, je cours, je cherche, et je ne trouve personne. J'interroge Firmin... Ils sont partis, Claire; partis au milieu de la nuit! Il a pu s'éloigner sans me voir encore, sans m'adresser un dernier adieu, sans recevoir le mien! Quel coup! Je ne peux le supporter. Oh! la perte de notre fortune n'était rien. Mais être blessée dans ses plus chères affections; se voir en quelque sorte abandonnée, dédaignée, voilà ce qu'une femme ne supporte pas, ce que moi, je le répète, je ne peux supporter. Je me répands en plaintes inutiles; je pleure de dépit et d'amour. J'accuse Jules, je le condamne, je ne veux plus l'aimer, non, je ne l'aimerai plus.

J'entre dans ce bosquet, témoin des plus doux épanchemens. Je marche vers ce marronnier, d'où nos mains unies se sont cent fois élevées vers le ciel; d'où notre bouche lui a cent fois adressé les vœux les plus tendres, et le serment d'une éternelle constance. C'est là que je veux lui reprocher de m'avoir délaissée; c'est là que j'appellerai sur lui la punition due au parjure... Ah! je ne trouve au fond de mon cœur que son image adorée.

Que vois-je? ma mère debout auprès de cet arbre. Elle l'embrasse d'une main; elle élève l'autre. Elle semble prier pour sa malheureuse fille. Je vais à elle. « Il est parti, il est parti, m'é-
« crié-je, et il ne m'a pas vue! Le barbare! que
« lui ai-je fait? Ne savait-il pas qu'il déchirerait
« mon cœur; que je ne peux vivre sans le sien?
« — Ne l'accuse pas, Adèle, et écoute moi. Nous
« avons voulu vous épargner à tous deux une
« scène déchirante...— Ah! vous m'avez accablée.
« — M. de Méran est sorti aussitôt que tu es
« entrée dans ta chambre. Il est retourné chez
« M. Rigaud; il a envoyé chercher des chevaux,
« et il a notifié à Jules qu'il fallait partir sans te
« voir. Le malheureux jeune homme s'est échappé;
« il est accouru : j'étais là pour l'arrêter. Il m'a
« suppliée; il est tombé à mes genoux, et j'ai été
« inflexible... Que vas-tu dire? Ne blâme pas ta
« mère. Rappelle-toi l'état fâcheux où tu es tom-
« bée quand il est allé à Argentan, quand il t'a

« quittée pour deux jours seulement. Qu'eût-ce
« été aujourd'hui, où vous vous séparez pour des
« semaines, pour des mois peut-être? Il t'écrira
« tous les jours, tu lui répondras, et s'écrire,
« n'est-ce pas se parler, s'entendre? »

Ah! Claire, de quel poids douloureux je me suis sentie soulagée! Avec quelle ardeur délirante j'ai imploré le pardon de l'homme que j'avais si mal jugé! *Il s'est échappé*, mon amie; *il est tombé aux genoux de ma mère*; que pouvait-il faire de plus? *Elle a été inflexible!* Elle n'a donc jamais aimé?

Je rentre; je me mets à mon secrétaire, j'écris et je m'abandonne à toute ma tendresse : il n'est pas là pour me répondre, et, seule avec mon amour, je n'ai plus de baisers à redouter. Quelle lettre il va recevoir! Où donc ai-je appris à écrire? Ah! ne peut-on pas tout quand on aime comme moi! J'écris, j'écris; une feuille succède à une autre; je ne peux m'arrêter. Maman et madame Rigaud viennent m'arracher à cette délicieuse occupation. Il faut déjeuner, disent-elles. Déjeunons; je continuerai après.

Il va à Paris. Tu le verras, heureuse Claire, Ah! dis-lui que son Adèle l'adore; que jamais elle ne pourra aimer que lui; qu'il aura les derniers vœux de son cœur, et son dernier soupir.

Une lettre de lui! on n'a pas eu le temps de mettre les voitures en état avant leur départ. Ils ont été obligés de s'arrêter à dix lieues d'ici, et il me consacre deux heures dont il peut disposer. Le paquet est énorme, et l'amour étincelle à chaque mot. Je te remercie, mon ange, et de m'aimer ainsi, et de si bien peindre ce que tu sens. Oui, ton cœur et le mien étaient faits l'un pour l'autre; ils vibrent à l'unisson; ils s'entendraient d'un bout du monde à l'autre; ils n'ont qu'une vie, qui est commune à tous deux.

Je ne déchirerai pas cette lettre; je peux la garder, maman le permet. Ah! ne nous devait-on pas quelque dédommagement du sacrifice forcé que nous venons de faire? Lettre charmante, je te porterai sur mon sein; je t'en tirerai cent fois le jour, pour te relire et te couvrir de baisers: ceux-là ne sont pas dangereux.

Je fais un retour sur moi-même. Je regarde, et je m'aperçois que je suis seule. Cette lettre et mon marronnier, voilà tout ce qui me reste de lui. Ah, Claire!

CHAPITRE IX.

Jusqu'où ira l'infortune?

Il m'a écrit d'Évreux, et c'est encore l'amour qui a conduit sa plume. Quel foyer que ce cœur-là! Je l'alimenterai, Claire. Perdre quelque chose de sa tendresse, serait plus que perdre la vie.

Une lettre de Paris! Maman la lit la première, ainsi que cela est convenu. Elle me la remet ensuite... Oh, mon amie, quel changement! Il est affreux, je ne le soutiendrai pas. Où est cette ame brûlante, expansive, qui s'exhalait en traits de feu? où sont ces expressions délirantes, qui charmaient mon cœur, que ma bouche aimait à répéter, et qui m'aidaient à supporter les peines de l'absence? Je cherche en vain cet abandon, cette douce mollesse, ce désordre charmant, cet enthousiasme qui règnent dans ses premières lettres. Tout ici est froid et paraît étudié. Je ne trouve que de l'esprit. Oh! Claire, est-ce avec son esprit qu'on écrit à une femme qu'on trompe? Croit-on l'abuser facilement, quand on l'a habituée à entendre le langage du plus tendre amour? Peut-on se flatter qu'elle ne sente pas l'extrême différence qui existe entre ce que dicte la tête et ce qui s'échappe du cœur? Parce qu'on est changé, suppose-t-on qu'elle a cessé d'aimer elle-même, et que des traits brillans pourront la satisfaire? Réponds à ces questions, Claire; réponds-y de suite.

Tu as de l'esprit en m'écrivant, ingrat! Ah! c'est ton amour qu'il me faut. Rends-le-moi, il m'est dû; je le veux.

Ainsi donc mes alarmes sont déja justifiées! l'air empoisonné de Paris a déja produit ses funestes effets! Ce cœur, source inépuisable des sentimens les plus vifs, asile de l'honneur, de la délicatesse, de toutes les vertus, a donc changé en un instant! Il s'est dépouillé de tout ce qui m'avait séduite, et je ne peux vaincre le mien! Je sors pour cacher ma douleur; je m'enferme dans ma chambre; je ne veux pas de témoins de mon désespoir. Je reprends cette fatale lettre, j'en pèse tous les mots; je leur cherche de l'expression, de la vie; je voudrais absoudre M. de Courcelles. Je ne le peux pas, mon amie, et c'est là le comble du malheur.

Bonheur inattendu! est-ce un songe, une illusion? Ah! si c'en est une, qu'elle ne m'abandonne jamais! je suis prosternée la face contre terre; je m'humilie devant Jules: je ne suis pas digne de lui, puisque j'ai pu le croire coupable. Il ne l'est pas, Claire, il ne l'est pas. Écoute, écoute.

Maman a la vue faible, et elle a encore la petite vanité de ne pas vouloir se servir de lunettes. Elle n'a pas vu une bande de papier très-fin, adroitement collée le long d'une des marges. Je ne l'ai aperçue moi-même qu'après avoir tourné vingt fois cette lettre dans mes mains : ces caractères désespérans fixaient seuls mon attention. J'ai détaché cette bande, et voilà ce que le bien-aimé a écrit dessous.

« Quoi que j'écrive, ou qu'on vous dise de moi,
« ne croyez que votre cœur. Le mien est à vous
« sans partage et sans retour. M. de Méran pré-
« tend que mes lettres ne sont propres qu'à vous
« causer des émotions inutiles et peut-être dan-
« gereuses. Il m'a dicté celle-ci; il dictera les au-
« tres. J'ai lieu de croire que des ordres sévères

« ont été donnés à vos gens, et que rien ne vous
« parviendra directement. N'importe, confiance et
« fidélité. »

On craint que son style enchanteur ne me cause des émotions trop violentes. Ah! ne doit-on pas craindre, au contraire, les effets de cette froideur simulée! Ne sait-on pas comment j'aime, combien j'ai besoin d'être aimée? Je réponds, Claire, non à la lettre de M. de Méran; mais à celle que m'eût écrite Jules, si on ne l'eût réduit au rôle humiliant de copiste.

Maman veut lire avant que je ferme mon paquet. Pourquoi donc? Je croyais qu'il suffisait que mon père parcourût mes lettres, avant que de les remettre au bien-aimé. N'importe, maman l'exige; elle sera satisfaite.

Je ne reviens pas de mon étonnement, croiras-tu ce que maman vient de me dire? Elle trouve trop d'abandon dans mon style, trop d'amour dans mes expressions. Hé! que ferais-je de mon cœur, si je ne l'ouvrais tout entier à Jules? Maman croit que la décence ne me permet pas d'écrire ainsi à un homme, qui n'est pas mon mari. Hé! ne doit-il pas l'être? N'est-il pas celui que m'ont choisi mes parens? Je devais, me dit ma mère, régler mes expressions sur celles de Jules; me sentir humiliée d'avoir reçu de lui l'exemple d'une réserve louable. Mon amour-propre seul devrait me porter à ce qu'exige de moi la raison, et pendant que maman me fait ces observations, je vois des larmes rouler dans ses yeux.

Ah! mon amie, quel trait de lumière! on veut persuader à chacun de nous, qu'il est moins cher à l'objet qu'il idolâtre. On veut affaiblir peu à peu un sentiment qui est l'ame de notre vie; on croit dissoudre sans efforts les nœuds les plus forts et les plus doux, et maman souffre en suivant un plan que lui a tracé mon père avant son départ. Hé! n'est-ce pas assez d'avoir perdu ma fortune; veut-on m'ôter encore ce qui me la ferait oublier? M. de Méran ne sait-il pas que je serai toujours riche avec Jules, et qu'il peut être heureux encore du bonheur de ses enfans?

Tu vois mon père, tu le vois tous les jours. Tâche de le pénétrer, Claire, et écris-moi aussitôt que tu croiras avoir découvert quelque chose. Ne me ménage point; je veux connaître toute l'étendue du malheur qui me menace. Il me restera des larmes pour attendrir, pour fléchir mes parens; ils ne me résisteront pas.

Je vais écrire à Jules une lettre compassée; cela me sera facile : je n'aurai qu'à penser que j'écris à M. Hubert, à M. Hubert, qui nous délaisse depuis que la fortune nous trahit, et qui ne sent pas que mademoiselle de Méran, n'ayant plus que son nom, est encore fort au-dessus de lui. Dis bien à Jules, Claire, *que quoi que j'écrive, ou qu'on lui dise de moi, c'est son cœur qu'il doit croire, et que le mien est à lui sans partage et sans retour.*

J'ose te donner une mission secrète, employer la ruse, la dissimulation. Ah! mes parens m'en ont donné l'exemple, et cependant ma conscience me fait des reproches. Elle me dit qu'à l'âge de M. de Méran, on place le bonheur dans l'opulence; et qu'il désire ardemment le mien; que plus tard, peut-être, je penserai comme lui, et que je sentirai les droits qu'il aura acquis à ma reconnaissance. Le devoir me crie qu'il ne m'appartient pas de juger mon père, et que je dois lui être soumise, quoi qu'il ordonne. Mais laisserai-je Jules sans soutien, sans consolations? N'a-t-il pas ses droits aussi? Ne les tient-il pas de M. de Méran lui-même? Ah! mon cœur parle plus haut que ma conscience, que le devoir. Dis à Jules que je serai à lui, ou que je ne serai à personne; j'en fais le serment; je te charge de le lui transmettre.

Mais que dis-je? Penserait-on réellement à nous séparer? Je ne peux le croire. Ne connaît-on pas mon excessive sensibilité? Ne craint-on pas de me donner la mort? L'amour extrême s'alarme, ou espère aisément; jamais il ne juge rien de sang-froid. Peut-être les motifs de la conduite de M. de Méran sont-ils étrangers à ceux que je lui suppose. Peut-être ne convient-il rigoureusement pas que deux jeunes gens, qui ne s'appartiennent pas encore, développent leurs sentimens avec cette franchise, cette chaleur auxquelles nous nous laissons entraîner. Cependant, nous sommes presque nés ensemble; nous avons crû sous les yeux de mes parens; ils ont applaudi à l'amitié de notre enfance; ils ont encouragé notre amour naissant. Ne sommes-nous pas une exception à la règle générale? Quoi qu'il en puisse être, observe, interroge, Claire, surprends jusqu'à la pensée. Rassure ton amie tremblante. Dis-lui qu'elle a encore le meilleur des pères, le père le plus digne de son amour.

Une lettre de toi! Ah! quoi qu'elle renferme, j'en avais le plus pressant besoin. Tu as vu Jules, tu le vois tous les jours. Ses traits te paraissent plus développés. Ils ont pris de la noblesse, sans rien perdre de ce charme qui doit lui attirer tous les cœurs. Sa taille est parfaite, et son maintien plein de graces. Oh! comme tu le juges bien, Claire! Son esprit, dis-tu, est délicat, orné, et quand il parle, le mot propre semble venir se placer de lui-même. Oh! oui, oui, le voilà peint trait pour trait.

Il passe avec toi une partie de ses journées, et sans cesse il parle de moi. Il s'exprime avec une chaleur qui fixe l'attention de ton mari, et qui lui inspire le plus vif intérêt. Ainsi il n'adore, il n'adorera que moi, et il se fera des amis de tous ceux qui l'entendront. Félicite ton Adèle, Claire. Elle s'est attachée à un petit être accompli.

Il éprouve les craintes qui m'agitent. Il croit entrevoir du changement, non dans l'affection, mais dans les projets de M. de Méran. Il est possible, ajoutes-tu, que mon père, dépouillé de sa fortune, ne veuille pas que Jules partage mon malheur. Sa fierté ne peut lui permettre de solliciter M. d'Estouville, qui paraît aimer beaucoup son neveu; mais qui entend maintenir l'éclat de son nom par tous les dehors de l'opulence, et qui annonce les plus grandes vues à cet égard.

Qu'ai-je lu, bon Dieu! Tu m'en dis trop, Claire, et tu as la cruauté de ne pas t'expliquer positivement. Tu laisses à mon cœur accablé à développer ces phrases insignifiantes. Ah! tu sais trop que je ne m'y tromperai pas, et que je trouverai ce que tu as craint de me dire. Mon père a rendu Jules à son oncle, n'est-il pas vrai? Et déja M. d'Estouville s'occupe de son établissement. Je vais être seule, abandonnée, livrée à un amour sans espoir, et qui ne peut s'éteindre qu'avec ma vie... Non, l'esprit de calcul et des convenances sera toujours étranger à Jules. Il aime autant que moi, et jamais il ne donnera sa main sans son cœur. Il quittera tout, fortune, grandeurs, pour venir se réunir à son Adèle; soulager son père par son travail; le consoler dans ses revers, et répandre quelques lueurs de félicité sur les derniers jours de mon excellente et malheureuse mère. M. de Méran a fait ce que lui prescrivait l'honneur; mais il a un cœur aussi. Il ne voudra point déchirer celui de sa misérable fille; il ne voudra pas réduire au désespoir l'infortuné jeune homme qu'il a adopté; il ne chassera pas de sa maison l'appui que vont y ramener la reconnaissance et l'amour.

Ah! Claire, que de consolations m'offre la suite

de ta lettre! Ce qui m'eût paru insuffisant, affligeant, il y a quelques semaines, est aujourd'hui un baume consolateur versé sur ma blessure. Jules, dis-tu, est incapable de m'abandonner. Il résistera constamment à son oncle. Le temps fera le reste. Ton mari nous offre sa médiation. Si nous le désirons, il fera à M. d'Estouville les représentations les plus fortes. Il lui dira qu'il doit tout faire pour celui qui lui a conservé, élevé son neveu, et qui lui destinait sa fille lorsqu'il avait une fortune brillante à lui donner. Il cherchera à attendrir; à ranimer du moins la délicatesse, qui semble s'éteindre en ce moment... Si nous le désirons, dis-tu! Ah! presse, supplie M. de Villers de persévérer dans ce généreux projet. Dis-lui que je suis à ses genoux; qu'il est mon unique ressource; que je mets en lui mon espoir, et que le bonheur de toute ma vie sera sa récompense.

Tu m'indiques une liqueur qu'on peut faire partout, et tu me dis d'en frotter légèrement les pages blanches qui restent à la fin de ton paquet. Il peut arriver, dis-tu, lorsque ton mari se sera prononcé, que M. de Méran prescrive à ma mère des mesures dont elle n'osera pas s'écarter, et que tes lettres soient lues avant que de me parvenir. Tu m'apprends de quoi je dois me servir pour t'écrire dans les interlignes, si je suis réduite à ne te parler que de choses indifférentes. La composition de cette encre, qui ne laisse aucune trace sur le papier, t'a été donnée par M. de Villers, qui prévoit que le moment de s'en servir n'est peut-être pas éloigné. Ah! non, non, Claire, on ne me privera pas des doux épanchemens de l'amitié. On te permettra de partager la douleur poignante qui me torture déja.

D'après ce que je viens de lire, il est évident pour moi que la liqueur que je vais préparer fera sortir des caractères tracés sans doute par l'amour. Encre mystérieuse, heureuse invention, je bénis ton auteur.

Je viens d'obtenir un plein succès, Claire. A la vérité, j'ai suivi ta recette avec la plus scrupuleuse exactitude. Combien je suis récompensée de mes soins! Que de choses charmantes j'ai lues! Ah! je te l'ai dit, je te le répète, cet homme-là est tout amour.

Il règne dans ces deux grandes pages une sécurité qui me fait croire que tes craintes sont exagérées. Jules n'écrirait pas ainsi, s'il soupçonnait seulement qu'on pût penser à nous séparer... Peut-être, sûr de son cœur, déterminé à opposer à son oncle une résistance invincible, ne veut-il pas ajouter à mes alarmes. Eh! ne faut-il pas qu'enfin je connaisse mon sort? Demain, je composerai cette encre protectrice dont tu m'as donné le secret. Je t'écrirai des choses bien indifférentes, des enfantillages même. Je ne cacheterai pas ma lettre; j'aurai l'air de l'avoir oubliée. Maman la lira, je n'en doute point, et je parviendrai à détruire tout soupçon d'intelligence entre moi et mon amie. Je conjurerai Jules de me dire tout, tout absolument. Pourquoi serais-je moins forte que lui? Je ne connais rien de plus cruel que l'incertitude dans laquelle je me perds. Étrange empressement de vouloir connaître ce qu'on redoute plus que la mort!

Tromper sa mère! Ah! Claire, cette idée me poursuit, me tourmente. Mais ne puis-je au moins jurer à l'époux qu'on m'a choisi une fidélité éternelle? Ma bouche en a cent fois fait le serment; ma main ne fera que le répéter. Cette lettre sera toute pour le bien-aimé, puisque les interlignes seules signifieront quelque chose. Être réduite à de pareils moyens pour se parler de l'amour le plus tendre, le plus légitime! Ah! Claire, nous sommes bien malheureux!

Je viens de passer deux jours affreux. Il faut que j'aie horriblement souffert pour n'avoir pu penser à t'écrire. Où donc s'arrêtera l'infortune.

Avant-hier matin, j'ai remarqué que maman avait les yeux rouges. Je l'ai priée, suppliée de me confier le sujet de sa peine. Elle a résisté long-temps; mais lorsqu'elle a été convaincue que la vérité ne me ferait pas plus de mal que mes alarmes toujours croissantes, et portées enfin à un degré effrayant, elle m'a donné une lettre de mon père qui est arrivée en même temps que la tienne. Quelle lettre, grand Dieu! Ma pauvre et excellente mère a passé une nuit entière dans les larmes, et c'est sur sa fille qu'elle pleurait.

Le gouvernement exige le remboursement d'un

million. Nous sommes ruinés, ruinés sans ressource. La terre que nous habitons n'est plus à nous. Elle est mise en vente, ainsi que le bien de M. Rigaud. Il ne nous restera que ce qui appartient à ma mère, une petite habitation dans les hautes Pyrénées, près de Tarbes, et quelques terres affermées sept à huit mille francs : voilà ce que tu sais, et ce qui pour moi est un malheur à peine senti. Mais ce qui suit, Claire, est insupportable. Mes forces ne suffisent pas pour soutenir un pareil coup. J'en mourrai.

M. d'Estouville est charmé de son neveu, de ses attentions, de ses prévenances, de son respect. Il veut, dès ce moment, lui donner un état brillant, et il lui destine une demoiselle qui joint à une grande fortune tous les moyens de plaire, et toutes les qualités qui peuvent faire le bonheur d'un époux. Je suis le seul obstacle aux projets de M. d'Estouville, et il faut que je me sacrifie ; mon père le veut, il l'ordonne. Il faut que j'écrive à Jules que je renonce à lui, que je lui rends sa liberté. Jamais ma main ne tracera cet épouvantable arrêt.

Mon père est indigné de l'inutile démarche que ton mari a faite auprès de M. d'Estouville, sans son aveu. Il prétend qu'on doit croire que M. de Villers a agi de concert avec lui, et que l'infortune l'a dégradé au point de lui faire offrir sa fille à quelqu'un qui la rejette. Il proteste qu'il ne vous reverra jamais. Il soupçonne que l'intérêt que je vous inspire à tous deux vous portera à me donner des conseils. Il défend expressément que tes lettres me parviennent, et que maman laisse partir celles que je t'écrirai. Ainsi, Claire, cette encre mystérieuse nous devient inutile. Jules n'entendra plus parler de moi. Il ne saura pas que je porte son image dans mon cœur, et qu'elle y sera constamment gravée en traits de feu; qu'elle me sera présente le jour, qu'elle me suivra dans les bras du sommeil. Déja je ne sais plus comment je te ferai parvenir ce que je t'écris.

M. d'Estouville a fait proposer, dis-tu, à mon père cent mille francs en dédommagement des dépenses que Jules lui a occasionnées. M. de Méran a répondu avec fierté, qu'il ne vend ni ses soins, ni son affection. Il ne veut plus voir l'oncle ni le neveu. Ah! mon amie, que de coups à la fois! J'en mourrai, j'en mourrai!

Madame Rigaud est là. Maman et elle pleurent ensemble. Elles ne pleurent que leur fortune; moi, je pleure mon amant. Il est des instans où je ne trouve pas une larme, et alors je me sens prête à suffoquer. Maman me délace; elle me donne des sels. Ah! qu'elle me laisse mourir.

Mon père est ruiné. Il l'est pour avoir désiré augmenter la fortune de sa fille. C'est moi, c'est mon fatal amour qui ont attiré le malheur sur sa tête respectable. C'est à moi à le dédommager. C'est dans ma tendresse, dans ma soumission qu'il doit trouver un soulagement à ses peines. Eh bien,

Claire, je m'immolerai à mon père; je lui donnerai plus que ma vie.

Je prends la plume. Je vais les tracer ces mots terribles qui porteront la mort dans le sein de Jules... Mon cœur se brise, mes yeux se troublent, ma main refuse d'obéir. Je me jette dans les bras de ma mère. « Jamais, lui dis-je, jamais je n'ou-« blierai Jules; jamais je ne lui ordonnerai de re-« noncer à moi. » Elle me reconduit au secrétaire; elle remet la plume dans ma main. Elle me presse, elle me prie. Ma mère descend avec moi jusqu'à la prière! Ah! j'obéirai, je le dois, je le veux... Ma main reste immobile, mon sang se glace, je tombe privée du sentiment.

Je reviens à la vie; je renais sur le sein de ma mère. Elle attendait ce moment pour me faire lire ce qu'elle vient d'écrire à mon père. Elle lui rend compte de ce qui vient de se passer; elle lui peint mon déplorable état avec l'éloquence de la nature. Elle le supplie, par l'amour qu'il lui a porté, de ne pas sacrifier sa fille à sa fierté, de se rapprocher de Jules, de l'encourager dans sa résistance aux projets de son oncle, de lui faire tout espérer du temps. Quel bien me fait cette lettre! Elle achève de me rendre à moi-même; elle fait renaître l'espérance dans mon cœur anéanti... Non, non, l'orgueil de M. de Méran est sensiblement blessé. Il ne reviendra pas sur ce qu'il a prononcé.

Et je pouvais trouver éloigné le terme fixé pour notre mariage! Je me plaignais, Claire! Que de bénédictions j'adresserais maintenant au ciel, si j'avais la certitude d'obtenir la main de Jules, n'importe à quelle époque de ma vie ! Baiser suave et pénétrant, que je me suis tant reproché, combien j'étais loin de te croire le dernier ! Délices inexprimables, c'en est donc fait ! je ne vous goûterai plus.

J'ai de la fièvre. Maman veut passer la nuit près de moi. Je ne le souffrirai pas; elle a besoin de repos autant que sa malheureuse fille. Jeannette se propose; elle me suffira. Maman consent à se retirer, sous la condition expresse que Jeannette l'éveillera, si mon mal paraît augmenter. L'éveiller ! elle ne dormira pas plus que moi.

Quel soulagement j'éprouve en ce moment, Claire ! Je pourrai t'écrire librement, et recevoir tes lettres avec facilité. Dans les longues angoisses qui viennent de se succéder, on ne cherche pas ses expressions; on ne voit pas ceux devant qui on parle. En allant et venant, Jeannette a tout entendu. Elle m'a élevée, elle m'aime; elle est très-attachée à Jules. Il lui a souvent rendu des services, et je n'ai pas laissé échapper une occasion de lui faire du bien. Nous en recevons la récompense. Elle me demande si je veux qu'elle fasse mettre mes lettres à la poste par un pauvre paysan, qui lui est dévoué, parce qu'elle a quelquefois obtenu des secours pour lui de ma mère. Les tiennes, celles de Jules, peuvent être directement adressées à cette excellente fille. Vous aurez seulement la précaution de faire mettre les adresses par une main inconnue. J'ai pris Jeannette dans mes bras; je l'y ai pressée avec transport.

Un étranger se présente. Il est porteur d'une lettre de mon père. Maman est invitée à lui faire voir cette propriété jusque dans les moindres détails. Elle n'a pas la force de parcourir avec lui cette terre, dont il vient nous bannir. Elle lui donne Ambroise, et elle me regarde d'un air pénétré! Oh! calme-toi, ma bonne mère, si tes regrets ne portent que sur moi.

Cet homme me déplaît beaucoup, et je sens combien je suis injuste à son égard. Que doit voir ici un être indifférent, étranger à notre situation, à nos peines, qui même ne nous connaît pas? Une terre qui est en vente, qui peut lui convenir, et qu'il est intéressé à bien connaître. Il me semble que je lui dois une espèce de réparation. Je sors, je le suis à quelque distance; je voudrais qu'il me parlât; je lui ferais tout voir; je répondrais à toutes ses questions.

Ambroise l'arrête à la porte de mon petit bosquet, de mon petit bosquet, qui déja peut-être ne m'appartient plus; il parle avec chaleur. Je me glisse derrière cette haie de seringat, que tu connais; j'arrive sans être vue. « Ah! monsieur, disait « Ambroise, le chagrin le plus cuisant pour made- « moiselle sera d'être privée de cette petite retraite « qu'elle se plaisait à embellir. — Idées romanes- « ques! on se console de tout. » Claire, cet homme-là n'a pas d'enfans.

Je le précède, je vais m'asseoir sous mon marronnier : un cœur froid ne doit pas en approcher. Mon air réservé en éloignera cet homme. Hé! mon Dieu, il ne voit ni moi, ni l'arbre chéri. Hélas! les circonstances seules me le rendent précieux. Les autres sont-ils obligés de voir, de sentir comme moi?

Il ne fait que passer. Ambroise le conduit du côté de la ferme, et je reste là. Je regarde ce chiffre d'amour, qui devait croître sous nos yeux, et nous rappeler jusque sous les glaces de la vieillesse le charme délirant de nos premières années. C'est aujourd'hui un chiffre de deuil.

Je donne des larmes à cette idée. Sur quoi n'en répandrais-je pas? Tout ici fut vie et bonheur; il ne reste du passé que des souvenirs, qui rendent le présent affreux.

Je me lève, je salue ce chiffre avec un respect religieux; je m'éloigne à pas lents. Je retourne auprès de ma mère éplorée. Madame Rigaud est avec elle. On est venu aussi voir ses herbages. Elle n'a pu soutenir les froids calculs qui ont été faits en sa présence. Elle s'est éloignée de cette maison, où son mari, où ses ancêtres sont nés, où elle a vécu heureuse vingt ans, et d'où elle est expulsée comme nous.

Ambroise nous ramène ce monsieur, qui a tout examiné, qui trouve tout bien, et qui déclare que nous pouvons regarder notre terre comme vendue. A ces mots, ma bonne mère me prend dans ses bras, ses plaintes éclatent, ses larmes coulent en abondance. Te le dirai-je, Claire, je ne regrette que mon marronnier. Si je pouvais l'emporter avec moi, je croirais n'avoir rien perdu.

Hé! pourquoi ne l'emporterai-je pas? Il me vient une pensée que peut seul donner l'amour malheureux, et pourtant consolateur. Je retourne au bosquet, armée d'un instrument tranchant. Ma main frémit, en s'approchant de l'écorce révérée, qui doit la vie à Jules, et à qui l'infortune va l'ôter. J'ai tracé un cercle autour du chiffre... C'est tout ce que je puis.

Tremblante, irrésolue, je m'assieds sur ce banc... C'est ici, me disais-je, que cent fois sa bouche et la mienne ont répété *amour et bonheur*. C'est ici que nos mains se pressaient; qu'un bras amoureux s'arrondissait autour de l'objet des plus tendres affections; que nous nous regardions des heures entières; que nous nous entendions, sans nous rien dire. Non, non, *il ne reste du passé que des souvenirs qui rendent le présent affreux*.

J'emporterai ce banc avec le marronnier. Il ne sera point profané par le désœuvrement, la frivolité, l'indifférence. Oui, je l'emporterai. Je vais chercher Ambroise, je lui fais prendre une hache... Une hache! je frissonne en regardant cet instrument de destruction.

Je lui montre le chiffre. Je lui présente mon couteau. Le bonhomme m'a comprise : sous sa bure, il y a un cœur.

Il suit le cercle que j'ai à peine marqué. Je tremble qu'il brise ce chiffre, mon dernier trésor, mon unique espoir... Je suis sûre que ma physionomie peint chacun de ses mouvemens. Je le seconde de mes vœux; je retiens mon haleine, j'étends mon mouchoir sous sa main destructive et pourtant secourable; je crains de perdre une parcelle de l'arbre chéri.

Encore un coup... encore un, Ambroise... Ah!... ah! le voilà ce chiffre tant désiré! il est entier; il est dans mes mains; il est sur mon cœur; il semble lui donner une nouvelle vie.

J'ai donné le signal. La hache est levée. Le premier coup retentit déja à mon oreille; il pénètre au fond de mon cœur. Frêle arbrisseau, naguère plein de vie, de fraîcheur, et maintenant étendu sur la poussière! ainsi tombera ton Adèle sous le poids des privations et de la douleur.

La terre est ouverte. Un œil scrutateur y cherche les racines jusques au moindre filament. L'arbre est divisé en mille parties; le banc a volé en éclats; tout est recueilli, placé sur des nattes soigneusement arrangées. Je tiens mon petit râteau... J'agite légèrement la superficie du terrain, et lorsqu'à force de recherches, j'ai découvert, ramassé un brin du bois précieux, je crois avoir fait une conquête.

J'envoie chercher au château une large feuille de tôle. Ici va commencer une bien triste jouissance. Le feu jaillit de la pierre; la flamme pétille.

Elle se communique des parcelles du banc à celles de l'arbre, qui sue encore la vie. Ce qui vient de se consumer est remplacé à l'instant. Peu à peu, tout a brûlé, tout a disparu. Il ne reste que des cendres embrasées, image de mon cœur. Elles vont refroidir; il refroidira comme elles; il reposera enfin dans le calme et la nuit du tombeau.

J'ai pris avec moi un sac, dont le dessin a été tracé par Jules. Ici, tout est encore lui, tout doit être lui, rien que lui. J'y enserre les cendres sacrées. Je les dispute au vent, qui quelquefois m'en enlève, en disperse des parties. Ainsi l'infortune nous a séparés; ainsi cette masse de sensations, qui nous était commune, n'est plus qu'un sentiment isolé, sans rapports, auquel rien ne saurait plus répondre.

Quand nous serons dans les Pyrénées, je prendrai un gland. Placé au milieu de ces cendres, je le confierai à la terre. Il croîtra, et ce sera encore Jules.

Je remets ce paquet à Jeannette. J'y joins une longue lettre pour le bien aimé. Ah! qu'il m'écrive, qu'il m'écrive tous les jours.

CHAPITRE X.

L'entrevue.

Une lettre de toi, Claire, et je n'en reçois pas de Jules! Et tu ne le verras pas de quatre jours!

Et tu me dis cela avec une légèreté qui me confond. Je trouve dans tes pensées une sorte de piquant, de gaieté, qui me paraît déplacée dans les circonstances où je suis. Il y a dans tes expressions quelque chose d'énigmatique qui exerce ma patience, et que je ne pénètre pas. Seulement je crois entendre que le bien-aimé a emprunté de l'argent à M. de Villers, et qu'il va l'employer utilement. Comment se fait-il que son oncle, qui aime le faste, qui a sur lui les vues les plus élevées, le réduise à emprunter ? M. d'Estouville doit applaudir à l'usage estimable que Jules, si je t'ai bien comprise, veut faire de cet argent. Pourquoi ne lui pas fournir, abondamment, les moyens de mériter l'estime et la considération, sans lesquelles l'opulence n'est rien ?

La dernière partie de ta lettre obscurcit le vague dans lequel tu m'as jetée. M. d'Estouville ne donne pas d'argent à son neveu ; mais il acquitte à l'instant, et sans réflexions, tous les mémoires qu'on lui présente. N'est-il pas évident que Jules peut faire tout le bien que désirera sa belle ame, sans avoir d'or dans sa poche ? Pourquoi donc emprunter à ton mari ? Il n'aime pas le jeu, et je suis sûre de son cœur comme du mien. Que veut-il faire de cet argent ? Je m'y perds.

Ah ! Claire, Claire ! tu insultes au malheur. Demain, dis-tu, ma douleur se calmera, ma jolie petite figure se dilatera, mon cœur battra de joie!... Ta raison serait-elle altérée? Quel malheur pour toi et ton tendre époux! Quel bonheur pour moi si je perdais la mienne!... Je ne souffrirais plus.

Un homme arrive à grande course de cheval à la grille du château. Son postillon est à cinq cents pas au moins derrière lui. Il est couvert de poussière; il m'est impossible de distinguer la couleur de son habit. Pourquoi tant d'empressement? Quel nouveau désastre vient-on nous annoncer encore?

Il peut à peine descendre de cheval; il marche avec difficulté... On ne vole pas pour apporter une nouvelle affligeante. Serait-ce un ange consolateur qui vient fermer nos blessures? Je cours, je franchis l'escalier en une seconde... Dieu! grand Dieu! soutien du malheureux, reçois toutes mes bénédictions!...

Quelle scène! Que d'amertume, que de bonheur, que de larmes douces et cruelles!... Oh! attends, Claire, attends que ma tête soit remise. Il m'est impossible de lier deux idées dans ce moment..

....

Voilà donc ce que voulait empêcher son oncle! Tel est le digne emploi que Jules comptait faire de cet argent! Ah! Claire, l'infortuné en a ennobli l'usage. L'infortuné! ai-je dit; hé, que suis-je donc moi?

Où en étais-je? Ah! je courais à la grille du

château... Je rencontre maman; elle étend les bras; elle me ferme le passage. « Adèle, Adèle, « n'avancez pas. » Elle a reconnu Jules.

Il m'a vue, il s'élance; il est aux pieds de ma mère; il étend une main vers moi. Je la prends; je la presse sur ma bouche, sur mon cœur; je tombe aux genoux de maman avec lui. Jeannette, Ambroise, Firmin, tous nos gens sont là, empressés, enchantés de revoir Jules, et nous ne les voyons pas. L'éclat est fait; ma mère veut en prévenir un plus grand. Elle nous relève, elle nous entraîne, elle s'enferme avec nous.

Elle a parlé long-temps à Jules. Il ne l'entendait pas, et je ne sais ce qu'elle a dit. Sans doute elle voulait lui faire sentir les suites que pouvait avoir, pour elle et pour moi, une démarche aussi imprudente. Elle a pris sa main; elle a essayé de l'emmener; je tenais l'autre; je la serrais de toutes mes forces; je ne l'aurais quittée qu'avec ma vie.

« Laissez-moi, laissez-moi, madame, s'est enfin « écrié Jules. Ce moment de bonheur est le der- « nier que je puisse espérer; ne me l'enviez pas, « ne m'en privez pas. » Je joins mes supplications aux siennes; maman s'attendrit; sa fermeté l'abandonne. Elle nous tire sur l'ottomane, sur cette ottomane où j'ai essuyé les larmes de mon père, où une fois déja j'ai reçu son pardon. Elle s'assied entre nous deux. Une conversation vive, brûlante, sans ordre, commence aussitôt. Nos mains se cherchent; nos têtes se penchent l'une vers l'autre. Maman les relève, les éloigne... Oh! quelle soif j'avais d'un baiser! il m'a été impossible de le cueillir.

Jeannette entre précipitamment, et crie: *M. de Méran*. Ma mère rougit, pâlit; mes jambes fléchissent sous moi. Jules me soutient et je sens un tremblement général qui agite son corps. « Je suis « perdue, nous dit maman. M. de Méran croira « que j'ai favorisé cette entrevue; il ne me le par- « donnera jamais. M. le comte ignore peut-être, « reprend Jeannette, que M. de Courcelles est ici. « Faites-le sortir, mademoiselle, par le cabinet « qui ouvre sur le jardin. Voilà la clé de la petite « porte du parc. Qu'il fuie, qu'il se jette dans la « forêt; ne perdez pas un instant. »

Ma mère, terrifiée, oublie que c'est moi qui vais faciliter la retraite de Jules. Elle s'appuie sur le bras de Jeannette, et va au-devant de mon père. Et moi, troublée, éperdue, incapable de rien projeter, de rien prévoir, le cœur brisé de l'idée d'une soudaine séparation, je marche avec Jules; je crois le conduire; je ne distingue pas les objets; un voile épais est étendu sur mes yeux. Je m'arrête; je regarde autour de moi; je cherche à savoir où je suis, à reconnaître le chemin qui conduit à cette porte qui va se fermer entre lui et moi... Est-ce l'habitude, un mouvement machinal, ou l'amour qui nous a conduits là? Nous sommes à l'endroit même où s'élevait ce marronnier, dont il ne reste que les cendres;

nos pieds foulent la place où il a été consumé.
Tous les souvenirs se réveillent à la fois. Passion,
tourmens, félicité passagère, espérances anéanties, viennent ensemble nous assaillir. Nous sommes immobiles, muets; mais brûlans. Il a un bras
passé autour de mon cou; nos corps unis, pressés, semblent n'en faire plus qu'un; je sens son
cœur battre avec violence; ses yeux dardent tous
les feux de l'amour. Je ne me possède plus. C'est
moi qui cherche ses lèvres, qui y attache les
miennes, qui les en éloigne, pour les y rattacher,
avec plus de force et de volupté. Déja cent baisers sont donnés et reçus. Bientôt ils sont innombrables. Nous voulons épuiser, en un instant,
tout le bonheur qui devait se répandre, par intervalles, sur le reste de notre vie. Une épingle
se détache; mon fichu s'entr'ouvre; ce ne sont
plus mes lèvres que cherche le bien-aimé. Il dévore mon sein; il m'embrase de mille feux inconnus, et que je ne peux plus combattre. « Achève,
« lui dis-je. Je veux acquitter enfin toutes les
« dettes de l'amour. »

Oui, Claire, ma langue a articulé ces paroles
affreuses; mon cœur les confirmait; et j'attendais
ma défaite absolue au sein des délices les plus
ravissantes, et qui pourtant me semblaient incomplètes. Magnanimité, triomphe de mon amant,
de l'honneur, de la vertu, je ne vous oublierai
jamais, et jamais je ne penserai à ce moment
fatal, sans bénir le plus respectable des hommes.

Il a entendu mon vœu sacrilège; il a frémi, et de la crainte de succomber, et de la violence qu'il se faisait à lui-même. L'extrême danger lui a rendu le jugement et la raison. Il s'est dégagé de mes bras; il m'a arraché la clé de la petite porte du parc; il s'est éloigné à grands pas; il m'a laissée mourante de honte, de douleur et de désirs.

Ne se possédant plus, délirant, hors de toute mesure, le malheureux marche au hasard; il ne voit pas plus que moi; comme moi, il est incapable de lier deux pensées. Immobile à la place où il m'a quittée, mon cœur vole sur ses pas; je le suis des yeux à travers les arbres, qui me le dérobent par intervalles... Que va-t-il faire, grand Dieu! il s'égare, il reprend le chemin du château; il va se faire voir à mon père, il va nous perdre tous. Je crie, je l'appelle, je m'élance après lui. Ah! Claire, je ne cherchais qu'un prétexte pour le revoir, lui parler, m'égarer de nouveau, pour me repentir encore.

Bonheur inespéré! Jeannette l'a aperçu. Elle accourt; elle lui prend la main; elle le conduit par des sentiers écartés et solitaires. C'en est donc fait; il va disparaître pour jamais; je ne le verrai plus... Cette idée m'anéantit. Je m'arrête, je chancèle, je tombe sur le gazon. Je ne perds pas le sentiment; il me reste, pour me pénétrer du vide, de l'horrreur de ma situation, de l'amertume qui va s'étendre sur toute ma vie, et en faire un long supplice.

Quelle voix vient frapper mon oreille?... C'est celle de M. de Méran! il est furieux; il se dit outragé; le mot *séducteur* lui échappe. Jules répond avec fermeté. Mon Dieu, mon Dieu, prévenez les malheurs que je prévois. Je me lève, je cours, je me jette entre mon père et mon amant.

Claire, M. de Méran n'est pas entré au château. Las d'être enfermé dans une voiture, il a fait quelques tours de jardin, avec maman, et sans s'en apercevoir, peut-être, ils ont pris ces sentiers, que l'escarpement du terrain rend difficiles, et qui ne sont pas fréquentés. Peut-être aussi ont-ils voulu parler de leurs affaires, et n'être entendus de personne. Maman, qui croyait Jules sorti du parc, n'a pas prononcé son nom, et ce qu'elle redoutait tant est arrivé. Mon père l'a crue d'intelligence avec nous; il l'a accablée de toute son indignation. Ma malheureuse mère fondait en larmes, quand je suis arrivée.

Ah! je me dois cette justice, Claire, que la nature l'a emporté sur l'amour, et lui a même imposé silence. Je n'ai vu que ma mère, ma mère souffrante, et pour moi. Cet aspect m'a donné un courage dont je ne me croyais pas capable. Cette enfant, toujours tremblante au moindre signe d'improbation de son père, lui a parlé avec l'énergie de l'âge mûr. « Monsieur, lui ai-je dit, « Jules est arrivé ici sans en avoir prévenu per- « sonne. Maman a fait tout ce qui était en son « pouvoir pour l'empêcher d'entrer au château.

« L'amour, la résistance de Jules ne lui ont bien-
« tôt laissé d'autre ressource que de se placer
« entre lui et moi. C'est en sa présence que se
« sont parlés deux infortunés que vous avez unis,
« et que vous voulez séparer, comme si nos cœurs
« pouvaient changer à un commandement tyran-
« nique, et par des circonstances qui leur sont
« indifférentes. »

Claire, j'ai vu le moment où l'autorité paternelle, où l'orgueil blessés ne garderaient aucune
mesure. M. de Méran a levé la main sur moi.
Maman a jeté un cri. Je me suis avancée au-devant du coup. J'aurais voulu qu'il m'écrasât sur
la place. Ce bras menaçant est retombé, et j'ai
continué de parler.

« Maman a fait sentir à M. de Courcelles com-
« bien sa démarche est imprudente, et à quel
« point elle pouvait nous compromettre tous trois.
« Elle l'a pressé de se retirer ; il a obéi. Il devait
« être sorti du parc quand vous y êtes entré, et
« ma mère s'est conduite en femme prudente, en
« voulant vous dérober les derniers adieux de deux
« êtres que vous réduisez au désespoir.

« Vous avez traité Jules de séducteur ! Il n'y en
« a pas d'autres ici que la jeunesse, l'amour, et
« l'ordre de nous aimer, que nous avons reçu de
« vous. Mais tous ces moyens de séduction n'in-
« fluent en rien sur la vertu de M. de Courcelles.
« La sienne est pure et entière ; il vient de m'en
« donner la marque la plus certaine. Je l'en re-

«mercie, je l'en estime, je l'en honore davantage,
« et je lui jure, devant le ciel et devant vous,
« qu'à l'avenir je serai digne de lui; mais qu'au-
« cune puissance ne m'empêchera de l'adorer, et
« qu'il aura mon dernier soupir. »

Cette fois, Claire, le coup est parti avec une telle promptitude, que personne n'a pu le prévenir. Il m'a renversée; une dent de mon peigne est entrée dans la chair; le sang a coulé sur mon visage. Jules s'est précipité sur moi. « Tout autre « que vous, a-t-il dit à M. de Méran, paierait de « sa vie cet acte d'une atroce violence. » Mon père l'a saisi par le bras. « Marchons, monsieur, mar- « chons. » Ils s'éloignaient à grands pas. Je me suis relevée; j'ai couru. « Jules, après avoir fait « le plus grand des efforts, après avoir respecté « la fille, vous armerez-vous contre le père? Éloi- « gnez-vous, sortez à l'instant, je vous l'ordonne. « Si vous balancez, je rétracte le serment que je « viens de prononcer. »

Maman me suivait, éplorée, suppliante, s'adressant tantôt à Jules, tantôt à M. de Méran. Jeannette, cachée depuis le moment où elle l'avait entrevu, est venue aussi se jeter entr'eux. Je tenais mon père dans mes bras. Il les eût plutôt rompus que détachés. Ses yeux se sont portés sur moi. Partout j'avais du sang. Il a pâli; j'ai senti ses jambes chanceler. Il est tombé, sans que j'aie pu le retenir. Il s'est évanoui.

Nous l'avons pris, nous l'avons porté... Nos

forces ont été bientôt épuisées ; nous l'avons déposé sur l'herbe. Il est revenu à lui. C'est moi qu'il a cherchée aussitôt. « Ma fille, je vous de-
« mande pardon. » Voilà les premiers mots qu'il a prononcés. Ils ont déchiré mon cœur.

Un père demander pardon à sa fille, qui lui désobéit, qui le brave ! Rien au monde ne peut résister à cela, puisque l'amour lui-même en est incapable. Ton amie, soumise et repentante, s'est jetée entre les bras de son père. « Ordonnez, lui
« ai-je dit, je vous obéirai. » Il m'a embrassée avec une tendresse que je ne méritais pas, et qui m'a confondue. Jules et moi nous marchions à côté de lui, les yeux baissés, le cœur palpitant de crainte : nous attendions notre arrêt.

« Mes enfans, j'ai tout fait pour votre bonheur,
« vous ne l'ignorez pas. Il m'en coûte ce qui me
« restait de fortune, et vous pouvez me consoler
« de cette perte, en vous résignant comme moi.
« Jules, ma fille ne possède plus rien, et vous
« n'avez d'espérances que dans les bontés de votre
« oncle. Je serais votre ennemi, si je me plaçais
« entre vous et lui. Qu'y gagnerais-je, d'ailleurs ?
« Marier deux jeunes gens, à qui, lorsque le ban-
« deau de l'amour sera tombé, il ne restera que
« la misère, et qui peut-être auront la faiblesse
« de ne savoir pas la supporter, serait un acte de
« démence. Faire une nouvelle démarche auprès
« de M. d'Estouville, qui repousse, qui rejette
« Adèle, serait une bassesse. Il ne me reste que

« l'honneur. Je le conserverai... Jules, il est inu-
« tile que vous m'interrompiez. Je sais tout ce que
« vous pouvez me dire sur la durée d'une première
« passion, sur les douceurs d'une union assortie;
« je pressens les privations auxquelles vous voulez
« vous soumettre; je connais les sermens que vous
« allez prononcer, de la meilleure foi du monde.
« J'en ai fait de semblables à vingt ans; le sou-
« venir même s'en est perdu avec le sentiment
« qui les avait provoqués. Ma chère enfant, or-
« donnez, venez-vous de dire, et je vous obéirai.
« Je n'ordonnerai pas; je prierai. — Mon père,
« mon digne père! — Promets-moi, Adèle, je t'en
« conjure pour nous tous, de cesser à jamais une
« correspondance, qui entretient un amour, qui
« ne peut plus faire que votre malheur à tous
« deux. Faites-moi la même promesse, vous que
« j'avais nommé mon fils, et sur qui je dois avoir
« conservé quelques droits. Jurez-moi de ména-
« ger le repos de ma fille, celui de sa mère et le
« mien. Je sais combien il doit vous paraître dur,
« en ce moment, de vous rendre à mes prières.
« Mais, mes enfans, la vertu, la raison, le temps
« surtout sont de grands maîtres. Vous ne con-
« naissez pas leur puissance; vous l'éprouverez
« un jour, et vous sentirez, l'un et l'autre, que la
« conduite que je tiens, en ce moment, est dans
« votre intérêt personnel, et qu'elle m'est tracée
« par ma tendresse, la prudence et la délicatesse. »

« Monsieur, a repris Jules avec une extrême vé-

« hémence, je ne sais pas résister à un père qui
« prie. Je m'élèverai jusqu'à vous, par le plus
« grand effort de vertu que puisse faire un homme,
« dans la position où je me trouve. Je jure de ne
« plus écrire à mademoiselle; mais je jure en même
« temps de refuser tous les partis que me proposera
« mon oncle; d'attendre le terme que lui a fixé la
« nature, pour revenir offrir à Adèle, si elle est
« libre encore, une fortune, un état et tout mon
« être. Souvenez-vous, mademoiselle, que je m'en-
« gage seul, et que je ne vous demande rien. Vous
« ne me devez pas de sacrifices, et je ne me plain-
« drai jamais de vous voir accepter un parti digne
« de vos qualités, de vos talens, et de vos charmes.
« M. de Méran, êtes-vous satisfait? »

Mon père l'a pressé sur son cœur, avec une force de sentiment, dont je ne peux te donner d'idée. Confondue, humiliée d'une noblesse de procédés, que je me sentais incapable d'imiter, je me taisais. Je cherchais dans mon cœur de nouveaux moyens à opposer à mon père et à Jules lui-même, lorsque Firmin est venu nous apporter une lettre.

Elle est de M. d'Estouville. Il ne doute pas que son neveu soit avec nous; mais il connaît assez mon père pour croire qu'il le renverra à l'instant. Il compte assez sur ma prudence pour être persuadé que je ne chercherai point à entretenir un sentiment, qui ne peut avoir *de résultat heureux*, et qui, devenu public enfin, à force d'imprudences, nuirait à ma réputation, et à mon établissement.

Oui, Claire, il est certain que M. d'Estouville me rejette, et j'ai donné, à mon amour-propre blessé, ce que j'allais peut-être refuser à la grandeur de l'exemple et à mon père suppliant. Je me suis hâtée de répéter les propres paroles de Jules : je sentais qu'un instant plus tard je ne le pourrais plus.

Hélas! cet enthousiasme de vertu n'a duré qu'un moment. Force, courage, volonté même, tout s'est évanoui lorsqu'il a fallu nous séparer. Séparation cruelle, dont une fois déja nous avions supporté les douleurs, et qui allait être suivie d'une privation nouvelle! Plus de lettres! Plus de moyens de verser dans le sein l'un de l'autre les accens plaintifs de l'amour malheureux! Le désespoir se peignait dans les yeux de Jules. Il s'éloignait, et je sentais ma vie s'en aller avec lui. Il revenait, et je croyais renaître. Le malheureux est enfin tombé à mes pieds. Il en a baisé la poussière; il a baisé le bas de ma robe. Il m'a dérangé de la place que j'occupais; il a arraché l'herbe que je venais de fouler; il l'a enfermée dans son sein. Ma mère fondait en larmes; M. de Méran cherchait à nous cacher les siennes. Mes yeux étaient secs; mais l'enfer était dans mon cœur. «Embrassez-vous, «a dit mon père, en laissant échapper des san- «glots, qu'il ne pouvait plus contenir, embrassez- «vous pour la dernière fois, et souvenez-vous de

« vos promesses. Non, s'est écrié Jules, si je la
« touche, je ne partirai pas. » Et se tournant avec
vivacité, il s'est éloigné à grands pas. Je le regardais les bras étendus vers lui. J'attendais qu'il se
retournât pour lui faire un dernier signe d'amour.... Il a disparu; j'ai entendu la porte fatale
crier sur ses gonds; elle a brisé mon cœur.

Nous retournions au château sans nous regarder, sans nous parler. Chacun était courbé sous
sa portion de douleur. Ce que je souffrais, moi,
est inexprimable. Comment une frêle créature ne
succombe-t-elle pas sous cet excès d'affliction?
La mort, ce dernier refuge des infortunés, serait-elle donc un bienfait, puisque je l'invoquais en
vain? Oh! que la vie m'était à charge! que j'étais
lasse de la traîner, quand une consolation que j'étais loin d'espérer, me l'a rendue supportable.

M. et madame Méran marchaient devant moi.
Je les suivais machinalement, appuyée sur le bras
de ma bonne Jeannette. « Calmez-vous, mademoi-
« selle, calmez-vous, m'a dit l'excellente fille. Lors-
« que je conduisais M. Jules à la petite porte du
« parc, il m'a remis quelque chose, qui vous fera
« un grand plaisir. — Qu'est-ce, Jeannette, qu'est-
« ce, ma bonne amie? — Une lettre et son por-
« trait. — Une lettre! son portrait, dis-tu! Donne,
« Jeannette, donne donc. — Attendez, mademoi-
« selle : monsieur ou madame peut se tourner,
« découvrir notre intelligence, et je ne saurais
« plus vous être utile. — Tu ne peux plus rien

« pour moi : nous avons promis de cesser de nous
« écrire. — Tient-on ces promesses-là, mademoi-
« selle ? — Jules tiendra la sienne, je le connais,
« et je tâcherai de l'imiter... Hâtons-nous donc.
« Tout à l'heure je mourais de douleur ; je meurs
« maintenant d'impatience. » Toujours dans des positions extrêmes ! je ne les soutiendrai pas long-temps.

Nous nous sommes jetées dans une contre-allée. Je ne marchais plus, je volais, et pourtant j'étais bien faible. En entrant dans ma chambre, j'ai perdu ce qui me restait de forces ; il a fallu me mettre au lit.

C'est là que j'ai reçu, des mains de Jeannette, les tristes et dernières marques que le malheureux me donnera de son amour. Quelle lettre ! Ah ! Claire, il l'avait écrite dans l'incertitude où il était de pouvoir m'approcher. Mais ce portrait !... il est vivant. Quel peintre a donc pu rendre la grace et l'expression de cette figure-là ? Où a-t-il trouvé ces regards de flamme, que Jules n'a encore adressés qu'à moi ?... Ah ! quand on l'a peint, il était tout à son Adèle ; il croyait la voir, lui parler.

Ce portrait a calmé mon cœur ; il m'a fait retrouver des larmes ; il m'a soulagée. Je l'ai couvert des plus tendres baisers. Froide illusion, qui me rappelait des transports divins, déja bien loin de moi, et qui cependant n'était pas sans quelque charme !

Ma mère est entrée. Elle m'a perdue de vue dans le parc, en parlant avec mon père des moyens de me distraire de mes peines. Celui qui leur a paru le plus prompt et le plus sûr est de m'éloigner, sans délai, de cette terre, qui est vendue, et où je suis poursuivie de souvenirs déchirans. Ah! quittons-la, puisque je n'y dois plus revoir celui qui animait et embellissait tout. J'emporterai, avec moi, ses lettres, son portrait, et mes cendres: je ne laisserai ici qu'un désert.

CHAPITRE XI.

Départ pour les Pyrénées.

Tout annonce notre prochain départ. La réduction de différens objets de dépense amène de tristes réflexions, qui surtout affectent mon père. Je m'efforce de paraître gaie, pour que lui et maman ne s'affligent au moins que sur eux. Parviens-je réellement à les abuser sur ce qui se passe dans mon cœur? Je fais tout ce que je peux pour cela, et je sens que le sourire n'est que sur mes lèvres.

Je marque à mon père plus de respect et d'attachement que lorsqu'il avait un reste assez brillant de sa première fortune. Je n'oublie pas que je suis la cause innocente de sa ruine totale, et que je lui dois tous les dédommagemens qu'il est en mon pouvoir de lui donner. Quelquefois il paraît sensible à mes soins; quelquefois l'humeur perce malgré lui. Elle a été hier jusqu'à la brusquerie, et je n'ai pas eu l'air de m'en apercevoir. M. de Méran nourrit, dès l'enfance, des idées de grandeurs qui, dans ce moment, doivent le rendre très-malheureux. Je plaindrais sincèrement un étranger, frappé du même coup ; ainsi, mon dévouement doit être sans bornes, lorsque dans l'infortuné je retrouve mon père. Je remplirai mes devoirs dans toute leur étendue.

Nous avons reçu aujourd'hui une lettre de Tarbes. Il paraît que ce petit domaine, long-temps négligé, ne peut être remis en valeur sans des avances de fonds que nous n'avons pas. L'habitation, délabrée, a besoin de fortes réparations : il y a de quoi perdre la tête. Pour nous ménager mutuellement, nous renfermons nos idées, et peut-être chacun de nous souffre-t-il plus que si nous épanchions nos peines au dehors. Si la douleur se communique, elle s'adoucit aussi lorsqu'elle est partagée. A la première occasion, je romprai ce morne silence, image anticipée du tombeau.

Mon père a bien voulu me consulter sur la réforme de notre domestique. J'ai répondu que mon devoir est de le servir, et que ce devoir serait un plaisir pour moi. Ce mot *servir* lui a arraché un profond soupir. J'ai continué de parler avec tendresse, avec effusion ; maman m'a répondu du ton de la confiance et d'un entier abandon ; nous avons entraîné M. de Méran. De ce moment, nous mettons nos peines en commun, et nous nous en trouvons mieux.

Je tremblois, Claire, de voir Jeannette inscrite sur l'état de ceux qu'on va congédier : ce n'est que par elle que je peux recevoir tes lettres et savoir ce que fait, ce que dit, ce que pense le bien-aimé. Elle seule est conservée. Les autres sont payés et vont partir. Ce bon Firmin ! ce vieux Ambroise ! ce sont eux surtout que je regrette. Combien de petits services ils m'ont rendus, avec cette joie franche qui prouve l'attachement, et qui empêche de sentir la fatigue ! Quelquefois j'ai été assez heureuse pour leur être utile auprès de mon père, et les bons offices qu'on se rend mutuellement sont des liens que chaque jour rend plus forts. Les derniers adieux de ces bonnes gens nous ont tiré des larmes à tous.

Je ne veux pas que mon père s'aperçoive de leur absence. J'ai appelé Jeannette, et j'ai partagé entre elle et moi le travail intérieur. Je me suis réservé ce qu'il y a de moins pénible, ce qui me répugne le moins, et cependant M. de Méran me plaint beaucoup. Ah ! s'il l'avait voulu, il aurait ici un enfant de plus, qui partagerait avec moi les soins que je vais lui rendre ; qui soutiendrait son courage ; qui l'animerait du sien. Le tableau du bonheur calme d'abord, intéresse ensuite, et finit par entraîner. Quand le cœur est satisfait, on s'occupe peu de fortune, et M. de Méran a fermé le sien à tout ce qui pouvait lui faire oublier ses revers. Je n'ajouterai pas un mot : respect au malheur.

J'étais tout à l'heure à l'office. Je faisais de ces petits gâteaux que mon père aime tant! il est entré. « Mademoiselle de Méran, s'est-il écrié, ma-
« demoiselle de Méran réduite à de semblables
« fonctions! — Le but de mon travail l'ennoblit,
« papa, et vous oubliez que ce n'est pas la pre-
« mière fois que je m'occupe ainsi. — Ce travail
« était libre alors. — Il l'est encore ; il le sera tou-
« jours : il n'est pas de contrainte pour qui se
« livre à l'impulsion de son cœur. » Il m'a embrassée avec une affection, qui me récompense amplement de mes attentions, de mes prévenances.

Nous parlons souvent de cette maison où nous allons nous rendre, et où nous serons à peine abrités. Si Jules connaissait notre position! garde-toi bien de lui en parler, Claire; tu l'affligerais sans aucun avantage pour nous : jamais mon père ne recevra rien de M. d'Estouville.

Nous nous sommes rassemblés pour dîner, et la conversation est revenue à notre prochain départ, et aux moyens de nous arranger, le moins mal que nous le pourrons, à notre nouveau domicile. Maman a tiré de son sac un écrin qu'elle a mis sur la table. « Adèle, m'a-t-elle dit, avec une
« émotion profonde, ceci devait t'appartenir un
« jour; je comptais avoir le plaisir de t'en parer moi-

« même : le sort en décide autrement. Me permets-
« tu de disposer de ces pierreries ? » J'ai pris l'é-
crin ; je l'ai présenté à mon père. « Acceptez, lui
« ai-je dit, ce que vous offre maman. Faites ré-
« parer la maison des Pyrénées ; remettez les terres
« en valeur, et croyez, papa, qu'on peut être heu-
« reux partout, quand on le veut fortement. —
« Puisses-tu l'être, ma fille ! — Hélas ! le souvenir
« de ce que j'ai perdu me suivrait dans un palais
« comme sous le chaume, et je ne regrette pas
« ces superfluités, puisque ce n'est plus pour Jules
« que je m'en serais parée. » Nous nous sommes
approchés, attendris. Nos bras enlacés nous ont
étroitement unis tous les trois. Nous nous sommes
embrassés ; nous avons mêlé nos larmes. M. et madame de Méran veulent bien attacher quelque
prix à ce qu'ils appellent mon sacrifice ! Des diamans ! eh ! que me sont les mines de Golconde ?
Je les donnerais, si elles étaient à moi, pour un
regard, un sourire du bien-aimé.

Demain on vendra les chevaux et les voitures.
On ne gardera qu'une simple calèche, dans laquelle nous voyagerons modestement. Jeannette
s'y placera près de moi. Je crois te l'avoir déja
dit, le malheur a cela de bon qu'il rapproche les
hommes ; qu'il leur fait sentir le besoin qu'ils ont
les uns des autres ; qu'il les rend plus sensibles,
et par conséquent meilleurs. Je ne crois pas le
riche naturellement dur, ou méchant. Mais il est
difficile de s'attendrir sur des maux dont on n'a
pas d'idée.

Après demain, on vendra le mobilier, et on se pourvoira à Tarbes de ce qui sera rigoureusement nécessaire. Dans trois jours, nous quitterons ce château pour n'y rentrer jamais. Ne m'écris plus ici. Adresse-moi ta première lettre à Tarbes.

Dans trois jours, berceau de mon enfance et de celle de Jules, lieux qui nous ont vus croître, bosquets témoins de nos jeux et de nos premières amours, points consacrés par des baisers de feu et par des remords, je me croyais détachée de vous, et, à chaque pas, je retrouve des souvenirs; partout j'ai des regrets à donner. Dans trois jours je vous quitterai sans espérance de vous revoir! je suis éloignée de Jules; il faut m'éloigner encore des lieux que sa présence m'avait rendus chers. Ainsi je me détache successivement de tout et de moi-même. Je partirai pauvre; ce n'est rien; mon amour me tuera, ce n'est rien encore : pour qui doit toujours souffrir, la tombe est le port désirable.

J'oublie de te parler des pauvres Rigaud. Leur détresse est égale à la nôtre, et ils la supportent plus courageusement que nous. Le mari a obtenu, à Cherbourg, une place de trois à quatre mille francs. Il va s'y rendre incessamment, et tout disposer pour y recevoir sa femme.

Je finis, et je vais fermer ce paquet. Jeannette l'enverra ce soir à Argentan. Dis bien a ce malheureux que je ne respire, que je ne vis que pour lui; qu'il m'est présent le jour et la nuit; que la tendresse qu'il m'inspire, n'est comparable qu'à lui-même, puisqu'on ne peut le comparer à personne; que rien ne le bannira de mon cœur, et que si je suis fidèle à ce que j'ai promis à mon père, je le serai également aux sermens que j'ai faits à l'amour.

Dans deux jours tu auras ce paquet. Peut-être Jules sera auprès de toi, quand tu l'ouvriras. Cache-lui bien, je te le répète, notre malheureuse situation. Qu'il lise le reste avec toi; qu'il sache combien il est chéri; qu'il ajoute à l'insuffisance de la langue ce que lui dictera son cœur. J'embrasse mon ami, mon frère, mon amant bien-aimé. Ah! qu'il me trouve un nom plus doux, pour que je puisse le lui donner.

Je finis, t'ai-je dit; et quand je parle de cet être adorable, je ne peux plus m'arrêter. Je me lève, je jette ma plume au loin, et je sors de ma chambre. Je n'ai que ce moyen-là pour cesser d'écrire...

Je reviens. Recueille avec soin tout ce qu'il te dira de moi; n'omets pas un mot, Claire : rien n'est indifférent pour l'amour. Oh! si tu pouvais aussi me rendre les inflexions de sa voix! je suppléerai ce que tu ne peux faire : son organe vibre sans cesse à mon oreille, et va se perdre au fond de mon cœur. Je finis, je finis..............
....

C'est demain que nous nous arrachons de ces lieux. Nous errons tous trois dans les appartemens, dans le parc, dans mon petit bosquet. Il est aisé de voir que nous éprouvons tous le même genre d'émotion. La mienne est d'une extrême violence; M. et madame de Méran ne voient que leur terre; je sens que j'y laisse mon amant. Oh! combien j'ai déja souffert et je n'ai pas dix-huit ans! peut-être ai-je encore une longue carrière à parcourir, et l'infortune seule marche devant moi! sa main de fer s'appesantit sur tout mon être; elle l'accable, sans pouvoir l'anéantir.

La vente de ce qui était ici, a produit fort au-delà de ce qu'on en devait espérer. Il est décidé qu'avant de disposer des diamans de ma mère, on se rendra sur les lieux, et on évaluera la dépense qui paraîtra indispensable. On pourra conserver quelque chose de l'écrin. On t'adressera ce qu'on sera forcé de vendre; et on compte, pour en tirer le meilleur parti, sur ton amitié, ton activité et ton intelligence.

Voici la dernière fois que le soleil éclaire pour nous une habitation et des sites qu'il faut abandonner. Je vais dire un éternel adieu à mon petit bosquet; répandre mes dernières larmes sur le point où s'élevait mon marronnier. Je le porte dans un sachet suspendu à mon cou; le portrait du bien-aimé est auprès de ces cendres; mon cœur gémit sous ces deux monumens d'amour et d'affliction. Que de souffrances! grand Dieu! que de souffrances! ôtez-moi la force de les supporter; appelez-moi à vous.

Je m'éloigne à pas lents, la tête baissée, la poitrine oppressée, sans respiration et sans force. Je suis le chemin qui conduit à la petite porte du parc; je cherche la trace de ses pas imprimés sur le sable lors de notre dernière séparation : il n'en reste pas de vestiges. Ainsi les générations se succèdent et s'effacent. Cent ans encore, et il ne restera rien de notre amour, de ce que nous aurons souffert, même dans la mémoire des hommes.

Peut-être à la place où je suis, un cœur, bourrelé comme le mien, s'est éteint sous le poids de ses maux. Peut-être ici a-t-il existé une ville célèbre, dont tout, jusqu'au nom, s'est perdu dans la nuit des temps. Peut-être d'ambitieux monumens y consacraient la gloire de quelque héros, dont la poussière est confondue avec celle des colonnes et des pilastres. Partout nous foulons aux pieds les débris de l'espèce humaine et des cités ensevelies.

Absorbée dans ces tristes réflexions, je suis sortie du parc, et j'ai été attendre la voiture sur le chemin. Je me suis assise sur le revers d'un fossé, dans un état d'accablement impossible à dépeindre. Le monde, ses habitans, leurs jouissances, tout disparaissait à mes yeux, et même à mon entendement. Je ne tenais plus à ce vaste univers que par la douleur.

Des cris, plusieurs fois répétés, ont enfin frappé mon oreille, et m'ont rendue attentive. J'ai reconnu la voix de Jeannette et l'accent de l'inquiétude. Je me suis levée; j'ai été à elle. Elle m'a dit qu'on n'attendait que moi pour partir; elle a voulu me ramener au château. « Le sacrifice est « consommé. Si je rentre là, il faudra le renou- « veler. Assez, assez de mal, Jeannette. » Je me suis assise de nouveau, la bonne fille s'est éloignée. Bientôt j'ai entendu le fouet du paysan qui nous mène à petites journées; la calèche s'est arrêtée devant moi. « Adieu donc, ai-je dit, adieu « pour toujours. »

J'étais avec Jeannette sur le devant de la calèche. Je regardais les murs d'enceinte et la cime des arbres du parc, qui paraissaient reculer devant moi. J'avançais la tête pour les voir plus long-temps. Bientôt je les ai perdus dans un horizon vaporeux qui s'épaississait à chaque instant. Forcée de me replier sur moi-même, j'ai porté toutes mes affections sur mon sachet et ce portrait. J'ai pensé qu'on peut se consoler de ses pertes, quand il reste beaucoup. J'ai mis la main sur ces objets précieux; je les ai pressés sur mon pauvre cœur, et il a été soulagé. Le grand air, des sites nouveaux, des scènes champêtres m'ont distraite assez pour que je pusse suivre une conversation peu attachante et souvent interrompue. Jeannette seule cherchait à l'animer et à la soutenir. La digne fille nous voyait tous plus ou moins affligés; elle nous parlait de choses assez insignifiantes; mais on était forcé de l'écouter, de lui répondre : on avait donc quelques momens de relâche.

On marche jusqu'à ce que les chevaux aient besoin de se rafraîchir. On déjeune, on dîne. Le soir on soupe et on se couche tristement, pour faire les mêmes choses le lendemain. En me mettant au lit, en me levant, je prends le portrait du bien-aimé, je l'approche de mes lèvres, je lui donne quelques larmes, et je le replace sur mon cœur.

Claire, Claire! je demande le nom de la ville où nous allons arriver : c'est Versailles. Demain nous tournons autour de Paris, pour gagner la barrière d'Enfer, et prendre la route de Long-Jumeau! Parcourir extérieurement l'enceinte qui le renferme, et ne pouvoir pas y pénétrer! Le savoir si près de moi, et ne pas le voir! Quel supplice! J'ai parlé de toi, du désir de t'embrasser, en passant, de la reconnaissance que m'inspirerait cette faveur. M. de Méran m'a répondu par un regard sévère. Je n'ai plus rien, rien absolument à espérer.

Jeannette me regarde d'un air de mystère; elle me presse légèrement la main. Que médite-t-elle? Obtiendrai-je de cette fille la pitié que mon père me refuse? Ah! que dis-je? Il a raison. Me permettre de voir Jules, c'est fournir de l'aliment au feu qui me dévore... Il me serait pourtant si doux de le voir un moment, un seul moment!

Je donnerais, pour l'obtenir, le reste d'une vie que je ne puis lui consacrer.., Non, je ne l'obtiendrai pas : je gagnerais tout à le voir et à mourir.

Nous voilà dans cette ville, jadis si brillante, dit-on, et maintenant dépouillée de sa splendeur. Ainsi se flétrit la jeunesse. Bientôt il ne me restera rien de cette fraîcheur, de ces charmes qu'idolâtre Jules, et qu'entretenait l'espoir d'une inaltérable félicité. On me propose une promenade dans le parc. Qu'y verrai-je? rien, puisque le bien-aimé n'y est pas. Jeannette me fait un signe imperceptible, et je prends le bras de M. de Méran.

Non, je ne vois rien. Tout cela peut être très-beau, pour qui peut se livrer à une imagination féconde et brillante. Je n'ai plus qu'un cœur; et des allées symétriques, des nappes d'eau régulières, des statues ne lui disent rien.

Nous rentrons, assez fatigués. Espérance, me dit Jeannette, en passant près de moi. L'espérance! Ah! jamais elle ne peut renaître, et c'est là le dernier degré du malheur. *L'espérance n'entre point ici*, a écrit le Dante sur la porte des enfers.

Je soupe, je me couche, je dors, je m'éveille, je baise ce portrait, je pleure sur lui, la nuit se passe, je remonte en voiture. Mes yeux cherchent Paris. Je ne le découvre pas; mon cœur le sent. Nous arrivons sur la hauteur de Sèvres. Les monumens de cette ville immense se présentent tout à coup. Un feu brûlant me monte au visage ; bientôt un frisson me saisit ; ma voix s'altère ; ma respiration est gênée ; je ne vis plus, Claire ; je suis toute à l'amour malheureux. Espérez, m'a dit Jeannette... Se trouvera-t-il sur le chemin ? Le verrai-je en passant ? Qu'il n'ajoute pas à ce que je souffre, en se montrant pour disparaître aussitôt.

Et malgré ce vœu bien sincère, je voudrais percer les murs épais qui sont devant moi ; je fatigue mes pauvres yeux à force de le chercher, même où je sais qu'il ne peut être. Je ne vois rien.

Nous passons un pont ; nous entrons dans un vaste terrain : c'est, dit-on, le Champ-de-Mars. Je ne vois rien.

Nous prenons une large et longue allée : ce sont les boulevards neufs. Je ne vois rien, je ne vois rien.

Espérez, m'a dit Jeannette. Ah ! sans doute elle lui a écrit hier, pendant que nous étions dans le parc de Versailles. Il sait que je suis sous les murs de Paris, et je ne le vois pas ! Quoi, il compte pour quelque chose M. d'Estourville et le monde ! Quoi, son cœur ne s'élance pas au-devant du mien ! Quoi, il n'est pas capable de ce que je ferais pour lui, si je ne craignais d'affliger les plus respectables parens ! Il n'a pas de père, lui, et il balance ! Ah ! il n'aime plus ; il n'a jamais aimé. Il ne connaît pas ce dévouement absolu qui sacrifie à l'objet adoré, fortune, honneur, existence. Homme ingrat et cruel, je te désire, je t'appelle, et je ne te vois pas!

Non, non, il n'est pas ingrat, il n'est pas cruel; il est prudent pour nous deux. M. et madame de Méran examinent attentivement tous ceux qui passent auprès de nous. Ils cherchent Jules sous la bure du paysan, sous le sarrau du charretier. Quelque déguisement qu'il ait pris, il serait reconnu, et l'explosion serait terrible. Et je l'accuse! Ma bonne Claire, quand tu recevras ce paquet, dis-lui que je me repens; que je lui demande pardon.

Il me semblait tenir encore à lui par cette enceinte même que nous suivions. C'en est fait, nous voilà séparés à jamais. Je suis sur la grande route qui conduit aux Pyrénées, où je vais m'ensevelir.

Nous arrêtons à un village qu'on appelle Mont-Rouge. Pendant qu'on prépare le déjeuner, je vais cacher ma peine sous une tonnelle, qui est au fond du jardin. Jeannette me suit et me rend un billet que vient de lui remettre Firmin. Firmin! je m'y perds.

Le billet est adressé à Jeannette. Il est du bien-aimé.

« Je vous remercie, ma chère Jeannette, de l'avis que vous me donnez; mais je n'en profiterai pas. Un honnête homme ne transige jamais avec sa parole; et voir une demoiselle à qui on a promis de ne plus écrire, serait manquer d'une manière dérisoire à ses engagemens. Que dirait-on de quelqu'un qui, ayant juré de ne pas entrer dans une maison qu'habite un objet adoré, y jetterait des brandons enflammés pour l'en faire sortir? Aurait-il, ou non, violé son serment?

« Je ne vous parle pas de ce que je souffre en cédant à la voix de l'honneur. Mademoiselle de Méran seule peut s'en faire une idée. Les obstacles, les vues de mon oncle me la rendraient plus chère, si mon amour pouvait croître encore. Elle aura mon dernier soupir.

« J'ai pris Firmin et Ambroise à mon service. Le soir et le matin je leur parle d'Adélaïde; je parle d'elle pendant le jour à madame de Villers; je m'occupe d'elle pendant la nuit; et si le sommeil ferme ma paupière, il me retrace une image adorée. Ainsi je suis tout à elle, sans réserve, sans cesse, sans aucun intervalle. »

Quel homme, Claire! Il me force à joindre l'admiration à l'amour, à l'estime; à reconnaître en lui toutes les vertus qui honorent l'humanité. Que je suis petite auprès de lui! Ah! qu'au moins on sache ce qu'il vaut. Que M. et madame de Méran l'admirent avec moi. « Viens, viens, Jeannette, je « cours leur faire lire ce billet. — Vous allez me « perdre, mademoiselle. — Tu as raison, et que « deviendrais-je si je ne t'avais plus! » J'ai serré ce billet dans mon sein. Je l'en tire quand je suis seule; je le relis à la dérobée, et je me sens plus grande à chaque fois que je l'ai relu.

Digne et cher ami ! Il a recueilli Firmin et Ambroise. Il sait quel intérêt je leur porte ; c'est à moi que s'adresse le bienfait, et il a la générosité de n'en rien dire ! Oui, je m'élèverai jusqu'à lui, en lui rendant un culte plus pur. C'est ainsi qu'on se rapproche du grand être, dont il est le plus parfait ouvrage. Ces idées sublimes, en lui imprimant un caractère divin, me calment insensiblement. Je les entretiens avec soin, parce que je vois leurs effets contribuer essentiellement au repos de M. et de madame de Méran. Nous causons avec une sorte de facilité ; nous suivons même des idées abstraites. En sortant d'Orléans, mon père peignait le beau idéal physique et moral. « C'est Jules, » me suis-je écriée : et levant mes yeux vers un ciel dégagé de nuages, les y fixant ; étendant mes bras comme pour l'invoquer : « il « est là, mon père ; il est là, maman. Il plane, il « veille sur nous. Jules, protège-moi. »

M. et madame de Méran se sont regardés d'un air d'affliction qui m'a pénétrée. « Non, leur ai-je « dit, ma raison n'est pas aliénée ; ne le craignez « pas. Mais Jules est plus qu'un homme. En l'éle- « vant à une hauteur infinie au-dessus de moi, « je ne fais que lui rendre justice, et c'est ainsi « que je me soustrais à l'empire de mes sens ; c'est « ainsi que j'ennoblis le sentiment qui m'attache « à lui. Sa pureté seule pouvait écarter de moi « les orages ; je suis tranquille, vous le voyez, « mon père. »

Ils se sont regardés encore, et ils ont souri. Ah! quel bien m'a fait ce sourire-là!

Il nous est arrivé à Montauban un évènement bien agréable, et cependant fort extraordinaire. Je te dirai ce que j'en pense, Claire, quand je te l'aurai raconté.

Fatigués par une marche de douze heures, nous prenions le frais à la porte de l'auberge, sous des tilleuls touffus et du plus beau vert. Deux bancs à dossier invitaient les voyageurs à partager avec nous les agrémens de la soirée, et deux hommes bien mis se sont placés sur celui dont ils pouvaient disposer. La conversation languit entre les membres d'une même famille, qui trouvent rarement quelque chose de nouveau à se dire; un étranger, qui survient, y répand nécessairement de la variété. Ceux-ci paraissaient bien élevés, et d'une gaieté franche. C'est ainsi que les a jugés mon père, après les avoir écoutés quelque temps.

Il leur a enfin adressé la parole. On a d'abord épuisé les lieux communs sur le chaud et le froid, la pluie et le beau temps. Ensuite on est venu, selon l'usage, à des questions directes. « Ces « dames et monsieur viennent probablement de « Paris? — Oui monsieur. — Nous y allons. Une « affaire importante nous y conduit. — Affaire « commerciale, probablement? — Oui et non. « Commerciale pour moi, et d'un intérêt bien « supérieur pour celle qu'elle regarde principale-

« ment. — Voilà une énigme. — Oh, monsieur, « je vous en donnerai le mot. Une demoiselle de « Toulouse, jeune, jolie, comme mademoiselle; « aimable, comme mademoiselle l'est sans doute, « se marie incessamment avec un jeune homme « très-riche qu'elle aime, et dont elle est tendre-« ment aimée. » Qu'elle est heureuse! ai-je dit tout bas à ma mère.

Le voyageur a repris. « Mademoiselle d'Ami-« court aime la parure, c'est bien naturel, et « M. Du Peyrail est généreux. Il est venu chez « moi, en qui vous voyez, monsieur, le joaillier « le mieux assorti de Toulouse. — Je commence à « comprendre. M. Du Peyrail n'a pas trouvé chez « vous ce qu'il désirait. — Il m'a ordonné de par-« tir à l'instant pour Paris, et de m'y adresser dans « les plus fortes maisons. Voilà les dessins que « nous avons arrêtés ensemble. »

Il est difficile à une jeune personne, devant qui on parle de parure, de ne pas prêter une oreille plus ou moins attentive. Je me suis levée assez machinalement pour jeter un coup d'œil sur ce dessin. « Hé mais... voyez donc; maman, « comme cela ressemble à la monture de vos pier-« reries; il n'y a presque point de différence. — « Madame a des diamans de cette beauté-là, et « montés dans ce genre? a repris le joaillier. « Il est fâcheux pour moi qu'ils ne soient pas à « vendre. Je serais dispensé de finir un voyage

« long encore, et je surprendrais agréablement
« M. Du Peyrail, toujours impatient de jouir. »

En écoutant cet homme, en le regardant avec plus d'attention, il m'a semblé l'avoir vu, l'avoir déja entendu........ je ne me rappelais pas où. M. de Méran a dit quelques mots à l'oreille de ma mère, qui lui a répondu par un signe d'approbation. « Venez, monsieur, a-t-il dit au joail-
« lier, je vais vous montrer une parure, assez
« inutile aujourd'hui ; mais dont vous voudrez
« bien m'indiquer la valeur réelle. » Nous sommes rentrés, et en montant chez nous, j'ai remarqué sur la figure du joaillier un air de satisfaction, qui m'a portée à l'examiner de plus près.

Mon père a ouvert l'écrin devant lui. « Voilà
« qui est magnifique, s'est-il écrié. Il n'y a en
« effet presque aucune différence de ce dessin au
« mien, et, quoique j'en sois l'auteur, j'avoue fran-
« chement que je préfère le vôtre : il a quelque
« chose de plus élégant, de plus léger. — Eh bien,
« monsieur, à combien estimez-vous ces pierre-
« ries? » Le joaillier les a examinées attentivement les unes après les autres ; il a loué beaucoup, blâmé peu, et enfin il a déclaré que cet écrin valait environ soixante mille francs. « Hé, monsieur,
« s'est écrié mon père à son tour, il n'en a coûté
« que trente. — En quelle année, monsieur, l'a-
« vez-vous acheté? — Mais... en 1792. — Monsieur,
« monsieur, les diamans ont doublé de valeur

« depuis cette époque. — Vous êtes bien sûr de
« cela, monsieur? — Sûr au point que si monsieur
« voulait soixante mille francs de son écrin, je les
« lui compterais tout à l'heure. — Et vous êtes
« joaillier, monsieur? — Oui, monsieur, de père
« en fils. — On peut donc traiter avec vous sans
« manquer à la délicatesse? — Très-certainement,
« monsieur. — Avant de pousser les choses plus
« loin, je vous dirai cependant que j'ai porté cette
« parure à Paris, il y a au plus six semaines. Je
« l'ai fait évaluer par deux bijoutiers, avantageu-
« sement connus. Le premier l'a estimée vingt-
« huit mille francs, et le second vingt-cinq. —
« Ce sont des fripons, des fripons insignes, qui
« veulent gagner deux cents pour cent sur chaque
« affaire. Dans ma famille, nous nous bornons à
« un modique bénéfice. Nous ne faisons pas notre
« fortune, il est vrai; mais nous jouissons de l'es-
« time publique, et la confiance de M. Du Peyrail
« prouve ce que j'avance. Voilà, monsieur, son
« plein-pouvoir; prenez, lisez. »

Mon père et ma mère se sont retirés à l'écart.
Ils se sont parlé avec assez de vivacité et se sont
rapprochés de nous. « Réellement, monsieur, a
« repris M. de Méran, vous donneriez soixante
« mille francs de cet écrin? — A la minute, mon-
« sieur. — Comptez la somme. »

Le joaillier a dit un mot à son compagnon,
qui est sorti et rentré presque aussitôt, chargé
d'une lourde cassette. Les soixante mille francs

ont été comptés en or, et le fond de la cassette m'a paru encore assez passablement garni. « Vous « voudrez bien, monsieur, me donner un reçu, « d'après lequel je justifierai, à M. Du Peyrail, « de l'emploi de ses fonds : il m'accordera le bé- « néfice qu'il jugera convenable— C'est trop juste, « monsieur. »

Pendant qu'on comptait, que maman serrait les espèces, que mon père écrivait, je regardais cet homme, et je me confirmais de plus en plus dans l'idée que je l'avais déja vu. Il m'était impossible de me rappeler où. Il fallait pourtant que ce fût au château que nous quittons, ou chez M. Rigaud, puisque, pendant deux ans, je n'ai pas dépassé les limites de ces deux terres.

Mon père l'a invité très-poliment à souper avec nous. Il a remercié et a dit qu'il allait remonter en voiture, et courir une partie de la nuit, afin de pouvoir demain, de très-bonne heure, présenter son acquisition à M. Du Peyrail. Il est sorti en effet. Nous l'avons vu de notre balcon monter dans sa chaise de poste, et reprendre le chemin de Toulouse.

Il y avait treize jours que nous allions à petites journées, et cet accroissement inattendu de fortune semblait nous autoriser à voyager d'une manière moins économique. Les frais d'auberge d'ailleurs étaient considérables, et en ajoutant quelque chose à ce qu'on paierait encore pour cet objet, nous pouvions prendre la poste, et arriver en trois jours à Tarbes. J'en ai fait la proposition. M. de Méran m'a répondu qu'une marche plus rapide incommoderait ma mère; qu'elle n'avait jamais couru la poste sans éprouver des étourdissemens, des maux de cœur. Je n'ai pas insisté.

L'hôtesse est venue savoir si nous voulions être servis chez nous, ou manger à table d'hôte. M. de Méran lui a demandé avec qui nous y serions. « Avec un président, un riche fabricant de Tou-
« louse, et un officier de marine qui va à Paris.
« —Eh bien, nous souperons à table d'hôte. Cela
« dissipera Adèle. »

Mon père, extrêmement satisfait du marché qu'il venait de conclure, avait fait passer dans mon ame quelque chose du contentement qu'il éprouvait; ma mère le partageait vivement. Nous voyions notre habitation réparée; un joli mobilier remplacer les meubles riches, mais antiques, que nous avons vendus; la petite terre remise en valeur. De la modération dans les désirs; point de relations avec les voisins opulens, et il est possible encore de vivre dans une sorte d'aisance.

Il est difficile de ne pas revenir constamment à l'idée qui nous occupe exclusivement. Étrangers à ceux avec qui nous étions à table, nous parlions du bijoutier de Toulouse et de sa rare probité. Nous nous entretenions très-généralement, et assez brièvement des améliorations à un bien que nous ne connaissions pas encore, et nous paraissions revenir de concert, tous les trois, à notre honnête joaillier. Le président, ennuyé probablement d'entendre toujours parler de cet homme, a fini par demander son nom. « Jonas, a répondu M. de Méran. — Il n'y a pas « de Jonas, joaillier à Toulouse. — Ceci est un « peu fort, monsieur. Je viens de lui signer le reçu « du prix d'un assez bel écrin que je lui ai vendu. « — Eussiez-vous signé trente quittances, mon- « sieur, il n'y aurait pas pour cela de Jonas, bi- « joutier à Toulouse. J'en appelle à Monsieur, qui « est de cette ville comme moi. » Le fabricant a répondu par un signe négatif, afin de ne rien perdre d'un temps très-agréablement employé par lui.

« Il en sera ce qu'il vous plaira, messieurs, a « repris mon père. Mais M. Jonas est un parfait « honnête homme. — Je ne nie pas cela, mon- « sieur; mais je soutiens qu'il n'est pas bijoutier « à Toulouse. — Et probablement, monsieur, « vous n'y connaissez pas davantage M. Du Pey- « rail, jeune homme aimable, riche?... — Non, « monsieur, je ne le connais pas. — Qui se ma- « rie, au premier jour, avec mademoiselle d'Ami- « court, fille charmante, à ce que dit M. Jonas. « — M. Jonas, M. Du Peyrail, mademoiselle d'A- « micourt!... Que signifie ce galimatias? — Gali- « matias, dites-vous? Prenez garde, s'il vous « plaît, monsieur, au choix de vos expressions. « — Finissez ces mauvaises plaisanteries, et ap- « prenez, monsieur, que vous parlez au président

« du tribunal de première instance de Toulouse.

« — Et vous, monsieur, au comte de Méran, an-
« cien chef d'escadre, cordon rouge, commandant
« la marine à Brest; descendant de l'amiral Bon-
« nivet, allié aux Guises, aux Rohans et aux Mont-
« morencys. »

Je t'avoue, Claire, que j'ai vu avec un sensible plaisir l'hommage rendu à un nom justement célèbre. Avant que mon père ait parlé de l'amiral Bonnivet et des Montmorencys, l'officier de marine, et, à son exemple, le président et le fabricant se sont levés, et lui ont adressé une profonde inclination. Dès ce moment, il n'a plus été question de pointiller. On est entré de bonne foi dans les détails de la vente de l'écrin, et il est demeuré constant pour moi que le prétendu Jonas a imaginé une histoire, pour faire accepter à mon père trente mille francs au-delà de la valeur des diamans. « Quel que soit cet homme, a
« repris M. de Méran, j'ai vendu de bonne foi, et
« ma conscience est tranquille. — Vous avez vendu
« de bonne foi, M. le comte, a répondu le pré-
« sident, c'est fort bien; mais il y a d'adroits filous
« partout. Si celui-ci vous avait payé en fausse
« monnoie?... » Mon père s'est pincé les lèvres, maman a pâli; moi, j'étais tranquille : je commençais à voir clair.

On a envoyé chercher un orfèvre. On lui a fait toucher et peser une trentaine de pièces prises au hasard. Il les a déclarées être de bon or, et c'est alors que ma mémoire infidèle a commencé à me servir. Je me suis rappelé un homme qu'on disait être un tapissier de Paris, qui, mêlé dans la foule des acheteurs et des curieux, poussait, à un prix extravagant, la moindre bagatelle mise en vente au château : c'est ainsi que notre mobilier a été poussé aussi haut. Cet homme portait alors une perruque et une veste brune ; ici, il était en cheveux et dans un déshabillé élégant. Voilà toute la différence, et bien certainement c'est le même individu.

Il est facile de deviner la main d'où partent ces fonds. Je me garderai bien d'éclairer mon père : sa fierté lui ferait regretter des dédommagemens, que je regarde, moi, comme une restitution légitime de ce que Jules lui a coûté. Remercie-le pour moi d'avoir déterminé son oncle à être juste, parce qu'il m'est permis maintenant de l'estimer. Ma reconnaissance envers le bien-aimé ne s'étend pas plus loin. Sa tendre sollicitude envers nous, son empressement à nous soulager, l'adresse et la décence qu'il a mise dans l'exécution, sont de ces choses que mon cœur ne compte pas, parce que je les aurais faites comme lui, si j'étais à sa place, et que, comme lui, j'aurais été heureuse de les faire. Ce que je compte, ce que je compterai éternellement, c'est de s'être arraché de mes bras, lorsque ivre d'amour et de désirs, je lui ai dit : *achève...* Voilà Claire, l'héroïsme de l'amour, le terme le plus élevé où puisse atteindre la vertu humaine.

Je passe la nuit à t'écrire. Demain, je remettrai ce paquet à Jeannette, et je dormirai dans la calèche à côté d'elle.

CHAPITRE XII.

On arrive à Velzac.

Après vingt-deux jours de route, nous sommes arrivés à Tarbes. Mon premier soin a été d'envoyer Jeannette s'informer à la poste s'il n'y avait pas de paquet à son adresse. Mon espoir et le plus doux pressentiment n'ont pas été déçus. Ma bonne, mon excellente amie, avec quel empressement et quel plaisir j'ai lu les détails que tu me donnes. L'amitié est bien loin de l'amour; mais je crois qu'elle s'identifie quand elle lui sert de soutien. Jamais, Claire, je ne t'ai aimée autant que depuis que tu me parles de l'objet de tous mes vœux.

Il accorde à son oncle au-delà de ce que lui prescrivent la bienséance et les liens du sang; dis-lui que je l'en loue. Le jeu, les spectacles, les femmes n'ont pour lui nul attrait; il passe chez toi tous les momens dont il peut disposer; il ne se lasse pas de parler de son Adèle; je le conçois. Tu n'es jamais fatiguée de l'entendre; cela fait plutôt ton éloge que le mien. Il a refusé une orpheline jeune, jolie, immensément riche; crois-moi, ce sacrifice ne lui a rien coûté. L'offre d'un trône ne m'ébranlerait pas, si Jules n'y était assis. Je n'ai rien refusé encore, et je ne présume pas que, dans les Pyrénées, je puisse jamais lui rendre ce qu'il a fait pour moi. Mais je suis certaine qu'il juge mon cœur d'après le sien : il sait qu'il n'est pour moi qu'un homme au monde, comme je suis assurée d'être tout pour lui.

Il vient d'être nommé auditeur au Conseil d'État. Je le prie, Claire, de remplir avec exactitude des fonctions qui doivent le mener à une place plus importante. Que je lui appartienne ou non, je serai fière dans tous les temps de le voir investi de l'estime et de la considération publique : la gloire qu'il aura méritée me sera commune avec lui. J'en jouirai dans le secret de mon cœur, si je ne peux l'avouer hautement.

Tu ne me dis rien de ce que nous lui devons! une fausse modestie l'a-t-elle empêché de t'en parler, ou croit-il que ses dons puissent m'humilier? L'amour ennoblit tout, et je ne sais quel est le plus heureux de celui qui donne, ou de celle qui reçoit. Ceci pourrait être l'objet d'une longue discussion.

Je reviens à notre arrivée à Tarbes. C'est une ville irrégulière, mais située dans une belle plaine, qu'arrose l'Adour. Dans une rue assez étroite, nous avons été arrêtés par une chaise de poste, qui s'est croisée avec notre calèche. Mon père a reconnu aussitôt M. Jonas, et l'a appelé par son nom. M. Jonas l'a salué avec un sorte d'embarras, et lui a dit qu'il venait de Bagnères, où sa femme prend les eaux, et qu'il retournait à Toulouse. M. de Méran allait lui parler de ce qu'il a appris du président, lorsque les deux voitures se sont détachées. Le postillon de M. Jonas a fouetté; il est parti au galop. Mon père s'est borné à faire quelques observations, assez légères, sur cet individu, auquel il a, sans s'en douter, des obligations que moi-même peut-être je ne connais pas encore dans toute leur étendue. En effet, que vient de faire à Tarbes ce prétendu Jonas? Je ne crois pas plus qu'il ait une femme à Bagnères, qu'une boutique de joaillerie à Toulouse.

Maman m'a regardée d'un air qui voulait dire : ce Jonas ne serait-il pas l'agent principal de M. d'Estouville et de Jules? En sais-tu quelque chose, Adèle? Je n'ai pas proféré un mot; et les choses en sont restées là.

A peine étions-nous descendus de voiture, que mon père a envoyé chercher son fondé de pouvoirs. Il est accouru aussitôt. C'est un homme bien élevé et très-aimable, qui a protesté qu'il ne nous laisserait pas à l'auberge, et qu'il ne parlerait d'affaires que chez lui. Ses instances portaient l'empreinte d'un intérêt si réel, que maman a accepté sa main sans balancer. Mon père et moi les avons suivis, après avoir recommandé à Jeannette de ne pas s'éloigner de la chambre où notre petit trésor était déjà enfermé sous deux tours de clé.

Les complimens d'usage faits et reçus, mon père a parlé du lieu que nous allons habiter. Cet antique et modeste domaine est situé à mi-côte près du village de Velzac. La vue est très-belle, et le jardin descend jusqu'à la rive de l'Adour. Cette terre, morcelée depuis long-temps, était sous Charles IX un marquisat, qui dès-lors appartenait aux ancêtres de madame de Méran. Il existe encore dans la première enceinte deux tours qui défendaient les approches d'un château, dont il ne reste plus de vestiges, et entre lesquelles on avait jeté, sur l'Adour, un pont que le temps a également détruit. On remarque encore sur une de ces tours les armes des marquis de Montcenay. Ces particularités ont paru faire plaisir à M. de Méran.

Il a parlé de suite de la restauration de ces tours, monumens qui prouvent une antique noblesse. Maman a répondu d'un ton timide qu'il était possible d'employer plus utilement la modique somme qui nous reste. Mon père n'a pas insisté. Mais l'homme d'affaires, M. Dupont, a dit que ces tours n'étaient presque pas dégradées, et qu'il avait cru pouvoir prendre sur lui de les faire réparer, et de mettre sur celle qui est à droite, les armes de M. le comte de Méran. Mon père a beaucoup loué l'intelligence de M. Dupont, et lui a serré la main avec affection.

Maman a fait quelques questions sur l'état de la maison, et elle a observé très-judicieusement, que cette partie de notre propriété est bien aussi intéressante que des écussons et des créneaux. M. Dupont a répondu que du moment où il a su que nous venions habiter Velzac, il s'est empressé de faire travailler partout, et qu'il s'applaudit d'avoir fait assez de diligence pour nous éviter l'embarras des ouvriers.

« Mais, monsieur, a repris mon père, vous m'a-
« vez écrit, il y a quelques mois, que les bâti-
« mens étaient totalement dégradés, et il me sem-
« ble que vous auriez dû, avant que d'agir, m'en-
« voyer un aperçu des dépenses, et attendre mes
« ordres. — La maison a moins souffert, mon-
« sieur, que je ne l'imaginais. J'ai conduit un ma-
« çon sur les lieux; je lui ai fait faire un devis, et
« la modicité du prix m'a déterminé à passer sur
« les usages reçus. Le total des mémoires ne
« monte qu'à quatre mille et quelques cents li-
« vres, et vous n'avez absolument d'autre dépense
« à faire, pour être logé agréablement et commo-
« dément, que celle des meubles que vous juge-
« rez convenable d'acheter ici. »

Quatre mille francs, ai-je pensé, pour rétablir une maison et deux tours, que M. Dupont écrivait, il y a quelque temps, être à peine couvertes! Il y a encore du Jonas dans cette affaire-ci.

Dis au bien-aimé que j'entends, que je veux qu'il s'arrête là. Je crois que mon père est au moins couvert de ce qu'il a dépensé pour lui, et il ne convient pas que M. de Méran reçoive rien de M. d'Estouville.

On a parlé ensuite du produit des terres. Elles rapportent net sept mille francs. Une basse-cour, un verger, un jardin avec cela : nous vivrons.

M. Dupont a proposé d'aller, en attendant le souper, chez quelques marchands de meubles. Mon père, décidé à nous établir demain à Velzac, si la chose est possible, a accepté volontiers la proposition. Il a réfléchi aussitôt que ces sortes d'acquisitions ne regardent pas un homme, et surtout un homme comme lui. Il m'a invitée à accompagner maman, et il a prié M. Dupont de nous donner quelqu'un pour nous conduire.

Quand on a la clé d'une affaire, on en pénètre aisément les détails. M. Dupont a eu un moment d'embarras qui ne m'a point échappé. J'en ai conclu qu'il ne comptait pas rester chez lui; qu'ainsi il ne lui était pas égal qu'on nous conduisît chez le premier tapissier. Forcé cependant de tenir compagnie à mon père, il a tiré à part une parente avec qui il demeure, et après lui avoir, probablement, donné ses instructions, il nous a engagées à la suivre. Il est clair d'après toutes ces observations que Jonas, que nous avons rencontré à Tarbes, n'y est venu que pour se concerter avec M. Dupont.

Ne te le disais-je pas ? mademoiselle Sophie nous a d'abord conduites chez deux ou trois marchands, chez qui nous n'avons rien trouvé qui pût nous convenir. Nous sommes enfin entrées dans un vaste magasin, où il semblait qu'on eût un état des objets qui nous étaient nécessaires. Tout était classé de façon à ce que nous n'eussions qu'à passer de l'ameublement complet d'une chambre à une autre, à écrire les choses et les prix. En une heure au plus nous avons acheté un mobilier aussi nombreux, simple, mais de meilleur goût que celui du château, et le tout ne va qu'à trois mille francs. Je m'attendais à cela, et maman, très-surprise, d'abord, du bon marché qu'on nous faisait, a fini par me dire à l'oreille: « Ne devines-tu rien, ma fille? — Il y a long-temps « que j'ai tout deviné, maman. — Ton père, étran- « ger aux affaires et aux soins d'une maison, n'a « pas d'idée encore de ce qui se passe. Prends « garde qu'il t'échappe un mot. »

Le marchand nous a proposé très-obligeamment de faire emballer nos meubles dans la soirée, et un roulier, qui avait l'air de se promener dans la rue, s'est arrêté enfin devant le magasin. Il s'est approché de nous insensiblement. Il a d'abord hasardé quelques mots; puis il nous a dit d'un ton naïf, qu'il venait charger à Tarbes des marchandises, qu'on ne pouvait lui livrer avant trois jours, et que si ces meubles ne devaient pas aller loin, il nous demandait la préférence. Le fripon en connaissait la destination aussi bien que nous.

A peine avons-nous eu accepté ses services, que

nous avons vu arriver un menuisier, ses garçons, et une charrette chargée de caisses de toutes dimensions. Ces à-propos répétés auraient infailliblement éclairé mon père, s'il eût été avec nous.

Nous avons engagé le marchand à venir recevoir son argent; il nous a répondu qu'il restait pour accélérer les emballages et le chargement, et qu'il aurait l'honneur de nous voir le lendemain matin. Un homme qui ne nous a jamais vues, et qui laisse enlever ses meubles, avant que d'avoir touché un écu! Jonas manque de jugement, ou ses ordres sont exécutés par des maladroits.

En retournant chez M. Dupont, nous avons parlé, maman et moi, des procédés de M. d'Estouville. Nous nous sommes demandé si la délicatesse nous permettait d'accepter quelque chose d'un homme qui ne sait donner que de l'argent, et qui refuse ce qui ferait mon bonheur, celui de Jules, de mes parens, et peut-être le sien. Nous convenions l'une et l'autre que M. de Méran, dépouillé de sa fortune, pouvait reprendre ce qu'il a donné dans des temps plus heureux; mais il est difficile de déterminer ce que Jules lui a coûté, et ce que M. d'Estouville a dépensé pour nous. Nous sommes tombées d'accord sur ce point: que maman écrira au bien-aimé; qu'elle le priera d'empêcher son oncle d'aller au-delà de ce qu'il a fait jusqu'ici, et que, s'il n'a pas égard à sa prière, elle déclarera tout à M. de Méran, qui ne manquera pas de renvoyer les choses, dont il pourra disposer.

Ce soir, en entrant dans la chambre que M. Dupont m'a donnée, je me suis occupée, avant que de t'écrire, d'un calcul approximatif. Jules a été quinze ans chez nous, et j'évalue sa dépense à mille écus par année : cet article monte donc à quarante-cinq mille francs. M. d'Estouville peut en avoir perdu quatre ou cinq mille sur le mobilier du château ; il en perdra trente mille sur les diamans. Il reste, pour arriver aux quarante-cinq mille francs, dix à douze mille livres employées en réparations, et données d'avance au tapissier de Tarbes. Jusqu'ici je ne vois qu'une restitution, et je ne crois pas que nous ayons à nous plaindre ; mais, je le répète, Claire, je défends expressément au bien-aimé d'ajouter la moindre bagatelle à ce qu'il a fait pour nous. Je ne le menace point, s'il va contre mes ordres, de me brouiller avec lui ; il ne m'en croirait pas. Mais dis-lui bien qu'il m'affligerait sérieusement, et il s'arrêtera. Il doit sentir que nous sommes au-dessus du besoin ; il doit craindre de blesser la fierté de mon père, et il me connaît assez pour savoir que ma richesse est dans mon amour.

Nous avons fait en très-peu de temps les deux lieux de Tarbes à Velzac. Le roulier, parti de très-grand matin, est arrivé en même temps que nous, et nous avons fait une entrée, sinon triomphale, au moins très-agréable. L'habitation est riante, elle se présente bien, et les deux tours ont un aspect imposant qui a fait sourire mon père. Nous avons passé un pont-levis, jeté sur un fossé sec, et par conséquent fort inutile; mais M. de Méran a appris avec beaucoup de satisfaction, du jardinier, qu'il est très-facile d'y faire entrer l'eau de l'Adour. Ce jardinier est un garçon de bonne mine, que M. Dupont a employé à remettre le jardin en culture, et qui espère, a-t-il dit, que M. le comte le gardera à son service, quand il aura vu quel parti il a tiré du terrain.

Mon père et ma mère, occupés à faire décharger et placer les meubles d'après la distribution intérieure, ne donnaient aucune attention aux détails; moi, j'examinais tout attentivement. Il n'y a de réparations apparentes que sur les murs extérieurs; des papiers frais cachent le reste, et de la couleur, nouvellement appliquée, couvre des menuiseries qui sans doute sont neuves. Il était déja évident, pour moi du moins, qu'on a dépensé ici beaucoup au-delà de ce que portent les mémoires de M. Dupont.

En allant et venant, je suis entrée dans une chambre, qui touche à celle que maman a prise pour elle. J'ai été frappée de sa parfaite ressemblance avec celle que j'occupais au château. Même distribution de la chambre et des deux cabinets, mêmes papiers, mêmes nuances de couleur sur les portes et les croisées, et ce qui a comblé ma surprise, c'est d'y avoir trouvé des meubles absolument semblables aux miens, et qu'après un long et minutieux examen, j'ai reconnu être les mêmes.

M. de Méran s'est récrié comme moi. Le jardinier nous a dit avoir rassemblé ces meubles de toutes les parties de la maison. Il les a mis dans cette chambre, parce qu'elle lui paraît convenir à une jeune demoiselle, et qu'il lui semble raisonnable de réserver les meubles neufs pour monsieur le comte et madame la comtesse. M. de Méran a bien voulu croire que ces meubles existassent dans une maison, dont les murs se tenaient à peine debout, il y a deux mois. Mais je crois qu'il serait dangereux de mettre sa crédulité à de nouvelles épreuves.

Ainsi, Claire, j'ai recouvré, grace au bien-aimé, ce grand fauteuil bleu, où je travaillais, et dans lequel il se mettait avec tant de plaisir, quand je ne l'occupais pas; j'ai toutes ces chaises en tapisserie, sur lesquelles je l'ai vu alternativement assis; je retrouve ces rideaux de lit sous lesquels lui, toi, moi, nous sommes si souvent cachés pendant notre enfance; voilà le secrétaire dans lequel étaient ses lettres : je viens de les y replacer. Il n'y a rien ici qu'il n'ait touché et qui ne me soit précieux. Chambre chérie, où sans cesse je le retrouve, je ne te quitterai plus. Voilà, Claire, voilà de ces choses dont mon cœur lui tient compte, parce que l'amour parfait, prévenant, délicat, a pu seul deviner mes plus secrètes pensées, et prévoir la douce impression que les objets produiraient sur moi. Adresse-lui les expressions de la plus sincère, de la plus vive reconnaissance. Hélas! je ne peux pour lui que l'adorer; mais si mon amour extrême, constant, inébranlable suffit à son bonheur, il est le plus heureux des hommes.

La fatigue de la route, la diversité des sites, des objets, avaient calmé ma tête, et donné quelque relâche à mon cœur. Peines et plaisirs, anxiétés, espérances, vœux, désirs, privations, j'ai tout retrouvé dans cette chambre pleine de lui, et je ne m'en plains pas : tourmens d'amour ne sont jamais sans quelques douceurs. Tu ne te doutes pas de cela, toi qui de l'amour n'as connu que le bonheur. Oh! combien ma félicité s'accroîtrait de ce que j'ai souffert, de ce que je souffrirai encore, si jamais j'obtenais sa main! et si je dois ne l'avoir jamais, j'aime, je suis aimée; c'est exister, c'est exister pour lui. Cette pensée me rattache à la vie.

La journée a été employée tout entière à mettre de l'ordre et de l'arrangement partout : à peine avons-nous pris le temps de manger. Excédés de lassitude, nous nous sommes couchés avec le soleil. Il commence à peine à paraître, et me voilà debout. Dupont, Jonas et le jardinier sont d'intelligence, et je me trompe fort, ou la surprise que m'a causée ma chambre, ne doit pas être la dernière. Ah! Claire, si celle que je pressens se réalise, ce sera le chef-d'œuvre de l'amour.

Je descends dans le jardin. Il a peu d'étendue; mais il est varié et dessiné fort agréablement. Le jardinier est appuyé sur sa bêche et me regarde aller et venir. Il me fait enfin un signe d'intelligence... Oui, Claire, oui, j'ai deviné, je le vois ; je trouverai ce que mon cœur m'a annoncé... J'y suis, j'y suis ! voilà déja l'allée tortueuse, bordée de lilas, qui conduisait à mon petit bosquet. Je pousse un cri de joie, je cours, je vole... Oh! c'est lui, c'est bien lui! voyons, examinons... Dieu ! grand Dieu ! par quelle magie mon marronnier a-t-il été transplanté ici! le voilà, le voilà bien! même circonférence, même élévation, mêmes branchages! et notre chiffre, Claire, et notre chiffre! et le banc vert, et les mêmes arbustes, et les mêmes plantes? il ne manque pas une touffe de violettes. Je déraisonne, j'extravague, je délire de plaisir et de bonheur. Homme charmant, homme adoré, que te dirai-je ? Les expressions me manquent, et cependant je sens mon cœur errer sur mes lèvres. N'est-il donc pas de langage qui satisfasse l'amour, qui puisse le peindre dans toute son étendue? Jules ne connaîtra-t-il jamais la violence du mien ? Ne pourrai-je lui donner une idée juste des délices qu'il me fait goûter aujourd'hui ?

J'aperçois le jardinier à travers le buisson de seringats. Il me regarde d'un air si satisfait! il paraît jouir de son ouvrage et partager mon bonheur. Je lui fais signe d'approcher. Je l'interroge; il répond d'une manière évasive. Je le presse; il est embarrassé. Il ne peut plus nier, et cependant il balance à me dire la vérité. Je deviens plus pressante, je prie, je promets une discrétion à toute épreuve; il parle enfin. Ah! méchante, que de choses tu m'as cachées! pourquoi m'avoir laissé ignorer que Jonas est le valet de chambre affidé de M. d'Estouville; qu'il est venu ici avec M. Dupont et soixante ouvriers de toute espèce, répandre l'or, et tout changer en dix-sept jours sur les dessins du bien-aimé? Pourquoi me taire que les meubles de ma chambre ont été envoyés directement d'Argentan à Velzac; que ce jardinier, si intelligent, appartenait à l'oncle de Jules, et qu'il est ici pour recevoir les paquets de Jeannette, et lui remettre les tiens? Il est possible, à la rigueur, qu'on ne t'ait pas instruite de ces particularités; mais ce qu'il est impossible que tu ne saches pas, c'est que l'homme adoré n'a pas voulu qu'un arbre qu'il n'aurait point planté, fût l'objet de mon culte. Il a couru la poste avec Jonas; il s'est caché quand les circonstances l'ont exigé; il est venu ici; il a foulé cette terre, que je regarde maintenant avec amour et respect; il a choisi lui-même le marronnier, qui devait remplacer le mien; il l'a ébranché; il l'a planté de ses mains; il y a gravé notre chiffre. Non, Claire, jamais je ne pourrai m'acquitter envers lui, pas même en faisant le bonheur de toute sa vie, et je ne peux lui donner un moment!

Pourquoi as-tu gardé le silence sur des faits aussi importans, et que je te rappelle avec tant de charme? Jules est-il venu ici contre la volonté de son oncle, ou a-t-il dû son consentement à quelque promesse qui doive alarmer mon amour? Non, on ne renonce pas à ce qu'on aime si parfaitement. Cependant cette idée me poursuit. Elle m'inspire des craintes que je ne peux surmonter. Écris-moi la vérité, toute la vérité, je t'en conjure.

Une réflexion triste en amène nécessairement une autre. Je pense que l'activité continuelle, dans laquelle vit mon père, depuis quelque temps, ne lui a pas permis de rien observer d'une manière suivie. Cependant, il ne faut qu'un instant pour l'éclairer, pour qu'il rapproche des faits qui se lient évidemment, et cet instant peut être celui où il entrera dans ce bosquet. Sa parfaite conformité avec celui que nous quittons, ne peut être l'effet du hasard, et il doit suffire de mon marronnier pour rappeler à mon père ma chambre et ses meubles, et lui faire examiner dans les détails d'immenses réparations faciles à reconnaître ; le faire remonter au prix trop modique du mobilier de Tarbes, à la valeur extraordinaire donnée aux diamans, et mettre enfin à découvert la main généreuse qui s'est si heureusement cachée jusqu'ici. Cette pensée me fait frémir. Le jardinier s'aperçoit de mon trouble, et je ne lui en dissimule pas la cause. « Jouez vous-même la surprise, made-
« moiselle, sur des rapports aussi réguliers. Si M. le
« comte en est frappé, il s'en expliquera avec M. Du-
« pont, et tout est prévu. Soyez tranquille. »

Je n'avais pas besoin de feindre pour marquer de l'exaltation, et ce genre d'émotion peut s'appliquer à tout. J'entraîne mon père ; maman nous suit ; nous sommes au pied du marronnier. Je ne peux te rendre le changement subit qui s'est opéré sur la figure de M. de Méran. Ce que je venais de prévoir est arrivé aussitôt. Il a tout rappelé, tout rapproché, et il a fini par un éclat qui m'a effrayée. Déja je voyais les meubles de ma chambre brisés, mon bosquet arraché et livré à la bêche, le jardinier chassé, toutes mes jouissances anéanties. Maman a parlé contre sa conscience, par pitié pour moi. Elle a dit qu'il ne lui paraissait pas que messieurs d'Estouville et de Courcelles se fussent permis d'être généreux envers nous, et qu'il fallait d'abord interroger le jardinier. Elle m'a adressé un coup d'œil qui signifiait que très-probablement mon bon Jules avait pris les mesures propres à voiler ses actions.

Mon père a appelé Jérôme. « Qui t'a donné le
« plan de ce bosquet ? lui a-t-il demandé d'un ton
« terrible. — Monsieur le comte, c'est M. Dupont.
« — Et tu dis avoir trouvé ici les meubles qui
« sont dans la chambre de mademoiselle ? — Je
« vous jure, monsieur le comte, qu'ils y étaient,
« quand M. Dupont m'y a amené. — Vas à Tar-
« bes ; amène-moi Dupont ; je veux éclaircir tout
« cela. Cours, vole. »

J'ai profité de ce moment pour faire valoir les talens de Jérôme. J'ai représenté qu'il a dû obéir à celui qui l'a employé ; que peut-être M. de Méran lui doit un dédommagement de la frayeur qu'il lui a causée, et qu'il ne peut rien faire pour lui qui le flatte davantage que de le prendre à son service. « Je te garde, lui a dit mon père, « avec une sorte de bienveillance. Que Dupont « vienne à l'instant, et qu'il prenne avec lui toutes « ses pièces justificatives.

« Ces gens-là, a-t-il dit après le départ de Jé-« rôme, sont bien extraordinaires! vouloir donner « à un homme comme moi! à moi, qui ai sèche-« ment, durement même refusé leurs offres! si « j'aperçois la moindre ruse dans la conduite de « Dupont, je fais abattre les tours, et peut-être « la maison. — Nous n'en serons pas mieux logés, « a répondu maman d'une voix timide. » Mon père est parti d'un éclat de rire; nous sommes rentrés, et nous avons déjeuné assez gaiement.

Quand un orage est calmé, il est rare qu'il se reproduise par le même motif. Mon père avait ri, et il a reçu M. Dupont avec assez d'affabilité. Cependant il lui a déclaré d'un ton ferme qu'il prétendait avoir des éclaircissemens sur tout ce qu'il a vu. Dupont a tiré une lettre de Jules, et l'a lue à haute voix. Le bien-aimé lui dit qu'il a trouvé à Paris, chez un tapissier, un ameublement qu'il a reconnu être le mien; il a pensé que je le reverrais avec plaisir; il l'a acheté, et il prie M. Dupont de le faire placer dans la chambre qu'il croira devoir être la mienne. Il l'invite à ne rien dire de cet arrangement à M. de Méran, dont il connaît la délicatesse et la susceptibilité. Mais aussi il entend qu'on ne lui cache rien s'il conçoit des soupçons, et s'il veut savoir la vérité. Il présume qu'il lui sera permis de faire un léger cadeau à celle qui fut sa sœur, et qui dut être sa femme. Si cependant mon père lui refuse cette marque de bienveillance, il est prêt à recevoir neuf cents francs, que lui ont coûté mes meubles.

« Il n'y a rien à dire à cela, s'est écrié M. de « Méran. » Il a été prendre de l'or; il a compté les neuf cents francs, avec injonction à Dupont de les faire passer de suite à M. de Courcelles.

De quel poids j'ai senti mon pauvre cœur soulagé! l'affaire du bosquet s'est arrangée plus facilement encore. « Peut-être, dit Jules, dans la « même lettre, ferez-vous travailler au jardin. Je « vous envoie le plan d'une petite retraite, que « mademoiselle de Méran a souvent embellie de « sa présence, et qu'elle sera bien aise de retrou- « ver à Velzac. Je vous engage à ne rien négliger « pour lui procurer cette satisfaction. »

« A la bonne heure, à la bonne heure, a dit « mon père », et satisfait sur les deux articles qui l'avaient le plus frappé, il a examiné assez légèrement les réparations faites, les mémoires à la main. Il n'a pas vu une couleur gris-sale, appliquée en bien des endroits, sans doute pour cacher des parties de mur absolument neuves, et qui n'a pas échappé à mon œil observateur. Au reste, il n'est pas étonnant qu'on y voie beaucoup mieux à dix-huit ans qu'à soixante. Il n'a plus été question de rien. M. Dupont a dîné avec nous, et il a laissé mon père parfaitement satisfait de sa gestion, et tout-à-fait revenu sur le compte de Jules et de son oncle.

J'ai été dans la soirée prendre possession de mon petit bosquet. J'y ai porté le ravissement, dont j'avais été saisie le matin en y entrant. Mais te le dirai-je, Claire? j'y ai bientôt retrouvé les derniers baisers, le sentiment des privations actuelles, les craintes les plus fondées sur l'avenir, des soupirs et des larmes. Je les cacherai soigneusement. C'est pour les sécher qu'on m'a enlevée brusquement du château : on n'épargnerait pas ce bosquet, si on savait qu'il en a rouvert la source.

J'ai appelé Jérôme. Je lui ai fait entr'ouvrir la terre au pied du marronnier. J'ai mis à découvert le haut des racines, et j'ai placé, dans les intervalles, les cendres de celui que j'ai brûlé. Les sels, dont elles sont remplies, passeront dans cet arbre-ci; ils feront partie de sa substance, et cette idée rendra pour moi l'illusion complète. Je verrai le premier marronnier sous l'écorce du second.

Jérôme voulait replacer la terre qu'il venait d'enlever; je ne l'ai pas permis : une main profane ne touchera pas ces cendres précieuses. C'est l'amour qui les a recueillies; c'est à lui seul qu'il appartient de les déposer ici.

CHAPITRE XIII.

Personnages nouveaux.

Une lettre de toi, ma bonne, mon excellente amie! avec quelle tendre sollicitude tu dissipes mes alarmes! avec quelle complaisance tu me parles du bien-aimé, et avec quelle satisfaction je te vois applaudir à sa constance, à sa respectueuse fermeté avec son oncle! Ah! je le sens, nous nous aimerons jusqu'à la mort, et on nous sépare, et les auteurs de nos maux croient peut-être avoir aimé! ils n'ont connu de l'amour que le nom.

M. d'Estouville, dis-tu, a donné à Jules tout l'argent qu'il lui a demandé; il a consenti qu'il vînt ici, sous la seule condition qu'il ne chercherait pas à me voir, et qu'il ne m'écrirait plus. Que le ciel soit loué! mon amant n'a rien ajouté aux promesses qu'il a faites à mon père, et qu'il remplit si religieusement.

M. d'Estouville se flatte, sans doute, que l'absence et le temps m'effaceront du cœur de son neveu : il en juge par le sien. Non, cet homme-là n'a jamais aimé.

Nous venons de recevoir nos malles, chargées à Argentan, et ce qui vaut mieux, mon piano et toute cette musique que Jules m'a choisie, et qu'il chantait avec moi dans des temps plus heureux. J'ai fait porter tout cela dans ma chambre : je veux qu'elle soit pleine de lui; que tout y soit amour. C'est là et dans mon bosquet que je passe ma vie, que je le retrouve sans cesse, que je le pleure souvent, que je suis quelquefois heureuse.

M. Dupont est venu nous parler de cent et quelques arpens de terre, qui sont à vendre dans notre voisinage. Cette ouverture a fait plaisir à M. de Méran, assez embarrassé de cinquante mille francs, environ, qui lui restent encore. Il a chargé l'homme d'affaires de conclure. J'ai pensé d'abord qu'il y avait encore du Jonas dans cette acquisition. J'en ai parlé franchement à M. Dupont, qui, me voyant à peu près instruite, n'a pas cru devoir dissimuler avec moi. Il m'a avoué qu'on a dépensé ici quinze mille francs, et que les meubles achetés à Tarbes en coûtent huit. Mais il m'a protesté, et il m'a prouvé que les terres de ce pays-ci sont fort inférieures à celles de la Normandie.

Ainsi notre revenu se trouve porté à neuf mille francs. Je m'en applaudis à cause de mon père, car maman pense, comme moi, que l'opulence oblige à une représentation, souvent trop gênante, et qui ne donne jamais le bonheur. C'est le cœur qui en est le foyer, et l'être qui est au-dessus du besoin, peut n'avoir rien à désirer. Cet accroissement d'aisance permet à maman d'adjoindre à Jeannette une cuisinière, chargée du soin de la basse-cour. Ainsi, je redeviens mademoiselle de Méran, c'est-à-dire que je ne fais plus que ce qui me plaît. Je brode, je touche du piano, j'arrose mon marronnier, et je vis d'amour.

A propos d'amour, je m'aperçois que Jeannette et Jérôme s'attachent l'un à l'autre. Cette découverte me fait plaisir. Ce garçon, accoutumé aux environs brillans de Paris, aurait pu s'ennuyer dans nos montagnes, et vouloir retourner chez son premier maître. L'amour fera pour lui de nos sites sauvages un lieu de délices, et cet homme est absolument nécessaire à notre correspondance! Hélas! ils n'ont besoin, pour être heureux, ni de parens, ni de fortune. Ils s'uniront quand ils auront dit *j'aime;* et je crois que le moment n'est pas éloigné. Alors ils seront irrévocablement fixés ici. Tu vois que tout s'arrange aussi bien que je peux le désirer dans ma triste position......................................
....

Je suis mécontente, Claire, très-mécontente, et c'est de Jules. Il devait nous mieux connaître et contenir son oncle.

Ce matin, j'ai voulu serrer dans le coffre de mon secrétaire des fleurs artificielles, dont le carton est arrivé brisé. J'ouvre et je trouve... Tu le sais peut-être aussi bien que moi, et tu partagerais mon mécontentement avec Jules, si je croyais que tu n'eusses pas fait tout ce qui était en toi pour empêcher que je fusse humiliée par M. d'Estouville. De quel droit prétend-il me forcer à recevoir de lui un bienfait, et un bienfait inutile, puisque maman, ni moi ne pouvons plus nous parer de ces diamans, qu'il est indispensable de cacher soigneusement à mon père?

L'écrin était enveloppé d'un papier, qui porte ces mots, tracés par une main inconnue :

« Mademoiselle de Méran ne sera pas dépouillée « d'une parure que lui destinait l'affection de ma-« dame sa mère. On la supplie de croire qu'on est « loin de penser à blesser son amour-propre, et « on se flatte qu'elle acceptera, sans répugnance, « un témoignage de la profonde estime qu'on a « pour elle. »

Oui, mon amour-propre est blessé; il l'est de la manière la plus douloureuse. Non, M. d'Estouville ne m'estime pas, puisqu'il me refuse à son neveu, déja riche assez pour qu'on ne doive pas s'occuper d'ajouter à sa fortune. Cet éloge affecté n'est qu'une dérision piquante, et je ne vois dans ce cadeau que l'orgueil de l'opulence, qui veut faire sentir, à la médiocrité, l'intervalle qui les sépare. Que M. d'Estouville se souvienne que la fortune est inconstante; que mon père a été riche comme lui; que sa noblesse date d'aussi loin que la sienne; qu'il a sur lui l'avantage de lui avoir conservé son neveu; de l'avoir élevé dans des principes, qui l'honoreront partout; que de tels bienfaits ne s'acquittent pas avec quelques brillans, et que *donner* est un outrage dans la position où nous nous trouvons respectivement.

Sûre de l'assentiment de ma mère, je me suis mise à mon secrétaire, et j'ai écrit à cet oncle fastueux tout ce que je viens de t'en dire. J'ai adouci les expressions, parce que je crois qu'une femme ne doit jamais sortir d'une modération, au moins apparente, lors même qu'elle est offensée. Ma lettre terminée, j'ai été chercher maman. J'ai mis sous ses yeux l'écrin, le billet, et ma réponse. Elle m'a embrassée, et je suis demeurée convaincue que nous avons tous, du juste et de l'injuste, un sentiment qui ne nous égare jamais.

Ma mère a écrit à M. Dupont. Elle lui enjoint de renvoyer cet écrin à M. d'Estouville, et de lui dire que si ces diamans reparaissent ici, ou si, par des moyens détournés, on nous fait parvenir quelque chose que ce soit, M. de Méran en sera averti aussitôt, dût sa fierté nous faire tomber dans l'indigence. Demain, de grand matin, Jérôme portera ce paquet à Tarbes.

Parlons d'autre chose : il me répugne de m'étendre sur ce qui ne fait pas honneur aux gens que j'aime. A une demi-lieue d'ici est un superbe château, qui appartient à M. d'Apremont, ancien colonel de cavalerie, chevalier de l'ordre de Saint-Louis, et, ce qui vaut mieux, plein de qualités, dit-on. Cette terre est d'un rapport considérable, et le propriétaire en a d'autres encore en Picardie et en Champagne. Il a cinquante ans, et n'est pas marié encore. Il est aux eaux de Bagnères, avec une nièce qu'il aime beaucoup, et il doit venir passer deux mois ici. Mon père a déja feuilleté son *Dictionnaire de la Noblesse*, et il a trouvé que les d'Apremont descendent des comtes d'Armagnac. Il n'est pas d'illustration plus ancienne et plus pure, et M. d'Apremont sera fort bien reçu ici, s'il juge à propos de prévenir un homme respectable, qui, de sa splendeur passée, ne peut plus offrir que des souvenirs.

Un M. des Audrets, bon gentilhomme qui a servi sous M. d'Apremont, et qui ne l'a pas quitté pendant les orages de la révolution, est ici depuis quelques jours. Il est chargé de tout faire préparer pour recevoir dignement le maître du château. Nous tenons ces détails de Jeannette, qui court de tous les côtés. M. des Audrets ne s'est pas encore présenté chez nous; mais je l'ai entrevu plusieurs fois de ma croisée : il donnait des ordres dans le parc, dont une partie de murs borde un côté de notre jardin. Il m'a paru âgé de quarante-cinq à quarante-huit ans; il n'est ni bien ni mal fait; ni beau ni laid; et peut-être ni spirituel ni borné. Au reste, sa manière d'être m'importe peu : l'Apollon du Belvédère animé ne fixerait pas mon attention.

M. des Audrets rentre dans le parc en ce moment, et pour la première fois ses yeux se portent sur ma croisée. Il me regarde avec une ténacité qui tient de l'affectation. Je quitte ma fenêtre, puisqu'il ne veut pas que j'y reste. Il y a des êtres bien extraordinaires.

Je viens de passer deux heures à mon piano ; j'y ai chanté ces romances que Jules aime tant, et que le charme de sa voix rendait si touchantes. En me levant j'ai voulu prendre l'air, et j'ai vu M. des Audrets, rêvant à la même place où il était deux heures auparavant.

Je me suis retirée, et le soir j'ai fermé mes persiennes, pour ne plus les rouvrir tant que cet ennuyeux voisin sera à Velzac.

Depuis quelques jours ma bonne Jeannette tournait autour de moi. Elle paraissait toujours prête à me parler, et les mots expiraient sur ses lèvres. Ce matin, je l'ai mise à son aise, parfaitement à son aise, et elle s'est enfin expliquée. Je te l'avais bien dit, Jérôme et cette excellente fille s'aiment. Ils croient, avec raison, que quelqu'un qui connaît les peines de l'amour doit leur être favorable, et ils sollicitent ma médiation auprès de maman. Ils n'ont pas voulu ajouter que les services continuels qu'ils me rendent, leur donnent des droits à ma bienveillance. J'ai saisi cette occasion pour leur parler de ma reconnaissance, et je me suis empressée de la leur prouver.

Maman aime beaucoup Jeannette, et elle commence à estimer Jérôme. Il m'a suffi de lui exposer les faits pour obtenir son consentement, et elle m'a répondu de celui de M. de Méran. Classe obscure, mais heureuse, où le cœur est tout, et de qui le mot *convenances* n'est pas même connu, pourquoi Jules et moi ne sommes-nous pas nés dans votre sein? Le jour où nous nous sommes aimés eût été celui de notre bonheur. Nous serions pauvres; mais nous n'aurions pas d'idée de ces besoins, dont l'aisance fait contracter l'habitude. Nous travaillerions; mais le repos nous paraîtrait plus doux. Mon père, né dans cette condition, ne serait pas tourmenté de sa chimère de grandeur; il vivrait sans désirs, comme sans regrets, et notre félicité embellirait ses derniers jours. Mais je suis fille de qualité, M. de Méran est fier, M. d'Estourville est immensément riche; il faut que je souffre, aujourd'hui, demain, dans un mois, dans un an, toute ma vie, peut-être. Oh! mon pauvre cœur! mon pauvre cœur!

A la fin du dîner, mon père a fait venir Jeannette et Jérôme. Il a donné son consentement à leur mariage, avec une sorte de solennité. Jérôme a sauté à deux pieds de haut, et il est retombé à genoux devant mon père. Jeannette, profondément inclinée, rougissait de pudeur et de plaisir. Ces bonnes gens m'aiment de tout leur cœur, et ils ne cessent de me tourmenter. M. de Méran a parlé, aux futurs époux, des devoirs et des douceurs du mariage; il s'est exprimé avec une dignité imposante, et se laissant aller à l'affection qu'il a toujours eue pour Jeannette, il l'a recommandée à la tendresse, aux égards, aux soins de Jérôme, d'une manière bien touchante. Hélas! c'est à peu près ainsi qu'il nous parlait à Jules et à moi, il y a environ un an et demi. Que de maux ont depuis pesé sur nos têtes !

Quelques instans après, on a annoncé M. des Audrets. Mon père n'avait aucune raison de ne pas le recevoir : il est entré. Il s'est présenté avec l'embarras d'un homme qui craint quelque chose. Aurait-il eu une intention directe, en me fixant à ma croisée, avec une continuité fatigante pour moi ? Il s'est remis promptement, et le compliment qu'il a adressé à mon père est d'un homme d'esprit. Il a dit à maman les choses les plus obligeantes, et enfin j'ai eu mon tour, comme tu peux bien le croire. Il est retombé, en me parlant, dans son premier embarras. Tout ce que j'ai entendu, c'est que les graces ingénues se sont fixées près de moi ; que M. des Audrets aime passionnément la musique ; qu'il me croit une virtuose, et qu'il s'estimera heureux, quand je voudrai bien lui permettre de m'entendre.

La conversation est devenue générale, et je l'ai observé à mon tour. Je n'ai plus à te parler que de sa figure, dont l'éloignement ne m'a pas permis de juger de ma croisée. Il a la bouche grande, mais assez bien meublée ; le nez trop fort, les yeux vifs et assez ouverts. Les sourcils noirs et très-fournis se joignent, et sont d'un effet désagréable. Je ne m'arrête à tout cela, que parce que cet homme me fait peur, quand il me regarde, ce qui ne lui arrive pas souvent. Il paraît avoir contracté l'habitude de ne jamais fixer celui à qui il parle, et on prétend que les gens au regard oblique sont faux. Que m'importe, après tout ? Je n'ai rien à craindre, ni à espérer de lui.

Il a exprimé le désir de m'entendre à mon piano. Mon père, qui veut bien me croire beaucoup de talens, et qui en tire une certaine vanité, a appuyé M. des Audrets. J'ai prétexté un grand mal de tête : je ne veux rien faire pour cet homme-là. Je ne veux pas surtout qu'il entre dans ma chambre ; qu'il en touche aucun meuble : il en effacerait l'image du bien-aimé.

Je suis sortie, et j'ai été faire un tour de jardin. J'y ai trouvé Jeannette et Jérôme, causant dans la plus douce intimité. Le son de leur voix, qui arrivait à mon oreille, portait l'expression de la volupté ; le contentement se peignait dans tous leurs traits ; ils n'avaient pas un mouvement où je ne trouvasse l'amour. Ah! Claire, ce spectacle me tue. Que de choses il me rappelle! L'envie ne peut entrer dans mon cœur. J'ai fait, au contraire, tout ce qui était en moi pour couronner les vœux de ma bonne et fidèle Jeannette ; je m'en applaudis, même en ce moment. Mais suis-je condamnée à avoir sans cesse sous les yeux le tableau d'un bonheur auquel il ne m'est pas permis d'atteindre ? C'est le supplice de Tantale.

Je suis rentrée, et j'ai retrouvé M. des Audrets. J'ai pris mon ouvrage, pour être dispensée de le regarder, et j'ai été m'asseoir dans l'endroit le plus reculé du salon. J'écoutais en travaillant. Il vit habituellement chez M. d'Apremont. Sa fortune est très-bornée ; mais son ami supplée à tout avec magnificence. M. d'Apremont est aussi bel homme qu'on peut l'être à cinquante ans. Son esprit est orné, son caractère est ferme ; ses opinions sont invariables. Il n'a jamais voulu se marier, précisément parce qu'il aime beaucoup les femmes, et qu'il redoute la dépendance à laquelle son épouse l'aurait facilement assujéti, si elle avait eu l'ambition de le mener. Voilà, ce me semble, un singulier motif pour s'éloigner du mariage. Eh, Claire, un mari que mène un peu sa femme est-il donc si à plaindre ? Ne nous est-il pas permis de chercher dans la douceur, dans des insinuations raisonnées, un ascendant que nous tournons à l'avantage de tous deux ? Est-il sans exemple qu'un époux égaré ait été ramené par l'épouse modérée et sensible ?

Je crois que M. des Audrets ne cesse de me regarder lorsque je travaille, car jamais je ne lève les yeux sans rencontrer les siens. Cet homme-là me gêne, et commence à me déplaire beaucoup.

Je m'aperçois qu'on a descendu mon piano dans le salon, pendant que j'étais dans mon bosquet. Je vois qu'il faut chanter, pour me débarrasser de cet importun. Je me lève, je me place, et je prélude. Il est derrière moi, et il me regarde, dans la glace, d'une manière qui m'intimide au point de m'empêcher de continuer : je retourne à mon ouvrage. Mon père me dit que je fais l'enfant; M. des Audrets se plaint amèrement de la privation que je lui impose. Il a l'audace de me présenter la main pour me reconduire à l'instrument; je cache les miennes sous mon métier, et je lui lance un regard qui le déconcerte. Il a fait un tour ou deux dans le salon; il a dit quelques niaiseries, a pris son chapeau, et s'est retiré. Que me veut cet homme, Claire ? Il ignore que mon cœur est donné, et peut-être il se flatte de parvenir à me plaire. Si j'étais libre, il ne m'inspirerait que de l'aversion.

Il est revenu aujourd'hui, sous le prétexte de communiquer à mon père une lettre qu'il a reçue de son ami. M. d'Apremont exprime une vive satisfaction d'avoir M. de Méran pour voisin, et il ajoute que sa nièce s'empressera de se lier avec moi. Il est clair que M. des Audrets a parlé de nous en termes favorables, afin de lier les deux familles, et de pouvoir être avec moi tous les jours. Je répondrai, au premier mot expressif qu'il m'adressera, de manière à l'éloigner pour toujours.

Il s'est établi dans l'esprit de M. de Méran, par des flatteries délicates, fines, et insinuées avec beaucoup d'adresse, il faut que j'en convienne. Ainsi il est parfaitement accueilli, et il est presque toujours chez nous. Il me parle avec une circonspection, qui dissiperait mes premières craintes, s'il ne semblait épier l'occasion de m'entretenir en particulier. J'espère qu'il ne la trouvera jamais.

Il affecte une franchise à laquelle je ne crois

pas. Il voudrait nous faire croire à son attachement, par des confidences qui n'ont rien de bien important; mais qui tendent à prouver un abandon absolu. Il pourra tromper mon père; moi, je l'ai jugé, et tous ses efforts ne contribueront qu'à m'affermir dans l'opinion que j'ai conçu de lui. Il nous a dit entre autres choses que M. d'Apremont s'occupe sérieusement de l'établissement de sa nièce. Elle a de son père et de sa mère, qu'elle a perdus dans son enfance, cent mille livres de rente, et elle en attend beaucoup plus de son oncle. Cependant il ne paraît pas très-facile de la marier. Il y a eu des conférences, à ce sujet, entre M. d'Apremont et l'oncle d'un jeune homme, orphelin aussi... Claire, ces premiers détails m'ont fortement émue, et j'ai fixé, à mon tour, M. des Audrets. Je n'ai aperçu aucune marque d'embarras; ainsi il ne cherchait pas à me pénétrer, comme je l'ai cru d'abord. Il racontait simplement des faits, auxquels il me croit étrangère, à moins cependant qu'il soit maître de lui, au point de prendre toujours le masque qui convient à la circonstance, ce qui n'est pas impossible. Alors il veut se venger de l'éloignement que je lui marque, et il a complètement réussi. Mais d'où saurait-il que j'aime aussi tendrement que je suis aimée?. Hé! peut-être de M. d'Estouville. Il a continué.

Le jeune homme, a-t-il dit, oppose à son oncle une résistance, que jusqu'ici rien n'a pu vaincre.

Il est éperdûment amoureux d'une demoiselle qu'on dit très-jolie, très-aimable, et pleine de qualités; mais qui ne lui convient point, parce qu'elle n'a pas de fortune. Les deux oncles sont persuadés que le temps et l'absence le feront revenir de ce ridicule entêtement. L'hiver, qui s'approche, ramènera les plaisirs bruyans; la dissipation, les agrémens de mademoiselle d'Apremont, l'amour-propre, toujours flatté d'une conquête brillante, feront le reste. Ils le croient, du moins. Pauvres gens !

Il ne restait plus à M. des Audrets qu'à nommer Jules et ta déplorable amie.

Mon père et ma mère se sont regardés ; il ne m'eût pas été possible d'articuler un mot, si j'avais voulu hasarder une question. Toutes réflexions faites, cet homme ignore la part, très-active, que je prends à cette affaire. D'après le sentiment secret que je lui suppose, il ne se serait pas expliqué avec une légèreté aussi offensante pour moi.

Mademoiselle d'Apremont est donc cette rivale, qui doit finir par m'écraser, uniquement parce qu'elle est riche. Elle arrive après demain. Oh! comme je vais l'observer! je ne suis pas jalouse, Claire : ce sentiment ne convient pas à ma triste position. Mais je veux voir si cette femme est réellement digne d'un cœur, qui, jusqu'à présent, n'a battu que pour moi... Hé! le désir de la bien connaître, est-il autre que cette jalousie, dont je me défendais tout à l'heure? Puis-je me dissimuler les alarmes où me jettent les agrémens qu'on accorde à mademoiselle d'Apremont; la séduction des plaisirs, les insinuations perfides et sans cesse répétées, les occasions de se voir, qu'on multipliera à l'infini? Et quelles sont mes armes à moi? Des vœux impuissans, des plaintes solitaires : des larmes stériles peuvent-elles combattre une femme qui réunit tout ce qui charme, seduit, entraîne? Je suis perdue, Claire, ou Jules est plus qu'un homme.

Que de maux j'ai déja soufferts! Les plus douces espérances détruites, une séparation douloureuse et sans terme, l'exil des lieux où naquit notre mutuel amour, étaient, je le croyais du moins, plus qu'il est possible à un cœur brûlant de supporter. Eh bien, Claire, si l'infortune devait s'arrêter là, je serais encore heureuse; je le serais en ce moment. Mais le perdre sans retour, le savoir dans les bras d'une autre! voilà le dernier, le plus grand de tous les maux. Cette idée est déchirante, affreuse; elle est mortelle pour moi. Ah! dis-lui bien qu'il est l'arbitre unique de ma vie; qu'il peut me la conserver ou me l'ôter à son gré.

Je veux m'arracher à ces pensées cruelles. Tous mes efforts n'aboutissent qu'à en changer les nuances. Elles varient; mais elles sont toutes accablantes. C'est aujourd'hui que Jeannette se marie. Je m'étais flattée de me distraire, en m'occupant des préparatifs, en réglant le repas, la petite fête que mon père donne aux époux. Eh bien, ces apprêts mêmes, ou plutôt leur objet, la satisfaction de mon père et de ma mère, l'espèce d'ivresse de Jeannette et de Jérôme, les douces caresses qu'ils croient dérober à mes yeux, en passant, en repassant près de moi, tout me force à me replier sur moi-même, tout pèse sur mon pauvre cœur, et le froisse d'une manière terrible, insoutenable.

La cérémonie est terminée. Jeannette a prononcé le mot qui l'unit irrévocablement à Jérôme, avec une fermeté qui annonçait bien que son cœur se donnait avec sa main. Elle n'est pas très-jolie, et elle m'a paru belle de son bonheur. Jérôme était radieux. J'avais pris un chapeau et un voile : je savais que j'aurais des larmes à cacher. Toujours, toujours des larmes! Combien j'en ai versé depuis un an, combien j'en verserai encore! Cette demoiselle d'Apremont!.. Ah! Claire; la douleur n'est donc pas une maladie mortelle? On souffre, on pleure, on ne meurt pas.

Il est des instans où je voudrais fuir; il en est d'autres où je surprends l'espérance au fond de mon cœur. Je cherche en vain à rappeler ma raison; elle est trop loin de moi. Je sens la nécessité de relever mon courage, et je ne trouve que l'amour. Quelle vie, grand Dieu, quelle vie!

Je me suis dérobée à la gaieté qui animait tout autour de moi, et qui me faisait sentir plus vivement mon malheur. J'ai porté dans mon bosquet mes plaintes secrètes; j'y donnais un libre cours à mes soupirs, et j'éprouvais quelque soulagement. M. des Audrets a paru tout à coup devant moi. Je me suis levée précipitamment, et je me suis élancée dans le jardin : je ne veux pas que cet homme s'arrête un moment dans cet asile de l'amour malheureux. Il m'a suivie, Claire. Son teint était animé, son œil étincelant, sa respiration courte et gênée. Il m'a glacée d'effroi. J'allais pousser des cris, si je n'avais réfléchi aussitôt que nous étions en vue de la maison, et que je n'avais rien à redouter. Il m'a parlé en mots entrecoupés; son extrême agitation ne lui permettait pas de s'exprimer d'une manière suivie et intelligible; aussi n'ai-je trouvé que de l'obscurité dans les choses qu'il m'a adressées. Il est atteint, m'a-t-il dit, d'une passion violente, et il ne peut vivre sans moi : je m'attendais à cet aveu. Il n'a pas de fortune; ainsi il ne doit pas penser à m'épouser : pourquoi donc me parle-t-il de son amour? Mais il peut tout, a-t-il ajouté, sur un homme immensément riche, et il l'amènera à demander ma main, si je veux lui promettre des marques certaines de ma reconnaissance, et lui en donner d'avance d'assez positives pour qu'elles soient une garantie de mes bontés à venir. Il sait que je ne peux disposer de rien, et il me demande d'avance des preuves de ma reconnaissance! Si j'avais de l'or, je le prodiguerais pour l'éloigner, lui et l'homme sur lequel il peut tout. Il m'aime, dit-il, et il veut me marier à un autre! Quelle démence, Claire ! J'aurais ri de cette incohérence d'idées, si je pouvais rire encore.

Il m'a parlé de constance, de plaisirs vifs et mystérieux, de je ne sais quoi encore, où je n'ai rien compris du tout. Fatiguée, excédée de ce verbiage insignifiant, je l'ai interrompu, et je lui ai répondu, avec fierté, qu'il ne me convient pas d'écouter quelqu'un qui déclare ne pas penser à se marier ; que j'ai d'ailleurs un éloignement invincible pour le mariage, et que je me flatte qu'il voudra bien à l'avenir ne me rien dire qui me soit personnel. Je suis rentrée, et j'ai tout répété à maman, pour qu'elle se place entre cet homme et moi, et qu'elle me délivre de ses importunités.

Le croiras-tu, Claire? ma mère, en m'écoutant, a marqué une surprise, une indignation qui m'ont frappée. Je suis certaine de lui avoir rendu, à peu de chose près, les propres termes de M. des Audrets. Quelle signification cachée peuvent-ils donc avoir? Ce n'est pas tout : maman m'a expressément recommandé de ne rien dire de tout cela à M. de Méran. Cette défense a ajouté à mon étonnement et à ma curiosité. J'ai fait quelques questions à ma mère ; et elle m'a répondu d'une manière tellement évasive, que je ne l'ai pas plus comprise que M. des Audrets. Tout ce que je peux présumer, c'est que cet homme m'a dit des choses déplacées, répréhensibles peut-être ; mais je ne sais en quoi. Il m'aime, il veut me marier à un autre, et il compte sur ma reconnaissance; je ne vois là que de la bizarrerie. Si tu y trouves autre chose, dis-le-moi, Claire, et si j'ai réellement à me plaindre de M. des Audrets, cache-le au bien-aimé, par la même raison, quelle qu'elle soit, que maman m'ordonne de me taire avec M. de Méran.

Oui, il y a dans ceci un côté très-sérieux : ma mère vient de tirer à part M. des Audrets; il a rougi, pâli, en l'écoutant, et, quand elle a cessé de parler, il s'est retiré sans répondre un mot. Il m'a lancé un regard terrible, en sortant. Que m'importe sa colère? maman est instruite, et veillera sur moi. Mais j'ai une envie de pénétrer ce mystère! Peut-être n'en est-ce un que pour ton amie. Tu entendras aussi bien que ma mère, et tu seras moins réservée qu'elle, n'est-il pas vrai?

« Je ne pouvais, m'a-t-elle dit le soir, interdire
« cette maison à M. des Audrets, sans me mettre
« dans la nécessité d'instruire M. de Méran de mes
« motifs; mais je me suis prononcée de manière à
« te garantir de rien entendre désormais qui soit
« indigne de toi. » Je m'y perds. Écris-moi, oh! écris-moi, dès que tu auras reçu ce paquet; je t'en prie, je t'en conjure.

Tous les habitans du village paraissent fous, aujourd'hui. Ils courent de chez eux à la grande route; de là à l'avenue du château d'Aprémont; ils forceraient la grille, s'ils n'étaient contenus par des domestiques, qui ont assez de peine à les écarter. Voilà la première fois que le propriétaire visite ce château, et il y arrive avec un train qui peut piquer la curiosité. J'ai aussi cédé à la mienne. Armée d'une longue-vue, je vois ce que je te raconte de la chambre supérieure d'une de nos tours, d'où l'œil plonge dans la partie cultivée du parc. Je distingue une file de voitures à deux, quatre, et six chevaux, plus brillantes les unes que les autres. M. d'Apremont amène donc toute une cour avec lui.

On descend de carrosse; on monte au péristyle. Les messieurs ont des habits de campagne du meilleur goût. Un homme de belle taille est entouré de huit à dix jeunes gens qui paraissent lui marquer beaucoup de déférence : c'est probablement M. d'Apremont. Une dame, mise simplement, mais avec élégance, est à son tour l'objet des hommages de ces messieurs : c'est sans doute la redoutable nièce. Quelques femmes se tiennent à une distance respectueuse : ce sont des suivantes. Des domestiques, en bottes, en culottes de peau, en vestes galonnées, déchargent les voitures, vont et viennent, et l'énigmatique des Audrets paraît donner des ordres de tous les côtés. Bientôt tout le cortége disparaît à mes yeux. On est entré au château; la nuit s'approche, et ce ne sera que demain que je reverrai un objet que je suis si intéressée à connaître et à juger.

CHAPITRE XIV.

Mademoiselle d'Apremont.

Le soleil paraît à peine, et je suis dans ma tour : il me semble que mon empressement doive se communiquer aux habitans du château. Quel enfantillage! dirais-tu, si tu ne sentais qu'un intérêt très-majeur m'attire ici, et m'y fixe.

J'ai connu à peu près M. des Audrets, avant de l'avoir entendu. Je ne sais si je me trompe; mais il me semble que les mouvemens, les habitudes du corps peuvent donner une indication générale du caractère de l'individu : autant que je le pourrai, je ne perdrai rien de ce que fera mademoiselle d'Apremont.

Il y a deux heures que je suis ici, et personne ne paraît encore; pas une croisée ne s'ouvre au château. J'ai le temps de réfléchir, et je vais tirer quelques conséquences de ce repos apathique. Je dormais peu quand j'étais heureuse : mon bonheur me tenait éveillée. Je dors moins depuis que l'infortune m'a frappée. J'infère de là que le sommeil n'approche que des êtres tranquilles. Le cœur de mademoiselle d'Apremont est donc en repos. Si j'ai bien entendu tes lettres, elle a vu le bien-aimé, et son cœur est calme! Qui donc pourra l'émouvoir? personne. Cette première remarque a cela de satisfaisant que la jeune personne ne pressera pas son oncle de conclure.

Mais si elle a les agrémens, les qualités que la renommée publie, comment n'a-t-elle pas fortement frappé quelques-uns des jeunes gens qui l'accompagnent? et le silence le plus absolu paraît régner aussi chez eux... Hé, mon Dieu! est-il nécessaire d'ouvrir ses persiennes, pour s'occuper très-sérieusement de Jules et de mademoiselle d'Apremont? Ne préjugeons rien encore; attendons, attendons.

La porte du péristyle s'ouvre enfin... oh! ce ne sont que des laquais... Une femme de chambre paraît. Un des jeunes gens se précipite sur ses pas; elle se jette derrière une touffe d'arbres qui la cache aux valets, mais qui ne me dérobe rien. Le jeune homme la suit, et lui remet un papier qu'elle serre dans une poche de son tablier. Ce n'est pas à elle qu'on écrit, puisqu'on trouve aisément l'occasion de lui parler. On ne lui dit que quelques mots; on ne daigne pas prendre sa main, qui s'avance assez naturellement; on se retire : le papier est pour mademoiselle d'Apremont.

On n'écrit pas à une femme, sans avoir quelques probabilités de succès. D'ailleurs la facilité avec laquelle la suivante a reçu le billet, prouve que ce n'est pas le premier dont elle se charge, et une demoiselle ne reçoit pas plusieurs lettres d'un homme qui ne l'intéresse pas. Mademoiselle d'Apremont a donc une inclination. Quelle découverte, Claire! quel baume elle porte dans mon sang!

XIX.

La femme de chambre se rapproche du château. Elle joue, ou elle en fait le semblant, avec un jockei de dix à douze ans, qui paraît éveillé comme un page. Un autre jeune homme descend le péristyle, ne la regarde point, et s'enfonce dans le bois. La femme de chambre saisit le ballon du jockei, et le jette dans une touffe de rosiers. L'enfant court à son ballon, et la suivante est sur les pas du jeune homme qui la précède. Les arbres me les dérobent tout-à-fait... Ah! je les revois. Le monsieur s'arrête; la femme de chambre le joint, reçoit de lui un second papier, le cache dans l'autre poche de son tablier, saute, court et revient au péristyle, où, pour avoir l'air de faire quelque chose, elle arrange un bouquet de fleurs que lui offrent les vases de marbre qui ornent les degrés.

Je t'avoue, Claire, qu'en ce moment ma pénétration est en défaut. Il est impossible, n'est-il pas vrai, qu'une femme reçoive des lettres de deux hommes à la fois? Peut-être y a-t-il quelque autre dame au château. Au reste, comme je te le disais tout-à-l'heure, ne préjugeons rien; attendons.

Un jeune homme, très-bien fait, saute tous les degrés à la fois. Il fait pirouetter la femme de chambre, lui arrache son bouquet, et fuit avec la légèreté du daim. La femme de chambre s'élance après lui... Y aurait-il un troisième billet? A qui donc tout cela pourrait-il s'adresser?... Précisément, l'officieuse suivante reçoit encore un papier. Elle cache celui-ci sous son fichu.

Plus ces scènes se multiplient, et moins je conçois le jeu des acteurs. Je reviens à ma première idée : peut-être la femme de chambre a-t-elle, pour son compte, un rôle intéressant dans cette affaire. Ne peut-on suivre la sienne en menant celle d'une autre?... Cependant on se serait arrêté auprès d'elle ; on ne me devine pas au haut d'une tour, armée d'une perfide lunette, et on lui aurait dérobé quelque caresse... Je m'y perds, je m'y perds.

Je fais une réflexion un peu tardive à la vérité. Est-il bien d'épier ainsi les actions de ceux qui ne nous doivent aucun compte de leur conduite? Mais, dis-moi, Claire, n'ai-je pas le droit de m'occuper de mes intérêts les plus chers ; et si je suis réservée au dernier des malheurs, si Jules doit céder enfin aux prières, aux promesses, aux persécutions, n'est-il pas essentiel pour lui de bien connaître celle qui ne fera jamais son bonheur, mais dont les défauts pourraient empoisonner sa vie. Je verrai tout ce que je pourrai voir. Je n'exagérerai, je n'atténuerai rien. J'en prends l'engagement formel, et je le tiendrai rigoureusement.

Quelle phrase viens-je d'écrire ! *si Jules doit céder*... Ah! répète-lui que je l'en crois incapable. Mais j'étudierai mademoiselle d'Apremont, et si elle donne, contre elle, des armes dont un honnête homme puisse se servir, ce ne sera plus son amour que Jules opposera à son oncle, mais le langage de la raison, qui finit toujours par persuader.

Les deux portes du péristyle s'ouvrent. M. d'Apremont descend les degrés. Il donne la main à une jeune personne, dont un grand chapeau de paille cache entièrement la figure. Les jeunes gens et M. des Audrets, rangés circulairement à côté et derrière l'oncle et la nièce, font respectueusement leur cour. Aucune autre femme de marque ne les précède ou ne les suit. Il n'est pas présumable que la suivante que j'ai vue se charge de la correspondance de ses compagnes. Les trois billets sont-ils donc pour mademoiselle d'Apremont, et si elle est capable de semblables écarts, quel nom donnerai-je à sa conduite?

On se promène avec un calme, au moins apparent. Mademoiselle d'Apremont tourne la tête, de temps en temps, sans doute pour répondre à ceux qui l'accompagnent. Pas un mouvement, pas un geste qui décèle l'agitation de l'ame. La présence de l'oncle comprime toutes les passions.

Je n'ai pas d'observation à faire en ce moment, aussi n'ai-je pas balancé à suivre Jeannette, qui est venue m'avertir qu'on m'attendait à déjeuner. Je l'ai engagée à se lier particulièrement avec la femme de chambre aux billets, que je lui ai désignée, aussi bien que je l'ai pu, par sa taille élancée, ses grands cheveux blonds, et sa robe de taffetas gris. Jeannette est trop communicative pour ne pas la faire parler, et il ne faut qu'un mot pour expliquer ce que j'ai vu.

Nous quittions la table, lorsqu'un grand laquais, galonné de la tête aux pieds, est venu demander à quelle heure M. et mademoiselle d'Apremont pourraient venir rendre leurs devoirs à M. et à madame de Méran. Si le message se fût adressé à moi, je les aurais reçus à l'instant même, tant je brûle de voir cette terrible rivale. Mon père a répondu que l'heure lui était indifférente, et qu'il verrait toujours avec plaisir des voisins aussi distingués.

Le domestique était à peine sorti de la salle à manger, que M. de Méran a donné ses ordres. Il nous a invitées maman et moi à faire la plus brillante toilette; il a prescrit à Jeannette et à Jérôme de prendre leurs habits de noce, et de ne plus quitter l'anti-chambre; il est allé ensuite se couvrir la tête de poudre, et le corps de broderie. J'ai représenté à maman que cette affectation nous donnerait un ridicule; que ce luxe d'un moment rappellerait notre médiocrité. Elle m'a répondu avec beaucoup de douceur, qu'une fille qui peut complaire à son père, en mettant une robe au lieu d'une autre, ne doit pas balancer. Elle a raison.

Il n'est qu'onze heures du matin, et nous voilà tous parés, comme si nous allions à une fête. J'ai remarqué à demi-voix, que lorsque nous rendrons à M. d'Apremont la visite qu'il va nous faire, il faudra reprendre les mêmes habits, ou en mettre d'inférieurs. M. de Méran a froncé le sourcil. J'ai couru à mon piano, et j'ai touché cet air si gai, et qu'il aime tant, pour rappeler la sérénité dans son ame.

Je n'avais pas fini, que Jérôme est venu annoncer l'oncle et la nièce. « Ouvrez les deux battans », lui a dit mon père.

Ils sont entrés, suivis de deux jeunes gens, très-empressés auprès de la demoiselle. Le cœur m'a battu avec une extrême violence; toutes mes facultés ont passé dans mes yeux et mes oreilles.

Mademoiselle d'Apremont est bien, très-bien. Il est facile de trouver une figure plus régulièrement jolie. Il n'en est pas de plus noble, et en même temps plus prévenante; son sourire est enchanteur. Sa taille est haute, fine et déliée; elle ne fait pas un mouvement qui ne découvre une grace nouvelle. Elle ne laisse à désirer qu'un peu plus d'embonpoint.

Elle m'a abordée avec la plus aimable cordialité; elle m'a adressé des choses extrêmement flatteuses, et qui n'avaient rien de recherché. Ou je me trompe fort, ou elle a beaucoup d'esprit; elle a surtout celui du moment. Elle a monté la conversation, avec moi, jusqu'au terme qu'elle a jugé que je ne pouvais pas dépasser, et elle s'est arrêtée là. Mais quand l'entretien est devenu général, elle m'a étonnée par l'art avec lequel elle cachait, sous le plus aimable badinage, la force du raisonnement et la justesse des observations. Je l'aurais aimée dès ce moment, si j'avais pu cesser de voir en elle ma plus cruelle ennemie. Tu dois sentir, Claire, combien je suis vraie dans le jugement que je porte d'elle.

Cependant, elle a, je crois, vingt-deux ou vingt-quatre ans. Elle doit réunir tous les suffrages, tous les vœux; elle a de la naissance, de la fortune, et elle n'est pas mariée! Les hommes, intéressés à bien voir, auraient-ils quelque raison de la mésestimer? Est-ce vraiment à elle que s'adressaient les trois billets, et aurait-elle déja donné lieu à d'autres réflexions du genre des miennes? Il est des momens où je le désire bien vivement, Claire. Il en est d'autres, où je regretterais qu'un des plus parfaits ouvrages qui soient sortis des mains de la nature, se dégradât volontairement.

Il y avait au moins une heure que M. et mademoiselle d'Apremont étaient avec nous, et je n'avais pas jeté encore les yeux sur leur ajustement. Un amour violent absorbe-t-il nos autres facultés au point d'éteindre en nous cette avide curiosité, petite passion des femmes qui n'en ont pas d'autres? Mademoiselle d'Apremont était mise avec la simplicité des graces qui ne la quittent jamais. De la mousseline des Indes, du linon et des dentelles seulement; mais tout cela est taillé avec tant de goût, et drapé avec tant d'élégance! Son oncle portait un habit très-uni; un dessous de nankin, un chapeau et des souliers gris. Je n'ai pu m'empêcher de penser que mon père ressemblait un peu à ces comédiens, qui passent, pour paraître un instant sur la scène, un habit brillant, qu'ils déposent quand la toile est baissée. La mise de ma mère et la mienne me rappelaient ces bonnes femmes, qui, prêtes à monter dans une diligence, se chargent de tous leurs joyaux, pour éblouir des gens plus riches qu'elles. L'oncle et la nièce n'ont point paru s'apercevoir de ce travers, que j'aurais voulu nous épargner à tous. Mademoiselle d'Apremont n'a cessé de me combler de prévenances. Elle m'a fortement engagée à l'aller voir souvent, pendant le temps qu'elle passera à Velzac. J'ai promis, Claire : elle me séduit complètement quand, à force d'amabilité, elle me distrait des projets de MM. d'Estouville et d'Apremont; mais au moindre retour sur moi-même, je me promets bien de trouver le défaut capital qu'elle a sans doute, ou tous les hommes finiraient par tomber à ses pieds. Ces trois billets, ces trois billets!.. Mais avec autant d'esprit, de connaissance du monde et des convenances, est-il vraisemblable qu'elle se mette, pour ainsi dire, dans la dépendance d'une femme de chambre? Je torture mon imagination, et je ne trouve aucune explication satisfaisante de ce qui s'est passé dans ce parc.

J'ai examiné les deux jeunes gens, et je les crois très-tendrement attachés à mademoiselle d'Apremont. Je n'ai pas remarqué qu'elle accordât de préférence à aucun; mais elle leur marque une bienveillance, une sorte d'estime, et même des prévenances, bien propres à resserrer des liens, que déja peut-être il ne dépend pas d'eux de rompre. Peut-on jouer ainsi avec l'amour? Ou elle ne connaît pas son ascendant, ou elle ignore les peines d'un sentiment qui n'est point partagé. Je ne crois pas qu'elle ait le malheur d'être née très-sensible : elle conserve, à tous les momens, une liberté d'esprit qui prouve le calme de son cœur. Oh! si elle pouvait s'attacher à un de ces jeunes gens!

Après une conversation très-longue, très-variée, et par conséquent attrayante, l'oncle et la nièce ont pris congé de nous. A Velzac, comme en Normandie, on a l'amour-propre de juger les autres, et on se donne le plaisir d'en médire un peu. M. et madame de Méran s'accordent parfaitement avec moi sur les agrémens et les qualités de mademoiselle d'Apremont. Ils pensaient d'abord qu'elle pourrait être un peu plus réservée; mais je leur ai fait remarquer que son âge autorise certaines choses, qui seraient déplacées dans une jeune personne de dix-sept à dix-huit ans; qu'il n'est pas de femme qui ne sente intérieurement ce qu'elle vaut, et que le désir de briller est presque légitime, quand on a tout ce qu'il faut pour se le faire pardonner. Mon père et ma mère sont revenus à mon avis. Tu vois avec quelle loyauté je me conduis envers celle, que tout autre que moi détesterait peut-être. Toute à l'amour, je sais souffrir, me plaindre, pleurer, et je ne peux haïr.

J'ai donné peu d'attention à l'oncle. M. et madame de Méran lui trouvent un grand sens, de la facilité, de la tenue; mais ils le croient opiniâtre, et même irascible. Ils ont loué sa taille, sa tournure, son maintien, et la régularité de ses traits. Je ne sais pas encore bien quelle est sa figure; mais il a cinquante ans, et n'en eût-il que vingt, il ne ferait pas sur moi la plus légère impression.

J'ignore si mon père a été frappé de mes réflexions sur sa broderie et sur notre parure très-recherchée à ma mère et à moi. Mais il les a rendues nulles en décidant que la visite de M. d'Apremont lui serait rendue cet après-dîner. Comme on ne fait pas ordinairement deux toilettes par jour, il est tout simple de nous présenter dans l'état où nous sommes; comme on ne se pare pas tous les jours à la campagne, et que M. d'Apremont nous a donné l'exemple de la simplicité, on ne concluera rien contre notre garde-robe, en nous voyant mis selon notre usage habituel. Mon père ne m'a pas communiqué ses idées à cet égard; mais voilà probablement ce qu'il pensait.

Jeannette a ponctuellement suivi les instructions que je lui ai données, et elle n'a pas perdu un instant. Elle a pris, pour s'introduire au château, un prétexte assez adroit. Elle a demandé à saluer les femmes de mademoiselle, et à leur donner sur les localités, qu'elles ne connaissent pas encore, tous les renseignemens dont elles peuvent avoir besoin. On a paru lui savoir très-bon gré de ses prévenances, et il ne lui a fallu qu'un moment pour se mettre au mieux dans l'esprit de la première femme de chambre. Il a suffi de louer la finesse de sa taille, la beauté de ses cheveux blonds, et le goût de sa robe de taffetas gris, pour en recevoir l'invitation de voir le château, et ensuite, celle beaucoup plus intéressante, d'aller se reposer dans sa chambre. La flatterie, contre laquelle on s'élève tant, est-elle naturelle à l'homme? Sans aucun art, et peut-être sans réflexion, Jeannette a trouvé la corde qu'il fallait pincer.

Le caquetage s'est monté d'une manière suivie dans cette chambre. Julie n'est pas fine, et cependant elle se vante d'avoir la confiance de sa maîtresse. Je doute à présent que mademoiselle d'Apremont la donne à personne. On s'est entretenu, selon l'usage, de tous les individus qui habitent le château. Trois de ces messieurs, au moins, sont éperdûment amoureux de la demoiselle, qui paraît ne se décider pour aucun, et ses irrésolutions sont très-lucratives pour Julie, à qui on suppose une influence qu'elle ne peut avoir. Ce matin même, elle a reçu, dans le parc, des cadeaux que chaque aspirant lui a remis en cachette, et déployant trois papiers, qui étaient sur sa commode, elle a fait voir à Jeannette une bourse à monture d'or, une montre émaillée, et de jolies boucles d'oreilles. Décidément cette fille ne sait rien : si elle avait le secret de sa maîtresse, elle serait moins communicative. Il résulte de ce que je viens de te dire, que j'ai pu me tromper à l'égard des trois billets; mais ce qui change en certitude le soupçon d'un défaut essentiel, c'est que mademoiselle d'Apremont a été plusieurs fois au moment de se marier, et que les prétendans se sont retirés brusquement, sans daigner motiver un procédé aussi bizarre. Je connaîtrai ce défaut : il est impossible qu'il ne s'en manifeste quelque chose à des yeux constamment ouverts, et si je parviens à saisir un premier fil, je déchirerai bientôt le voile dont mademoiselle d'Apremont s'enveloppe.

Je sens bien que faire manquer ce mariage n'est pas assurer mon repos. Il est à Paris d'autres femmes qui peuvent convenir à M. d'Estouville. Cependant il tient beaucoup à la fortune, et une très-riche héritière ne se rencontre pas tous les jours. D'ailleurs, dans ma position, c'est beaucoup que gagner du temps.

Nous partons pour nous rendre au château. Je t'écrirai demain ce qui se sera passé.

Tout est grand dans cette maison. Le ton du maître est noble et imposant. Mademoiselle d'Apremont reçoit, et prévient les besoins et les désirs, comme elle fait tout, avec une aisance, et une grace, qui lui sont particulières.

Sept à huit personnes étaient venues de Tarbes, et avaient dîné au château. Quand nous sommes entrés, le salon était garni, et cette circonstance m'a paru favorable aux observations. Une demoiselle est plus réservée quand le cercle est rétréci, que dans une assemblée nombreuse, où elle ne peut être l'objet d'une continuelle attention. Les allans et les venans changent sans cesse la forme du tableau, et les conversations particulières se lient, sans inconvenance; c'est là ce que j'attendais.

Placée dans un angle, d'où je pouvais tout voir, j'avais d'abord été distraite par les lieux communs que m'adressaient ceux qui passaient près de moi. J'ai appris combien il est facile de se défaire d'un importun. Ces messieurs me donnaient un peu d'humeur, et je ne répondais que par oui et par non. Ils m'auront prise pour une imbécile; n'importe. En cinq minutes, je me suis trouvée aussi isolée, que si j'avais été seule dans le salon. Cette expérience m'a fait connaître qu'une femme, aimée de trois hommes, ne les fixerait pas long-temps, si elle ne prenait la peine de leur paraître aimable, et si même elle ne leur donnait des espérances. Cette première réflexion m'a conduite à penser que le défaut de mademoiselle d'Apremont pouvait bien être la coquetterie, et je n'ai pas tardé à me convaincre de la justesse de cette opinion.

Assise entre les deux jeunes gens qui l'avaient

accompagnée chez nous, elle leur adressait alternativement de ces regards de feu qui portent le trouble dans les sens, et qui disent autant que l'aveu le plus positif. L'un d'eux lui a dit à l'oreille quelques mots, auxquels elle a répondu à haute voix, et en riant de tout son cœur, probablement pour ôter à l'autre tout soupçon d'intelligence entre elle et son rival. Je voyais son genou s'approcher de celui de qui elle détournait la tête, sans doute pour lui prouver que, même en écoutant ce qu'on lui disait ailleurs, elle s'occupait exclusivement de lui. La satisfaction se peignait dans les traits de ces pauvres jeunes gens. Ils faisaient, pour l'empêcher d'éclater, des efforts qui ne m'échappaient pas, et ils se regardaient, de temps en temps, avec un rire ironique, qui prouvait que chacun d'eux insultait intérieurement au malheur de son concurrent.

Bientôt une autre scène a attiré mon attention. On avait lié quelques parties, et le troisième prétendant était enchaîné à une table de boston. Il ne perdait rien de ce qui se passait au fond de la salle, et le dépit, l'indignation, la jalousie contractaient une figure vraiment intéressante. Les yeux de mademoiselle d'Apremont se portent sur cet autre infortuné; elle se lève, se fait avancer un fauteuil par ceux mêmes qu'elle quitte; elle s'assied auprès de celui qu'elle torturait depuis un quart d'heure, et sous le prétexte de voir son jeu et de le conseiller, elle approche la tête jusqu'à pouvoir respirer son haleine, et, dans cette position, son bras se trouve accollé au sien depuis l'épaule jusqu'au coude. Tu n'as pas d'idée, Claire, de la révolution subite qui s'est faite sur ce visage si sombre quelques secondes auparavant. Les nuages s'en sont éloignés; l'hilarité et le contentement y ont reparu. Les deux autres observaient, aussi attentivement que moi, la table de boston, et l'air d'une profonde affliction succédait, par degrés, à l'ivresse dans laquelle je les avais vu plongés. Il me semble qu'un amant doit démêler un rival au milieu de cent mille hommes, et ces trois malheureux ne peuvent s'abuser sur leurs prétentions respectives. L'amour-propre, quelques demi-faveurs secrètes, persuadent à chacun d'eux qu'il est aimé; la légèreté de mademoiselle d'Apremont leur fait craindre ou de ne pas l'être assez, ou qu'elle leur échappe. Comme elle étudie leurs sensations! Comme elle paraît deviner leur pensée! Avec quelle facilité elle les calme, elle les rassure par un regard, un sourire, un mot qui semble jeté au hasard, et qui échappe à ceux qui n'ont pas d'intérêt à en saisir le sens! Ces jeunes gens sont une cire molle que cette femme modifie à son gré. Cela durera-t-il?

Je pense qu'il faut infiniment d'esprit pour bien jouer un rôle aussi difficile que celui dont se charge mademoiselle d'Apremont; mais quel travail effrayant il exige! il faut juger ce qu'il convient de faire, pour attirer l'homme indifférent, sans paraître lui faire d'avances. Il faut sentir ce qu'on peut accorder, pour le fixer, sans rien perdre de son estime. Il faut dissiper l'humeur et prévenir le dégoût, en le faisant passer à propos de la crainte à l'espérance. Il faut tout voir, tout faire de sang-froid, parce qu'un mouvement, un geste, une inflexion de voix doivent être calculés. Quel métier que celui-là! qu'il est bas et pénible! et quel est le prix de tant de soins? La coquette en trouve-t-elle un à froisser, à déchirer, à désespérer des cœurs honnêtes, sans aucun avantage pour elle? C'est à ce plaisir barbare que mademoiselle d'Apremont a sacrifié des établissemens avantageux. Une soif dévorante de plaire lui fait chercher, sans cesse, de nouvelles victimes, et l'homme dont elle accepterait la main, serait le plus misérable des êtres, s'il n'avait assez d'énergie pour la ployer sous un joug de fer. Mais quelle vie, Claire, que celle d'un mari réduit à tourmenter sa femme, pour alléger le poids de ses propres maux! Oh! que Jules évite cette enchanteresse, comme l'homme prudent s'éloigne d'un précipice, dont les bords sont émaillés de fleurs.

C'est au plaisir barbare de faire des victimes, ai-je dit, que mademoiselle d'Apremont a sacrifié des partis convenables. Quelque esprit que je lui reconnaisse, quelque empire qu'elle ait sur elle-même, quelque adresse qu'elle mette dans sa conduite, est-il possible qu'elle soit constamment impénétrable? Des hommes jaloux n'ont-ils pas dû enfin la juger, et la brusque retraite de quelques-uns ne prouve-t-elle pas que loin d'avoir rien sacrifié à son incalculable orgueil, elle a eu l'humiliation d'être abandonnée? Qui sait si dans quatre jours, il lui restera un des trois êtres qu'elle tourmente aujourd'hui? Dans quelques années, elle aura perdu ses agrémens. Successivement délaissée de tous ceux qu'elle aura attirés, et qui auront enfin apprécié ce cœur de glace et sa duplicité, elle vieillira sans avoir un ami. Digne punition de sa coquetterie effrénée.

Il me semble que mes observations, très-générales jusqu'ici, je l'avoue, suffiraient pour autoriser Jules à vouloir bien connaître celle qu'on lui destine, et à engager son oncle à l'étudier lui-même, avant de la jeter dans ses bras. Cependant, je ne m'en tiendrai pas à ce que j'ai vu hier. Je tâcherai de pénétrer dans les détails, de connaître quelque particularité qui me donne la mesure des mœurs de mademoiselle d'Apremont, comme j'ai celle de son caractère. L'occasion m'est offerte : son oncle donne, dans deux jours, une fête, à laquelle nous sommes invités. Le tumulte, l'espèce de désordre inséparable d'une réunion nombreuse, sont favorables à l'intrigue, et pourront servir ma jalousie.

Je ferai venir Jeannette au château. Elle est liée avec les femmes de la maison, il est tout simple qu'elle aille leur aider, et qu'elle s'amuse ensuite à voir danser. Je la chargerai d'observer de son côté.

Ne me reproche pas, Claire, de commettre la faute, dont j'avais cru d'abord mademoiselle d'Apremont coupable, celle de me mettre dans la dépendance de ma femme de chambre. Jeannette sait que Jules m'a été solennellement promis par mon père; que je suis forte de son consentement aux yeux de la raison et de l'équité, et que le malheur, qui nous a séparés, n'a pu désunir deux cœurs, qui battront éternellement l'un pour l'autre. Je cherche à me conserver un bien, qui est à moi, par le droit le plus légitime. Il n'y a rien dans tout cela qui puisse altérer l'estime que me porte Jeannette. Mademoiselle d'Apremont, au contraire, en confiant sa triple intrigue à Julie, se déshonorerait dans son esprit.

A propos, je ne t'ai rien dit de M. des Audrets: les accessoires disparaissent devant l'objet principal. Il m'a beaucoup regardée, m'a peu parlé, et ne m'a dit que des choses indifférentes. J'ai remarqué plusieurs fois, dans la soirée, que maman avait sans cesse les yeux sur lui, et c'est peut-être à sa surveillance que je dois la liberté dont j'ai joui.

Il est des momens où il me semble que je ferais bien d'appuyer mes récits d'un témoignage irrécusable, de celui de ma mère, par exemple. Je crois qu'il conviendrait mieux, que le jour de la fête j'errasse, avec elle, dans les appartemens et le parc, que seule ou avec Jeannette ; mais à son âge et dans le calme absolu de ses sens, se prêterait-elle à des démarches que la passion seule peut rendre excusables? Et puis consentirait-elle à éclairer M. d'Estouville sur la conduite de mademoiselle d'Apremont? En cherchant à l'éloigner de cette jeune personne, ne paraîtrait-elle pas vouloir le rapprocher de moi, et quelle serait sa confusion, si on lui refusait la confiance que nous accordent si rarement ceux dont les intérêts diffèrent des nôtres? Ah! Claire, pourquoi n'es-tu pas ici? Toutes réflexions faites, j'agirai seule; je n'écrirai que pour le bien-aimé; son cœur et sa prudence feront le reste.

Je reçois ta lettre avec l'extrême satisfaction que j'éprouve toujours en te lisant. Mille et mille actions de graces à l'homme charmant, qui aime avec persévérance autant qu'il est aimé. Ton fils, dis-tu, ajoute chaque jour quelque chose à ton bonheur. Ah! je sens combien doit être cher à sa mère l'enfant d'un père adoré. Aurai-je quelque jour l'inexprimable félicité de presser contre mon sein celui de Jules? Ah! si le sort m'accordait cette faveur insigne, je serais plus qu'une mortelle. L'enfant chéri n'accroîtrait pas notre amour: il est tout ce qu'il peut être. Mais Jules me disputerait et ses premières caresses, et le plaisir d'assurer ses premiers pas, et celui de lui faire articuler le premier son. Le vois-tu, cet enfant, s'échappant des bras de son père, pour venir se jeter dans les miens? Jules le suit en tremblant; tous deux s'approchent de moi; nous formons un groupe, immuablement uni par tous les sentimens qui font le charme de la vie, et nos parens, témoins de ces scènes délicieuses, bénissent le jour où ils nous ont unis... Encore un rêve, ma bonne amie, rien qu'un rêve. Ah! laisse-moi rêver. Le temps donné à de si douces illusions est une conquête sur la plus cruelle des réalités.

Puis-je croire ce que je lis? Quoi, ces marques de reconnoissance, que me demandait d'avance M. des Audrets, sont des faveurs, qui puissent lui garantir l'abandon absolu de ma personne, lorsqu'il m'aurait mariée! Quelle perversité, quelle horreur! Oh! si je l'avais compris, je l'aurais, à l'instant même, écrasé du poids de mon indignation. Qu'il se garde de revenir sur de pareilles insolences : j'éclate, fussé-je au milieu de cent personnes. Et ma mère, qui a refusé de m'instruire! Pourquoi tenir dans l'ignorance une jeune fille, que son âge même et quelques agrémens exposent à des dangers, dont la nature ne lui a pas donné d'idée? Je ne redoute pas les hommes qui ne m'inspirent rien, et je suis peut-être entourée de piéges, dont on croit me sauver par la surveillance seule. Mais la plus tendre, la plus active sollicitude ne peut-elle être trompée par la ruse, l'adresse, la duplicité? Mon ignorance elle-même n'était-elle pas une arme terrible contre moi? L'inexpérience évite-t-elle un abîme vers lequel elle marche les yeux fermés? Tu as ouvert les miens : je t'en remercie, Claire. Oh! quel homme atroce que ce des Audrets.

J'ai passé deux jours sans t'écrire, parce que je n'avais à te rendre compte ni d'une sensation, ni d'une circonstance nouvelle. Je ne t'aurais parlé qu'amour, et je crains de te fatiguer en me répétant sans cesse. Et puis, ma bonne Claire, je t'avoue que je me suis occupée des dispositions nécessaires pour paraître convenablement à la fête de demain. Je voulais une mise au moins agréable et des couleurs qui ne me trahissent pas dans les ténèbres, si mademoiselle d'Apremont s'y enfonce, et que j'aie la hardiesse de m'y engager sur ses pas. J'ai arrangé une robe de levantine verte, que j'ai garnie de guirlandes de myrte. Je serai coiffée en cheveux, j'aurai des gants foncés; il ne me restera de blanc que le visage, et, quoi qu'en dise Jules, mes yeux ne porteront pas la lumière dans l'obscurité.

Je vais satisfaire un petit mouvement de curiosité. Je te quitte pour monter à ma tour, et voir quelque chose des préparatifs. Ils doivent être considérables, car M. d'Apremont veut donner la plus haute idée de sa magnificence et de son goût. C'est ainsi qu'il s'est expliqué avec son intendant et ses domestiques, à ce que m'a dit Jeannette, à qui Julie ne cache plus rien, même des très-légers défauts qu'elle a cru remarquer en sa maîtresse. La futilité des observations de cette fille est une preuve nouvelle de la prudence et de la discrétion de mademoiselle d'Apremont.

Tout est en mouvement dans le parc. Ici, on vide des paniers remplis de verres de couleur, et on les suspend aux arbres. Là, on plante des solives, dont je ne prévois pas la destination... Ah! j'y suis, j'y suis; il y aura un feu d'artifice. Plus loin on a monté un orchestre, et deux peintres travaillent à faire du marbre avec de la toile et des ais de sapin. Là-bas, est un superbe buffet... Ah! voilà mademoiselle d'Apremont. Elle joue avec un bouquet, qu'elle tient avec une négligence qui a quelque chose de voluptueux. Elle se promène, elle rit, elle folâtre avec M. Duverlant, c'est l'homme au boston de l'autre jour. Elle le quitte, pour aller parler aux ouvriers. Elle paraît les encourager, les louer; son geste annonce la bienveillance, et je les vois pénétrés de sa bonté: cette fille-là veut plaire à tout l'univers. Elle revient à Duverlant; elle le quitte encore, pour revenir à lui; ils avancent, ils s'éloignent des ouvriers; ils arrivent à l'endroit même où Julie, l'autre jour, a reçu le premier cadeau. Là, ils s'arrêtent. Ils se croient invisibles. Leurs mouvemens annoncent la chaleur de leur conversation. Oh! si je pouvais les entendre!

Duverlant sort un papier de sa poche, et mademoiselle d'Apremont en tire un de dessous son fichu... L'échange est fait; chaque billet est à son adresse. Écrire à un homme qu'on n'aime pas! cela se conçoit-il? Je ne dormirais plus, si un homme, quel qu'il soit, Jules excepté, avait en sa possession une preuve de mon imprudence, ou de ma faiblesse.

Mademoiselle d'Apremont se tourne vivement. A-t-elle entendu quelque chose?... Ah! ce sont ses deux autres victimes qui volent sur ses traces. Elle va droit à ces messieurs; elle leur marque ce tendre empressement, qui ne manque jamais son effet. Duverlant se dérobe dans la profondeur du bois. Il ne veut pas sans doute qu'on le surprenne seul avec la demoiselle : ce serait exposer sa réputation. Comme il la sert!

Le maladroit! Il a cru serrer son billet; il l'a laissé glisser, je ne sais comment ; le voilà par terre. Fort heureusement les autres prennent la route du château. Mais quelqu'un, M. d'Apremont lui-même peut passer et trouver cette lettre. Quel mal elle ferait, si les autres ont aussi une correspondance ouverte, ce qui est assez vraisemblable. Quel bruit, quels éclats, quel scandale, de la part de ces amans trompés, éclairés enfin sur le plus triste, et selon moi, le plus vil manège! C'est ce qui pourrait m'arriver de plus heureux, et cette idée me fait frissonner. Malgré la pitié, qui me parle en faveur de mademoiselle d'Apremont, je donnerais tout au monde pour avoir cette lettre. Je l'enverrais directement à M. d'Estouville. Que dirait-il à l'aspect d'une pièce aussi convaincante! Je vais faire courir Jeannette...

Est-ce bien moi, grand Dieu, qui médite un semblable projet!... Oui, oui, je vais envoyer prendre ce papier; mais pour le soustraire à tous les yeux. Je suis incapable d'en faire un usage répréhensible. Aucune considération ne me donne le droit de déshonorer mademoiselle d'Apremont.

O quel malheur! des Audrets seul, rêvant, arrangeant peut-être quelque perfidie, des Audrets prend l'allée qui conduit à l'endroit où est tombé ce malheureux papier. Peut-être ne le verra-t-il pas; il occupe si peu d'espace! Le méchant avance, et mon cœur bat presque aussi fort que si j'étais la coupable. Il arrive, l'y voilà, il va passer... non... oui, oui, il va passer... il a vu le billet, il se baisse, il le prend, il l'ouvre, il le lit; il est l'ami intime de M. d'Apremont. Comment cela finira-t-il?

Duverlant revient sur ses pas. Il regarde, il cherche... Il n'est plus temps. Ce jeune homme paraît profondément affecté. Il passe à côté de des Audrets; ils se saluent, ils s'éloignent; je ne les vois plus.

Je descends, affligée, fatiguée. Je rentre, et je trouve au salon un ancien officier de marine, invité à la fête, et qui s'est empressé de venir rendre ses devoirs à mon père, avec qui il a fait plusieurs campagnes. Il demeure à dix lieues de Velzac, et il est arrivé aujourd'hui, pour ne rien perdre de la fête de demain. Il connaît beaucoup M. d'Apremont, et les personnes qui composent sa société.

J'avais vraiment besoin d'être rassurée sur les suites que peuvent avoir les démarches, plus que hasardées, de la demoiselle. Peut-être Duverlant lui convient-il, et alors, quelque usage que des Audrets fasse de sa lettre, elle n'aura été qu'imprudente. J'interroge l'officier de marine sur les qualités, l'état, la fortune de plusieurs de ces messieurs : c'est un détour que je prends, pour arriver, sans donner de soupçons, à ce pauvre Duverlant... Oh! bassesse. Oh! infamie. Il est marié, Claire, marié depuis deux ans à une amie intime de mademoiselle d'Apremont. Et elle reçoit ses lettres, et elle lui écrit, et elle ne l'aime pas! Elle n'aime personne. Elle enlève à une femme intéressante le cœur de son mari, uniquement pour satisfaire sa vanité. Quel nom donner à une semblable conduite? Je n'en connais pas.

Fatiguée au-delà de toute expression, de réfléchir à des horreurs, dont je n'avais pas d'idée, et que je ne conçois pas encore, je me suis retirée dans ma chambre, et ce matin, je me suis décidée à suivre dans les ténèbres ces mystères d'iniquité. Que de choses ils couvriront de leurs voiles, si j'en juge par ce qu'on se permet en plein jour. Quoi qu'il arrive à mademoiselle d'Apremont, je ne la plaindrai pas.

CHAPITRE XV.

Suite du précédent.

Je reçois un billet de mademoiselle d'Apremont. Elle me dit que la fête commencera par un déjeuner, et elle me prie d'engager M. et madame de Méran à se rendre au château à dix heures. Elle a trouvé l'art d'écrire, là-dessus, trois pages, qui m'auraient tourné la tête, si je n'avais pénétré dans l'intérieur de cette femme. Je ne m'étonne plus de ce que ses amans, qui peuvent tout lui dire, et à chaque instant du jour, lui écrivent pour obtenir d'elle des réponses, dont ils doivent faire le plus grand cas. Mais pourquoi use-t-elle son esprit avec moi, qui n'ai ici nulle influence? Il entre peut-être dans son plan de se faire des partisans, des appuis de tous ceux qui l'approchent, contre quiconque oserait l'attaquer.

J'ai remis son billet à mon père. « C'est la sim« plicité de madame de Sévigné, s'est-il écrié, « unie à une pureté de style, et à une grace d'ex« pression que n'a pas toujours le modèle. » Il s'est hâté de s'habiller. Nous sommes partis.

J'ignore si elle avait aposté quelqu'un; mais elle a paru au haut du péristyle, au moment où nous mettions le pied sur les degrés. Son premier sourire, son premier mot ont été pour M. de Méran, ce qui n'est pas dans les convenances, et une fille comme elle ne les enfreint jamais involontairement. Aurait-elle conçu l'odieux projet de prendre aussi mon père dans des lacs, que bientôt il ne pourrait plus rompre? J'en jugerai avant qu'on ait fini de déjeuner, et cette petite fille, si simple, si peu redoutée, devant qui on ne prendra pas même, peut-être, la peine de dissimuler, arrêtera le mal dès sa naissance.

Oui, Claire, oui, elle a des projets. Elle a placé mon père auprès d'elle; toutes ses prévenances sont pour lui, et elle ne lui adresse pas un mot, qui ne soit un éloge indirect. M. de Méran l'écoute avec un plaisir qu'il ne pense plus à cacher. Les trois rivaux, beaucoup plus jeunes que lui, ne paraissent pas s'en occuper, et louent peut-être intérieurement la prudence de la demoiselle, qui détourne d'eux l'attention générale. Moi, je ne dis rien : je regarde et j'écoute. Voilà la seconde fois que je joue ce rôle dans ce château. N'importe.

Une symphonie concertante se fait entendre du salon. On se lève, on se précipite. Mon père a donné la main à mademoiselle d'Apremont; il la conduit à un fauteuil; et il se place auprès d'elle. Il lui parle avec une chaleur, qui, je l'espère, n'est remarquée que par moi. Elle ne lui répond que des mots; mais sa physionomie a l'expression de la plus douce tendresse, et elle l'écoute en marquant la mesure sur le dos du siége qu'il occupe. Je crois que l'extrémité de ses doigts effilés et purpurins doivent effleurer quelquefois son épaule.

Ce spectacle me révolte, m'indigne. Je me lève, je tourne en dehors du cercle, je m'approche de mon père, et j'entends distinctement ces mots : « Monsieur le comte, un homme aimable n'a pas « d'âge : les graces se plaisent à couronner de « myrtes les cheveux blancs d'Anacréon. » Quel chemin cette fille a fait en moins de deux heures ! Il faut que les hommes aient un fonds prodigieux d'amour-propre, pour que mon pauvre père donne dans un piége tendu avec une précipitation aussi remarquable. Je me fais voir à tous deux; c'est moi maintenant que la demoiselle comble de caresses, et elle revient à son but par un détour : elle me félicite d'avoir un père qui joint les qualités les plus aimables à un mérite distingué. Je dois être fière de lui appartenir. Je l'aime sans doute autant qu'il mérite de l'être... Sais-je tout ce qu'elle m'a dit ? Mon père paraissait me voir là avec impatience. Cependant, piquée d'une leçon indirecte, que je ne méritais pas, et que mademoiselle d'Apremont avait, moins que personne au monde, le droit de me donner, je lui ai répondu assez sèchement, que je connais au moins autant mon père et mes devoirs que ceux qui veulent bien se donner la peine de s'occuper du premier et de me rappeler les seconds. Je suis passée plus loin, étonnée de la fermeté que je venais de mettre dans ma réponse. Je ne suis plus cette enfant craintive, qui redoutait jusqu'à son ombre. Je crois, Claire, que mon caractère se développe dans les proportions de la connaissance que j'acquiers du cœur humain, et les circonstances me font avancer rapidement.

Retirée dans un coin, j'arrangeais aussi des plans. Le premier, auquel je me suis arrêtée, était de tirer à part mademoiselle d'Apremont; de lui dire qu'elle pouvait se borner à mettre la désunion entre sa meilleure amie et M. Duverlant; qu'elle n'aurait jamais à tenter d'entreprise plus glorieuse en ce genre, et que le dessein de brouiller deux époux avancés en âge était au-dessous d'elle. J'ai réfléchi aussitôt que j'éveillerais la défiance, et que j'avais besoin de toute la sécurité de mademoiselle d'Apremont, pour tirer un parti avantageux de cette journée, et surtout de la nuit. Je me suis décidée à continuer mon rôle passif, et à raconter demain, en déjeunant, et sans intention apparente, tout ce que j'aurais découvert. Démasquer cette fille, c'est mettre mon père à l'abri de ses séductions, c'est lui épargner des chagrins, c'est remplir un devoir sacré.

On blâme, on méprise, on évite une jeune personne qui a eu une faiblesse, répréhensible sans doute, mais qui a fait le bonheur de son amant. On estime, on recherche, on fête, on adule une fille dont le cœur est toujours froid, et la tête sans cesse exaltée; qui abuse de ses charmes et de ses talens pour asservir, tourmenter, torturer tout ce qui l'approche; qui ne trouve pas de conquêtes au-dessous d'elle; qui s'applaudit lorsqu'elle trouve une nouvelle victime, ou un esclave de plus, dont elle grossit sa cour; qui, sous l'apparence de la sensibilité la plus vraie, est réellement sans pitié; qui rit en secret des larmes qu'elle a fait répandre, et qui calcule le jour et l'heure où elle en fera couler d'autres. Voilà, Claire, voilà un fléau de l'humanité; voilà la dispensatrice d'un poison, d'autant moins redouté qu'il est caché sous des graces toujours piquantes; voilà la femme qui trouble les familles, qui brouille le fils et le père, l'époux et l'épouse; voilà le monstre que la nature a formé dans un moment d'erreur, et que la société devrait rejeter de son sein. Les gens superficiels jugent qu'on n'a rien d'essentiel à lui reprocher, parce qu'elle a des mœurs. Consultez ceux de ses amans qui l'ont jugée enfin, et qu'ils vous disent à quel supplice affreux elle les a condamnés. Elle a des mœurs! Et comment n'en aurait-elle pas? Son ame est desséchée par l'orgueil; son imagination a usé ses sens. Et qui sait s'ils ne se raniment pas quelquefois; si elle n'a pas succombé à l'instant où elle croyait avoir le plus d'empire sur elle-même; si son premier vainqueur, trompé pour un autre, ne s'est pas éloigné dans le silence que doit toujours garder un honnête homme? Oh, que de secrets cette nuit peut révéler!

La symphonie concertante est terminée, et l'on se presse autour de mademoiselle d'Apremont. Elle chante avec un goût, une précision! Elle a un organe si flatteur! Que serait le concert, si elle ne daignait se faire entendre? Voilà ce que lui répète, jusqu'à satiété, la jeunesse brillante qui l'environne. Le moyen de résister à des instances aussi soutenues! Comment n'être pas enivrée de tant d'adulations! La demoiselle se lève; M. de Méran la conduit au piano. « Voyez, monsieur le « comte, prenez le morceau que vous préférez. » Mon père est flatté, enchanté de cette nouvelle marque de déférence. Il exciterait l'envie, s'il pouvait être un rival redoutable.

Tu sens, Claire, que toute cette musique a été triée d'avance, et qu'il importe peu à mademoiselle d'Apremont quel morceau mon père choisira. Il prend un air de Gulistan.

Elle prélude; elle commence. Un silence absolu règne dans toutes les parties du salon. Les auditeurs, penchés vers l'instrument, semblent vouloir franchir l'espace qui les en sépare. Ils retiennent leur haleine; ils craignent de perdre un son. Le contentement, l'admiration se peignent sur toutes les physionomies. Elle finit; on la couvre d'applaudissemens : elle en méritait. Sa voix a peu de volume; mais elle est pure, harmonieuse, et elle en tire un grand parti. Il ne manquait à son triomphe qu'un objet de comparaison, et c'est à moi que ces messieurs ont bien voulu donner la préférence. Comment penser qu'une petite fille, qui ne dit mot, qui est toujours cachée dans quelque coin, soit modeste par un autre motif que le

sentiment de son infériorité? M. d'Apremont s'approche de moi. « Des Audrets m'a dit, mademoi-
« selle, vous avoir entendue, d'un peu loin, à la
« vérité, et ses éloges font désirer à l'assemblée
« de jouir d'un plaisir nouveau. Rendez-vous à nos
« vœux. » Je me lève, et je me laisse conduire, sans marquer de confiance, et sans paraître redouter une défaite. Je prends une partition au hasard. « C'est Didon, c'est Didon », chuchote-t-on autour de moi, et la glace me renvoie un sourire équivoque, qui n'a rien d'encourageant : ces messieurs ne savent pas que j'ai eu l'amour pour maître. J'invoque le bien-aimé, et je fais courir mes doigts sur l'instrument. On ne rit plus; on est attentif. Je chante l'air : *Ah! que je fus bien inspirée, etc.*, avec autant d'aisance que si j'étais dans ma chambre. Je veux faire sentir à mon père que mademoiselle d'Apremont n'est pas la première femme du monde dans tous les genres. Demain, je lui prouverai qu'elle doit beaucoup à un manége constamment étudié. Ce dernier point convenu, elle cessera d'être dangereuse pour lui.

Je finis mon air, et je continue, pendant quelques minutes, à badiner l'instrument dans tous les tons. Je me lève au moment où on paraît être dans une sorte d'extase, et je me retire dans mon coin. On vient à moi; on me presse de me remettre au piano : c'est là que je les attendais. Entre Jules et toi, j'aurais chanté des heures entières. Je voulais laisser à mon auditoire la haute opinion qu'il avait conçue de moi, et je sais que je ne suis pas également forte, ni toujours heureuse dans mon exécution. Je me suis refusée aux plus vives instances; et pour punir un peu mademoiselle d'Apremont de n'avoir pas joint son suffrage à ceux de l'assemblée, j'ai été la prier de reprendre la place que lui assigne la supériorité de son talent. Je mentais, elle l'a senti, et son amour-propre l'a clouée sur son siége. Quelques jeunes gens ont essayé différens morceaux qui ont produit peu d'effet. De ce moment, la musique instrumentale a brillé seule, et elle a terminé le concert.

Tout ce qui n'est pas attaché au char de mademoiselle d'Apremont s'est réuni auprès de moi. Je me suis vue au milieu d'une cour; et si j'étais capable de vouloir plaire à ceux que je ne peux aimer, je pouvais rendre l'instant décisif, et partager ce petit univers avec une rivale. Je me suis rejetée dans mes monosyllabes, et mes courtisans se sont éloignés les uns après les autres, regrettant probablement de ne trouver en moi qu'une machine à sons. Dis à Jules que cette humiliation volontaire ne m'a rien coûté, et que c'est de lui seul que je veux être connue, appréciée.

On se répand dans toutes les parties du parc. On a eu soin d'y multiplier les jeux. La balançoire, la bague, les courses sur l'eau vont occuper cette brillante jeunesse; je pense, moi, à connaître, à étudier le terrain; je prends le bras de ma mère, et je l'entraîne, sous le prétexte de voir ce parc si varié, si romantique. Je remarque d'abord que l'illumination ne s'étendra pas à plus de deux cents toises du château. Au-delà des derniers verres de couleur, je trouve un pavillon chinois, ouvert de tous les côtés. On y monte par des degrés, élevés sur les quatre faces. Entre chaque escalier sont des vases de marbre blanc, placés sur un talus couvert en gazon. Plus loin, sont des kiosques, des grottes, et autres retraites tellement éloignées, et si bien closes, qu'il n'est pas présumable qu'une femme, qui tient à sa réputation, s'expose à y être surprise avec un homme. Le pavillon chinois sera assez éclairé, pour qu'on puisse aller s'y reposer sans se rendre suspect. Il ne le sera pas tellement qu'on craigne d'y accorder quelques légères faveurs, qui ne satisfont pas un amant, mais qui lui persuadent qu'il est aimé, et qui le fixent. On peut causer en liberté dans un endroit élevé, d'où personne ne peut approcher, sans être vu de ceux qui ont tant d'intérêt à ne pas se laisser entendre. Ces conversations doivent rouler sur les souvenirs du passé, sur les espérances de l'avenir. Mademoiselle d'Apremont se mettra à découvert. C'est sur ce pavillon que j'aurai sans cesse les yeux.

Une réflexion que j'ai déja éloignée, se reproduit malgré moi. Suivre les pas de quelqu'un, épier ses actions, l'écouter, surprendre jusqu'à sa pensée, n'est-ce pas manquer à l'honnêteté, à la délicatesse, à la retenue qui sied à une jeune personne? N'y a-t-il pas de la bassesse à profiter d'avantages qu'on ne doit qu'à une espèce de trahison? Voilà ce que je me demande à moi-même, et ce qui alarme ma conscience, dont je ne sais pas, dont je ne veux pas étouffer la voix. Cependant quand je compare ce que je dois à chacun des êtres qui composent la société, à la tendresse exclusive que j'ai vouée à Jules et à mon père; quand je pense qu'il s'agit du bonheur du premier et du repos du second; que négliger de les éclairer, c'est les pousser moi-même dans le précipice que je vois ouvert sous leurs pas; quand je me dis que ce secret sera renfermé entre nous; que d'ailleurs une coquette, qui est l'ennemie de tous, n'a droit aux ménagemens de personne, la force de mes premiers raisonnemens s'atténue, mes craintes se calment, mon audace renaît, et se soutient de la pureté de mes intentions. Le sort en est jeté : je connaîtrai mademoiselle d'Apremont.

Je ramène ma mère à la grande pièce d'eau, autour de laquelle la foule est rassemblée. Les regards sont fixés sur deux nacelles dorées, que l'amour a chargées de guirlandes de fleurs, et d'emblèmes ingénieux. La belle d'Apremont est dans l'une, et ses amans sont ses rameurs. Dans l'autre est une jeune femme qui paraîtrait jolie, si sa concurrente ne réunissait, au plus haut degré, tous les genres de séduction. On va disputer le prix de la course : ce sont trois écharpes vertes, que les vainqueurs porteront pendant la durée de la fête, et qu'ils recevront des mains de celle pour qui ils auront vaincu. Il est facile de prévoir qui favorisera la victoire : la jeune dame a, pour rameurs, son mari et ses deux frères.

Une musique militaire donne le signal du départ. Les rames frappent ensemble l'onde unie et transparente. Deux hommes seulement manient l'aviron; le troisième tient la barre du gouvernail, et se dispose à couper la barque rivale. La fortune paraît indécise pendant quelques minutes. Mademoiselle d'Apremont est inquiète ; elle encourage ses rameurs du geste et de la voix. La proue de l'autre nacelle a dépassé la sienne; la barre du gouvernail est tournée ; quelques secondes encore, elle va présenter le flanc, et arrêter, en continuant de s'élancer vers le but, la femme ambitieuse qui prétend à tous les genres de gloire. Elle se croit perdue et ne se déconcerte pas : elle promet un baiser à chacun de ses rameurs. Ils font des efforts terribles et soutenus; ils repoussent la barque ennemie, avec une violence qui fait craindre qu'elle chavire. On pousse un cri d'effroi. M. d'Apremont rassure les esprits, en criant qu'il n'y a que deux pieds d'eau. Le rire succède aux alarmes.

La jeune femme, qui court contre mademoiselle d'Apremont, croit reprendre son avantage, en promettant aussi, à ses rameurs, une récompense qu'on pouvait mettre fort au-dessus d'une écharpe. Mais qu'est la promesse d'un baiser pour un mari, qui peut en prendre mille, et pour des frères, qui s'en soucient peu? Ils ne sentent que la fatigue; les autres l'oublient en regardant mademoiselle d'Apremont. Sa nacelle vole; elle arrive; elle glisse mollement sur une pente douce, émaillée de fleurs. Mademoiselle d'Apremont s'avance, au bruit d'une fanfare et des applaudissemens; elle détache les écharpes de l'ormeau auquel on les a suspendues; ses jolies mains en décorent les vainqueurs; sa tête charmante présente le second et le plus précieux des prix; ses joues rosées reçoivent le triple hommage de la reconnaissance et de l'amour.

Mon père avait eu les honneurs du déjeuner, et une heure de conversation pendant le concert. Il était tout simple que le dîner appartînt à ceux qui avaient procuré un nouveau triomphe à mademoiselle d'Apremont. Quel prétexte naturel de les placer auprès d'elle, de les dédommager des privations du matin, de les leur faire oublier! Quel art que celui de prévoir le moment où des plaintes éclateraient, de les prévenir, de concilier des intérêts opposés, de satisfaire tout le monde! L'art par excellence serait de pouvoir aussi se contenter soi-même. Mais la satisfaction intérieure est le résultat de nos actions, et non de froids calculs; et que pensent, que font de louable ces petits monstres qu'on aurait dû étouffer le jour de leur naissance?

M. de Méran paraît souffrir, et il est auprès de la jolie dame, qui a disputé le prix à mademoiselle d'Apremont. Mais cette dame n'a pas étudié la grace et l'expression d'un geste, le piquant de telle ou telle pose; elle ignore ce jeu de physionomie, qui séduit, qui entraîne; elle ne connaît pas ces mots qui ne compromettent pas, et qui cependant disent tout. Elle aime son mari dans toute la simplicité d'un bon cœur : à qui pourrait-elle plaire?

On quitte la table, et M. de Méran essaie d'approcher de l'enchanteresse. Le premier coup d'archet la lui ravit. Elle passe au salon avec Duverlant; vingt couples la suivent, et la walse commence. Ah! Claire, on ne danse pas comme cela, sans avoir consacré des années au plus futile de tous les talens, et cette perfection même annonce un cœur et une tête vides. L'admiration est générale; et si je communiquais la réflexion que je viens de faire, mademoiselle d'Apremont ne serait plus qu'une femme ordinaire.

La walse finit, elle propose d'aller former des contredanses sous les grands marronniers. Un désir qu'elle exprime est l'équivalent d'un ordre : on obéit avec empressement. On a porté la prévoyance jusqu'à placer sur le sable un vaste parquet portatif et un riche pavillon s'étend au-dessus des danseurs et les garantit du grand air et de la rosée. Un jeune homme, d'une assez jolie figure, vient m'inviter. Je danse comme tous ceux qui ne mettent aucune prétention à un simple amusement, et j'ai l'amour-propre de ne pas vouloir contribuer à faire briller celle qui a persuadé à tous ceux qui sont ici que des agrémens sont des qualités. D'ailleurs, je veux rester libre : le moment des révélations approche, ou je me trompe fort.

Mademoiselle d'Apremont refuse de danser la seconde contredanse. Sachons à quoi elle va employer le temps. Je vais, je viens, je me jette derrière le buffet, je cherche le pavillon chinois, je crois y arriver par un détour, et je m'enfonce dans une espèce de labyrinthe dont je ne connais pas l'issue. Là je rencontre... j'en frissonne encore, je rencontre des Audrets. Il veut me prendre la main; je repousse la sienne avec un cri d'indignation, et le geste du mépris le plus marqué. « Vous êtes une enfant, me dit-il; vous contez « tout à votre maman; à quoi cela vous mènera- « t-il ? Une femme attachée à son mari se garde « bien de lui parler de choses qui se terminent « ordinairement par un duel. Ainsi je n'ai à craindre « que la mauvaise humeur de madame de Méran, « et je m'en soucie peu. La vôtre se dissipera, et « vous céderez à la force de mes moyens. J'ai affaire « ailleurs, et je vous quitte. » Il me laisse, confondue de la scélératesse profonde qu'il ne se donne pas la peine de dissimuler. Je tremblais de m'être trouvée, seule dans des lieux écartés, exposée aux attentats de cet homme. Je sentais quelles suites pouvait avoir mon imprudente entreprise; j'allais y renoncer; déja je revenais sur mes pas. Jeannette me joint à quelque distance du buffet. Elle a entendu mademoiselle d'Apremont dire à des Audrets, sous le péristyle : *pendant la seconde contredanse.*

Elle a refusé de danser; des Audrets m'a quitté parce qu'il a affaire ailleurs; elle lui a donné un rendez-vous. Un rendez-vous à des Audrets! mais en quel lieu ? Et quand je le saurais, oserais-je les suivre ? Je confie à Jeannette mes observations sur le pavillon chinois, mes projets, mes craintes actuelles et mon irrésolution. Elle croit le moment décisif contre mademoiselle d'Apremont; elle me presse de ne pas le laisser échapper. Elle m'encourage en me représentant Jules, cédant, comme tant d'autres, aux piéges, aux séductions, m'oubliant, et signant le malheur du reste de sa vie. Elle n'a rien à ajouter sur la faiblesse de mon père : je le respecte trop, pour en parler à d'autres qu'à toi. Que le bien-aimé n'en sache rien. C'est, je l'espère, la seule chose que j'aurai jamais à lui cacher.

Jeannette me persuade, m'entraîne. Elle s'est souvent promenée dans le parc avec Julie; elle le connaît parfaitement. Elle me conduit au pavillon par le côté opposé aux lumières. La base de ce bâtiment, élevée de huit à dix pieds, porte sur une ombre épaisse; il n'est pas présumable que nous soyons découverts. Cependant le cœur me bat avec une force extraordinaire; je sens mes genoux ployer sous moi; Jeannette a de la peine à me soutenir.

Nous approchons. Oui, c'est ici le lieu de la scène. On parle à demi-voix; il m'est impossible de distinguer un mot. Pourrons-nous approcher encore sans être découverts? Oui. Ceux qui sont dans le pavillon doivent être tournés vers l'endroit où on danse : c'est de là seulement qu'on peut venir, quand on n'a pas de raisons de se cacher, et mademoiselle d'Apremont ne peut soupçonner les miennes. Nous avançons sur la pointe des pieds, et, à la faveur des ténèbres, nous nous glissons entre les vases qui décorent le pourtour du bâtiment.

« Je vous l'ai déja dit, votre oncle, qui paraît
« si ferme dans ses opinions, n'a que celles que
« je lui communique, et il n'y tient qu'autant que
« j'ai intérêt à ne pas l'en faire changer. C'est à
« moi seul que vous devez la rupture du mariage
« qu'il voulait faire, il y a trois mois : vous savez
« à quel prix j'ai consenti à vous conserver sa
« fortune; dès long-temps je devrais l'avoir reçu,
« et je n'entends pas que vous différiez davantage.»
C'est l'infâme qui prétend m'aimer, me réduire, dont mademoiselle d'Apremont a maintenant à se défendre. « Est-ce pour me répéter ces sottises-là

« que vous m'avez demandé un rendez-vous ici ?
« Vous pouviez me les dire partout. — Ce n'est
« pas en courant qu'on traite un semblable sujet.
« J'ai voulu vous parler de vos vrais intérêts, vous
« les faire sentir, connaître votre dernière réso-
« lution, et en profiter. — La voici. Je n'ai jamais
« eu de faiblesse; et si je voulais m'en permettre
« une, vous devez croire que vous n'en seriez pas
« l'objet. — Je me rends justice; aussi n'est-ce
« pas de l'amour que je vous demande. Votre
« possession me suffit, je la veux, et je l'obtien-
« drai. — Vous ne m'avez jamais parlé avec cette
« insolence. — C'est que je n'avais pas d'armes
« contre vous. Vos relations très-intimes avec
« Duverlant, Beauclair et Vertpré ne m'étaient pas
« connues, j'en ai des preuves évidentes, et je
« m'en servirai, si vous m'y forcez.—Des Audrets,
« je vais être aussi franche que vous. Je n'aime
« aucun homme; je m'amuse de tous. Je dois
« peut-être à ma froideur la conservation de ce
« qu'on appelle vertu. Mais la mienne n'a reçu
« aucune atteinte; et une femme est bien forte,
« quand on n'a rien à lui reprocher. Que direz-
« vous à mon oncle que je ne puisse démentir ?
« — Que vous ne craignez pas de trahir l'amitié
« dans la personne de madame Duverlant; que
« vous avez séduit, aveuglé son mari; que vous
« lui écrivez des lettres passionnées, que j'en ai une
« à ma disposition. Cette lettre est là, dans ma
« poche. Je vais vous la rendre, ou vous perdre;

« décidez-vous à l'instant. — M. des Audrets...
« M. des Audrets... vous ne ferez pas cette action
« atroce... Vous n'en êtes pas capable. — Je le
« suis de tout pour vous obtenir. Vous êtes à ma
« discrétion, vous le sentez, rendez-vous. — Lais-
« sez-moi... laissez-moi, vous dis-je, ou je vais
« jeter des cris, qui seront entendus du château.
« On accourra, je vous accuse, je vous diffame,
« je vous fais chasser d'ici. — Vous n'êtes pas assez
« forte pour arracher le masque de vertu que je
« porte depuis vingt ans ; votre oncle ne vous
« croira pas. — Il croira au désordre où vous m'a-
« vez mise, à celui où vous serez vous-même, car
« je suis résolue à me défendre jusqu'à la der-
« nière extrémité. »

Un silence de quelques secondes a régné dans le cabinet. Mademoiselle d'Apremont a repris la parole. « Voulez-vous me rendre ma lettre à Du-
« verlant ? — Jamais. — Hé bien, je vais trouver
« mon oncle ; j'avoue franchement ma faute, je
« la pleure ; j'ai toujours des larmes à ma dispo-
« sition. Je déclare à M. d'Apremont l'usage in-
« fame que vous voulez faire de cette lettre ; je
« tourne son indignation contre vous ; j'obtiens
« mon pardon, et, reprenant sur lui le juste as-
« cendant que vous n'avez jamais pu me faire
« perdre, je lui fais retirer la main bienfaisante
« qui vous soutient depuis si long-temps. — Ma-
« demoselle... mademoiselle... — Je n'entends

« rien. — Écoutez-moi. — Ma lettre. — Un mot,
« par grace.

Un nouvel acteur paraît subitement sur la scène :
c'est Duverlant. « Rendez cette lettre, monsieur,
« ou craignez mon ressentiment. — Je ne cède
« jamais aux menaces. — Il cédera à la force, s'é-
« crièrent Beauclair et Vertpré. »

Sans doute ils ont vu disparaître mademoiselle
d'Apremont. Ils auront jugé qu'elle ne quittait
pas la danse sans des motifs qu'il leur importait
de connaître. Peut-être leur a-t-elle déja donné
quelques rendez-vous au pavillon. Ils auront pensé
qu'elle pouvait y être avec un rival inconnu jusqu'alors. Ils s'y seront rendus isolément avant
moi ; et chacun de nous a occupé, par un hasard
heureux, une face différente du bâtiment.

« Vous n'aimez aucun homme, et vous vous
« amusez de tous ! Ce n'est pas là ce que vous
« m'avez juré et écrit, a dit Vertpré avec amer-
« tume. Vous devez à votre froideur, a repris
« Beauclair, la conservation de ce qu'on appelle
« vertu. Je crois la vôtre intacte... — Et moi aussi.
« — Et moi aussi. — Cependant vous m'avez peint
« en traits de feu, sans doute pour m'attacher da-
« vantage, les combats que vous livraient votre
« cœur, mon amour et mes vœux ardens. Vous
« m'avez promis votre main, au retour de votre
« oncle à Paris. — Et à moi aussi. — Et à moi aussi,
« lorsque j'aurais légalement rompu les nœuds qui

« me lient, et que je vais resserrer avec une force
« nouvelle.—Je ne vous parlerai pas, mademoi-
« selle, de l'indignité d'une semblable conduite.
« La confusion que vous éprouvez en ce mo-
« ment nous venge assez ; et si ces messieurs
« veulent me croire, nous n'avilirons pas l'autel
« où nous avons sacrifié de si bonne foi.

« Le bruit est pour le fat, la plainte pour le sot;
« L'honnête homme trompé s'éloigne et ne dit mot.

« Mais nous ne souffrirons pas que M. des Au-
« drets, à qui mademoiselle n'a donné aucun sujet
« de plainte, obtienne de la crainte ce qu'elle a
« refusé à notre amour, ou la force à s'aller ac-
« cuser devant son oncle. La manœuvre de cet
« homme est celle d'un scélérat; il ne mérite au-
« cun ménagement. Messieurs, reprenons cette
« lettre, puisqu'il refuse de la rendre; nous lui
« ferons après l'honneur de nous couper la gorge
« avec lui, s'il le juge à propos. »

De grands mouvemens se font entendre au-dessus de moi. On attaque, on se défend. Je tremble
de tous mes membres. « Je n'ai pas de lettre, je
« n'ai pas de lettre, s'écriait des Audrets; j'ai voulu
« seulement effrayer mademoiselle. » Et au même
instant un papier tombe dans le fichu de Jeannette. Elle se lève aussitôt; elle me prend sous
le bras ; elle m'entraîne chancelante, éperdue,
terrifiée de ce que je viens d'entendre.

Nous reprenons les détours par où nous avons

été au pavillon. Mes forces renaissent à mesure que je m'en éloigne. Je me remets tout-à-fait en rentrant dans la grande allée, illuminée de toutes parts. Là, Jeannette tire, de dessous son fichu, le papier qui est tombé du pavillon. C'est, ainsi qu'elle l'a prévu, la lettre de mademoiselle d'Apremont. Elle est positive, passionnée, convaincante. Peut-on peindre avec tant de charme un sentiment qu'on n'a jamais éprouvé! Que d'observations elle a dû faire, et quelle habitude elle a de la perfidie! du reste, il paraît qu'elle a des mœurs : la déclaration formelle et maintenue de ses amans prouve qu'au moins elle a été sage avec eux. Ne la jugeons pas trop rigoureusement : laissons-lui les mœurs, pour qu'il lui reste quelque chose.

Il ne paraît pas qu'on ait rien entendu ici de la scène qui vient de se passer. La distance, le bruit des instrumens, l'abandon des danseurs, l'attention de ceux qui les regardent, ont sauvé mademoiselle d'Apremont d'une humiliation publique. Quel parti va-t-elle prendre? Hé, que m'importe? J'ai réussi au-delà de mes espérances; j'ai un moyen sûr de rompre le mariage de Jules, et de désabuser mon père; je n'ai plus d'intérêt à savoir ce que fait cette fille-là.

Je rencontre ma bonne mère, alarmée de ne voir ni moi, ni des Audrets. Je lui réponds, sans réfléchir, que j'ai fait un tour de parc avec Jeannette, et je me mets dans l'impossibilité de lui répéter ce que m'a dit cet homme, ce que certainement il n'aurait pas osé dire en présence de ma femme de chambre. Mais je me plains de la ténacité avec laquelle il a cherché l'occasion de me parler, et je prie maman de veiller sur moi plus exactement que jamais.

Bientôt un bruit sourd circule dans l'assemblée. On dit que mademoiselle d'Apremont est incommodée. Vertpré, Beauclair et Duverlant paraissent et annoncent qu'elle vient de rentrer au château. Aussitôt les danseurs s'arrêtent, les instruments se taisent; on se parle, on s'interroge, on s'inquiète; la rumeur est générale. A quelle femme s'intéresse-t-on, bon Dieu! voilà les hommes: toujours dupes des grandes réputations, ils refusent un peu d'estime au mérite modeste qui dédaigne de les éblouir.

Les jeux, la danse, sont rompus. La foule s'empresse; chacun veut s'assurer par lui-même de l'état de la divinité, qu'on vient de dépouiller, au pavillon, de son auréole. Vertpré, Beauclair, Duverlant, sourient de pitié, sans dire un mot. Des Audrets, maltraité par eux, est sans doute déjà renfermé chez lui. M. de Méran s'avance aussi vite que le permet son âge; maman et moi pouvons à peine le suivre.

Julie est dans la première antichambre de l'appartement de mademoiselle. Elle a, dit cette fille, une forte migraine; elle ne peut recevoir personne, pas même son oncle. On se retire dans un morne silence.

Des domestiques apportent des lettres, très-probablement écrites aussitôt après l'aventure du pavillon : le ton peu naturel avec lequel on les lit; le défaut de motif, pour les lire à haute voix, me confirment dans cette opinion. Madame Duverlant est dangereusement malade; la fuite d'un banquier de Montauban expose la fortune de Beauclair; Vertpré est appelé à Toulouse pour tenir un joli petit neveu que sa sœur vient de lui donner. Tous trois prennent congé de M. d'Apremont, et ordonnent que leurs voitures soient prêtes au point du jour. Il est clair pour moi qu'ils veulent s'éloigner sans éclat, épargner la honte de les revoir à une femme dont ils ont tant à se plaindre : ce sont d'honnêtes gens.

Puisse la triste épreuve que Duverlant vient de faire de l'inconstance, le rendre pour jamais à une épouse, qui mérite, dit-on, son plus tendre attachement !

Nous rentrons chez nous. Mon père est sérieux, rêveur. Le jour va paraître; ce n'est pas le moment de parler de mademoiselle d'Apremont.

Lorsqu'on a assisté à une fête brillante, on ne se rassemble pas le lendemain, sans parler des plaisirs de la veille. Chacun a remarqué quelque chose, et la critique et l'éloge alimentent la conversation pendant quelques momens. J'étais assez en fonds pour la faire durer une heure au moins. Il entrait dans mon plan de voir venir, et d'amener naturellement ce que j'avais à raconter. Maman a commencé par louer tout ce qu'elle a vu. Elle a compté ensuite ce qu'a dépensé M. d'Apremont. D'après son calcul, cette journée lui coûte un an de notre revenu : c'est beaucoup d'argent, dépensé pour déshonorer une femme dans l'esprit de cinq personnes.

Mon père n'a pas laissé échapper une occasion aussi favorable de parler de l'enchanteresse; il a fait l'énumération de ses charmes; il s'est étendu sur la grace et la noblesse qu'elle met à tout ce qu'elle fait, sur l'aisance avec laquelle elle remplit les devoirs de maîtresse d'une grande maison, sur la pénétration qui lui fait prévenir les désirs de tous. J'ai terminé le portrait en ajoutant, à demi-voix, qu'il est fâcheux de ne pas trouver un cœur sous la plus séduisante enveloppe. Mon père a relevé le mot avec aigreur : je m'y attendais. Il m'a dit qu'il n'est pas d'une belle ame de juger légèrement; et qu'établir une opinion défavorable, sur de simples conjectures, est une chose répréhensible. J'ai répliqué que, s'il m'était permis de parler, j'accumulerais les preuves de manière à étonner et à convaincre. Mon père a rougi; ma mère m'a interrogée du ton de la plus vive curiosité. M. de Méran ne peut supposer un défaut à une femme qui le trouve assez aimable, pour ne pas s'apercevoir du ravage des ans. Maman ne serait pas fâchée de venger sa fille de l'espèce d'oubli où on l'a laissée, en abaissant l'objet exclusif de tous les hommages, de tous les vœux. Elle me presse de parler. Je commence.

« Réfléchissez, mademoiselle, me dit M. de « Méran, que vous êtes ici juge et partie, et que « ce n'est pas sur votre témoignage que M. d'Es- « touville jugera mademoiselle d'Apremont. — « Aussi, monsieur, ne demandé-je pas que vous, « ni lui, vous en rapportiez à ma parole. J'ai « promis des preuves, j'en donnerai. » Mon père se tait; je reprends mon récit.

« Rien de positif, disait-il quelquefois ; fausses « interprétations, s'écriait-il dans un autre mo- « ment. » Cependant les présomptions se succé- daient, se soutenaient tellement, que je voyais l'incertitude remplacer, sur le visage de mon père, les passions qui l'avaient successivement agité. « Quelque intérêt que vous ayez, Adèle, à rom- « pre le mariage de Jules, je ne vous crois cepen- « dant pas capable de faire un roman aussi ca- « lomnieux ; et qui, définitivement, ne pourrait « persuader que votre mère et moi. — Voici, « monsieur, de quoi convaincre M. d'Estouville. » Je tire la lettre de mon sein, je la présente à mon père. « Il n'y a, lui dis-je, que deux mots « à ajouter : *M. Duverlant est marié à Auch.* »

Je ne peux te rendre la révolution qui s'est opérée dans toute la personne de M. de Méran. Sa physionomie exprimait la colère et le mépris;

sa voix était étouffée. Il a lu et relu cette lettre ; il en a pesé toutes les expressions. Il s'est promené long-temps, les yeux fixés au plafond, les mains fortement serrées. Ses membres tremblaient, ses muscles étaient contractés au point de me faire craindre des convulsions. Oh! quel ravage cette misérable fille eût fait dans ce cœur-là, si je n'avais été assez heureuse pour la prévenir!

Je me suis approchée de mon père; je l'ai pressé contre mon cœur; je l'ai embrassé avec la plus vive tendresse. « De quel songe tu m'as « tiré! m'a-t-il dit, en m'embrassant à son tour. « J'accordais à cette femme-là toutes les qua- « lités, comme j'aimais à reconnaître en elle tout « ce qui peut plaire, et ce n'est qu'une mal- « heureuse, digne du dédain et de l'abandon de « tous les honnêtes gens ! » La force des expressions, le ton exalté de mon père auraient éclairé maman, si elle avait eu quelques soupçons. Elle n'a vu, dans l'amertume de ces réflexions, que l'indignation d'un homme de bien.

M. de Méran est allé s'asseoir auprès d'elle; il lui a pris les mains, il lui a donné les noms les plus tendres. Maman le regardait d'un air étonné. Je voyais, moi, un père de famille revenir au sentiment de ses devoirs, et chercher à dédommager son épouse de l'erreur d'un moment.

Insensiblement les esprits se sont calmés, et on a raisonné de sang-froid sur les événemens de la nuit précédente. Maman a commencé par blâmer les mesures que j'ai prises pour acquérir une preuve quelconque. Elle m'a fait sentir combien il était facile qu'elles tournassent contre moi. Elle m'a fait un tableau effrayant des humiliations qui m'auraient accablée, si j'avais été découverte épiant, écoutant, avant que mademoiselle d'Apremont eût été démasquée. J'ai frissonné, Claire, en pensant que je pouvais perdre en un moment la réputation d'honnêteté et de délicatesse, qui est à présent toute ma fortune.

Mon père a prétendu, au contraire, que, puisque j'avais des soupçons, j'ai bien fait de vouloir les éclaircir; que le succès de mes démarches peut amener des résultats qui, pour être cachés, n'en seront pas moins avantageux; que n'eussé-je opéré d'autre bien que de garantir Jules de sa perte, je dois me féliciter de ce que j'ai fait. Il jugeait en homme intéressé, je le sentais. Si mademoiselle d'Apremont eût été, pour lui, un objet indifférent; si, en la lui faisant connaître, je ne lui eusse rendu un service important, il m'eût jugée plus sévèrement que ma mère, je n'en doute pas.

On a parlé ensuite de l'usage qu'on ferait de cette lettre. Maman, constante dans sa manière de voir les choses, a représenté qu'il suffit de faire connaître à Jules le caractère de la demoiselle, et que nous n'avons pas le droit de la diffamer dans l'esprit de M. d'Estouville; que, piqué

de s'être trompé dans son choix, il peut rendre public le déshonneur de cette jeune personne ; qu'alors nous nous repentirions d'avoir fait le mal, sans aucun avantage pour nous, puisque la rupture de ce mariage ne changerait rien aux vues de M. d'Estouville. « Hé ! madame, Jules pourra-
« t-il faire valoir ce que je lui écrirai de made-
« moiselle d'Apremont? Son oncle verra-t-il autre
« chose dans mes lettres que l'intention de rap-
« procher son neveu d'Adèle, et si vous étiez à
« sa place, jugeriez-vous autrement? Savez-vous
« si Jules ne cédera pas enfin à des circonstances,
« impossibles à prévoir, à l'ascendant que son
« oncle doit avoir sur lui ? Quels motifs raisonna-
« bles aura-t-il de refuser constamment une fille,
« dont l'éloge est dans toutes les bouches ? Ne se
« peut-il pas même qu'elle parvienne à lui plaire,
« et que verra-t-il alors dans vos lettres que des
« imputations vagues, dont il finira par ne faire
« aucun cas ? Si ce mariage avait lieu, Jules, que
« vous avez tant aimé, serait le plus malheureux
« des hommes, parce que vous auriez écouté une
« fausse délicatesse. Non, madame, M. d'Estou-
« ville lira la lettre de mademoiselle d'Apremont;
« il saura qu'elle est écrite à un homme marié, et
« l'éclairer, c'est remplir un dernier devoir à
« l'égard de M. de Courcelles. »

Il y avait de la pusillanimité dans l'avis qu'avait ouvert maman, et de la passion dans la réplique de mon père. Mais son ressentiment s'accordait avec mes craintes, et assurait une rupture que j'avais préparée avec tant de réflexions et de soins. Je me suis rangée du parti de M. de Méran. J'ai peint la coquetterie telle que je l'ai vue, et le portrait était hideux. Mon père, animé encore par la force et la vérité de mes traits, a pris aussitôt la plume. Ma mère et moi nous sommes mises à notre ouvrage.

Il fallait que je fusse toute entière à l'exécution de ce projet, pour ne pas m'être arrêtée aux suppositions injurieuses de mon père. Jules, céder enfin à l'ascendant de son oncle! Jules, aimer mademoiselle d'Apremont, ou une autre! Jules, m'oublier, m'ôter une vie qui n'est soutenue que par la faible espérance de lui appartenir un jour! Cela ne se peut pas; n'est-il pas vrai, Claire? cela ne se peut pas.

Mademoiselle d'Apremont n'a plus à redouter la présence de Duverlant, de Beauclair et de Vertpré. Des Audrets et elle ont des vérités trop dures à se dire, pour ne pas se ménager mutuellement. Ces considérations ont puissamment contribué, sans doute, à lui rendre la tranquillité d'esprit, sans laquelle une intrigante ne peut agir. Elle est entrée chez nous pendant que mon père écrivait, et elle a développé son amabilité et ses graces ordinaires; il semblait que les événemens de la nuit précédente ne fussent qu'un songe, dont les impressions fâcheuses s'étaient dissipées avec les ténèbres.

Les gens aimables, a-t-elle dit, ont tous quitté le château. Il reste un homme à Velzac, dont la société lui est infiniment chère, et les qualités de sa femme et de sa fille ajoutent aux droits qu'il a acquis à son affection et à sa bienveillance. Les plaisirs bruyans étourdissent, et le cœur aime à se reposer dans une douce intimité. Elle espère que nous nous verrons beaucoup, et sans cérémonie. En débitant ces cajoleries, elle nous souriait, à ma mère et à moi, de la manière la plus séduisante, et elle s'approchait insensiblement de mon père. Assise enfin auprès de lui, elle l'a attaqué, avec la réserve qu'elle met à tout en public, et qui aurait pu en imposer à des gens qui n'auraient rien su; mais nous ne laissions échapper ni un mot, ni une inflexion de voix, ni une intention. Mon père était rouge de colère, et très-probablement elle attribuait à ses charmes et à son manège le trouble qu'il s'efforçait en vain de cacher. Je voyais arriver le moment de l'explosion, et je sentais la main de maman trembler dans la mienne.

Une expression d'une délicatesse remarquable, et qui annonce la candeur d'une belle ame, a achevé de mettre mon père hors de lui. « Made-« moiselle, a-t-il dit avec un sourire amer, tout « cela est très-joli, sans doute, et surtout très-« sincèrement senti. Vouloir plaire à un homme « de mon âge, est d'une modestie bien rare dans « une jeune femme; mais je me rends justice, et

« je vous fixerais bien moins que MM. de Beau-
« clair, de Vertpré et du Verlant, qui, dit-on,
« n'ont pas à se louer de vos procédés. Je vous
« prie en grace de vouloir bien ménager mon
« cœur, et surtout le repos de madame de Méran.»

Il m'est impossible de te peindre l'état où cette sortie imprévue a jeté mademoiselle d'Apremont. Elle était pâle et rouge à la fois; ses lèvres étaient agitées de mouvemens convulsifs, ses yeux ne savaient où se reposer. Ce n'était là que le prélude d'une scène vraiment effrayante.

« Mademoiselle, a repris mon père, d'un ton
« plus poli et plus doux, vous savez peut-être
« que j'ai élevé M. de Courcelles, et que je lui
« porte toujours l'intérêt le plus tendre : je ne
« dois pas permettre qu'il soit trompé. Cependant
« un rapport clandestin n'est pas d'un honnête
« homme, et vous pouvez lire la lettre que j'écris
« à M. d'Estouville. Celle que vous avez adressée
« à M. Duverlant sera renfermée dans le paquet.

« Ne craignez rien de votre oncle : soyez bien
« sûre au moins que jamais il ne sera instruit
« par nous. — Il le sera par moi, s'est-elle écrié
« d'un ton terrible.— Vous aurez tort, mademoi-
« selle, et ce paquet, quoi que fasse M. d'Apre-
« mont, ne parviendra pas moins à M. d'Estou-
« ville. »

Elle s'est levée, les yeux hagards, la bouche écumante, les traits renversés, tourmentée d'un mouvement de rage qu'elle ne pensait pas à maî-

triser. « Quoi ! tout le monde ici se prononce
« contre moi, tout le monde, jusqu'à des êtres
« obscurs que j'aurais dû ne pas daigner regar-
« der ! » A ces derniers mots, mon père s'est levé
à son tour ; je l'ai vu prêt à s'oublier, sa main...
Je me suis jetée entre mademoiselle d'Apremont
et lui.

Elle m'a repoussée avec violence, et j'ai été
tomber sur le bras d'un fauteuil ; ma tête a porté,
j'ai jeté un cri, mon père est accouru, il m'a relevée. Cette fille a saisi le moment ; elle s'est jetée
sur les papiers ; elle a mis en morceaux sa lettre
à Duverlant.

M. d'Apremont est entré. Elle a composé aussitôt son maintien et son ton ; elle n'a pu cacher
l'altération remarquable de sa figure, elle en a
tiré parti. « Mon cher oncle, je souffre continuel-
« lement depuis que je suis à Velzac. J'ai été très-
« malade cette nuit, et, tout à l'heure, je viens
« d'être attaquée de vertiges que les soins de ma-
« dame de Méran ont calmés avec beaucoup de
« peine. Madame de Valny ne reste chez vous que
« par complaisance : permettez que demain nous
« partions ensemble pour Paris. Cette dame est
« d'un âge mûr ; elle a votre confiance ; je m'éta-
« blirai chez elle jusqu'à votre retour. »

M. d'Apremont a adressé à ma mère les plus
tendres remercîmens ; il s'est informé de ma santé,
qui lui paraissait chancelante. J'ai attribué ma
pâleur et ma faiblesse aux fatigues de la nuit ; il

a donné la main à sa nièce, il est sorti avec elle. Nous sommes restés stupéfaits, anéantis.

Ainsi, je viens de mentir pour ne pas perdre l'objet le plus méprisable. Perdre cette fille! Si nous en étions capables, nous ne le pourrions pas sans preuves, et elle vient d'anéantir la seule que nous pouvions produire contre elle. Que Jules au moins lise ces détails; ils sont de la plus grande vérité, je te le jure par l'amitié, par l'amour, par l'honneur, par ce qu'il y a de plus sacré.

Mademoiselle d'Apremont ne restera pas ici; son oncle ne lui refuse rien. Ton mari connaît M. de Valny; peut-être es-tu liée avec sa femme. Fais en sorte de ne la recevoir que les jours où tu sauras que Jules ne doit pas venir chez toi; ne le conduis jamais chez elle. Il est possible que cette fille sente enfin le néant de ses jouissances; que les dangers qui les accompagnent l'en dégoûtent, et que, sûre de tenir ses fautes cachées à trois cents lieues de Velzac, elle conçoive la noble ambition de remonter au rang de femme estimable. Combien alors elle serait dangereuse pour moi! Elle n'aurait que des perfections, et elle les aurait toutes. Ma bonne amie, ne la reçois, je t'en supplie, qu'autant que tu ne pourras t'en dispenser, sans violer les bienséances. Fais plus : instruis le bien-aimé de mes tendres alarmes. Dis-lui que je sens mon infériorité, et que s'il veut me convaincre de la ferme résolution de me conserver son cœur, il ne verra pas celle qui les subjugue tous.

Il l'a vue plusieurs fois, je le sais ; mais les circonstances n'étaient pas les mêmes : il venait de me quitter, ivre d'amour et de bonheur ; il n'avait pas un désir, pas une pensée qui ne se rapportassent à moi, et quand l'ame est remplie, les yeux ne s'arrêtent sur rien. L'a-t-il toujours cette fièvre d'amour, dont je brûlais avec lui? N'a-t-elle pas souffert d'altération? Suis-je toujours pour lui la première des femmes? Que dis-je la première? S'il nommait la seconde, et qu'elle fût près de lui, je serais perdue, Claire, je le serais sans retour. Je l'en conjure à genoux, qu'il ne voie pas mademoiselle d'Apremont.

Elle part ; elle part demain. On fait ses malles en ce moment. Jeannette, qui revient du château, l'a vue donner ses ordres à Julie avec la plus grande tranquillité. Quelle femme! Pourquoi la nature n'imprime-t-elle pas sur ces visages-là tout l'odieux de l'intérieur?

CHAPITRE XVI.

Persécutions, infidélité.

M. d'Apremont suivra de près sa nièce. Il devait être ici six semaines encore, et il n'y restera que le temps nécessaire pour finir avec ses fermiers. Ainsi l'absence de mademoiselle d'Apremont transforme en un désert insupportable ce château, animé jusqu'à ce jour par les graces, les ris, les jeux. Ce départ précipité me rassure sur les projets odieux de des Audrets. Sans doute il suivra son ami; il trouvera à Paris des objets faciles; il m'oubliera. Est-il d'ailleurs si dangereux? Il joint la lâcheté aux vices du cœur : il a laissé partir Duverlant, Beauclair et Vertpré, sans leur demander raison des violences qu'ils se sont permises à son égard dans le pavillon. Un regard, un mot de mon père l'accableront, et j'instruirai M. de Méran, si le monstre m'y contraint.

Je retourne à mon élysée, dont mes anxiétés, et une vie très-active m'ont éloignée pendant quelques jours. Là, je retrouve mon marronnier, mes pensées chéries et mon cœur. C'est là que je relis ces lettres de feu, que je m'attendris sur elles, que je les mouille de douces larmes, que je couvre de baisers le portrait de leur auteur. Ces lettres, qui me désolent quelquefois, rappellent toujours ma sécurité première. Mademoiselle d'Apremont ne peut être dangereuse pour l'homme qui m'a aimée avec un abandon aussi exclusif. Je l'ai fixé par des goûts simples, par la candeur du premier âge, par des vertus modestes. Ma figure même a quelque chose qui n'est qu'à moi, et tout est emprunté dans mademoiselle d'Apremont. L'art et le calcul percent à chaque instant. Non, elle ne plaira jamais à qui j'ai pu plaire.

Cependant lorsque le cœur de Jules s'est développé, j'étais le seul objet qui pût l'attacher; il était encore près de la nature; il n'avait pas respiré l'air de Paris... Ah! je veux éloigner des craintes, qui ajoutent, à des peines trop réelles, un mal peut-être chimérique. Pleine de confiance dans ton amitié, dans ta surveillance, dans ta véracité, je me résous à attendre de toi tout ce qui peut me rassurer, ou combler mon infortune. Je m'efforce de revenir à cette gaieté douce, sans laquelle on est à charge à ceux avec qui on vit habituellement.

M. d'Apremont a passé avec nous une partie de la journée. Il s'est plu à causer avec moi; il m'a priée de me mettre à mon piano et de chanter; j'ai fait ce qu'il a voulu, parce qu'il était seul. Des Audrets ne paraît plus ici; il a raison : ma mère et moi lui ferions sentir combien sa présence nous est désagréable. En quittant le piano, je me suis mise à mon métier. M. d'Apremont a regardé attentivement mon ouvrage. Il a loué mes talens en général, et la grace avec laquelle je travaille : il est bien bon. L'heure du souper approchait, et il ne se retirait pas. Maman m'a fait un signe que j'ai parfaitement compris. J'ai passé à l'office, et je me suis entendue avec Jeannette. En rentrant, j'ai trouvé ces messieurs au trictrac. Je m'en suis approchée, et j'ai souri à une école échappée à M. d'Apremont. « Made-
« moiselle connaît ce jeu-là? — Un peu, monsieur.
« — Cela suppose un jugement déja exercé. —
« Je ne sais, monsieur, jusqu'à quel point mon
« jugement est formé. Mon père aime le trictrac,

« et je me suis empressée de l'apprendre. — Voilà
« plus que de la raison, mademoiselle; la piété
« filiale est la source de mille bonnes qualités,
« et je suis persuadé que vous les possédez toutes.
« — Je ne croyais pas, monsieur, qu'une simple
« attention pour mon père méritât des éloges. —
« Prenez garde, mademoiselle : n'attacher aucune
« importance à ce qu'on fait de bien est peut-être
« de l'orgueil. — Comment cela, monsieur ? —
« N'est-ce pas déclarer qu'on a tellement l'habi-
« tude de bien faire, qu'on ne s'aperçoit plus
« d'une action louable ? » Jeannette est venu avertir
qu'on avait servi, et elle m'a tirée d'un embarras,
qui croissait toujours davantage, et qui enfin
m'aurait ôté tous les moyens de répondre.

Mon père a invité M. d'Apremont à souper. Il
a accepté, et il a beaucoup loué, en me regardant, un ambigu qui était assez bien, mais qui
ne pouvait rien offrir de remarquable à un homme
accoutumé à développer chez lui ce que le luxe
a de plus recherché. Peut-être me sait-il bon gré
d'être parvenue, avec peu de moyens, à donner
un air d'opulence à la médiocrité.

Mais pourquoi ce même homme, qui jusqu'a-
lors ne m'avait adressé que des choses froidement
polies, qui même, chez lui, ne s'occupait de moi
qu'avec une sorte d'indifférence, s'est-il attaché
pendant plusieurs heures à me faire exclusivement
briller ? Ah ! M. d'Apremont, isolé, peut préférer
la conversation d'une très-jeune personne à ses

propres réflexions : l'homme désœuvré s'amuse de tout, et loin d'avoir de l'orgueil, comme il me l'a reproché, en badinant, je m'applique bien volontiers le vieil adage : *quand on est seul, on devient nécessaire.*

Il nous a engagés à dîner pour demain. Mon père a accepté et j'en ai été fâchée : je ne peux me trouver avec des Audrets, sans éprouver une émotion infiniment pénible.

Nous revenons du château, où nous avons passé quelques heures assez agréables. Des Audrets était allé à Tarbes, et quel que soit le prétexte de son voyage, je lui sais bien bon gré de s'être éloigné, au moment où il savait que j'allais entrer chez M. d'Apremont. Qu'il continue à se conduire ainsi, et je ne me souviendrai de son hypocrisie et de ses vices que pour le plaindre sincèrement.

Avant le dîner, M. d'Apremont nous a fait voir ce qu'il a cru pouvoir piquer notre curiosité. Quelques tableaux, quelques statues ont fixé d'abord notre attention. Mais un fauteuil, qui a servi au dernier comte d'Armagnac, décapité sous Louis XI ; les tuniques blanches de ses deux enfans, placés sous l'échafaud, m'ont inspiré le plus vif intérêt. Il me semblait voir ces déplorables enfans, debout, les mains jointes, recevant sur leur tête et leurs épaules nues le sang de leur malheureux père. Je contemplais d'un œil avide les traces de ce sang, très-visibles encore ; je me laissais aller à la plus douce pitié ; j'en avais les expressions et l'accent, et bientôt passant à l'indignation que m'a toujours inspirée un acte tyrannique, j'ai fait, du crapuleux et féroce Louis XI, un portrait d'une vérité tellement entraînante, que mon père m'a serré la main, en me regardant avec une tendresse inexprimable. Ce mouvement m'a rappelée à moi-même. J'ai réfléchi qu'il ne convient pas à une fille de dix-huit ans de s'emparer de la conversation, devant des personnes à qui elle doit des égards, et je me suis tue. M. d'Apremont m'a beaucoup regardée ; mais il ne m'a pas dit un mot. Peut-être a-t-il trouvé, dans mes citations et mon enthousiasme, une teinte de pédantisme et de prétention, qui l'a indisposé contre moi. Cependant il m'a traitée avec une bienveillance marquée, pendant le dîner, et le reste de la soirée. Il a essayé plusieurs fois à remettre la conversation sur des objets qui pussent m'intéresser. J'ai été très-économe de paroles, et je ne me suis permis de développemens, que lorsque j'y ai été en quelque sorte forcée.

M. d'Apremont vient tous les jours chez nous. Il y vient sans façon ; il y déjeune, ou il y dîne avec plaisir. Nous allons fréquemment chez lui, et nous n'y avons trouvé des Audrets qu'une seule fois. Il s'est conduit avec une réserve qui m'a mise à mon aise. Peut-être a-t-il totalement renoncé à un dessein d'une exécution difficile, et dont les suites pourraient être cruelles pour lui. Peut-être aussi dissimule-t-il pour faire renaître ma confiance. La suite nous fera connaître, à maman et à moi, ses véritables sentimens. La suite, ai-je dit? Cette expression doit te paraître extraordinaire, puisque je t'ai annoncé plus haut le départ très-prochain de M. d'Apremont. Hé bien, il n'en est plus question du tout. Il paraît se plaire beaucoup ici, et il a commencé dans son parc des embellissemens qui le retiendront long-temps à Velzac.

Ce matin, la conversation est tombée, je ne sais comment, sur le mariage. M. d'Apremont a répété avec beaucoup de franchise ce que des Audrets nous a dit de sa répugnance pour cet engagement. Il avoue qu'il a été retenu par la crainte de tomber dans la dépendance d'une femme impérieuse, pour laquelle sa tendresse eût pu être portée jusqu'à la faiblesse. Il a ajouté ces paroles remarquables : « J'ai eu tort sans doute « de ne pas distinguer une demoiselle élevée dans « le grand monde, et entraînée par son tourbillon, « d'avec une jeune personne douce, réservée, ti- « mide, et en qui on reconnaît à chaque instant « les traits primitifs de la nature. » Il avait les yeux sur moi en parlant ainsi. J'ai baissé les miens, et j'ai rougi.

Ces paroles effrayantes me poursuivent partout. Elles m'ont rappelé ce que m'a dit des Audrets, il y a quelques semaines, de son influence sur un ami immensément riche, et de la facilité avec laquelle il le déterminerait à m'épouser, s'il pouvait compter sur *ma reconnaissance*. Cet homme odieux veut-il me rendre plus malheureuse que je le suis, et a-t-il commencé à user de son empire sur M. d'Apremont? Mais que gagnerait-il à faire ce mariage? J'ai rejeté ses offres avec le plus souverain mépris, et croit-il que si j'étais l'épouse de M. d'Apremont, je renoncerais à la seule consolation qui reste à une femme infortunée, le témoignage d'une conscience pure?

L'épouse de M. d'Apremont! cette idée me fait frissonner. Cependant je suis bien convaincue qu'il n'est aucune puissance sur la terre, qui puisse me contraindre à donner ma foi sans mon cœur, et ce cœur est à Jules, tout à Jules, il sera toujours à lui.

Peut-être aussi, trop prompte à m'alarmer, ai-je donné, aux paroles de M. d'Apremont, une application qu'il était loin d'y attacher. Ah! Claire, on croit tout, quand on craint tout. Je ne perdrai pas un mot de ce que dira M. d'Apremont; je l'observerai; j'interpréterai jusqu'à son silence. Il est impossible qu'il ne se décèle pas bientôt, si j'ai eu le malheur de lui inspirer un sentiment plus tendre que celui de l'amitié.

Trois jours sont écoulés, et je ne sais encore rien de positif sur les vues de M. d'Apremont. Cependant mes craintes ne sont que trop fondées. Hier, nous étions au château; nous nous promenions dans le parc. Maman était entre des Audrets et mon père; je suivais avec M. d'Apremont. Il

m'avait offert son bras, et plusieurs fois il a pris
ma main, que j'ai retirée aussitôt. Je l'ai regardé
furtivement, et j'ai remarqué dans ses yeux un
feu que je n'y avais pas vu encore. Nous avons
marché quelque temps sans nous rien dire, et
tout à coup il a rompu le silence par des questions tellement brusques, qu'il m'était impossible
de les prévoir, et par conséquent de préparer
mes réponses. « Quelle idée, mademoiselle, vous
« faites-vous du mariage? — Aucune, monsieur.
« — Serait-il possible que cet excellent petit cœur-
« là fût resté muet jusqu'à présent? — Je n'en-
« tends pas bien ce que monsieur veut me dire.
« — Quel est le caractère, quels sont l'extérieur
« et l'âge que vous désirez dans un mari? — Si
« je m'étais occupée de ces idées-là, monsieur, il
« ne serait pas convenable que je m'en entretinsse
« avec vous. — Vous aimez vos parens, made-
« moiselle? — Autant qu'ils le méritent, monsieur.
« — Vous les estimez donc? — Et mon estime est
« fondée. — Ainsi vous êtes persuadée qu'ils ne
« vous prescriraient rien qui n'ait votre bonheur
« pour objet? — Je sais, monsieur, combien ils
« me sont tendrement attachés. — D'après cela,
« vous êtes disposée à suivre en tout les conseils
« que vous recevrez d'eux? — Je vous prie de re-
« marquer, monsieur, que ces questions multi-
« pliées sont embarrassantes, et peut-être dépla-
« cées. Permettez-moi de rejoindre maman. »

Je l'ai quitté, et j'ai été prendre le bras de

mon père. Il ne m'a pas été possible de prêter la moindre attention à ce que disait des Audrets. Les expressions de M. d'Apremont m'étaient continuellement présentes; je les répétais, je les pesais. Je me suis déterminée enfin à en parler à ma mère, et à prévenir, par une déclaration formelle de mes dispositions, les suites du dessein de M. d'Apremont, s'il en a un d'arrêté, ainsi que tout semble me l'annoncer.

Quelle a été ma surprise! Maman a pris, en plaisantant, les choses, très-sérieuses et très-raisonnables, que je lui ai dites à ce sujet; elle m'a répondu que mon petit amour-propre m'abusait probablement, et que d'ailleurs la recherche d'un homme bien né, aimable, riche, n'est pas faite pour causer d'aussi vives alarmes. Maman aurait-elle pénétré quelque chose des intentions de M. d'Apremont, et serait-elle disposée à le seconder? A quelles persécutions ne dois-je pas m'attendre, s'il fait une ouverture directe à M. de Méran? Seule contre tous, courageuse, mais sans aucun moyen de résistance que ma volonté invariable, mes jours s'écouleront tous dans l'amertume. Délaissée de mon père et de ma mère, étrangère, pour ainsi dire, dans leur maison, exposée aux poursuites de M. d'Apremont, aux machinations de des Audrets, à quelle protection pourrais-je recourir, éloignée de Jules et de toi? Ah! que déja mon amour me coûte cher! Je compte les momens heureux que je lui dois; je trouve quelques éclairs de bonheur, et des jours, des semaines, des mois passés dans le regret du bonheur même, les craintes et les larmes. Oui, je me repentirais d'aimer, si l'être le plus parfait n'était l'objet de tous mes vœux.

Je veux prévenir des Audrets; je veux le voir avant que les choses soient plus avancées, lui déclarer ma résolution fixe, immuable de ne jamais m'engager. J'exécute ce dessein aussitôt que je l'ai conçu : je m'échappe de la maison, je vais au château, je fais venir le valet de chambre de cet homme, et je le charge de lui dire que je l'attends sur la grande pièce de gazon, qui est sous les croisées du salon. Là, il n'y a pas un arbre, pas un buisson, et je remarque que toutes les croisées sont ouvertes : la témérité ne peut rien attendre même du hasard. Cependant mon cœur, agité par l'idée d'un danger pressant, mon énergie, en opposition directe avec ma raison et les convenances, se calment pendant que j'attends des Audrets, et bientôt je ne vois plus que la fausse démarche dans laquelle je suis engagée, et l'impossibilité de rétrograder. Mon premier mouvement a été de fuir. J'ai senti, après un moment de réflexion, qu'une explication avec des Audrets est indispensable; que je suis intéressée à le convaincre de la fermeté de mon caractère; qu'il est averti, qu'il y a moins d'inconvéniens à l'attendre qu'à m'échapper du château, comme un enfant pusillanime. Je reste; mais je suis en proie à un trouble, qui augmente à chaque seconde. Ah! Jules, sache-moi gré de ce que je fais en ce moment! Combien il faut que je t'aime, pour avoir pu prendre une semblable détermination!

Tu le croiras sans peine, Claire, le nom du bien-aimé, l'espoir d'échapper à une chaîne qui me séparerait de lui sans retour, m'ont rendu quelque force, et j'étais en état de parler d'une manière suivie quand des Audrets s'est présenté.

« J'étais loin de m'attendre, a-t-il dit du ton « de l'ironie, que la fière, la vertueuse Adélaïde « pût venir au-devant de moi. » Ce début m'a piquée au vif, et j'ai retrouvé tout mon courage. « La fierté, monsieur, sied à toute femme qu'on « offense, et la vertu est son plus bel ornement. « Je ne m'étendrai pas davantage sur des qualités « dont vous connaissez à peine le nom, et qui sont « si loin de votre cœur. — La réplique est amère, « mademoiselle. — C'est vous qui l'avez provo- « quée, monsieur; je ne vois pas d'ailleurs pour- « quoi je ménagerais celui qui ne respecte rien, « pas même la nièce de son meilleur ami. » Il a rougi, Claire, et il a fait de vains efforts pour cacher son embarras. J'ai senti l'avantage que je commençais à avoir sur lui, et je me suis décidée à en profiter. « Je n'entends pas ce que mademoi- « selle veut dire, a-t-il repris d'une voix mal as- « surée. — Vous voulez des détails, monsieur; je « vais vous en donner. Vous avez promis à made- « moiselle d'Apremont d'empêcher son oncle de

« jamais se marier, si elle voulait vous accorder
« *des marques positives de sa reconnaissance;* vous
« m'avez promis un riche parti, si je veux vous en
« donner de *la mienne.* Cette demoiselle vous a
« traité avec un mépris égal au mien ; c'est le seul
« rapport que j'aie, et que je veuille avoir avec
« elle. Désespérant de la réduire, vous avez tourné
« toutes vos vues sur moi, et vous avez commencé
« à travailler l'imagination et le cœur de M. d'A-
« premont. Si vous ne le détournez de me de-
« mander à mon père, je vous déclare que je l'in-
« struirai de ce qui s'est passé au pavillon entre sa
« nièce et vous. Vous allez me répondre, ainsi
« qu'à elle, que je ne serai pas crue. Sachez que
« j'invoquerai, s'il le faut, le témoignage de MM. Du-
« verlant, de Beauclair et de Vertpré : démasquer
« un homme tel que vous, c'est servir la société.
« Apprenez encore que si M. d'Apremont attri-
« buait ce que je lui aurais dit à l'envie gratuite
« de vous nuire, si on me traînait mourante à
« l'autel, si l'on m'engageait à un homme que je ne
« peux aimer, loin de céder jamais à vos lâches
« désirs, j'emploierais, pour vous faire bannir du
« château, toute l'influence qu'une femme jeune
« et estimable doit avoir sur son mari. »

Je voyais dans ses traits l'expression de la colère ; elle agitait tout son corps. Il voulait cacher
les sentimens cruels qui le torturaient, et ses yeux
effrayans, ses lèvres tremblantes, sa respiration
courte et élevée disaient ce qu'il croyait taire. Il a

senti la nécessité de mentir pour me gagner. Il m'a juré que M. d'Apremont n'est pas l'homme dont il m'a parlé; qu'il ne lui a suggéré aucune des expressions tendres ou flatteuses qu'il a pu m'adresser; qu'il sentait bien avoir perdu tous ses droits à ma confiance; mais que je devais être assez équitable pour ne pas le rendre garant, sans preuves, des dispositions de M. d'Apremont à mon égard. Enfin, il a paru sortir tout à coup d'un sommeil léthargique et se livrant à des idées nouvelles. — « Mademoiselle, a-t-il ajouté, quand
« vous invoqueriez contre moi le témoignage de
« MM. de Vertpré, Duverlant et de Beauclair,
« qu'en résulterait-il? M. Duverlant, marié à une
« femme charmante et généralement estimée, con-
« sentira-t-il à donner de la publicité à son intrigue
« d'un moment avec mademoiselle d'Apremont?
« Et que diront les autres? Qu'ils ont eu la gros-
« sièreté de vouloir m'arracher une lettre. S'accu-
« seront-ils, pour vous complaire, et quoi qu'ils
« disent de cette lettre, manquerai-je de répondre
« que la leur donner, c'eût été compromettre évi-
« demment la réputation de cette demoiselle; qu'au
« contraire, cette pièce était dans mes mains une
« arme innocente, dont je pouvais me servir pour
« obtenir d'elle une conduite plus régulière. Vous
« m'objecterez que ces messieurs ont entendu ce
« qui s'est dit au pavillon avant qu'ils y mon-
« tassent. Eh, ne puis-je répliquer qu'éclairé sur
« cette triple intrigue, et, voulant ménager le re-

« pos de mon ami, j'ai tout fait pour la rompre,
« sans qu'il en sût rien, et que je suis devenu
« l'objet de la calomnie et de la vengeance de ces
« messieurs? Me supposez-vous sans adresse, et
« pensez-vous que M. d'Apremont balance un in-
« stant entre un homme en qui, depuis vingt ans,
« il a une confiance absolue, et deux étourdis qu'il
« ne connaît que par leur légèreté et leurs petites
« graces? Quel rôle alors joueriez-vous dans cette
« affaire? Celui d'une femme qui écoute pour dé-
« naturer les faits, et porter le trouble dans les
« familles.

« Ces réflexions, que je n'avais pas faites d'a-
« bord, me rassurent sur le succès des démarches
« que vous pourrez faire. Vous m'avez écrasé d'a-
« bord; mais je prends assez d'avantage sur vous,
« pour ne plus me donner la peine de dissimuler.
« Je ne vous aime pas; mais je vous désire. Vous
« épouserez M. d'Apremont et vous serez à moi. »

La foudre tombant à mes pieds n'eût pas fait
sur moi plus d'impression que la fin atroce de ce
discours. Je voyais un abîme ouvert devant moi,
et j'ignorais les moyens de l'éviter. Je voulais répondre, et je ne trouvais pas un mot. Des Audrets
sentait sa supériorité; il en jouissait; il me regardait, en riant de ce rire féroce qu'on prête aux
esprits infernaux, quand M. d'Apremont a paru.

Tout a changé en un instant. La figure du
monstre a pris un air de sérénité et de candeur;
son accent était celui de l'aménité et de la bien-

veillance. « Mon ami, a-t-il dit, j'étais sur la route
« de Tarbes, et j'ai aperçu mademoiselle qui
« se promenait, accompagnée de sa femme de
« chambre. Je marchais derrière elle; la conver-
« sation était animée ; je me suis approché, per-
« suadé que ce que j'entendrais ajouterait à l'es-
« time que j'ai conçue pour la plus jolie personne
« que j'ai vue encore. Pardonnez-moi cette espèce
« d'indiscrétion, mademoiselle, puisque les suites
« en seront agréables pour vous. On parlait, mon
« ami, de vos faisans dorés. Mademoiselle louait
« leur plumage, la légèreté et la grace de leurs
« mouvemens ; elle exprimait le désir fortement
« prononcé d'en posséder deux. Elle eût donné
« pour les avoir, disait-elle, la robe qu'elle finit
« de broder. J'ai cru pouvoir vous prévenir, et j'ai
« assuré mademoiselle du plaisir que vous éprou-
« veriez en lui offrant vos petits chinois. Je l'ai
« pressée de venir les choisir, et j'ai dit à Jean-
« nette de prendre une cage chez M. de Méran et
« de l'apporter ici. Jeannette ne vient pas, et en
« l'attendant, en attendant que je pusse vous parler
« de ce qui nous occupe si sérieusement, j'entre-
« tenais mademoiselle, qu'il n'eût pas convenu de
« laisser seule. »

Quelle présence d'esprit, Claire, et quelle prévoyance ! Il a senti la nécessité de donner à mon
imprudence une tournure naturelle; d'expliquer,
d'une manière satisfaisante, comment je me trouvais seule au château. Il a jugé que la présence

de M. d'Apremont devait ajouter à mon embarras, à mon trouble; que je ne trouverais pas un mot pour colorer ma démarche, et que je me remettrais pendant qu'il ferait son roman. Oh, oui, il a de l'adresse; il en a beaucoup. Mais quel usage en fait-il, bon Dieu!

M. d'Apremont s'est écrié qu'il s'estimait heureux d'avoir chez lui quelque chose qui pût me plaire; que probablement Jeannette ne trouvait rien de convenable chez mon père, et qu'il était inutile de l'attendre. Je me suis laissée conduire à la faisanderie. Ils m'ont arrêtée devant deux faisans, que j'aurais tendrement chéris, si je les eusse reçus de Jules; mais auxquels la main qui me les offre ne peut donner aucun prix. Il a fait venir une cage magnifique; on y a mis les pauvres oiseaux; on les a portés chez moi. J'accompagnais celui qui les portait; je suis entrée avec lui, et je suis montée à la chambre de ma mère. « Vois « donc, maman, le joli cadeau que m'envoie « M. d'Apremont. » Je voulais qu'on crût que je venais de le recevoir au bas de l'escalier, à la porte de la maison, et c'est ce qu'a compris ma mère, puisqu'elle n'a fait aucune observation. Voilà de la ruse, j'en conviens, Claire, mais au moins celle-ci ne nuit à personne. Revenons.

Je dois amour et respect à mon père. Mais j'ai incontestablement le droit de lui résister, s'il veut me contraindre à faire du reste de ma vie un supplice continuel. Cependant je voudrais mettre dans mes refus cette douceur qui indispose moins... mais qui, quelquefois aussi, encourage la force à déployer toutes ses ressources. Mon père sait ce qui s'est passé au pavillon; il croirait sans peine ce que je lui dirais de des Audrets. En lui révélant ce mystère d'iniquité, j'arrêterais tout peut-être. Mais mon père est fier, il est courageux; il prodiguerait sa vie, pour laver l'affront fait à sa fille. Je me soumettrais au sort le plus cruel, plutôt que de faire couler une goutte de son sang, et des Audrets, qui a redouté trois jeunes gens, peut se montrer brave avec un homme de l'âge de mon père. En admettant, d'ailleurs, que je parvinsse à éloigner cet homme du château, changerais-je quelque chose aux sentimens que j'ai inspirés à M. d'Apremont? Je ne sais comment sortir de la position cruelle où je me trouve. Écris-moi, éclaire-moi, s'il en est temps encore. Chaque jour, chaque moment amène une crise nouvelle : non, ta réponse n'arrivera pas assez tôt.

Je reviens sur ce que j'ai résolu. J'aime mieux m'accuser d'une faute légère, que de m'exposer à faire quelque imprudence, que personne au monde, peut-être, ne pourrait réparer. Je vais dire à maman que j'ai été seule au château; je lui rendrai exactement ma conversation avec des Audrets; j'implorerai son indulgence; j'invoquerai sa bonté, je lui demanderai des conseils........

Je l'ai vue, Claire; je me suis abandonnée à mon cœur; je l'ai laissé parler; j'ai peint l'amour en traits de feu; j'ai fait valoir les droits de Jules; j'ai protesté contre toute espèce de violence; j'ai marqué des Audrets du sceau de l'infamie. J'ai vu des larmes rouler dans les yeux de ma mère; je suis tombée à ses genoux, je les ai embrassés, je l'ai suppliée de secourir, de protéger sa malheureuse fille.

Elle m'a relevée; elle m'a fait asseoir auprès d'elle, et elle m'a parlé le langage de la froide raison. Des raisonnemens à quelqu'un qui brûle, qui craint, et qui ne peut entendre que ces mots : *Amour et espérance*.

Ce que j'ai retenu de cet entretien désespérant, c'est que je peux, à la faveur d'une alliance illustre, relever ma maison, et rendre à mon père tout le bonheur qu'il a perdu; c'est qu'un homme de l'âge de des Audrets est loin de cette impétuosité de la jeunesse, qui saisit un moment favorable, et qui en profite, avant que la pudeur ait pensé à se défendre; que je n'ai à craindre de lui que des tentatives de séduction, dont je peux me garantir, puisqu'il s'est mis à découvert; qu'enfin, si ses importunités me devenaient insupportables, il serait temps alors d'éclairer mon mari. Mon mari! Ce mot m'a tirée de mon accablement; il a rendu la force à mes organes, l'énergie et la clarté à mes expressions. « Et vous « aussi, me suis-je écriée, vous êtes contre moi ! « Qui donc me reste au monde, si ma mère se « joint à mes persécuteurs? M. d'Apremont serait

« mon mari! Jamais, jamais. Plutôt mourir mille
« fois. Ne vous prévalez, madame, ni de mon ex-
« trême jeunesse, ni de l'affection que je vous
« porte pour m'opprimer. Je serai fidèle à mes
« sermens; j'appartiens à Jules, et ni mon père
« ni vous ne m'amenerez à le trahir. Si on m'y ré-
« duit, je porterai partout ma douleur et mes
« plaintes; je m'adresserai aux ames sensibles; je
« m'en ferai des appuis, et vous céderez à la cla-
« meur publique. »

Effrayée de ce que je venais de dire, je suis tombée aux pieds de ma mère, je lui ai demandé pardon; j'ai repris le ton du respect, sans rien perdre de ma fermeté, et je lui ai déclaré que ma résolution est réfléchie, légitime, inébranlable.

Je ne sais ce qu'elle allait me répondre; elle paraissait émue. Peut-être la nature allait l'emporter sur l'intérêt et l'ambition, lorsque mon père est entré avec M. d'Apremont. Je les ai salués avec la plus grande froideur, et je n'ai plus levé les yeux de dessus mon ouvrage.

On a parlé des embellissemens du parc, et pour que je ne pusse douter du triste sort auquel on me réserve, on s'est étendu avec une sorte d'affectation sur le projet d'abattre le mur qui sépare notre jardin de la propriété de M. d'Apremont. J'ai senti qu'il s'était déclaré à mon père, et que je n'avais plus rien à craindre ni à ménager.

Mon père et ma mère se sont levés, et ont ouvert la porte qui conduit à mon bosquet. Je me

disposais à les suivre : « Restez, mademoiselle, m'a
« dit M. de Méran, restez, je vous l'ordonne. »

Je me suis remise à ma place. M. d'Apremont
s'est approché de moi.

Il est resté quelques momens sans parler. Il
roulait mon coton dans ses doigts ; il les passait
sur ma broderie ; il levait les yeux au plafond ; il
les reportait sur mon métier, sur moi. Je savais
d'avance tout ce qu'il allait me dire, et je souffrais
horriblement.

« Mademoiselle... Mademoiselle... Mademoi-
« selle. » Il s'est arrêté. « Que voulez-vous, mon-
« sieur, ai-je répondu d'une voix timide. — Me
« ferez-vous la grace de m'entendre ? — Mon père
« m'a ordonné de rester, monsieur : son intention
« est donc que je vous écoute.

« — J'aurais tout à craindre, mademoiselle, si
« je parlais à une de ces femmes dissipées, courant
« sans cesse après des prestiges, et jugeant de tout
« sans réfléchir sur rien. Vous êtes simple, mo-
« deste, raisonnable, et un homme de mon âge
« ne vous paraîtra pas ridicule uniquement parce
« qu'il vous aime. J'étais décidé à ne jamais for-
« mer d'engagement ; je vous ai vue, et une réso-
« lution, établie sur la connaissance du monde,
« et fortifiée par les années, s'est évanouie en peu
« de jours. Plus jeune, j'aurais cherché à vous
« plaire avant que de m'ouvrir à M. de Méran ;
« mais il est une époque de la vie où, malheureu-
« sement, on n'inspire plus d'amour ; où on ne

« doit rien attendre que de la reconnaissance et du
« devoir, et telle est la force du sentiment qui
« m'attache à vous, que je me contenterai de ce
« que vous m'accorderez.

« D'après cette manière de voir, il était naturel
« que je m'adressasse d'abord à M. de Méran, et
« que je lui fisse des propositions tendantes à
« rétablir, autant que cela se peut, une sorte d'é-
« quilibre que la nature a rompu entre vous et
« moi. Ma nièce a cent mille livres de rente, et
« cela lui suffira. J'en ai trois cent mille, que je
« vous abandonne si je n'ai pas d'héritiers, et, dans
« le cas contraire, je vous assure cinquante mille
« écus de douaire. Je laisse à M. et à madame de
« Méran l'usufruit de ma terre de Velzac, pen-
« dant le reste de leur vie, et il ne manque plus,
« mademoiselle, que votre consentement pour
« que je sois l'homme du monde le plus heureux.

« — Monsieur, la magnificence de vos offres
« prouve la sincérité de l'attachement dont vous
« m'honorez. Elles eussent été superflues, et je ne
« me serais pas aperçue de cette disparité d'âge,
« dont vous parlez avec une franchise trop mo-
« deste, si je n'avais un éloignement invincible
« pour le mariage. J'ose me flatter, monsieur,
« que vous ne vous armerez pas contre moi de
« l'autorité paternelle, et que vous mériterez, en
« ménageant mon repos, que je joigne la recon-
« naissance à l'estime profonde que vous m'avez
« inspirée. »

Un silence de quelques minutes a succédé à cette première explication.

« Mademoiselle, la jeunesse est l'âge des illu-
« sions, et au vôtre on se fait du mariage une
« idée bien éloignée de la réalité. On se persuade
« que l'amour est la base sur laquelle repose le
« bonheur des époux; il peut les rendre heureux
« pendant quelques mois, pendant quelques an-
« nées. Mais la cessation des obstacles, la certi-
« tude d'une félicité que rien ne peut contrarier
« ni suspendre, la satiété qu'amène cette situa-
« tion, et l'ennui qu'elle produit enfin, tout con-
« court à dissiper le charme. Si vous aimiez,
« mademoiselle... « Ici il m'a regardée fixement. »
« Si vous aimiez, et qu'on vous unît à l'objet de
« vos vœux, vous seriez étonnée, un jour, d'être
« tombée, à son égard, dans cet état d'apathie,
« qu'aujourd'hui vous ne concevez pas être pos-
« sible. — Pourquoi, monsieur, éclairé par l'ex-
« périence, vous exposeriez-vous à un changement
« qui vous paraît inévitable? Épouse-t-on une
« femme, uniquement par amour, avec la certi-
« tude de cesser de l'aimer peu de temps après
« le mariage? — Il est, mademoiselle, d'heureux
« dédommagemens de la perte de la plus vive,
« de la plus douce, de la plus précieuse des
« sensations. Une amitié solide, les égards mu-
« tuels, les soins, les prévenances, et surtout des
« enfans font encore du mariage un état plein de
« douceur. Et puis, vous l'avouerai-je? Il ne m'est

« plus possible de réfléchir, ni de rétrograder.
« La force des sentimens que vous m'inspirez ne
« me laisse plus voir que vous, et le bonheur de
« vous posséder. — Je vois, monsieur, que chaque
« âge a ses erreurs. La vôtre est de croire que
« ma jeunesse me laisse sans défense, et que je
« me présenterai avec docilité au joug qu'on veut
« m'imposer. Si vous me connaissiez mieux, vous
« auriez rejeté les motifs, très-insuffisans, qui
« vous ont porté à vous ouvrir d'abord à mon
« père; vous m'auriez fait connaître vos disposi-
« tions à mon égard, et je vous aurais épargné
« des démarches, toujours désagréables, quand
« elles sont sans succès.

« — Je m'attendais, mademoiselle, à quelques
« difficultés. M. de Méran m'a parlé... Oserai-je
« vous dire?... — Poursuivez, monsieur. — Il m'a
« parlé d'une liaison d'enfance... — Il n'a fait que
« me prévenir. Oui, monsieur, j'aime de la plus
« extrême tendresse un jeune homme accompli.
« Mes parens me l'avaient accordé. De malheu-
« reuses circonstances nous ont séparés; nos cœurs
« sont restés unis, et il n'est pas de puissance qui
« parvienne à rompre de tels nœuds. Oserez-vous
« épouser une fille, dont toutes les sensations,
« toutes les pensées appartiennent à un autre?
« Croiriez-vous posséder une femme, si elle ne
« répondait à vos transports que par des plaintes
« et des soupirs? Si la considération de votre propre
« intérêt ne suffit pas pour vous arrêter, écoutez

« votre générosité, que j'implore. Ne me réduisez
« pas au désespoir. Éloignez-vous, oubliez-moi,
« et je vous chérirai comme un bienfaiteur. »

Un silence prolongé nous a donné, à l'un et
à l'autre, le temps de nous recueillir.

« Vous vous livrez à des chimères, mademoi-
« selle ; vous reconnaîtrez, plutôt que vous le
« croyez peut-être, que l'amour n'est pas éternel.
« — Connaissez-vous l'objet de l'amour le plus
« tendre ? — M. de Méran n'a pas cru devoir me
« le nommer. — J'imiterai sa discrétion. Sachez
« seulement, monsieur, que ce jeune homme n'est
« comparable à personne, comme son amour ne
« peut se comparer qu'au mien. Monsieur, ne re-
« noncez pas au bonheur : placez-le où vous pou-
« vez le trouver. Ayez la grandeur d'ame de com-
« battre et de vaincre votre inclination. A votre
« âge on aime faiblement ; au mien l'amour est un
« feu que rien ne peut vaincre. Vous avez toute
« votre raison, et la mienne est à son aurore. Ayez
« pitié d'un malheureux enfant, qui ne peut être
« à vous, qui tombe à vos pieds, et qui vous de-
« mande grace. »

J'étais à ses genoux ; je lui tenais les mains ; je
les mouillais de mes larmes. « C'en est trop, ma-
« demoiselle, c'en est trop ! Vous unissez, aux
« charmes les plus touchans, l'attrait irrésistible
« de la beauté dans la douleur. Je ne peux m'en
« défendre plus long-temps ; ma raison, que vous
« invoquez, est sans force. Le sort en est jeté : il

« faut que je sois votre époux, ou que je meure.
« Votre vertu me répondra de vous. »

Il m'a relevée; il m'a portée sur l'ottomane. Il s'est promené à grands pas, en répétant par intervalles : « Oui, je le sens, ma vie y est atta-
« chée... Plus de considération qui me retienne...
« Je brave, je hasarde tout... Non, je ne cours
« aucun risque... Elle a de la vertu, et je peux
« être heureux encore. »

Mon père et ma mère sont rentrés. L'état déplorable, dans lequel ils m'ont trouvée, a dû les instruire de tout. Ils s'attendaient à une vive résistance de ma part, puisqu'ils n'ont fait voir aucun étonnement. Mais ils m'ont marqué le plus haut intérêt; ils m'ont donné les plus tendres soins. M. d'Apremont s'est retiré.

On a senti que cette scène avait été assez prolongée; on a voulu me laisser prendre quelque repos; on ne m'a parlé de rien pendant le reste de la soirée. Mais ce matin, de bonne heure, maman est entrée dans ma chambre; elle s'est assise auprès de mon lit. Ce que le ton a de plus affectueux, les caresses de plus touchant, les insinuations de plus adroit, tout a été employé pour m'ébranler; tout a été inutile. L'illustration de la famille d'Apremont, l'énumération de ses biens, le tableau, ordinairement séduisant pour une jeune personne, du luxe qui m'environnerait, des bijoux dont je serais couverte, des plaisirs variés qui m'attendent, n'ont pas fixé un instant mon attention, et j'ai répondu, par quatre mots prononcés avec énergie : tout cela n'est pas Jules.

Madame de Méran ne m'a pas caché son mécontentement. Elle m'a donné à entendre que mon père ne renoncera pas facilement à l'espoir d'un établissement aussi avantageux pour moi ; qu'un chef de famille ne sacrifie pas la réalité à des chimères, que se plaît à caresser un enfant sans expérience ; qu'il est des circonstances où il peut user de son autorité, et où on le blâmerait de ne pas le faire. « Jules, maman, me suis-je « écriée, Jules, ou personne. » Elle a continué de parler ; j'ai fermé les yeux, j'ai cessé de répondre.

Elle s'est retirée, en me disant que M. de Méran serait peut-être plus persuasif. Je me suis levée, et j'allais descendre, lorsque mon père s'est présenté à son tour. Son ton était sévère ; mais n'avait rien de dur. Il a répété tout ce que m'avait dit ma mère, et tremblante devant lui, je suis tombée à ses pieds. « Ce n'est pas, made-
« moiselle, ce genre de soumission que je vous
« demande. Prêtez-vous aux vues prudentes d'un
« père, qui ne désire que votre bonheur, qui
« vous éclaire sur vos vrais intérêts, et qui veut
« bien prier encore, quand il pourrait comman-
« der. » Il m'a relevée ; il m'a fait asseoir ; il s'est placé près de moi ; il a pris une de mes mains ; il l'a pressée dans les siennes. « Mon enfant, ma
« chère enfant, examine la conduite que j'ai te-
« nue envers toi, depuis que tu existes. Tu as été

« l'objet de ma constante sollicitude; je t'ai pro-
« digué les soins les plus tendres; je t'ai appris
« à parler, à penser; j'ai applaudi à ton amour
« naissant pour Jules; j'ai fait tout ce qui était en
« moi pour le couronner. J'ai exposé, j'ai perdu
« ce qui me restait de fortune, uniquement pour
« accroître la tienne, et quand tu peux rele-
« ver l'éclat de ma maison, me replacer au rang
« dont je suis descendu, ajouter à ton propre
« bonheur le sentiment de celui de ton père,
« envers qui tu peux t'acquitter d'un seul mot,
« tu refuses de le prononcer! Une passion, main-
« tenant sans objet comme sans espoir, ferme ton
« cœur à la reconnaissance, à la piété filiale. Sais-
« tu si ce Jules, à qui tu sacrifies ton père, ta
« mère et toi-même, est digne encore de ta ten-
« dresse; si quelqu'une de ces femmes faciles,
« dont Paris abonde, ne t'a pas ravi la sienne;
« s'il tient à toi maintenant par d'autres nœuds
« que ceux de la décence et de la délicatesse,
« qui ne lui permettent pas de rompre ouverte-
« ment un engagement qui a eu une sorte de pu-
« blicité? — Il est fidèle, il l'est, mon père; je
« n'en saurais douter. — Je suppose qu'il le soit.
« Mes droits, ceux de ta mère, ne valent-ils pas
« les siens? Ne sont-ils pas plus anciens et plus
« sacrés? Feras-tu tout pour lui et rien pour nous?
« Faudra-t-il que je meure sans t'avoir vue hono-
« rablement établie? Et que feras-tu, quand tu
« auras perdu tes parens; quand Jules aura cédé

« aux circonstances, à son oncle, qui te rejette,
« et peut-être à son cœur, car cela doit arriver?
« Ton amour passera; tu te trouveras seule; tu re-
« gretteras tes belles années, perdues au sein d'il-
« lusions mensongères; tu vieilliras, sans appui,
« sans consolations, et tu termineras péniblement
« une carrière qu'auront abrégée d'inutiles regrets.
« Mon enfant, j'ai soixante ans d'expérience, et
« tu es encore aux portes de la vie. C'est moi que
« tu dois écouter, et non un cœur exalté, qui te
« fascine la vue, et qui t'empêche de voir les ob-
« jets ce qu'ils sont. Crois-moi, l'amour n'est
« qu'un sentiment passager, et il n'est pas néces-
« saire de le porter en dot à son mari, pour être
« heureuse dans son intérieur. Rends-toi à mes
« raisonnemens, à mes instances; accepte la main
« de M. d'Apremont. — Je ne le peux, mon père.
« —Tu ne le peux, cruel enfant! —Je ne le peux.
« — Sais-tu que j'ai fait plus que tu devais at-
« tendre du meilleur des pères? Ne crains-tu pas
« de lasser ma tendresse et ma patience? — Par-
« don, pardon, mon père. Oui, je vous dois beau-
« coup, oui, j'ai causé votre ruine. Je sens vos
« chagrins, je les partage, et je voudrais pouvoir
« vous obéir. Mais ce malheureux qui est là-bas,
« qui m'adore, quoi que vous en puissiez dire,
« à qui j'ai juré d'être fidèle, qui, à son départ, a
« reçu, devant vous, des sermens que vous n'avez
« pas désapprouvés, ne doit-il pas compter sur ma
« constance? Empoisonnerai-je, en l'abandonnant,

« le reste de sa vie? Lui ferai-je maudire, chaque
« jour, celui où il s'est attaché à moi, où il a cru
« que l'amour vrai et la bonne foi ne sont pas des
« chimères? Quoi! il aurait jusqu'ici résisté à son
« oncle; il aurait refusé pour moi les partis les
« plus avantageux, et je lui donnerais l'exemple
« de la perfidie et du parjure? Jamais, mon père,
« jamais. N'insistez pas, je vous en conjure. Ne
« me réduisez pas plus long-temps à la cruelle
« nécessité de vous résister. — Ainsi donc, made-
« moiselle, vous prenez de vaines déclamations
« pour des principes, et une passion insensée est
« devenue la règle de vos devoirs. Le mien est
« de vous rendre à vous-même, et je le remplirai,
« quoi qu'il doive vous en coûter. Obéissez, je
« vous l'ordonne. — Je ne le peux, mon père, je
« ne le peux. »

Il s'est levé; je l'ai suivi; je suis retombée à
ses pieds; il s'est détourné de moi. Je l'ai arrêté
par son habit; je me traînais après lui sur mes
genoux. Il m'a repoussée avec violence, avec
colère; je suis tombée le front sur le parquet;
mon sang a coulé; il l'a vu, et il est sorti.

Ma mère est entrée aussitôt. Elle m'a bandé
le front. Elle paraissait vivement touchée, et cependant elle m'a intimé, de la part de mon
père, l'ordre de ne paraître devant lui que lorsque je serais décidée à recevoir la main de M. d'A-
premont.

Ainsi me voilà confinée dans ma chambre! Je

suis punie, et de quoi, bon Dieu! Punie! cette idée est accablante. Ah! Claire, mon père, presque suppliant, avait pris sur moi un ascendant que j'ai eu de la peine à lui cacher. Sa sévérité me justifie à mes propres yeux, et me rend tout mon courage. Qu'on me laisse ici; qu'on m'y laisse toute ma vie. J'y serai à l'abri des persécutions; j'y vivrai entre le portrait et les lettres du bien-aimé; je parlerai de lui à Jeannette; je retrouverai le repos, et la portion de bonheur dont il m'est permis de jouir.

Vil des Audrets! C'est lui qui m'a désignée à M. d'Apremont; qui lui a fait proposer des avantages tels, qu'il n'était pas possible que mon père balançât un moment. C'est lui qui poursuit ce mariage pour me déshonorer, pour outrager son ami. C'est lui qui suscite les persécutions auxquelles je suis en butte, et qui m'a fait tomber dans la disgrace de mes parens. Eh bien, qu'il éloigne de moi M. d'Apremont, et je lui pardonne tout.

Et cet homme, comment persiste-t-il à épouser une fille qui le refuse, qui en aime un autre, qui le lui a dit? Les passions ôtent-elles la raison et le jugement? Comment n'est-il pas révolté de l'idée de posséder un être tremblant, inanimé, dont le cœur le repousse? Lui suffit-il d'arracher les voiles de la pudeur, de l'outrager dans ce qu'elle a de plus secret? Est-ce là de l'amour? C'est la plus barbare, la plus odieuse brutalité.

Et mes parens, ont-ils renoncé à la délicatesse, à l'honneur ? Un homme riche se présente ; ils ne consultent pas mon cœur. Ils me vendent, ils veulent me livrer. Un tel mariage est une prostitution consacrée par la loi.

Je ne m'étais jamais occupée de ma figure. Je me regarde à présent, et je me déteste. Oui, je suis belle, trop belle. Que ne puis-je inspirer le dégoût et l'ennui à tous les hommes, Jules excepté !

Ma mère vient me voir une fois tous les jours. Jeannette ne me quitte presque pas. Nous parlons amour à l'heure, à la journée. Elle a déja la certitude de devenir mère ; un sentiment nouveau l'attache à son mari, et Jérôme paraît l'aimer davantage. Ah! je le crois. Si Jules... Et ce serait M. d'Apremont ! Cette pensée m'indigne, me révolte ; elle me fait frissonner.

Il est presque toujours chez nous. Il m'a fait demander la permission de me voir. J'ai répondu que je ne peux recevoir dans ma chambre que mon père et ma mère. Ils ne m'ont pas fait dire de descendre ; tant mieux : ils m'ont épargné une nouvelle scène douloureuse pour moi, et humiliante pour M. d'Apremont. Il m'a écrit. Il y a dans sa lettre de l'esprit et de la passion, et cependant elle ne m'a pas touchée. Ah! c'est que rien de cet homme-là ne peut arriver à mon cœur.

Dieu ! bon Dieu, qu'ai-je lu ! Les premières lignes de ta lettre ont porté la désolation et la mort dans mon sein. Cruelle amie, comment ta main s'est-elle prêtée à tracer de semblables caractères? Tu veux me préparer au coup le plus affreux; tu me supposes le courage de l'attendre et de le supporter. Tu veux opposer mon amour-propre à mon amour. Tu crois que le juste orgueil d'une femme estimable peut s'armer contre son cœur, et le réduire au silence!... Oui, tu es mon amie, puisque tu as la force de me faire pressentir l'affreuse vérité. Mais, Claire, mon amour-propre, ma raison sont muets. Je descends dans mon cœur, et je n'y trouve que l'amour. L'ingrat! son oncle l'a conduit chez madame de Valny, et il y est retourné seul! Il y va tous les jours, et on ne le voit plus chez l'amie de son Adèle. Il est coupable, s'il craint de se présenter devant toi. Mademoiselle d'Apremont aura été enfin frappée de ses graces et de son mérite. Elle veut se l'attacher, et malgré ce que tu lui as dit de cette femme, il ne peut échapper à la séduction. Fille odieuse! une de tes victimes ne s'élèvera-t-elle pas enfin contre toi? Ne mettra-t-elle pas à découvert la noirceur de ton ame? N'aura-t-elle pas le courage de te marquer enfin du sceau de l'infamie, de te forcer à te cacher à tous les yeux? Dis à ce malheureux que je pleure, que je gémis, et que je l'adore. Dis-lui que je refuse une alliance illustre, des tas d'or, une profusion de bijoux, et que c'est à lui que je sacrifie tout cela. Dis-lui que je suis dans la captivité, et que c'est lui qui m'y retient. Oh! si mon père savait que ses pressentimens peuvent se réaliser demain, aujourd'hui, que peut-être ils le sont déja, avec quelle force il tonnerait contre cette passion insensée, qui, dit-il, ferme mon cœur à la nature, qui me fait manquer à mes premiers devoirs!

Mais non, Jules n'est pas coupable; il ne peut l'être. Ton amitié s'est trop légèrement alarmée. Elle a trop facilement cru aux apparences. Ne peut-il, sans m'oublier, sans me trahir, se livrer aux plaisirs de la société, et quelle femme les répand autour d'elle avec autant de variété que mademoiselle d'Apremont?... Cependant, il y a deux mois, dis-tu, que cela dure... Non, on ne voit pas, pendant deux mois, tous les jours, une femme qui n'attire que par les graces de sa conversation. L'esprit doit fatiguer à la longue, et l'attrait des plaisirs s'use enfin. Ils font naître le besoin de la retraite, et ils rendent plus doux le repos et le recueillement. L'amour seul fixe. Lui seul rend un objet toujours précieux, toujours nouveau.

Horrible anxiété! Qui éloignera les idées qui bouleversent ma tête, qui froissent, qui déchirent mon cœur? Ah! quand la chaîne du malheur se déroule sur nous, elle nous enlace, elle nous presse de toutes parts; le chaînon que nous n'avons pas vu encore succède à celui qui nous blesse. Cette chaîne cruelle s'étend à l'infini. Quelques être en saisissent enfin l'extrémité : il en est pour qui elle n'en a point.

Jeannette entre chez moi. Elle tient une lettre... elle est de Jules. Je tremble en portant la main sur le cachet. Je sens que de cette lettre dépend ou ma vie ou ma mort.

Pourquoi m'écrit-il directement, lui, qui avait solennellement promis à M. de Méran de ne le pas faire? Oh! ce n'est pas pour me parler de son amour qu'il manque à sa parole! Dès long-temps, ton intervention suffisait au soulagement de deux cœurs opprimés... Il ne m'aime plus, il ne m'aime plus. Il me l'écrit, parce qu'il n'a pas osé te le dire.

Depuis une heure, je tiens cette lettre dans mes mains; je la regarde, je pleure sur elle. Que de larmes j'ai déja versées! Comment en trouvé-je encore? Jeannette me soutient, me console; elle me presse de lire, de renaître à l'espoir, et je vois dans ses yeux qu'elle-même n'en a plus... Je frissonne. Je brise enfin le cachet...

Que la terre s'entr'ouvre sous moi... Que la foudre me réduise en poussière... Mon Dieu, ôtez-moi le sentiment de mes maux; terminez mon supplice. Il est horrible; il est au-delà des forces humaines... Jules est infidèle.

Je quitte la plume; je ne peux écrire un mot de plus... Je me meurs...

J'ai été quinze jours sur le bord du tombeau. Une fièvre ardente a failli, cent fois, à rompre les ressorts de ma frêle machine. Quinze jours d'un délire continuel ont affaissé mes organes, ont anéanti mon entendement. Cependant je suis hors de danger. Vigueur de la première jeunesse, pourquoi m'avez-vous rendue à la vie et à mes maux ?

Je ne te dirai rien de plus aujourd'hui. Demain, je tâcherai de reprendre la plume.

Je suis faible, bien faible, et cependant je reviens à toi, mon amie. J'ai tant de choses à te dire. Lorsque ma fièvre s'est calmée, et que mes yeux se sont rouverts, j'ai vu autour de moi mon père, ma mère et M. d'Apremont : tous trois fondaient en larmes. J'ai donné quelques signes de connaissance, et M. d'Apremont s'est retiré aussitôt. J'ai appelé maman d'une voix presque éteinte; elle a poussé un cri de joie. Mon père s'est élancé vers mon lit, il m'a pressée dans ses bras. Ce que la nature a de plus vrai et de plus touchant dans ses expressions; ce que les caresses ont de rassurant; ce que la plus extrême bonté peut prévoir et faire, ils m'ont tout accordé, tout prodigué. Ils n'ont pas nommé M. d'Apremont, et je leur en sais bien bon gré. Ah! que ne peuvent-ils arracher de mon cœur le trait empoisonné! Je le sens, il est là... il y sera toujours.

Au moment où ma maladie s'est déclarée, Jeannette a senti la nécessité d'éclairer ceux qui me donnaient des soins sur la cause et la nature du mal. En perdant l'usage de mes sens, j'avais laissé tomber à mes pieds la lettre de M. de Courcelles ; la bonne jeune femme, l'avait relevée, serrée, et au risque de se faire renvoyer, elle l'a remise à mon père. Cette lettre est trop favorable aux vues de mes parens pour qu'ils marquassent du ressentiment à celle qui l'a reçue, et qui me l'a remise. Ils ont paru croire que ce paquet est le premier qui arrive de Paris à l'adresse de Jeannette. Je présume qu'ils n'en ont pas parlé à M. d'Apremont; ils n'auront pas voulu perdre sa nièce dans son esprit. On a replacé cet écrit dans mon secrétaire. On croit que je la relirai cette lettre cruelle, qu'elle alimentera mon ressentiment. Hélas! elle est gravée dans ma mémoire; elle n'en sortira plus. Jamais mes yeux ne se reporteront sur ces caractères de désolation et d'effroi; mais tu connaîtras les hommes, tu sauras comment m'a traitée celui dont le cœur m'avait paru l'asile de toutes les vertus. J'ai chargé Jeannette de copier cet écrit qui dépose à jamais contre M. de Courcelles. Le voilà, je te l'adresse; lis, Claire, et dis-moi comment je ne suis pas morte.

« Mademoiselle,

« C'est un coupable, tourmenté, bourrelé par le remords, qui ose vous écrire, et vous dévoiler l'affreuse vérité. Je n'implore pas votre indulgence : j'ai élevé, entre vous et moi, une barrière qu'il n'est plus en votre pouvoir de franchir. Je veux seulement que vous sachiez combien j'étais étranger au crime; combien j'étais loin de prévoir celui que j'ai commis, à quel degré d'oubli de soi-même l'homme sans défiance peut être entraîné.

« J'ai trahi mes sermens et mon cœur, ce cœur qui vous a oubliée un moment, et qui est encore plein de vous. J'ai trahi la beauté, la candeur, tous les sentimens, toutes les qualités qui font une femme accomplie; il ne me reste plus qu'à briser votre cœur, et la fatalité, qui m'a poursuivi sans relâche, m'en impose la loi cruelle. Il faut que je parle ou que je sois à vos yeux le plus vil de tous les êtres. Je peux tout supporter hors votre mépris, et le mérite-t-il réellement celui qui est tombé dans un abîme, qu'il n'a pas eu le temps de voir, qu'il n'a pu éviter?

« Madame de Villers vous a probablement appris qu'en arrivant dans cette ville j'ai été, en quelque sorte, forcé de voir mademoiselle d'Apremont. Sans cesse entourée d'une cour brillante, elle s'occupait peu de moi, peut-être parce que je ne lui marquais que des égards, dont un homme, bien né, ne se dispense jamais envers une femme. Elle a accompagné M. d'Apremont aux eaux de Bagnères; une partie de ceux qui cherchaient à lui plaire, l'y ont suivie. Je m'en suis applaudi. Je connaissais les vues de mon oncle; j'espérais qu'elle ferait un choix, et j'étais certain de n'en pas être l'objet.

« Elle est revenue inopinément à Paris ; avec

madame de Valny. Quelques mois auparavant elle n'avait pas produit sur moi la plus légère impression. J'avais entendu parler d'elle d'une manière peu avantageuse ; vos lettres à madame de Villers, en me donnant des détails circonstanciés sur ce qui s'est passé à Velzac, m'ont dévoilé les causes secrètes de ce retour précipité. L'amour constant que je nourris au fond de mon cœur ; l'espoir de surmonter un jour les obstacles, qui se sont élevés entre vous et moi, tout concourait à me persuader que mademoiselle d'Apremont ne pouvait être dangereuse pour moi. Voilà ma faute, la seule que j'aie à me reprocher. C'est ma présomption qui m'a perdu. Le reste a été le résultat cruel des circonstances et non de ma volonté.

« Le caractère de madame de Valny, son amabilité, son opulence, font de sa maison le rendez-vous de la meilleure compagnie. Mon oncle m'a proposé de me présenter chez elle. Je sentais que cette dame n'était que le prétexte ; que le but de M. d'Estouville était de me rapprocher de mademoiselle d'Apremont. D'après mon opinion bien prononcée, et ma folle confiance dans mes forces, je n'ai pas résisté ; je me suis laissé conduire.

« Madame de Valny, légèrement incommodée ce jour-là, n'avait pas voulu recevoir. Mon oncle est son ami depuis de longues années : nous avons été admis.

« La conversation a d'abord été générale. Bientôt M. d'Estouville s'est attaché à madame de Valny.

J'étais auprès de mademoiselle d'Apremont : pouvais-je ne pas lui dire quelque chose? Elle a relevé mon premier mot; l'entretien s'est animé, elle l'a soutenu avec les graces et l'imagination brillante que vous lui connaissez. Elle ne parlait qu'à mon esprit; mais vous savez combien le sien est attirant : je me laissais aller au charme de l'entendre.

« Un malheureux livre m'a fait retourner là le lendemain. Je connais l'auteur, j'en parlais avec éloge; elle a voulu lire l'ouvrage; je le lui ai porté. Pourquoi suis-je rentré dans cette maison?

« Madame de Valny était dans son appartement. Mademoiselle d'Apremont m'a reçu; elle était seule. Nous n'avions rien de particulier à nous dire; j'ai ouvert ce livre. Il traite de l'amour, il en parle avec une chaleur et une vérité... Il le peint tel que vous me l'avez inspiré... ah! tel que je le sens encore. Je lisais, elle paraissait attendrie; j'ai vu une larme mouiller sa paupière. Je me suis dit : elle a de la sensibilité; elle en a trop, on le croit, mais que m'importe?

« Un passage, plein de force et du plus touchant intérêt, a fait tomber le livre de mes mains, et je jure, par l'honneur, par ce qu'il y a de plus sacré, qu'en ce moment j'étais tout à Adèle. Mademoiselle d'Apremont m'a regardé... comme vous m'avez regardé quelquefois. Le bout de ses doigts effleurait mes genoux. Le livre était tombé entre nous deux... elle s'est baissée, elle l'a relevé. En se baissant elle m'a laissé entrevoir... c'était là le piége. Je devais le sentir, l'éviter... je suis resté.

« Elle a parlé; elle s'est étendue sur ce qu'elle appelle ses étourderies; elle a exprimé des regrets sur de beaux jours perdus dans l'indifférence, et les plaisirs bruyans. Elle a dit sentir maintenant combien il doit être doux d'aimer exclusivement un être qui lui rendrait tout le bonheur qu'elle s'efforcerait de répandre sur sa vie. Son accent, son maintien, ses mouvemens, tout était grace et volupté. Il était temps que ma mémoire me servît. Je me suis rappelé ce que vous avez écrit à madame de Villers. Adèle ne peut tromper, ai-je pensé. Votre nom, votre candeur, votre amour, le mien, m'ont rendu à moi-même. J'ai voulu vaincre, et je me suis levé.

« Déja? m'a-t-elle dit avec un ton si doux! — « Mon oncle est seul, mademoiselle; permettez « que je lui donne le reste de la soirée. — Je vais « demain à la noce de mademoiselle de Bourg-« neuf: refuserez-vous de me donner la main? » J'ai répondu par une profonde inclination; ce n'était pas m'engager : j'étais maître encore du parti que je voudrais prendre. Je suis sorti, déterminé à ne plus reparaître chez madame de Valny.

« Cependant j'ai des sens; ils sont neufs, irritables, impérieux. Je les ai toujours maîtrisés près de vous, parce que je vous adore. Mademoiselle d'Apremont ne m'inspirait ni estime, ni respect. Je ne voyais en elle qu'une femme coquette, mais charmante. Je la croyais parvenue au point où

21.

on ne pouvait plus la perdre. Ma cruelle imagination me la représentait sans cesse, baissée, relevant ce livre. La délicatesse ne s'armait pas contre mes désirs... Que vous dirai-je?... Le lendemain, à la nuit tombante, j'étais chez madame de Valny.

« Mademoiselle d'Apremont m'attendait. Elle était parée de tout ce que l'art peut ajouter à la belle nature. Nous sommes montés en carrosse.

« Je lui donnais la main. Elle est entrée au salon, avec la démarche d'une femme sûre de fixer tous les yeux, et tous les cœurs. De ce moment, les hommes n'ont vu qu'elle, et elle paraissait ne voir que moi.

« Personne ne danse comme elle. Je ne me lassais pas de la regarder. Bientôt j'ai envié aux autres l'avantage de la faire briller. Je ne danse pas bien, et je n'ai pu résister au désir de paraître à côté d'elle. Étrange, détestable faiblesse, qui a préparé mes malheurs... et les vôtres, si vous pouvez conserver pour moi un reste de tendresse.

« On a joué une valse, danse perfide, que toute femme honnête doit s'interdire. Hé! pourquoi l'ai-je dansée? Je tenais une de ses mains; l'autre reposait sur mon épaule. Vingt fois son sein a effleuré ma poitrine; vingt fois j'ai senti son cœur battre contre le mien. Je n'étais plus à moi : il aurait fallu être un ange, pour résister à l'ivresse qu'elle sait inspirer. La valse a fini. Je lisais dans ses yeux le désir qui me dévorait. Le même délire nous a égarés l'un et l'autre. Au milieu de l'espèce de désordre, qui règne toujours dans une assemblée nombreuse, lorsqu'on cesse de danser, et que les gens, impatiens d'attendre, s'empressent de prendre leurs places, sans nous être dit un mot, sans aucun projet, peut-être sans y avoir pensé, nous nous sommes trouvés à l'extrémité de l'appartement, dans un cabinet... L'occasion, l'isolement absolu, la sécurité qu'il fait naître....

....

« Je l'avais mal jugée. Elle avait toujours été sage; elle venait de cesser de l'être pour moi. Revenu à moi-même, j'ai senti l'énormité de la faute que je venais de commettre envers vous, et j'ai eu la cruauté de la lui reprocher. Ses larmes ont coulé, et sa douleur n'était pas feinte. J'ai résisté à ce que ce spectacle avait de touchant. Je me suis arraché de ses bras; j'ai fui par un escalier qui s'est trouvé devant moi; je suis sorti de l'hôtel; j'ai couru me renfermer dans mon appartement.

« Je croyais y échapper à moi-même. C'est là que le voile de l'illusion est tombé; c'est là qu'Adèle, ses charmes, ses qualités, sa constance et mes sermens m'attendaient; c'est là que le remords s'est fait entendre, qu'il a déchiré mon cœur. J'ai passé une nuit cruelle, et le matin, accablé, anéanti, j'ai senti le besoin de rafraîchir mon sang; j'ai erré par les rues, et je suis entré, je ne sais par où, dans les Champs-Élysées. La scène de la nuit s'est présentée à mon souvenir, et m'a torturé d'une autre manière. Elle était sage, elle était sage, répétais-je sans cesse, et je l'ai traitée avec une brutalité sans exemple; ne lui dois-je pas une réparation? Je me suis jeté dans un fiacre; je me suis fait conduire chez madame de Valny.

« Cette dame est d'une faible santé. Une nuit de veille l'avait affaiblie; elle n'était pas visible; c'est ce que je désirais. Je voulais voir mademoiselle d'Apremont, m'expliquer avec elle, lui parler de l'amour qui m'attache à vous, de l'impossibilité d'être jamais à une autre. Elle a paru. « Je « vous attendais, m'a-t-elle dit, du ton le plus « doux. Si vous n'étiez venu, j'étais la plus mal« heureuse des femmes, et vous le plus ingrat et « le plus coupable des hommes. Je vous pardonne « la manière cruelle dont vous m'avez traitée hier, « parce que vous aimez ailleurs. Je sais que cet « amour a produit la résistance que vous avez op« posée jusqu'ici à votre oncle et au mien. Je n'en « connais pas l'objet; M. d'Estouville a été, à cet « égard, d'une discrétion que rien n'a pu vaincre. « D'ailleurs, le nom de la jeune personne est in« différent pour mon oncle et pour moi. Mais « puisque votre amour n'est pas éteint, pourquoi « avez-vous abusé de celui que j'ai pour vous, et « que je n'ai pu vous cacher? Pourquoi avez-vous « provoqué ma première faiblesse, pour me la re« procher ensuite avec des expressions outra« geantes? Jugez-vous, et répondez-moi. »

« Que pouvais-je lui dire? vous nommer eût

été vous compromettre, sans aucun but avantageux pour vous, ni pour moi. Je me suis borné à des excuses que je lui devais sous tous les rapports. Elle m'interrompait souvent, pour m'adresser de ces choses flatteuses et tendres, auxquelles il est impossible à un homme de résister. Son ressentiment était éteint; il n'y avait plus de place dans son cœur que pour l'amour. Elle s'y livrait avec cet abandon qui doit être naturel à une femme qui a été faible une fois, et qui aime... Nous étions sur une ottomane....................
....

« Une première faute produit les regrets; la seconde les éteint. Je vous ai oubliée, Adèle, je l'avoue dans l'amertume de mon ame. Oui, je vous ai oubliée; j'ai cessé de voir madame de Villers, qui eût pu me rendre à vous. J'étais infidèle; j'ai voulu continuer de l'être; j'ai été tous les jours chez madame de Valny.

« Jour terrible, jour de désolation, de désespoir, où elle m'a appris les suites qu'ont eues nos fréquentes entrevues, et qu'il m'était si facile de prévoir! Les agrémens de mademoiselle d'Apremont, la facilité du triomphe, ma jeunesse, la fatalité m'ont perdu, perdu sans retour.

« Avez-vous de l'ambition, m'a-t-elle dit? vous
« pouvez former une alliance illustre. Tenez-vous
« à la richesse? je vous offre cent mille livres de
« rente, et j'en attends beaucoup plus de mon
« oncle. Voulez-vous être aimé? je ne peux vous

« exprimer combien vous m'êtes cher. Mon ami,
« vous ne déshonorerez pas la petite nièce des
« comtes d'Armagnac, de ces malheureux qui,
« long-temps persécutés, ont balancé avec éclat
« la fortune de leurs souverains ; vous n'abandon-
« nerez pas la mère de votre enfant ; vous n'aban-
« donnerez pas l'être infortuné qui n'a pas de-
« mandé à naître, et à qui vous devez un état. »

« Ma tête était tombée sur ma poitrine. J'écoutais ; je ne répondais pas. Je voyais le mur impénétrable qui s'élevait entre Adèle et moi. Je la
voyais irritée, maudissant le moment où elle a
connu l'amour, où elle a répondu au mien. Je des-
cendais dans mon cœur ; je n'y trouvais qu'Adèle.
Mais aussi ce cœur, plein de vous, répétait ces
mots accablans : *Vous n'abandonnerez pas cet être
infortuné qui n'a pas demandé à naître, et à qui
vous devez un état.*

« Effrayé de ma position, tremblant de vous
perdre, entraîné par l'honneur et la nature, j'ai
passé trois jours dans les combats et l'irrésolution. J'ai commis le crime, me suis-je dit enfin ;
je dois en supporter la peine. Non, je n'aban-
donnerai pas mon enfant.

« J'ai vaincu l'amour et moi-même ; j'ai demandé à mon oncle la main de mademoiselle
d'Apremont. Il m'a embrassé en versant des larmes
de tendresse. Hélas ! il ne sait pas que je sacrifie
plus que ma vie : je lui ai caché le fatal secret ;
j'ai respecté celle à qui je vais m'unir.

« Il a craint sans doute que je retirasse la parole que je lui avais donnée : il a pressé les dispositions, avec une activité, qui ne m'a pas laissé le temps de me reconnaître. Le consentement de M. d'Apremont est arrivé ce matin... quand vous lirez cette lettre, je serai marié.

« Marié ! et ce n'est pas à vous ! Malheureux que je suis ! je souffre, je pleure, et je ne meurs pas ! Plaignez-moi, Adèle, si vous pouvez prendre encore quelque intérêt à mon sort.

« Je vous devais ces détails. Épouser mademoiselle d'Apremont, sans vous dévoiler mes motifs, c'était me rendre vil à vos yeux. Je n'aurais été pour vous qu'un insensé, ou qu'un monstre d'ingratitude, et, je vous le répète, mademoiselle, il m'est impossible de renoncer à votre estime.

« Permettez-moi de vous demander une grace ; c'est probablement la dernière que vous m'accorderez : je vous ai confié la réputation de madame de Courcelles ; n'abusez pas de ce dépôt, je vous en supplie. Ne la réduisez pas à rougir devant madame de Villers. »

CHAPITRE XVII.

On a pu le prévoir.

Jamais, t'ai-je dit, Claire, mes yeux ne se reporteront sur ces caractères de désolation et d'effroi. Une force irrésistible m'entraîne à mon secrétaire; je reprends la lettre fatale; j'en pèse les circonstances, les moindres expressions. Elle allume ma colère; elle excite ma pitié; je suis maintenant le jouet de toutes les passions.

Le malheureux! il a voulu que je crusse qu'il était étranger au crime; qu'il était loin de le prévoir. Ah! il a tout senti, tout jugé d'avance. Il a voulu succomber; il a péri; il m'a entraînée dans l'abîme.

Homme de mauvaise foi, n'avais-tu pas lu ce que j'écrivais de cette fille à madame de Villers? Ne devais-tu pas craindre ces agrémens, ces qualités brillantes, auxquelles tu savais qu'on ne résiste pas? Tu t'es rendu au premier mot de ton oncle; tu t'es laissé conduire chez madame de Valny; tu t'es empressé d'y retourner.

Tu attribues ta perte à un malheureux livre! Excuse frivole, misérable, inadmissible. Une femme se baisse devant toi, et le souvenir de quelques charmes, aperçus à la dérobée, te poursuit jusque dans ton sommeil! Déja l'infidélité était commise; elle était au fond de ton cœur.

Tu as des sens, dis-tu? Eh! n'en ai-je pas aussi, et ont-ils jamais parlé pour un autre que toi? La force, que ton sexe s'attribue, ne doit-elle pas lui rendre la victoire plus facile? N'avez-vous pas, au moins, les mêmes moyens que nous de résister? Dis qu'il te fallait des plaisirs. Ingrat, tu as pu les goûter, lorsque tu me savais malheureuse, souffrante, pleine de ton image et d'amour?

Tu passes les jours entiers auprès de l'enchanteresse. Elle te marque des regrets de sa conduite passée; elle exprime le désir de te fixer. Aussitôt ton amour-propre jouit; ton imagination s'allume. Tout en elle, t'écries-tu, *tout est grace et volupté.* Méchant, aurais-tu rien vu de tout cela, si tu n'avais cessé de m'aimer? Il y avait des jeunes gens au château d'Apremont. J'aurais pu en remarquer quelqu'un, aussi intéressant que toi peut-être, et meilleur sans doute. Je ne leur ai pas accordé un regard; j'aurais cru te faire un larcin. Mes désirs, mes vœux, mon cœur, mes pensées, tout était à toi, exclusivement à toi, et tu me trahissais!

Tu conduis cette femme à une noce! Tu oses valser avec elle, et me peindre les sensations que tu as éprouvées! Ignorais-tu que la valse est fille de la licence? Et que devais-tu penser d'une femme qui faisait battre *son cœur contre le tien; dont le sein effleurait ta poitrine; dont la main caressante errait sur toute ta personne? Il aurait fallu être un ange pour lui résister!* Eh! qui t'obligeait à soutenir un combat inégal? Perfide, il fallait fuir. Il en était temps encore.

Elle était vierge, dis-tu? Est-il possible d'avoir tous les vices? Le libertinage est le seul qui lui manquait. L'insensibilité, la dissimulation, l'astuce, la perfidie, la cruauté, ne suffisent-elles pas pour déshonorer une femme?

Tu gémis maintenant, tu te désespères, tu ne

meurs pas. Eh pourquoi le coupable mourrait-il? Vis, pour souffrir et me regretter. Ai-je pu mourir, moi, qui suis innocente, et qui pouvais espérer de voir finir mes douleurs?

Tu me parles de ton amour! Eh? que m'importe maintenant que tu m'aimes ou non? Éteins cet amour, si vraiment il t'en reste quelque chose : il te rendrait plus malheureux, sans adoucir mon sort, et j'ai encore la bonté de te plaindre.

Tu veux que je me taise avec madame de Villers! Hé, pourquoi mon amie ignorerait-elle quelque chose? Où chercherai-je des consolations, si ce n'est dans son cœur? *La réputation de ta femme,* perfide, en a-t-elle une à perdre?

Claire, cette fille a senti la nécessité de former un établissement qui, sans la rétablir dans l'estime de tout le monde, la rendît en quelque sorte indépendante de l'opinion. Elle a tout calculé, tout préparé; elle avait marqué le moment de la défaite de M. de Courcelles. Elle ne l'aime pas, elle le trompe; elle l'a trompé jusque dans ses bras. Elle sera son fléau.

Oh! s'il était vrai que la figure enchanteresse de M. de Courcelles; que son doux sourire; sa voix pénétrante pussent agiter pour la première fois le cœur de cette femme! Si elle se pénétrait de cette vérité, qu'épouser un homme, c'est se charger du soin de son bonheur, je lui pardonnerais ses intrigues, sa bassesse. Mais lui!... Claire, lui!... Non, je ne peux lui pardonner.

Oh, mon amie, quel cœur il a déchiré ! tu y as toujours lu comme moi-même ; tu en connais les replis les plus cachés : il est inutile que je m'étende sur ce sujet.

Mon père a senti, hier, une légère indisposition, qui semble prendre aujourd'hui un caractère plus sérieux. Jérôme est allé à Tarbes chercher un médecin.

Je me suis établie dans la chambre de M. de Méran. Je suis bien faible encore ; mais je m'empresse de lui rendre tout l'intérêt, tous les soins qu'il m'a prodigués.

MM. d'Apremont et des Audrets sont venus le voir aujourd'hui. Je me suis félicitée de ce qu'ils étaient deux : il est des choses dont on n'aime pas à parler devant un tiers. Aussi M. d'Apremont ne m'a rien adressé de particulier. J'ai plusieurs fois surpris dans les yeux de des Audrets... Hé, que m'importe comment un homme me regarde ? Je le méprise, il ne peut être dangereux pour moi : maman me l'a dit.

Le médecin est arrivé ; il a trouvé de la fièvre au malade ; il présume que cela n'aura pas de suite. Il a cependant prescrit quelques remèdes. Il doit revenir demain.

Mon père a exigé que je me retirasse à dix heures du soir. Je ne me sens pas en état de résister à des fatigues soutenues, et j'ai cédé. Pourquoi me suis-je rendue ? A quoi, désormais, peut me servir la vie ?

Claire, ma bonne amie, la nuit a été mauvaise, très-mauvaise; la fièvre a considérablement augmenté. Jeannette m'a dit en confidence qu'il y a eu du délire. Ce matin, maman a voulu m'interdire l'entrée de la chambre de mon père. J'ai résisté à ses prières, à ses ordres; j'ai repris la place que m'ont marquée la nature et le devoir.

M. d'Apremont est revenu; il était seul. Il a parlé avec éloge de ma persévérance, de mon active sollicitude. Quelles femmes a-t-il donc vues, si le respect et l'amour filial lui paraissent des qualités?

J'entends une voiture... C'est le médecin... Je cours au-devant de lui. Je lui rends ce que m'a dit Jeannette, ce qu'elle a cru devoir cacher à maman. Je l'observais en lui parlant; j'ai surpris un mouvement de tête, qui n'annonce rien de bon.

Il est monté; il a examiné le malade; il a écrit. Il nous a ensuite priées, maman et moi, de passer avec lui dans une chambre voisine. Là, il nous a déclaré que la maladie est inquiétante, et qu'il est prudent de nous éloigner. M'éloigner de mon père malade! Qui donc prendra soin de lui? Des étrangers? Je ne le souffrirai pas. Pourquoi exposerait-on Jeannette plutôt que moi? Qui l'oblige au sacrifice de sa vie? Elle y tient par l'amour et le bonheur : la mienne ne peut être qu'une longue suite de peines. Puissé-je la perdre, en remplissant le plus sacré des devoirs!

La discussion a été longue et vive. Je ne sais si mon père a entendu quelque chose ; mais quand j'ai repris ma place près de lui, il a avancé la main ; il a rencontré la mienne ; il l'a portée sur ses lèvres ; il l'y a long-temps pressée, et son œil me disait affection et reconnaissance. Je me suis penchée sur son lit ; je l'ai tendrement embrassé. Maman m'a tirée avec force ; je me suis éloignée de quelques pas. Les yeux attendris de mon père me suivaient ; ils semblaient me rappeler. Je me suis approchée ; maman avait pris ma place. Je suis restée debout à côté du lit. On a senti que j'étais irrévocablement décidée. On m'a approché un fauteuil.

Le mal a sensiblement augmenté pendant la journée. On a renvoyé à Tarbes. Le médecin est ici. Il ne s'éloignera que lorsqu'il n'y aura plus rien à craindre.

Il est minuit. J'ai consenti à me retirer, et je t'écris à la hâte. Je suis accablée ; j'ai besoin de repos.

La nuit a été cruelle. Il n'a pas eu un moment de calme, et il a constamment déliré. Il ne m'a reconnue que vers huit heures. O mon Dieu ! mon Dieu ! Je croyais avoir tout perdu : je sens à présent ce que vaut un père. Mon dieu, conservez-le moi.

Une berline à six chevaux entre dans la cour... C'est la livrée de M. d'Apremont. Il descend de la voiture ; il a avec lui un homme que je ne connais pas... Oh! mon amie, il a su qu'un célèbre médecin de Paris était à Baréges. Il n'a voulu s'en rapporter qu'à lui; il a couru toute la nuit; il a crevé deux chevaux; il ramène l'espérance dans nos cœurs. Je n'ai pu résister à un pareil trait : je me suis jetée dans ses bras.

Je me suis reculée, confuse de ce que je venais de faire. J'ai senti l'avantage que j'avais donné sur moi; j'ai pâli, j'ai rougi... « Ne vous alarmez pas, « mademoiselle, m'a-t-il dit, du ton le plus mo- « deste. Je n'ai pas reçu comme une faveur ce « qui ne pouvait être qu'un hommage de la piété « filiale. »

Le médecin de Paris a blâmé le traitement qu'on a fait suivre à mon père. Il a prouvé à son confrère de Tarbes qu'il s'est complétement trompé. Vingt-quatre heures plus tard, a-t-il dit à maman, il n'y avait plus de ressources. C'est donc à M. d'Apremont que je devrai la vie de mon père. A M. d'Apremont !

Pourquoi prononcé-je son nom avec amertume? Quel tort a-t-il envers moi, que celui de m'aimer, et de prétendre à ma main?

Le médecin de Tarbes s'est retiré confus, et un peu mécontent, je crois, quoique maman l'ait noblement récompensé. Celui de Paris voulait indiquer par écrit ce qu'il faudra faire, selon les accidens qui peuvent arriver, et il se proposait de retourner à Baréges, où il a des affaires importantes. M. d'Apremont l'a tiré dans l'embrasure d'une croisée; il l'a prié, pressé de rester. « Dix « mille francs, si vous le sauvez, a-t-il dit à demi-« voix. » Le médecin s'est rendu. Que n'obtient-on pas avec de l'or?

M. d'Apremont a-t-il cru que je ne l'entendais pas, ou veut-il me forcer à la reconnaissance? Ah! n'examinons ni le motif du bienfait, ni la main d'où il part. Qui fait le bien est toujours respectable; il l'est surtout pour ceux qu'il a servis.

Jeannette est venue me prier de trouver bon qu'elle me relevât pour une heure. Je suis montée à ma chambre. Ma cruelle imagination m'a rappelé la lettre fatale. Je l'ai reprise; je l'ai mise à côté de son portrait. Quel contraste, bon Dieu! Est-ce bien lui qui a tracé ces caractères déchirans? La candeur, la bonne foi et l'amour respirent dans ce portrait; ses yeux sont tournés vers les miens, et des traits de feu s'en échappent; sa bouche me sourit... Peinture mensongère, qui le représente tel qu'il fut pour moi!... Ce sourire, cette expression de physionomie, tous les sentimens qu'il m'avait voués, s'adressent maintenant à une autre. Au moment où j'écris, l'artificieuse le presse peut-être dans ses bras. Peut-être, en recevant ses caresses, insulte-t-il à ma douleur. Cette idée est mortelle; je veux lui échapper... Elle me poursuit sans relâche; elle me fait souffrir horriblement. L'affreuse jalousie s'est emparée de mon cœur. Je suis en proie à tous les tourmens de l'enfer.

XIX.

Je me réfugie auprès de mon père; j'oppose la piété filiale à l'amour. Qui l'emportera, bon Dieu?...

....

Depuis vingt-quatre heures, il ne m'a pas été possible de prendre la plume. Les événemens se sont succédés avec une rapidité... Tout est fini pour moi. L'horrible sacrifice est consommé.

Le médecin avait enfin décidé que les ressources de l'art étaient épuisées; qu'il n'y avait plus d'espérance que dans la nature, et qu'une crise heureuse pouvait seule sauver le malade. Maman et moi avions fondu en larmes, en écoutant cet arrêt. « Une crise heureuse! s'est-elle écriée. Une
« crise heureuse! Adèle! N'entends-tu pas? Ne
« sens-tu pas que toi seule peux la déterminer?
« — Moi, maman! Ordonnez, ordonnez. — M. d'A-
« premont a des droits à notre éternelle reconnais-
« sance; ton mariage avec lui comblerait tous les
« vœux de ton père. Si cette union ne le rend
« pas à la vie, elle rendra du moins ses derniers
« momens moins cruels. Jules t'a donné l'exemple
« du courage; il s'est sacrifié à son enfant; es-tu
« incapable de te dévouer pour ton père? Adèle,
« le laisseras-tu mourir? » Je ne réponds plus; je n'écoute plus rien. Je rentre dans la chambre de mon père. Mes bras sont étendus vers lui; mon sein palpite; ma tête est exaltée; un saint enthousiasme s'est emparé de moi; l'amour est oublié. « Vivez, mon père, vivez pour former des
« nœuds qui vous paraissent si désirables : je me
« donne à M. d'Apremont. »

Une révolution subite s'opère dans tous les traits du malade; ses yeux peignent la satisfaction dont son cœur est pénétré. Il me devra encore des jours heureux, dit-il; je suis son sauveur, son ange tutélaire. La crise désirée commence. Puisse-t-elle se terminer heureusement!

Oh! mon amie, on savait trop que je ne résisterais pas aux puissans motifs qu'on opposerait à mon cœur. Toutes les dispositions étaient faites, Claire. Maman tire une sonnette: M. d'Apremont, le maire de Velzac, le curé, un notaire, des témoins paraissent à l'instant. Tous les yeux sont fixés sur moi; un morne silence règne dans l'assemblée. Un froid mortel me glace; ma langue se refuse à répéter le consentement que je viens de donner; je le balbutie. On me fait signer au contrat, sur les registres de la municipalité; je prononce le *oui* fatal. Je le prononce, à genoux, à côté du lit de mon père... Partout ailleurs je me serais rétractée.

C'en est fait, c'en est fait. Je ne peux t'en dire davantage... Je t'écrirai demain.

Le noble orgueil de sauver mon père; la satisfaction que j'éprouvais en le voyant revenir à la vie; ses tendres caresses, celles de maman, tout avait concouru à soutenir mon courage. La cérémonie était à peine terminée, que je suis revenue sur moi-même, et ce moment a été affreux. J'ai regardé M. d'Apremont; j'ai frémi, en pensant aux droits que je venais de lui donner. Hélas!

Claire, ce *mot*, si doux à prononcer, quand on s'unit à ce qu'on aime, est inséparable pour moi de l'idée d'un éternel et insupportable esclavage. Je ne sais si M. d'Apremont a l'art de lire dans les cœurs; mais il s'est approché de moi avec bonté; il m'a protesté qu'il ne veut rien tenir du devoir; que son intention est de me mériter avant de m'obtenir; il m'a conjurée de modérer mes alarmes; de ne pas me faire, de notre union, une image déchirante pour moi et injurieuse pour lui. Sa douceur, sa modération m'ont tiré des larmes, et ne me l'ont pas fait paraître plus aimable : Claire, on ne peut aimer qu'une fois. Un profond soupir s'est échappé de mon sein. Tu sais à qui il était adressé. Puisse-t-il être le dernier que je donne à de bien cruels, à de bien chers souvenirs.

Les portes se sont ouvertes tout à coup. Des femmes, chargées de présens, se sont présentées. Ce que l'art a produit de plus riche et de plus élégant, en étoffes, a été déployé devant moi. Des écrins, garnis de pierres précieuses, variées presque à l'infini, m'ont été présentés. Maman m'essayait ces parures les unes après les autres; elle me conduisait devant une glace; elle me faisait remarquer l'effet de chaque diamant. Je ressemblais à ces victimes, qu'on pare avant que de les égorger. Un sourire de dédain m'est échappé. M. d'Apremont m'a devinée; il s'est approché de moi. « Je sais, m'a-t-il dit, que rien ne peut « vous embellir. Mais consentez à faire valoir ces

« objets, dont ma tendresse se plaît à vous offrir
« l'hommage. » Un coup d'œil de reconnaissance a
été ma réponse; il m'a baisée au front, et s'est
allé asseoir à l'extrémité de la chambre.

Mon père me regarde avec une complaisance,
un orgueil!.. Dans toute autre circonstance j'aurais ri de moi-même. Figure-toi une poupée, surchargée d'ornemens, par un enfant sans goût et
sans adresse, et tu auras une idée de ce qu'était
ton amie. Des boucles d'oreilles superbes, et un
bonnet de nuit; un riche collier sur une guimpe
de percale; une ceinture en brillans sur une robe
d'indienne; des aunes du plus beau point d'Angleterre chiffonnées autour de mes bras, attachées précipitamment en plusieurs rangs sur le
bas de ma robe. Je me faisais pitié, et je gardais
ce ridicule accoutrement, pour ne pas déplaire à
M. d'Apremont. Je lui dois des égards et de l'obéissance : c'est tout ce que je peux lui accorder.

Encore un écrin! Quand cela finira-t-il? On tire
de celui-ci des bracelets enrichis de gros brillans.
Sur l'un, est le chiffre de M. d'Apremont et le
mien; sur l'autre est son portrait! Je peux, je
dois porter celui d'un homme que je n'aime pas,
et cette image vivante d'un objet qui me fut
long-temps cher, que je n'ose plus nommer, reléguée au fond d'un secrétaire... Je te la renverrai,
mon amie; ce sera le premier sacrifice que je ferai
au devoir. Oh, combien j'en aurai à lui faire! Le
plus cruel de tous est celui que M. d'Apremont

désire peut-être avec ardeur, qu'il a le droit d'exiger... Quoi, un *mot* me met à la disposition de cet homme, et des sermens d'amour, mille fois répétés, n'ont rien fait pour mon bonheur?.. Ne pensons plus à cela.

Il prend mes mains; il couvre mes doigts de bagues; il les en couvre jusqu'à la première phalange; il croit les baiser; il ne baise que des cailloux. Avec quelles délices je les ai abandonnées, ces mains, à cet autre qui eût regretté d'y trouver quelque chose qui ne fût pas elles! Claire, je reviens toujours à ce malheureux. Ce moment est celui des comparaisons. J'en fais de bien affligeantes, et ce sujet est inépuisable : apprends-moi donc comment on oublie.

On sert un joli dîner près du lit de mon père. M. d'Apremont me demande la permission de se placer auprès de moi. Il sait bien que je n'ai rien à lui permettre, rien à lui interdire. Le médecin offre un blanc de poulet à mon père. Il prétend que la santé revient vite, quand le cœur est satisfait. Je vois, de moment en moment, cette maxime se confirmer. M. de Méran est bien faible; il le sera long-temps; mais les symptômes effrayans disparaissent; sa conversation est suivie; elle est attachante. Je ne peux me dissimuler que je dois sa vie à M. d'Apremont. Je fais un effort sur moi-même; je lui rends le baiser qu'il m'a donné sur le front. Ce baiser paraît le combler de joie, et il froisse mon cœur.

Maman annonce un poète aimable. Qui ne croirait, en voyant mes atours, que je suis heureuse, parfaitement heureuse? Le vulgaire admire un palais éclatant d'or; il ne sait pas que les soucis l'habitent, et que le bonheur peut se rencontrer sous le chaume. Je l'y aurais trouvé, ou je l'y aurais fait naître : mon père ne l'a pas voulu... Il vit; je m'attache à cette idée; elle seule peut me soutenir.

Mais quel est ce poète? C'est l'homme qui foule aux pieds tous les principes, et pour qui l'amitié n'est qu'un vain nom. Il a célébré dans ses vers l'hymen et ses douceurs. Il ose me féliciter, et il sait que je suis la plus malheureuse des créatures! Perfidie de la part de M. de Courcelles; égoïsme de celle de M. d'Apremont; adulation et mensonge dans la bouche de des Audrets, voilà ce que j'ai vu, ce que je vois; voilà les hommes que j'ai connus, et ceux avec qui je suis condamnée à vivre !

Ah! ce n'est pas ainsi que je peindrais l'hymen. Je placerais une colombe sur un autel; un vautour lui arracherait le cœur; le sang de la victime éteindrait le flambeau... Éloignons ces idées funestes.

La nuit approche, et ses ténèbres me glacent d'effroi. Claire, tu as fait un sacrifice; il ne t'a rien coûté; tu l'offrais à l'amour. Et moi, moi !..

On me permet de quitter enfin les ornemens dont je suis chargée. Je les avais pris à regret, et je souffre de m'en voir dépouillée. Il me semble que chaque objet qu'on m'ôte, est une barrière de moins aux désirs de l'homme qui peut tout, qui voudra tout; devant qui je serai forcée de dévorer mes larmes; qu'il me faudra feindre d'aimer. Feindre l'amour; tromper un homme, auquel on s'est donné pour des titres, pour de l'or, c'est une véritable prostitution.

M. d'Apremont annonce qu'il va retourner au château. Maman me fait un signe; je me lève. « Restez, me dit-il avec la plus grande bonté; res- « tez, mon amie, auprès de votre père. Demain, « il sera en état d'être transporté. Vous l'établirez « chez moi, et vous y prendrez la place qui vous ap- « partient. » Un malheureux, battu de la tempête, qui voit la mort sous ses pieds, et à qui on donne un frêle esquif, renaît à l'espoir pour quelques instans encore. Ainsi ton amie s'est trouvée heureuse, dans son désastre, de gagner une nuit, une journée.

Je ne suis plus nécessaire à M. de Méran. Je rentre dans ma chambre, dans cette chambre, où il m'était permis de penser, d'écrire, et que je quitte demain pour jamais. J'habiterai un château, où je n'aurai plus rien à moi, pas même les jouissances de l'amitié. Je ne pourrai t'écrire qu'à la dérobée; je n'oserai plus te parler de lui... Hé! pourquoi t'en parlerai-je? Il ne mérite pas un soupir, pas un regret.

Je ne peux le haïr; mais je profiterai du moment

où j'écoute mon cœur, et mon orgueil blessés. Je fermerai ce paquet; j'y mettrai son portrait et ses lettres : je ne veux plus rien avoir de ce qui fut à lui.

... Son portrait ! le voilà. Voilà ces lettres où il me jurait un amour éternel; où il me peignait ce sentiment, tel qu'il est encore dans mon cœur, d'où je dois le bannir. Voilà la lettre qui annonce sa chute, et notre commun malheur, un malheur dont il nous est maintenant impossible de nous relever. Ah! Claire, ce n'est pas celle-là que je relis. Je reprends celles qui disaient amour et bonheur; je les porte sur mes lèvres, sur mon sein; mes yeux les dévorent; je crois les lire pour la première fois.

Et ce portrait, qui adoucissait les tourmens de l'absence, qui ouvrait mon ame à l'espoir, qui la nourrissait des plus douces illusions, je le baigne de larmes, et cependant je vais m'en séparer. M'en séparer! Ah! quitte-t-on un bien qu'on a en sa puissance, qu'on est maître de conserver, lorsqu'on sent que l'éloigner de soi, c'est s'arracher la vie? Déja les lettres sont dans le paquet; mais ce portrait, ce portrait!.. Hé! le devoir ne parle-t-il pas aussi haut que l'amour? N'est-ce pas lui seul que je dois désormais écouter? Garderai-je une image, qui sans cesse donnerait de nouvelles forces à mon amour? Non, jamais je n'aimerai M. d'Aprémont; mais l'outragerai-je, en rendant un culte criminel à une peinture, qui ment à mes yeux, comme ces lettres ont menti à mon cœur? Cette idée rallume mon ressentiment; elle me donne des forces contre moi-même. Ma main écarte ce portrait... Mes vœux insensés le rappellent. Je le reprends, je le repousse encore... Je ne le peux, Claire, je ne le peux. Je le presse dans mes mains, comme si je craignais qu'on veuille me l'arracher; je le place sur mon cœur palpitant; je le couvre de baisers et de larmes nouvelles...

« Madame d'Apremont, que faites-vous? Pensez
« à ce que vous êtes, et à ce que vous vous de-
« vez. » Je jette un cri d'effroi; le portrait s'échappe; il roule sur le parquet. Maman le relève; elle saisit ces lettres; elle fuit. Je reste clouée sur mon siége; mes coudes sont appuyés sur mon secrétaire; mon visage inondé de pleurs, est caché dans mes mains; ma voix timide murmure tout bas : j'ai tout perdu, j'ai tout perdu!

Maman revient près de moi. Elle me prend dans ses bras; elle me caresse; elle me console; elle essaie de me faire entendre le langage de la raison. La raison, ah! qu'elle est impuissante où parle, où règne l'amour! Cruel amour! je le croyais éteint. Mon union avec un autre, l'éloignement, la terreur que cet homme m'inspire lui ont rendu sa première vivacité. « La raison, maman, la raison!
« — Veux-tu te perdre, Adèle? — Hé! que m'im-
« porte? — Quoi, l'honneur, ta réputation?... —
« L'honneur consiste à n'être pas infidèle. — Jules

« t'en a donné l'exemple. — Je ne peux l'imiter. —
« Et ton époux? — Il n'est pas celui de mon choix.
« — Ainsi, après avoir tout fait pour ton père, tu
« veux le remettre sous la faux de la mort. Tu veux
« que M. d'Apremont vienne lui demander compte
« de ta vertu, que nous lui avons garantie; tu veux
« que cet époux outragé te chasse de chez lui avec
« éclat. Quel sera ton refuge? Où cacheras-tu ta
« honte? Auprès d'un père, dont tu auras hâté,
« empoisonné les derniers jours; qui te repous-
« sera de son sein, et dont le dernier soupir sera
« une malédiction. Viens, viens, suis-moi. » Elle
me conduit au lit de mon père. « Vois comme il
« repose. Il dort du sommeil du juste; il ne soup-
« çonne pas que le crime habite dans le cœur de
« sa fille. Veux-tu, Adèle, qu'il n'y ait plus de re-
« pos pour lui? »

Ces paroles arrivent au fond de mon cœur,
elles le pénètrent, elles le subjuguent. Un saint
enthousiasme renaît. Je tombe à genoux, une seconde fois, devant ce lit, d'où j'ai éloigné la mort.
Mon père s'éveille. Il demande avec intérêt pourquoi j'ai pris cette posture humiliante. Ce moment
est consacré à la vertu et à la vérité : je lui dis tout;
je le fais lire, comme toi, dans mon ame. Ses mains
respectables s'étendent sur ma tête; il bénit sa fille
chérie; il appelle sur elle les bénédictions célestes;
il prie avec ferveur que le calme renaisse dans son
cœur déchiré. Oh! Claire, que la religion est puissante, quand elle a pour organe un vieillard, dont

le front est couvert de lauriers, et dont la bouche a toujours exprimé ses véritables sentimens! Je crois entendre Dieu même; j'unis mes vœux à ceux de mon père; je jure d'étouffer mon amour, d'être toute à mon époux. Mon époux, ah! Claire, écris-moi, écris-moi tous les jours; prouve-moi qu'en effet je lui dois tout; que mon cœur, que la nature ne sont rien; que les droits de cet homme lui tiennent lieu de ce qu'il n'a pas, de ce qu'un autre possède, à un degré si éminent.

Il fait à peine jour, et M. d'Apremont paraît. La piété règne encore sur toutes mes facultés; je vais à lui, je le presse dans mes bras; je lui présente mes joues. Claire, j'étais vraie en ce moment. La reconnaissance, et, quelque chose qui ressemble à l'amitié, me parlaient en sa faveur. Hélas! il a paru comblé de joie de ce que je venais de faire pour lui, et j'avais si peu fait! Il m'aime avec passion. L'infortuné!

Il juge à mes yeux fatigués que je n'ai pas dormi. Il se plaint avec une extrême tendresse du peu de soin que je prends de moi, il m'annonce que mes femmes sont là, et qu'elles attendent mes ordres. « Monsieur, Jeannette a été « élevée par ma famille; elle a crû avec moi; je « lui suis très-attachée; permettez-moi de la gar- « der. Mon père, maman, donnez-moi Jeannette. » On n'avait rien à refuser à celle de qui on avait tout obtenu. Jeannette me suit; son mari sera attaché à mon appartement. Ils auront plus d'aisance, moins de travail, nous ne serons pas séparés, et je pourrai t'écrire.

Quatre femmes sont à l'anti-chambre. Quatre femmes pour moi! Hé, que veut-il que j'en fasse? Il me prie de les garder comme objets de luxe. Ainsi les grands mettent sur la même ligne leurs chevaux et leurs gens. Qui s'avilit jusqu'à servir, lorsqu'il peut vivre indépendant, du produit de son travail, mérite cette humiliation.

On dispose tout pour transporter mon père. Une excellente dormeuse l'attend au bas des degrés. On arrange un brancard pour le porter jusque-là. Ces femmes, des valets s'emparent de toute la maison. Ici on emplit des malles; là on fait des ballots, des paquets. Tous se hâtent, tous cherchent à manifester leur zèle à leur nouvelle maîtresse. Qu'ils ne la craignent pas: jamais elle ne sera exigeante, parce qu'elle saura être modeste au sein de la fortune. Elle était riche de son cœur; elle ne l'a plus; que lui importe le reste?

CHAPITRE XVIII.

Départ pour Paris.

Nous partons; nous arrivons au château. Le plus bel appartement est destiné à mon père et à ma mère. M. de Méran se fait rendre compte de la distribution du local, et des meubles qui sont dans les différentes pièces. Partout la richesse et la grandeur sont unies à la commodité. Maman lui parle d'un superbe arbre généalogique, portant indication des faits brillans qui ont illustré notre famille, et qu'on a placé dans son cabinet. Il se le fait apporter. Il est peint de main de maître, sur du satin blanc, et les caractères sont en or. Mon père me fait remarquer que sous Charles V un Claude de Méran était déjà lieutenant d'une compagnie d'hommes d'armes. Il désire que l'arbre généalogique soit placé dans sa chambre; il veut le voir de son lit. Il est rayonnant de joie.

Je remarque avec une vraie satisfaction que M. d'Apremont a porté les égards, la prévenance, la délicatesse aussi loin qu'ils peuvent aller. Il semble avoir prévu les goûts et les besoins de tous. A chaque instant, à chaque pas, on reconnaît la main qui se cache, et que le cœur aime à deviner. Cet homme-là, ma chère, est digne d'être aimé. Pourquoi l'amour n'est-il pas toujours le prix des plus brillantes qualités? Il est trop vrai que c'est par les yeux qu'on commence à aimer: ce qui les flatte est sûr de plaire. Le mérite peut fixer ensuite; mais ce n'est jamais lui qui détermine.

M. d'Apremont me demande si je veux voir mon appartement. Hélas, ce qu'on redoute n'excite pas la curiosité. Cependant je suis persuadée que cet appartement est orné de tout ce qui peut être utile ou agréable. Je ne veux pas désobliger mon bienfaiteur : je le suis.

Tout est grand et noble chez mon père; ici tout est recherché et élégant. On a prévu jusqu'à des besoins, dont je n'avais pas d'idée, et dont je ne me sens pas disposée à contracter l'habitude. Je crois que ces besoins factices éloignent l'aisance des plus riches maisons, et que la première chose que doit apprendre une jeune femme, c'est de savoir se borner.

Cet appartement tient à celui de M. d'Apremont par une communication que je ne peux regarder sans effroi. C'est lui qui me l'indique, et il ajoute qu'elle ne s'ouvrira que lorsque je le permettrai. Malgré cette réserve apparente, je lis son amour dans ses yeux; il perce dans chacun des mots qu'il m'adresse; son accent, son silence même sont encore de l'amour. Il espérait sans doute que je répondrais selon l'impatience de ses désirs. Je le devais peut-être : je n'en ai pas eu la force. Claire, n'est-ce pas assez que je me résigne? Faut-il que j'aille au devant du coup?

Il a invité beaucoup de monde aujourd'hui. Il veut célébrer son mariage par une fête brillante. Une fête! Une pompe funèbre conviendrait bien mieux, si ce jour doit finir par l'abnégation de moi-même, par ma soumission absolue aux volontés d'un maître.

« Ma chère amie, vous êtes bien jeune encore;
« mais une femme comme vous n'est déplacée
« nulle part. Je vous prie de vous mettre à la tête
« de ma maison, et d'en faire les honneurs. Son-

« gez que je n'ai plus ma nièce, et qu'il faut que
« vous la remplaciez. »

Sa nièce! Quelle foule d'idées cruelles ce mot a
fait naître! L'infidélité et le parjure; les nœuds
infortunés qu'ils ont préparés pour M. de Courcelles, et pour moi; les conséquences effrayantes
qui peuvent en être la suite, voilà ce qui se présente d'abord à mon imagination. M. d'Apremont
a donné la jouissance de cette terre à M. et madame de Méran. Il est certain qu'au premier jour
il va me conduire à Paris. Je serai forcée de recevoir sa nièce, sa nièce, que je méprise, que je
hais. Et son mari... Si je le revois, il n'est plus
de repos pour ton amie. Il m'aime encore, dit-il;
il est ardent, impétueux; cependant il me respectera, je l'espère, je le crois. Mais cache-t-on l'amour à des yeux intéressés à bien voir? Quel tourment de passer sa vie à dissimuler avec l'homme,
qui jamais ne mérita ma tendresse, et à la feindre
pour celui qui ne peut m'en inspirer! Sans cesse
occupée à me garantir des charmes de l'un, et
de la pénétration de l'autre, je serai réellement
la plus misérable de toutes les créatures. Puissé-
je n'être pas la plus coupable!

Il n'est qu'un moyen de m'en garantir, et je
vais l'employer. Mande chez toi M. de Courcelles.
Dis-lui que j'arrive; que je ne dois plus le voir,
et que si je lui inspire encore un véritable intérêt, il quittera la capitale. Je sens qu'on n'éloigne
pas un homme qu'on a cessé de craindre; que

cette prière est un aveu positif de ma faiblesse. Hé, ne la connaît-il pas? Ignore-t-il que je l'ai trop aimé pour l'oublier jamais? Qu'il pense d'ailleurs ce qu'il voudra; mais qu'il obéisse.

Le monde abonde ici de toutes parts. Il faut que le sourire soit sur mes lèvres, quand mon cœur est brisé; il faut que ma conversation soit engageante, quand je donnerais l'or et les pierreries, dont je suis chargée, pour être seule avec moi-même. Les aveugles! ils me félicitent, ils félicitent M. d'Apremont, et le poison circule dans mes veines! Puissé-je l'éloigner de lui!

Maman voit que je souffre; elle a pitié de moi. Elle me remplace dans mille circonstances; mais elle ne peut me dispenser de la représentation. Représenter! c'est à ce froid et ridicule plaisir que la plupart des hommes sacrifient le bonheur, qu'on peut se procurer partout, quand le cœur est en rapport avec ce qui l'environne.

Je trouve un moment pour parler à ma mère. Je lui fais part de mes craintes à l'égard de M. de Courcelles; elle les trouve exagérées. Ma mère n'a donc jamais aimé. On dit, Claire, que le monde tolère la galanterie dans une femme mariée, qui d'ailleurs respecte les bienséances. Maman a toujours été vertueuse; elle ne peut partager cette insouciante indulgence. Je reviens à ma première idée : elle n'a jamais aimé. Cependant elle loue ma prudence. Elle se propose de t'écrire de son côté une lettre que tu communiqueras à l'homme dangereux ; mais que tu ne lui laisseras point.

M. d'Apremont vient nous joindre. Il nous demande la permission de se soustraire avec nous au bruit, au tumulte pendant quelques instans. Maman nous quitte sur un prétexte assez léger. Craint-elle, bon Dieu, que je ne sois pas assez avec lui ? Il passe mon bras sous le sien ; il me conduit à ce pavillon chinois, où j'ai connu l'ame de celle qui a causé tous mes maux. Quel genre de supplice m'attend aujourd'hui en ce lieu ? Il me fait asseoir près de lui ; il me parle de son amour ; il le peint avec la chaleur d'une imagination délirante ; il me rappelle ce que j'ai cent fois entendu de la bouche d'un autre, et il ne peut me rendre mes sensations. Il me couvre de baisers. Je les supporte ; mais mon cœur ne les reçoit pas, et ma bouche ne peut les lui rendre. Ah! je le prévois, la porte fatale s'ouvrira ce soir! Hé! qu'importe? Que gagne un malheureux condamné à retarder sa dernière heure?...

La mienne a sonné, Claire. Ce que je réservais au plus tendre amour est devenu le prix de terres, de châteaux. Quelle misère ! qu'a-t-il pu, que peut-il m'offrir en compensation du bonheur du reste de ma vie ?

Il était deux heures du matin quand on s'est retiré ; il m'a conduit à mon appartement ; il a fortement exprimé le désir d'y rester avec moi.

Il voulait, disait-il, me mériter avant que de m'obtenir! Un homme se souvient-il, le lendemain, de ce qu'il a promis, juré la veille? Je lui ai répondu, en frissonnant, que je n'avais rien à lui refuser. Jeannette pleurait, en me déshabillant; elle a heureusement eu l'adresse de lui dérober ses larmes. Que te dirai-je enfin? Il a tenu dans ses bras une femme mourante, inanimée. Il a rappelé, à ma mémoire, ces premiers baisers d'amour, cette impulsion irrésistible qui m'entraînait vers un objet adoré, qui me mettait en sa puissance, et il n'a pu me rien faire éprouver de semblable. Cependant il se croit heureux. Oh! combien il le serait, si je pouvais lui rendre caresses pour caresses, transport pour transport! Cela ne se peut, cela ne sera jamais : mes sens seront toujours muets auprès de lui. Je ne peux être que sa victime.

Cependant je dois lui rendre justice. L'indifférence, l'éloignement même qu'il m'inspire ne m'empêchent pas d'être sensible à ses qualités. Il les a toutes; il ne lui manque que le don de plaire, et je crois que j'aurais pu l'aimer, si une passion aveugle, insurmontable n'avait rempli mon cœur avant que je le connusse.

Il comble mes parens de prévenances, d'égards et de bienfaits. Il a pour moi les attentions les plus délicates; il cherche à pénétrer mes moindres désirs, et il se félicite d'avoir pu les satisfaire. Ah! pourquoi ne dispose-t-on pas de ses affections? Je le répète, je lui consacrerais toutes les miennes. Plains-moi, Claire; plains un homme digne d'un meilleur sort.

Des Audrets se conduit d'une manière irréprochable à mon égard. Depuis que je suis mariée, il ne m'a pas adressé un mot qui pût me déplaire, et je crois qu'il fait valoir mes moindres marques de déférence pour M. d'Apremont; qu'il s'étudie à mettre mes faibles talens en évidence; qu'il cherche à ajouter à l'amour, à l'estime, à la confiance que m'accorde son ami. Avec de semblables procédés, il ne lui sera pas difficile de détruire les impressions, très-défavorables, que j'ai conçues de lui.

Mon père se rétablit sensiblement. Le bonheur est père de la santé, et je crois M. de Méran très-heureux. Ma mère jouit de sa satisfaction. C'est un puissant motif de consolation, pour moi, de penser qu'ils tiennent tout de leur fille, et que chaque jour elle leur devient plus chère; mais aussi, qui a besoin de se consoler, souffre plus ou moins, et il est des douleurs qui doivent être muettes. Ce n'est qu'à toi que je confierai les miennes; je les adoucirai, en les déposant dans le sein de l'amitié.

Que viens-je d'apprendre?... Claire, je ne me connais plus. Nous partons incessamment pour Paris. J'y retrouverai celui qui m'a fait tant de mal, et que je ne peux haïr. M. d'Apremont veut que M. et madame de Courcelles habitent une

aile de sa maison. « J'ai remarqué, me dit-il, que
« la société de ma nièce vous est agréable; on
« dit son époux charmant; nous fixerons les plai-
« sirs au milieu de nous; vous les rendrez plus
« piquans, et vous leur devrez une teinte de
« gaieté qui fera de vous une femme accomplie. »
J'ai combattu ce projet, par tous les raisonnemens qui se sont offerts à mon imagination ; je
me suis étendue sur la difficulté de maintenir
l'harmonie entre deux ménages, qui n'ont pas
les mêmes intérêts, ni peut-être les mêmes goûts.
Il m'a répliqué, avec la plus touchante franchise,
que la société exclusive d'un homme de son âge
ne convient pas à une femme de dix-huit ans;
qu'il n'entend pas que son amour le rende importun, et que d'honnêtes distractions me rendront le devoir plus doux. J'ai résisté encore. Il
m'a pris la main, il l'a baisée tendrement, et il
m'a dit avec un sourire plein de bonté : « Permet-
« tez que j'ordonne à mon Adèle d'être heureuse
« autant qu'elle peut l'être. Voilà la première fois
« que je m'exprime ainsi : ce sera la dernière. »

Que Jules s'éloigne, qu'il s'éloigne à l'instant,
n'importe sous quel prétexte. Je passerais ma vie
avec lui! Je m'exposerais à des combats continuels! Je le verrais dans les bras de celle qui me
l'a ravi! Je serais sans cesse torturée par le bonheur de cette femme, et par le sentiment de ce
que j'ai perdu! C'est un supplice affreux; c'est

plus que les forces humaines ne peuvent supporter.

Dis à Jules que je suis à ses pieds, que je les embrasse, que je le conjure de m'éviter. S'il résiste, je suis décidée à tout avouer à M. d'Apremont. Je troublerai son repos, je le sais; je le rendrai malheureux peut-être; mais il saura que sa femme veut vivre irréprochable, et que si elle n'a pu lui donner son cœur, elle conserve tous ses droits à son estime.

Je me répète, je le sens, je me répète jusqu'à te fatiguer; mais je souffre, Claire, et le sentiment de mes peines se renouvelle sans interruption.

J'ai confié à maman mes anxiétés, et ma résolution. Cette fois, elle a vu et pensé comme sa fille. Elle a frémi du danger continuel, auquel je serais exposée; elle se repent de n'avoir pas confié à M. d'Apremont, le nom d'un jeune homme qu'il va connaître, peut-être pour son malheur et le mien. Il est trop tard pour revenir là-dessus. Commencera-t-on par faire naître la crainte dans le cœur de mon époux, ou le forcera-t-on à rompre avec sa nièce? Maman veut consulter M. de Méran.

Nous nous sommes enfermés tous les trois. Mon père a paru accablé de ce qu'il venait d'entendre. Ainsi son bonheur, qui m'a coûté si cher, a déjà subi une altération sensible. Il a de brillantes, de grandes possessions, et la paix s'éloigne de son cœur. Quelle leçon pour ceux qui courent après de vaines jouissances, et qui négligent celles que la nature leur offre avec profusion.

M. de Méran, qui a toujours déployé un grand caractère, s'est montré faible et irrésolu. Il a formé vingt projets absurdes ou inexécutables. Il s'est attendri; il s'est affligé sur moi; il m'a demandé pardon, et moi, pauvre jeune femme, j'ai été obligée de consoler mes parens éplorés, et de prendre seule une détermination.

J'ai engagé mon père à écrire à l'instant à MM. d'Estouville et de Courcelles; à leur recommander fortement l'honneur et le repos de sa fille, et de son époux. Il a pris la plume; il n'a pu lier deux idées de suite, et je lui ai dicté presque tout. Sa tête n'est plus à lui, et il faut que je m'arme de courage, moi, faible roseau, battu de tous les vents. Ces lettres ne sont pas ce qu'elles pourraient être, je le sens; mais elles feront sentir à M. d'Estouville la nécessité d'une discrétion absolue, et à M. de Courcelles les ménagemens qu'il doit à tous ceux que perdrait une imprudence. Vois-les tous les deux, Claire. Tu sens combien il importe de maintenir le bandeau sur les yeux de M. d'Apremont, et pour Dieu, que Jules s'éloigne, je le répète encore, ou je ne réponds de rien................................

....

Il ne s'est rien passé de nouveau ici depuis

onze jours. Mon père est tout-à-fait rétabli. Il a de longues conférences avec maman. Ils sont sérieux et souvent pensifs. Il ne m'est pas difficile de deviner ce qui les occupe : ils attendent des lettres de MM. d'Estouville et de Courcelles. Ils craignent et ils désirent à la fois de les recevoir et de les lire. Moi, je suis assez tranquille à cet égard. M. d'Estouville est, dit-on, un homme plein d'honneur, et la discrétion lui paraîtra un devoir. M. de Courcelles en a un plus difficile à remplir, puisqu'il a cessé d'être libre. Mais il s'agit de mon repos et de mon honneur, de ceux d'un homme auquel il est allié, et rien ne balancera, dans son esprit, un motif aussi puissant. Claire, il m'obéira, j'en suis sûre, et ta réponse à mon dernier paquet m'annoncera son départ, et celui d'une femme dont l'aspect me ferait horriblement souffrir.

M. d'Apremont semble chaque jour être plus amoureux. Que cet amour-là est difficile à supporter ! Il me répète que mes organes sont à peine développés, et qu'il viendra un temps où je partagerai ses transports. Il me croit une femme froide. Je lui laisse une erreur, à laquelle je dois quelques intervalles de tranquillité. Moi une femme froide ! S'il avait été derrière mon marronnier ; s'il avait vu ces baisers prolongés, interminables, l'incarnat de mes joues, les mouvemens précipités de mon sein ; s'il avait entendu ces soupirs de feu et ce mot terrible... Oublions, oublions des momens délicieux et trop tôt écoulés. Je ne peux y penser sans crime.

Le domestique qui va prendre les lettres à Tarbes, arrive en ce moment. Jeannette l'a vu comme moi; elle court à lui; il lui remet un paquet... Je te remercie, ma bonne Claire, avant de l'avoir lu.

Des lettres pour mon père... il a fait appeler maman... Je vole; nous entrons tous trois dans son cabinet. Mon œil n'est pas incertain; l'écriture l'a frappé. Je brise le cachet; je lis à haute voix.

Ses expressions sont décentes, réservées même, et cependant pleines de charme. Il consent à ce que lui demande mon père; il sent la nécessité de s'éloigner d'une femme, qui sera toujours dangereuse pour lui, et qui n'a pas oublié, peut-être, qu'il a dû lui appartenir. Madame de Courcelles tient beaucoup aux plaisirs bruyans de Paris; mais il a déclaré l'intention formelle de voir des biens dont elle s'est peu occupée, et il a manifesté le désir de l'emmener avec lui. Ce voyage, a-t-il dit, ne doit durer que quinze jours; mais il saura le prolonger, autant que les circonstances l'exigeront.

M. d'Estouville marque à mon père la plus grande déférence; il proteste que jamais il n'a dit un mot, que jamais il ne lui échappera rien qui puisse faire pénétrer le secret de mon cœur.

Je reviens à la lettre de M. de Courcelles. Avec quelle facilité il s'éloigne de moi! Il se rend, sans faire la plus légère observation, à une simple invitation de mon père! Ah! il croit trouver le bonheur dans un désert, avec l'astucieuse qui m'a ravi sa main! il ne m'aime plus, il ne m'aime plus!... Hé, pourquoi m'aimerait-il encore? Le doit-il? puis-je le désirer? Non, non, qu'il me délaisse; qu'il me fuie; je ne peux m'en plaindre: et moi aussi je l'ai voulu.

Quel étrange assemblage de désirs et d'alarmes, de contradictions de toute espèce, que le cœur de ton amie! S'il fût resté à Paris, j'aurais cru qu'il méditait ma perte; il m'obéit, et je me plains! Dis-lui, Claire, que je suis reconnaissante; dis-lui... hé, sais-je ce qu'il convient de lui dire? Sais-je ce que je pense, ce que je veux? Protége-moi, mon amie, fais-le partir, défends-moi contre mon cœur, contre le sien. J'approuve ce que tu feras; je me soumets aux mesures que tu auras arrêtées.

Jeannette vient rôder autour du cabinet. Elle y entre, elle en sort; elle y revient. Elle croit que je n'ai pas saisi les signes qu'elle m'a adressés. Je brûle de tenir ta lettre: celle-là renferme des détails. Mais puis-je déceler notre correspondance, par un empressement qui serait remarqué, interprété? Jeannette rentre. Elle me dit que M. d'Apremont me demande. Je la devine, je sors; je cours chez moi, elle me suit, le paquet est dans mes mains; je vais le dévorer.

Il a été chez toi; il a reçu mes ordres avec soumission; mais il part désespéré. Il est tombé à tes genoux; il les a mouillés de ses larmes; il t'a conjurée de me dire que je serai toujours l'objet de ses vœux, de ses adorations, et que la marque la plus forte qu'il puisse me donner de son dévouement à mes volontés, est de sortir de Paris, au moment où je vais y arriver. Il s'ensevelira dans une campagne, avec une femme, qui a parlé un moment à ses sens, et qui ne saurait arriver à son cœur... Le mien se brise d'attendrissement et de douleur. L'infortuné! Paris lui offrait des distractions, et il sera seul avec celle qui nous a perdus tous deux. Ah! quel bien elle m'a ravi!... Qu'il soit honnête homme, Claire; qu'il n'oublie jamais que bientôt il sera père, et que la femme, à qui il devra ce titre précieux, a droit au moins à des ménagemens. Qu'il pense... ma tête n'est plus à moi. Une foule d'idées s'y heurtent, s'y confondent, et je n'ose descendre dans mon cœur.

Je vais presser notre départ. Tes lettres ne suffisent plus; j'éprouve un besoin inexprimable de te voir, de te parler : ce n'est qu'à toi que je peux tout dire. J'aime beaucoup maman; mais le respect nuit à la confiance. Je t'entretiendrai, non de mes espérances, je n'en ai plus; je te développerai mes peines, ce sujet est inépuisable; mais s'y abandonner sans réserve, c'est presque se soulager.

J'ai parlé à M. d'Apremont. Je lui ai représenté que ses hôtes, qui se succèdent sans interruption, qu'une foule de domestiques causent ici un tumulte, une sorte de désordre qui ne conviennent pas à des personnes âgées; que M. et madame de Méran sont relégués dans un appartement, très-beau sans doute, mais dont leurs tranquilles habitudes leur permettent rarement de sortir. J'ai marqué le désir de connaître Paris, et je n'avais pas cessé de parler, que M. d'Apremont appelait ses gens et leur donnait ses ordres. Quel homme j'offense, et par ma dissimulation, et par des sentimens que je m'efforce en vain d'étouffer! Ah! si l'on pouvait disposer de son cœur, le mien serait tout à lui.

Dans deux jours nous quitterons Velzac. Je reverrai l'amie de mon enfance; je verrai la chambre où tu l'as reçu, le siége qu'il a occupé, l'endroit où il a versé ses dernières larmes. J'y déposerai les miennes, je les cacherai dans le sein de l'amitié.

Nous partons après demain pour Paris. Je vais quitter de bons parens, qui, depuis que j'existe, n'ont eu envers moi d'autre tort que de ne pas assez sentir ce que me coûte le sacrifice que je leur ai fait. Ils regardent l'amour comme une erreur aimable, à qui on doit des instans heureux; mais qui ne peut remplir qu'une courte partie de notre existence. Ils ne soupçonnent pas que, pour certaines personnes, l'amour est l'affaire de toute la vie. Je vais les quitter, et j'en serais, je crois inconsolable, si je ne m'éloignais d'eux sous la protection du plus respectable des hommes.

Maman est froide; mais elle est prudente. Elle a de l'expérience, parce qu'elle a beaucoup réfléchi. Peut-être ses conseils me seraient-ils nécessaires : il est tant de circonstances où une jeune femme est embarrassée avec un homme, à qui elle ne tient que par la reconnaissance! Il est tant de choses que l'indifférence ne prévoit pas! Tu seras mon guide; je ferai ce que tu me prescriras : fais qu'il ne se repente jamais de m'avoir épousée.

Il est inutile que je te dise que ma maison sera la tienne; que nous nous verrons tous les jours. Je ne t'invite pas à venir rompre des tête-à-tête, difficiles à soutenir; mais tu dois sentir, comme moi, le besoin de donner des heures entières à l'amitié, et je te tiendrai compte de celles que tu déroberas à M. de Villers.

Nous allons monter en voiture, et je n'ai le temps que d'ajouter quelques lignes à ce que je t'ai déjà écrit. Maman m'a donné des instructions, très-générales, sur la manière dont je dois me conduire avec M. d'Apremont. Une femme doit être sage, voilà la maxime qu'elle m'a présentée sous mille mots différens. Cela ne suffit pas, je le sens, Claire. Il doit y avoir une délicatesse dans les procédés, une teinte d'affection dans les moindres choses, que le cœur devine, et qui ne s'apprennent pas. Maman n'en a point d'idée, puisqu'elle ne m'en a point parlé. Mon cœur ne trouvera rien ; mais mes yeux te suivront auprès de M. de Villers, qui agit si puissamment sur toi, et je tâcherai de t'imiter... Ah! Claire, imite-t-on l'amour?

Mon père s'est attendri, en m'adressant son dernier adieu, en me donnant son dernier baiser. Cependant j'ai remarqué que ses yeux se portaient avec complaisance sur l'intérieur du château, sur les ameublemens, sur le parc. Il était autant au sentiment d'une jouissance nouvelle, qu'à celui d'une séparation, qui peut durer autant que sa vie. Cette pensée m'a fait de la peine; elle m'a tiré des larmes. Je me suis consolée en pensant que chaque minute va me rapprocher de toi.........

Je vais t'écrire quatre lignes, de la première auberge où nous nous sommes arrêtés. Trente lieues de faites dans une excellente berline, traînée par six chevaux; deux courriers en avant; les relais prêts à notre arrivée à chaque poste; c'est aller comme des princes. Je suis dans le fond de la voiture avec M. d'Apremont. J'ai demandé que ma bonne Jeannette montât avec nous. Elle est en face de moi. Elle me dispense de trop voir des Audrets, qui est à côté d'elle. Les deux hommes causent; Jeannette et moi, nous nous regardons!.. Cette bonne jeune femme est née avec une pénétration rare: elle entend tout ce que lui disent mes yeux, et les siens me répondent avec une expression!...

De quel coup tu viens de me frapper! Ton exprès m'a jointe à Montauban! Quelle lettre il a remise à Jeannette! De quelle douleur elle m'a saisie! Quoi! ton mari, heureux de ton amour, n'ayant rien à désirer de la fortune, a été séduit par des idées d'ambition! Il renonce à son indépendance; il se charge d'une responsabilité, peut-être au-dessus de ses forces, et pourquoi? Pour se tirer de la foule, pour se mettre en évidence. Eh! ne sait-il pas que le cœur perd tout ce qu'on gagne en célébrité; que les vraies jouissances sont celles de la nature, et que le sage les trouve auprès de lui? Enfin il l'a voulu; il va occuper une grande place à Bordeaux, et il t'emmène avec lui! C'est toi que j'allais chercher à Paris; je n'y trouverai qu'un désert. Ah! pourquoi n'ai-je pas reçu cette lettre plus tôt? Je serais restée à Velzac; j'y aurais vécu auprès de ma mère, dont les conseils, trop généralisés, auraient pu cependant m'être utiles... Claire, nous continuerons de nous écrire. Le luxe dont tu seras environnée, la considération que tu partageras avec ton mari, ne te feront pas oublier une infortunée, pour qui tu peux beaucoup encore. Elle sent comment on vit avec un homme qu'on aime; mais avec celui... Écris-moi, Claire, écris-moi. Ne me prive pas de cette dernière ressource. Doux et intimes épanchemens de l'amitié, vous ne renaîtrez plus pour moi. Il faut donc que je renonce successivement à tout ce qui attache à la vie! Ah! dès long-temps il ne m'en reste que les amertumes.

Nous allions entrer à Arpajon. Jeannette m'a fait un signe très-prononcé. J'ai porté la vue sur le grand chemin, et j'ai cru reconnaître Firmin, déguisé en roulier. Mille pensées, plus cruelles les unes que les autres, sont venues m'assaillir. Firmin est au service de M. de Courcelles; il se déguise, quoique M. d'Apremont et des Audrets ne l'aient jamais vu; il vient au devant de nous; c'est moi qu'il cherche. Les précautions que prend cet homme annoncent l'importance de sa mission. Que peut-elle être, bon Dieu! quand il est impossible d'espérer, on ne prévoit que des malheurs, et les catastrophes les plus effrayantes se présentent à mon imagination.

L'incertitude est, je crois, le plus insoutenable des maux, parce que le cœur ne sait auquel s'arrêter, et qu'il les redoute tous à la fois. En arrivant à Arpajon, j'ai marqué le désir de prendre quelque chose : je veux donner un moment à Jeannette et à Firmin. Je me fais servir dans une salle basse, et je vois dans la cour la bonne jeune femme passer à côté du prétendu roulier, sans s'arrêter, sans même le regarder. Firmin sort; il se glisse le long des croisées, qui donnent sur la rue; il reprend le chemin de Paris : sa mission est remplie.

Je prie ces messieurs de sortir un moment, et de m'envoyer Jeannette. Elle accourt; elle met le loquet; elle tire les rideaux : il faut tant de choses à une femme qui voyage, et quoi de plus naturel que ces petites précautions, quand elle loge au rez-de-chaussée? Jeannette me remet un papier... C'est son écriture, grand Dieu! le malheureux! que me veut-il?

Madame,

« Les suites d'une chute très-forte retiennent
« depuis trois jours madame de Courcelles au lit.
« Quelque déférence que j'aie pour vos ordres, je
« n'ai pu prendre sur moi de l'abandonner dans
« l'état où elle est. Vous êtes trop équitable, et
« trop sensible pour trouver mauvais que j'accorde,
« à mon épouse, des soins que vous ne refuseriez
« pas à un être qui vous serait indifférent.

« Vous sentez, madame, ce que je dois d'égards
« à l'oncle de madame de Courcelles. Je ne peux
« me dispenser de lui aller rendre mes devoirs,
« au moment où il arrivera à Paris. Je me dispense
« d'entrer dans des détails, qui seraient, je crois,
« infiniment pénibles pour tous deux. Mais soyez
« certaine que je me soumettrai, sans murmure,
« à ce que votre prudence me prescrira. »

Il m'est impossible de te rendre l'effet que ce billet a produit sur moi. Mon premier mouvement, je te l'avoue à ma honte, a été au plaisir de revoir un être qui me fut si cher, et dont je me croyais éloignée pour jamais. Un prompt retour sur moi-même m'a fait sentir les dangers auxquels je vais être exposée. J'en ai frémi, Claire, et je n'y peux songer sans un serrement de cœur affreux. Hélas! le ciel m'est témoin que, depuis mon mariage, j'ai tout fait pour être toujours digne de l'homme qui m'a associée à son sort. Mais l'épreuve à laquelle je suis réservée est trop forte pour mon cœur et ma faible raison. L'infortuné! il invoque ma prudence! Hé, quelles armes veut-il que je lui oppose, à lui?

Je suis éloignée de ma mère; tu n'es plus à Paris; je n'ai de ressources que dans sa délicatesse et son honneur : c'est à lui seul qu'il appartient de me sauver de moi-même. Il le fera, Claire; il est généreux; il me l'a prouvé au moment fatal, où son amie délirante invoquait les derniers bienfaits de l'amour.

Ne crois pas que, m'abandonnant sans réserve à un sentiment impétueux, j'attende tout de l'homme qui le partage. Mes efforts seconderont les siens; j'opposerai mon devoir à mon cœur; ce que la vertu a de plus sublime me soutiendra dans ces combats, et l'estime de moi-même sera la douce récompense de ma victoire.

... Cependant lorsque je pense que, dans deux heures, je reverrai cette figure enchanteresse; que je retrouverai ce sourire, qui portait le trouble dans mes sens; que j'entendrai encore cette voix, qui caressait si doucement mon oreille... Ah! il ne me permettra plus ces expressions brûlantes, qui animaient et qui charmaient mon cœur. Jules, Jules, ménage l'objet de ton constant amour; ne l'avilis point à ses yeux et aux tiens.

Que dis-je! Suis-je certaine qu'il m'aime encore? Y a-t-il dans son billet un seul mot qui dise *amour*? Sa condescendance à mes volontés tient-elle à autre chose qu'aux égards, dont un honnête homme ne s'écarte jamais envers une femme qui lui a été chère?.. Ah! que je serais heureuse, s'il avait cessé de m'aimer! Je souffrirais seule, et il ne serait plus dangereux pour moi... Heureuse! le serais-je, Claire?.. Je ne le crois pas.

Nous arrivons à la barrière. Un tremblement général me saisit; ma tête se monte, et bientôt mes idées s'obscurcissent. Je ne suis plus qu'une frêle machine, jouet de toutes les passions, tourmentée de souvenirs, et de remords anticipés.

CHAPITRE XIX.

Jules et des Audrets.

La voiture entre dans une vaste cour; elle s'arrête devant un péristyle; on m'aide à descendre; je me laisse conduire... Le nuage, qui est sur mes yeux, se dissipe. Je regarde autour de moi... Il est là. Il attendait son oncle. Il le salue, il l'embrasse!.. Son cœur n'est plus à moi; non, il n'est plus à moi: embrasse-t-on le mari d'une femme qu'on aime? Il m'adresse de ces choses qui pourraient me flatter dans la bouche d'un autre... Ah! Claire, quelle froideur!.. ou quel empire il a sur lui!

Je me fais conduire à mon appartement. Jeannette me met au lit. Elle veut se retirer; je la retiens. Mon amie, n'aimes-tu pas à parler de M. de Villers, quand tu n'es pas avec lui? J'exprimais mes doutes, mes craintes, mes vœux, des vœux coupables, sans doute, auxquels je ne me rendrai jamais... Peut-être ne voulais-je que m'entendre dire ce que je n'ose plus croire. Comme Jeannette me devine! Elle a vu, dit-elle, la rougeur sur le front de Jules; elle a remarqué de l'embarras; tout en lui annonce un amour violent et contraint.... J'ai attiré Jeannette à moi; je l'ai pressée dans mes bras.

Humiliée et de mes sentimens et de ma conduite, je me suis tournée; ma main a repoussé Jeannette. Je lui ai dit de me laisser, d'annoncer que je suis fatiguée à l'excès, que je veux me reposer, que je ne veux voir personne. Que pouvais-je faire et dire de plus?

Mais ce prétexte d'aujourd'hui me servira-t-il demain, après demain? Que deviendrai-je, mon Dieu! je veux être sage, vous le savez. Inspirez-moi, secourez-moi, soutenez-moi. Ce malheureux sera faible à son tour : je n'attends plus rien que de vous.

On entre chez moi, malgré mes ordres. Jeannette m'annonce M. d'Apremont. Je ne peux me dispenser de le recevoir. Il s'approche de mon lit; il m'interroge, sur mon état, avec le ton de la plus touchante bonté. Ah! quel mal il me fait! qu'il est dur de recevoir des marques d'affection, quand on sent qu'on ne les mérite pas! mais est-il bien vrai que je sois coupable? Des lois, des cérémonies sont-elles plus respectables, plus fortes que la nature ; doivent-elles lui imposer silence ; dépend-il de nous de lui résister?.. Oublie ce que je viens d'écrire, Claire, je tâcherai de l'oublier moi-même. Puissé-je être toujours digne de M. d'Apremont ; puisse-t-il ne se repentir jamais de m'avoir épousée!

« Un homme est derrière lui, et la disposition « des lumières m'empêche de le reconnaître. Elle « est assez bien, dit M. d'Apremont. Approchez-« vous, monsieur, et embrassez votre tante. »

Oh! mon amie, j'ai été près de m'élancer de mon lit, de tomber aux genoux de M. d'Apremont, et de m'écrier : éloignez-le, éloignez-le ; vous allez nous perdre tous. J'ai senti, qu'en me sauvant, je détruirais sans retour l'illusion à laquelle tient peut-être la vie de mon époux. Je suis restée immobile ; j'ai étouffé des soupirs, des sanglots ; j'ai attendu le coup, mortel pour quatre : cette femme n'a-t-elle pas aussi des droits incontestables!

Mes yeux étaient fermés. Je craignais de voir cette figure enchanteresse, embellie encore de l'incarnat du désir. J'ai senti ses lèvres effleurer mon front ; j'ai entendu distinctement un soupir... Il s'est perdu dans le fond de mon cœur. Ma main était là ; elle ne cherchait pas la sienne ; la sienne aurait pu la rencontrer... Il s'est éloigné, Claire ; mais il a soupiré encore, et l'indifférence ne soupire pas.

Il veut prendre congé de nous. M. d'Apremont le fait asseoir.

« Pourquoi, monsieur, n'avez-vous pas em-
« brassé votre tante, quand elle est descendue
« de sa voiture? — Je craignais, monsieur, que
« cette liberté vous déplût. — Ne l'avez-vous ja-
« mais embrassée? — Monsieur... Elle... Elle était
« libre alors. — Un baiser innocent n'est jamais
« déplacé, et ne peut alarmer personne. Vous me
« jugez relativement à mon âge, je le vois, et vous
« ne me rendez pas justice. Je me la rends, et je
« n'ai pas la prétention de remplir exclusivement le
« cœur de madame. Vous avez été élevé chez M. de
« Méran; vous avez été le frère d'Adèle; soyez-le
« toujours, mon cher Courcelles. — Quoi, mon-
« sieur, vous savez?.. — Oui, des Audrets m'a
« tout dit, et j'ai pensé d'abord, je vous l'avoue,
« que vous aviez pu être unis par un sentiment
« plus vif que celui de l'amitié. Il a ramené le calme
« dans mon ame par une réflexion très-simple : on
« ne peut être infidèle à madame, et si vous l'a-
« viez aimée, vous n'auriez pas épousé ma nièce.
« Cependant, ma bonne amie, ces petits mys-
« tères-là détruisent insensiblement la confiance,
« sans laquelle il n'est pas de bonheur réel. Pro-
« mettons-nous de ne nous rien cacher à l'avenir. »

Tu prévois en quel état j'étais, en écoutant M. d'Apremont. Un criminel, traduit devant son juge, n'éprouve pas plus d'anxiétés.

Jules partageait mon embarras et mes alarmes. Il craignait sans doute que M. d'Apremont n'eût pas dit tout ce qu'il sait. En effet, des Audrets n'a pu connaître, que par des domestiques, les soins et les secours que Jules a reçus de mon père pendant dix ans, et ils ne se sont pas tû, probablement, sur un projet de mariage qui a été public... Ah! quel mariage, s'il se fût fait! l'amour l'eût consacré; un bonheur sans bornes et sans mélange nous l'eût rendu plus cher chaque jour... Claire, des Audrets sait tout, j'en suis convaincue. Il paraît renoncer à d'odieux projets, et il en prépare sourdement le succès. Quel intérêt aurait-il eu à rechercher ce qui s'est passé, dans ma famille, avant mon mariage; pourquoi n'aurait-il dit à M. d'Apremont qu'une partie de la vérité, s'il n'avait voulu se conserver les moyens d'avancer ou de rétrograder selon les circonstances?.. Qu'il tremble; Jules est ici; il sera mon protecteur, et le crime pâlira devant lui.

M. d'Apremont a marqué le désir de voir sa nièce, et Jules est sorti avec lui. J'avais un besoin d'épancher mon cœur, de trouver quelqu'un qui m'écoutât déraisonner, et qui eût la complaisance de déraisonner avec moi! J'ai sonné. Jeannette a paru. Il n'est pas flatteur d'être réduit à vivre d'une manière intime avec ses gens. Mais la bonne jeune femme peut être exceptée. Elle mérite d'être exceptée par sa discrétion, et son dévouement absolu.

Nous avons parlé long-temps... Tu sais bien de qui. Jeannette a fait les mêmes remarques que moi. Il s'est formé, il est embelli, et l'usage du monde lui a donné une noble assurance, qu'il n'avait pas au château, et qui lui sied si bien! nous nous sommes peu arrêtés à ces choses, qui, cependant sont très-intéressantes; mais nous ne pouvions nous lasser de parler de deux cœurs, également tourmentés, de chercher ce qui se passe dans le sien, comme si nous pouvions l'ignorer. Étrange empressement de se rendre plus misérables! son amour ne doit-il pas faire son désespoir et le mien? J'en suis convaincue, et je sens que son cœur m'est nécessaire, comme l'air que je respire. Oh! oui, oui, cette femme l'a séduit. Il était innocent, même en tombant dans ses bras. Dans ses bras! Ah! Claire, quelle image! Et mon imagination la reproduit sans cesse.

Que de raisons m'éloignent de cette femme, à qui cependant je ne pourrai refuser quelques marques d'attention! La bienséance, ce que je dois à son oncle m'imposent la loi de surmonter une répugnance, qui va quelquefois jusqu'à l'aversion. Jeannette, qui a du jugement, me fait observer que c'est en voyant fréquemment madame de Courcelles que je ferai revenir entièrement M. d'Apremont des idées qu'a pu lui communiquer des Audrets. Cette réflexion me ramène sur l'explication qui a eu lieu une heure auparavant. J'interroge Jeannette; elle me proteste qu'elle ni son mari n'ont jamais prononcé le nom de M. de Courcelles, en présence de des Audrets. Elle ajoute qu'il n'a pu rien savoir de Firmin ni d'Ambroise, qui nous ont quittés en Normandie; mais elle se rappelle que, lorsqu'elle allait jaser avec les femmes de mademoiselle d'Apremont, des Audrets lui a parlé plusieurs fois du renversement subit de notre fortune, et des causes qui l'ont amené. Elle ne se souvient pas d'autre chose. Rien de moins satisfaisant que ces réponses, et rien de plus vrai, j'en suis certaine.

M. d'Apremont rentre; il fait servir à côté de mon lit. Il me parle beaucoup de sa nièce, de l'affection que lui porte son mari, de la douce harmonie qui règne entre eux, et il semble vouloir pénétrer mes plus secrètes pensées. Il me fixe, avec une continuité qui me fait horriblement souffrir. Je parviens cependant à me contraindre, au point de lui répondre avec une aisance, qui peut faire croire au repos de mon cœur. Voilà, Claire, voilà l'effet des institutions humaines; elles forcent, à la dissimulation, une femme qui a toujours chéri la vérité, et à qui il n'est plus possible de la dire. Voilà mon premier crime, et ce n'est pas le mien; il est celui des cruels qui m'ont forcée à donner ma main sans mon cœur; qu'il retombe sur eux... Misérable! Qu'ai-je dit? C'est mon père, c'est ma mère que j'accuse! Que Dieu les bénisse, et que je souffre seule.

Je ne peux supporter l'inquiétude où je suis; je continue à me plaindre de la fatigue : M. d'Apremont se retire.

J'ai passé une assez mauvaise nuit. Je voudrais être réellement malade, ne pas sortir, et ne recevoir personne, celui surtout avec qui je n'oserais plus être vraie, à qui je dois cacher l'amour le plus tendre et le plus constant. Tu ne saurais croire à quel point je redoute une entrevue avec sa femme. Cependant je sens la nécessité de me soumettre, et surtout de donner à cette démarche une apparence d'amitié. Je me fais habiller, et je propose à M. d'Apremont de m'accompagner chez sa nièce. Hélas! je le sens à présent, que d'yeux sereins par devoir, et qui se noient en secret dans les larmes!

Madame de Courcelles était sur une chaise longue, parée de ce que le négligé, le plus recherché, peut ajouter à la nature. Son état est ce qui m'a frappée d'abord, et un mouvement, dont je n'ai pas été maîtresse, m'a fait détourner la vue... c'est lui qui l'a rendue mère, et moi... Ah! Claire, cette idée me brise le cœur. Elle a répondu à mon compliment avec une affabilité qui ne m'a pas abusée. Je ne l'estime pas assez pour croire qu'elle voie, sans un dépit secret, celle qui lui enlève cent mille écus de rente, et elle ne peut avoir oublié cette lettre dont je m'étais emparée, et qu'elle a déchirée dans un accès de fureur. Au reste, les démonstrations extérieures ont été, de part et d'autre, ce qu'il fallait pour satisfaire M. d'Apremont.

Il demande des nouvelles de M. de Courcelles. Madame répond, d'un air distrait, qu'il est chez lui; qu'elle le croit occupé. M. d'Apremont prie sa nièce de lui faire dire que nous sommes à l'hôtel. C'est Firmin qu'elle charge de l'avertir; il saura que je suis ici, et si la prudence l'éloigne de moi, il ne pourra se refuser à l'invitation de son oncle. Je vais le voir... mais il faudra que j'impose silence à mon cœur, que je mette un masque sur ma figure, que je prenne celui de l'indifférence... Il vaudrait mieux qu'il ne vînt pas, je le sens, et je serais affligée, profondément affligée s'il ne descendait pas. A quelle étude je suis réduite! Toujours tromper les autres, m'efforcer d'être impénétrable, ériger le mensonge en principes, voilà mon sort.

On ouvre une porte... Le cœur me bat avec une extrême violence... Ce n'est pas lui, c'est Firmin qui annonce qu'il va paraître. Je vois un piano; je cours y cacher mon trouble, ma rougeur. Il entre. M. d'Apremont a les yeux sur moi: quel supplice! Je crois cependant que je me possède assez pour lui imposer. Des dames, quelques jeunes gens se présentent; la conversation s'anime, elle devient générale, je me remets entièrement, j'observe et je réfléchis

Madame de Courcelles est l'objet de tous les hommages; elle est charmante, pour ceux à qui elle veut plaire; elle les provoque, elle les attire, elle ne laisse, aux autres femmes, ni une attention, ni un regard. Le mariage ne l'a pas changée, et le malheureux qui l'a épousée est le seul qu'elle n'aperçoive pas : il paraît étranger dans sa maison. Ceux mêmes qui la fréquentent ont l'impudence de l'y compter pour rien, ils suivent l'impulsion que leur donne madame. Jules, être nul quelque part! celle qui devrait être fière du titre de son épouse, s'éloigne de lui, et en écarte les autres! La misérable ne l'a jamais aimé, je te l'ai dit, Claire. Elle a voulu un état : l'homme qui le lui a donné n'est plus rien pour elle.

Et M. d'Apremont me parle de l'harmonie qui règne entre eux ! Ils sont d'accord sur un seul point, sur l'éloignement qu'ils ont l'un pour l'autre. M. d'Apremont n'a pu s'y tromper, et il a sans doute des raisons particulières pour s'être exprimé ainsi. Que ne donnerais-je pas pour les connaître, et je ne peux que les soupçonner.

Jules est seul dans un coin; il rêve profondément; il pense peut-être au rôle humiliant qu'on lui fait jouer; peut-être il s'occupe des moyens de remonter à sa place, et de faire descendre sa femme à la sienne... Peut-être, ah! peut-être il compare son sort à celui que je lui réservais. Quels égards, quelles prévenances, quels soins je lui eusse prodigués! L'amour le plus tendre les eût rendus faciles pour moi, et précieux pour lui. Prévenir et combler les vœux de l'être qu'on adore, ce n'est pas obéir, c'est jouir. Les yeux de Jules se portent sur les miens, il m'adresse un regard douloureux... ah! je l'entends.

Madame de Courcelles nous invite à dîner. M. d'Apremont me demande ce que je veux faire je ne veux pas qu'il interprète mon refus ou mon acceptation. Je lui réponds que je ferai ce qui lui conviendra. Il reste. Si je vois juste, nous sommes dans un état de défiance mutuelle; elle doit amener une guerre sourde, qui fera le malheur de M. d'Apremont, et qui comblera mes infortunes. Il faut que ces premiers nuages se dissipent. J'opposerai la plus grande franchise au soupçon, quand je serai instruite. Si des Audrets connaît notre amour, j'en ferai l'aveu à mon époux; je me mettrai sous sa protection; je le prierai de me conduire dans ses terres, et de me sauver de moi-même. Cette conduite l'affligera, je le sens; mais elle me rétablira dans son estime, et elle assurera mon repos.

Un dîner n'est jamais gai quand on le partage avec des gens inconnus, pour la plupart, avec un être qu'on aime trop, et qu'on est occupé de réflexions sérieuses. J'entendais rire autour de moi, et je n'étais pas à la conversation. Madame de Courcelles parlait beaucoup, était souvent applaudie ; voilà tout ce que j'ai remarqué. Jules était à un bout de la table, moi à l'autre, et nous ne nous sommes pas adressé un mot. M. d'Apremont paraissait nous observer tous deux, et j'ai pensé que ce silence, affecté entre jeunes gens, qui ont été élevés ensemble, pouvait être interprété à notre désavantage. J'ai voulu parler à Jules, et telle était ma préoccupation, que je ne pouvais lier deux phrases de suite. J'ai feint une violente migraine : c'est, je crois, la ressource des femmes qui n'en ont pas d'autre, et qui veulent cacher une vive émotion. Je me suis levée en disant que l'air me soulagerait. M. d'Apremont m'a suivie ; il m'a témoigné le plus tendre intérêt, et il était de bonne foi : la dissimulation ne s'exprime pas ainsi. J'ai jugé que mes observations et mes craintes sont sans fondement. Mais il est si facile de croire ce qu'on redoute !

Je me suis sentie rassurée, et j'ai dit que je me trouvais mieux. M. d'Apremont m'a présenté la main, et m'a conduite au salon où on venait de passer. Jules, que j'avais soigneusement évité pendant trois heures, dont l'œil darde tous les feux de l'amour, dont le son de voix me fait frissonner, Jules était dans un fauteuil à côté de celui où M. d'Apremont m'a placée. J'ai été tentée de me lever et de fuir à l'extrémité du salon. Un sentiment de prudence m'a retenue. Tout ce qui

est exagéré doit paraître suspect, et je n'ai aucune raison apparente d'éviter M. de Courcelles. Je lui ai parlé d'un opéra, nouveau en province, et que je n'ai pas vu : il fallait bien dire quelque chose. Depuis dix-huit mois cet ouvrage est oublié à Paris, et les courtisans de madame ont éclaté de rire, comme si j'avais dit une sottise, et qu'ils eussent le droit de la relever. Ils savent, tous les hommes savent peut-être, qu'on ne fait pas mieux sa cour à une femme que lorsqu'on en humilie une autre. M. d'Apremont a rougi de colère ; il a adressé des choses très-fortes à ces messieurs, qui se sont efforcés, gauchement, de justifier une impertinence. Jules et moi avons trouvé le moment de nous dire quelques mots. « Êtes-
« vous heureuse ? — Et vous ? » Deux soupirs se sont échappés à la fois. « Comment M. d'Apre-
« mont se conduit-il ? — Bien, très-bien. — Ah!
« je serai moins malheureux. — Mais il soup-
« çonne que je vous ai beaucoup aimé. — Que
« vous m'avez aimé, dites-vous ? Ah ! Adèle. — Ah !
« Jules. — Un amour comme le nôtre s'éteint-il
« jamais ? — Nous nous sommes ôté le droit d'en
« parler, et c'est vous qui m'en avez donné
« l'exemple. — Combien j'ai expié, combien j'ex-
« pie tous les jours une faute, qui ne fut pas la
« mienne! — Ah ! je le crois, mon ami ; mais ne
« parlons plus de cela. — Ne craignez rien, Adèle :
« Je vous respecte autant que je vous aime. » La conversation est devenue générale.

Entends-tu, Claire, il me respecte autant qu'il m'aime. Je peux donc me livrer avec sécurité au doux penchant de mon cœur. Sans doute il est affreux de vivre avec la certitude de n'être jamais à l'homme qu'on adore; mais tourmens d'amour ne sont pas sans douceur. Cet état est préférable au repos apathique de l'indifférence : cette espèce de calme ressemble au silence des tombeaux....

....

J'arrive à un incident qui peut avoir pour moi les suites les plus funestes, et contre lequel la prévoyance et la sagesse offrent bien peu de ressources. Plains ta déplorable amie, et conseille-la, si tu vois quelque moyen de la soustraire aux écueils entre lesquels elle marche. Ce matin, M. d'Apremont est sorti, et, pour la première fois, des Audrets est entré dans mon appartement sans se faire annoncer. Je lui ai marqué ma surprise et mon mécontentement de cet oubli des convenances. « Il ne s'agit pas, madame, a-t-il dit, « de convenances, ni d'autres semblables niaise- « ries; mais d'une explication dont va dépendre « le sort de votre vie.

« Mademoiselle d'Apremont a rejeté mes vœux, « et je l'en ai punie en lui ôtant cent mille écus « de rente. Je vous les ai donnés, malgré vos « premiers refus. J'ai inspiré à M. d'Apremont « l'estime et la confiance, qui vous rendent aussi « heureuse que peut l'être une femme qui n'aime « pas son époux. Il dépend de vous que cet état

« soit durable, et il est inutile de vous rappeler
« à quel prix je le maintiendrai. — Sortez, mon-
« sieur, sortez; dispensez-moi d'en entendre da-
« vantage. — Non, madame, je ne sortirai pas,
« et vous m'écouterez.

« Inébranlable dans la résolution que j'ai prise
« à votre égard, j'en ai préparé le succès par tous
« les moyens que m'a suggérés la prudence. Vous
« les nommerez astuce, perfidie, atrocité : il m'im-
« porte peu que vous opposiez des mots à un cours
« d'événemens qui doit vous entraîner.

« Persuadé de la facilité avec laquelle on allume
« la jalousie d'un vieillard, j'ai senti que votre
« destinée est dans mes mains. J'ai pensé aussi
« que je doublerais mes avantages, si j'avais à
« avancer quelques faits positifs, et j'ai fait parler
« Jeannette. Je n'ai pas eu la maladresse de l'en-
« tretenir de vous : je connais l'attachement que
« vous lui portez, la confiance que vous avez en
« elle. Cela suppose des services essentiels rendus,
« et vous nommer eût été lui fermer la bouche.
« Je lui ai parlé de M. de Méran, de ses revers;
« et j'ai appris les rapports d'intérêt qu'il a eus
« avec un M. Rigaud, qui exerce maintenant une
« petite place à Cherbourg. Les femmes sont fa-
« ciles en général, et une démarche, couverte
« du voile de l'amitié, réussit presque toujours
« auprès d'elles. J'ai écrit à madame Rigaud que
« M. d'Apremont, homme âgé et puissamment
« riche, se plaît à faire des heureux ; qu'il était

« disposé à corriger envers vous les torts de la
« fortune, et qu'il dépendait d'elle de vous rap-
« procher de l'homme que vous aimez ; qu'il suf-
« fisait pour cela de m'indiquer son domicile ac-
« tuel, afin qu'on pût traiter directement avec sa
« famille; épargner ainsi à M. de Méran des dis-
« cussions d'intérêt, toujours dures pour celui
« qui reçoit, et surtout l'humiliation d'un refus
« formel, si les vues bienfaisantes de M. d'Apre-
« mont restaient sans effet. J'ignorais si vous ai-
« mez ou non ; mais l'affirmative me paraissait
« possible, et s'il n'en eût rien été, ou si madame
« Rigaud n'en eût rien su, je n'aurais hasardé
« qu'une lettre, qui devenait sans conséquence.

« Cette femme a pour vous un sincère attache-
« ment; mais elle est crédule et confiante à l'excès.
« Elle a saisi avec avidité, avec une sorte d'en-
« chantement, l'ouverture que je lui ai faite. Elle
« m'a répondu, dans le plus grand détail ; elle
« m'a écrit l'histoire du marronnier, du chiffre et
« des premiers baisers d'amour. Elle ne m'a confié
« tout cela, dit-elle, qu'afin de me prouver, jus-
« qu'à l'évidence, que le bonheur de votre vie
« était attaché à votre union avec M. de Courcelles.
« Elle finit en bénissant M. d'Apremont, et en
« appelant sur moi les faveurs célestes : les bonnes
« femmes ont toujours une petite dose de dévo-
« tion.

« Nanti de cette pièce importante, que je ferai
« valoir si vous m'y forcez, je suis avancé rapide-

« ment dans la route que je me suis tracée. Vous
« avez dû remarquer, depuis quelques jours, de
« l'incertitude, de l'irrésolution dans la manière
« d'être de M. d'Apremont à votre égard : en voici
« les raisons. Je lui ai appris que M. de Courcelles
« a été élevé avec vous; j'ai insinué qu'un beau
« garçon a pu être dangereux pour une jeune
« personne de votre âge; mais j'ai observé en
« même temps que s'il vous eût réellement aimée,
« il n'eût pas épousé mademoiselle d'Apremont.
« Tantôt je parais craindre les suites du sentiment
« qui a pu vous lier à ce jeune homme; tantôt je
« rejette cette pensée, comme injurieuse pour
« vous. Si je suis satisfait de votre conduite à mon
« égard, je ramènerai dans l'esprit de M. d'Apre-
« mont une sécurité absolue; je la détruirai sans
« retour, si vous persistez dans vos refus. J'élè-
« verai d'abord quelques nuages; bientôt je les
« accumulerai; je les précipiterai les uns sur les
« autres; je susciterai des orages, et le premier
« effet de mes persécutions secrètes sera de vous
« séparer de Jeannette, qui vous est, je crois,
« très-nécessaire, et qui, s'il me plaît, ne sera plus
« avec vous dans quatre jours.

« Je n'ai à craindre ici que M. de Courcelles;
« mais vous ne l'armerez pas contre moi. Il vous
« est trop cher pour que vous l'exposiez aux
« chances incertaines d'un combat particulier.
« Vous ne m'arrêterez pas non plus en cherchant
« à m'inculper auprès de M. d'Apremont. Vous

« êtes vindicative, vous me l'avez prouvé ; mais
« vous n'avez ni l'énergie, ni la présence d'esprit
« qui pourraient vous tirer des embarras et des
« alarmes continuelles où je vous jetterai. Au pre-
« mier mot que me dira votre mari, j'entre dans
« votre appartement, la lettre de madame Rigaud
« à la main; je vous reproche devant lui l'ingra-
« titude dont vous payez ses bienfaits; je fais res-
« sortir avec malignité les scènes voluptueuses qui
« se sont passées entre M. de Courcelles et vous;
« j'irrite la jalousie déja très-active de M. d'Apre-
« mont; je vous accuse d'être encore d'intelligence
« avec votre amant; je vous rappelle l'adresse avec
« laquelle vous avez saisi hier l'occasion de lui
« parler en particulier; je soulève le voile qui
« couvre l'avenir, et je vous montre tous les deux
« abandonnés aux transports d'un amour effréné.
« Je n'aurai pas besoin d'ajouter que vous voulez
« m'éloigner, parce que, témoin incommode et
« sévère de vos actions, je remplis les devoirs de
« l'amitié envers M. d'Apremont : cette réflexion
« se présentera naturellement à lui. Exaspéré, fu-
« rieux, il éclatera, il tonnera sur vous. Je vous
« connais; vous rougirez, vous pâlirez, vous fon-
« drez en larmes, vous tomberez à genoux, vous
« conviendrez des faits, vous demanderez pardon,
« et vous ne l'obtiendrez pas.

« Je vous donne vingt-quatre heures pour vous
« décider; demain je viendrai prendre votre ré-
« ponse. »

Il eût parlé des heures encore sans que j'eusse pensé à l'interrompre. Je ne peux entendre prononcer le nom de l'homme adoré sans être hors de moi, et les menaces du monstre, et la profondeur de son plan se réunissaient pour m'accabler, pour m'anéantir. Te l'avouerai-je, Claire, cette scène, qu'il se proposait d'amener entre M. d'Apremont et moi, a eu lieu à l'instant même. Je n'ai pas rougi de tomber aux pieds de l'infâme; de le supplier de m'épargner, d'épargner mon amant dans l'esprit de sa femme et de son oncle. J'ai mouillé ses genoux de mes larmes, et l'excès de ma douleur a dû lui apprendre ce qu'ignore madame Rigaud, qu'il m'est impossible de vaincre mon amour, et qu'il est à la fois le tourment et le charme de ma vie. Sourd à mes supplications; insensible à la position humiliante où je m'étais mise devant lui, ses yeux étincelaient des feux de la luxure; sa bouche écumait; des mains, impatientes du crime, le préparaient déja... J'ai retrouvé tout à coup cette énergie, dont il ne me croyait pas susceptible ; je me suis relevée ; j'ai tiré violemment le cordon de ma sonnette... Il en avait, m'a-t-il dit, détaché le fil de fer, et j'étais à sa discrétion... Jeannette a paru lorsque je me croyais sans ressource. « J'ai tout entendu, « s'est écriée la bonne jeune femme, et qui se « conduit comme vous venez de le faire ne peut « être qu'un lâche. Je vais trouver M. de Cour- « celles ; vous recevrez de lui le châtiment que

« vous méritez, et vous me perdrez ensuite si vous
« pouvez le faire. — C'est bien, c'est très-bien,
« ma petite; vous êtes la digne confidente de ma-
« dame. — Elle vous a ordonné de sortir; je vous
« en réitère l'ordre. Si vous refusez de vous y
« rendre, j'appelle mon mari, et les gens de notre
« état savent comment on chasse un homme tel
« que vous. » Le misérable est sorti, en balbutiant
des menaces que sans doute il effectuera.

Je t'ai déja dit que je n'ai ici que Jules pour
protecteur. J'ai saisi l'idée de Jeannette; je l'ai
chargée d'aller le prier de se rendre chez moi. J'ai
mis Jérôme dans mon antichambre, et j'ai laissé
toutes les portes ouvertes.

Jeannette était à peine sortie, quand j'ai pensé
que la férocité n'exclut pas le courage, et que
peut-être des Audrets ne s'est contenu à l'égard
de Duverlant et des deux autres, que pour ménager la réputation de mademoiselle d'Apremont,
et la sensibilité de son oncle. J'ai frissonné, en
pensant au danger où j'allais exposer celui qui
est l'ame de ma vie, en qui depuis quatre ans je
trouve mon univers. Hélas! la même crainte m'a
empêchée de dévoiler à mon père les premiers
outrages que j'ai reçus de des Audrets. Plus courageuse, j'aurais banni de la maison paternelle
M. d'Apremont et son faux ami; je serais libre
encore, et je me livrerais, sans remords, à la passion qui m'égare, qui m'entraîne, et qui ne finira
qu'avec moi.

Tourmentée par le sentiment de ma position, et par des idées impossibles à concilier, je suis tombée dans un fauteuil, étouffée dans mes sanglots, incapable de consulter mon jugement, et de prendre une résolution. Si l'infâme eût été là, il triomphait, et je mourais de honte et de douleur. J'ai appelé Jérôme; je l'ai fait asseoir à côté de moi; j'ai retrouvé quelque force, en pensant que j'étais sous la sauve-garde d'un honnête homme.

Alors des réflexions, plus suivies, se sont présentées à moi. J'ai senti qu'il fallait dire ou taire tout à M. de Courcelles; que lui détailler les infamies auxquelles je viens d'être en butte, c'était renoncer à tout moyen de conciliation; que s'il n'y a pas de sang répandu, un éclat terrible est inévitable, et que la violence même de Jules le tournera contre moi. Si je me tais, et que je ne donne aucun motif raisonnable au message dont j'ai chargé Jeannette, je paraîtrai avoir désiré, avec Jules, une entrevue particulière, que la calomnie ne manquera pas d'empoisonner. Il est là, le monstre; il épie mes actions, mes discours; il se fera des armes de tout. Que pensera Jules lui-même, si je ne l'ai mandé que pour lui parler de choses indifférentes? Ne sait-il pas que ces conversations, insignifiantes d'abord, entre deux êtres qui s'adorent, prennent bientôt le caractère du sentiment qui les domine? N'a-t-il pas éprouvé, comme moi, que les mots brûlent, et amènent ces baisers qui portent le délire à son comble? Lui donnerai-je lieu de croire que je suis avide de ces caresses, qui m'ont conduite une fois au bord du précipice; qu'insensible à sa générosité, à qui je dois l'honneur, je veux faire de lui mon complice, et le conduire au mépris des nœuds respectables, qui nous lient l'un et l'autre! Ah! Claire, quelle horrible perplexité!

Pendant que je flottais au milieu de ces irrésolutions, que je m'interrogeais sur le parti que j'avais à prendre, Jules et Jeannette sont entrés avec la rapidité de la foudre. Jules était rouge de colère; ses membres étaient agités de mouvemens convulsifs. « Où est, s'est-il écrié, le misérable qui « ose m'inculper, et outrager la plus respectable « des femmes? » Je me suis levée précipitamment; j'ai porté une main sur sa bouche; j'ai senti de l'autre des pistolets sous son habit.

J'étais destinée à embrasser, ce jour-là, les pieds de ceux que je hais, que j'aime et que je crains. Je me suis jetée à ceux de Jules; je l'ai conjuré, par l'amour le plus tendre, de ménager ma réputation, le repos de sa femme; de se conserver pour l'enfant qui lui devra bientôt le jour. Ce que le sentiment a de plus tendre, ce que la nature a de plus touchant, j'ai tout employé, tout épuisé, et sans succès : il était altéré de sang.

Injuste envers Jeannette, oubliant que je l'ai moi-même envoyée chez Jules, je lui ai reproché de l'avoir instruit, comme s'il était possible de se taire, quand on tremble pour quelqu'un à qui on est étroitement attaché. J'ai éclaté en plaintes, en murmures, et rendue entièrement aux sentiment de mon devoir, j'ai interpellé Jules. Je lui ai demandé de quel droit il se déclare mon défenseur; pourquoi il ose entrer armé chez mon mari, qui peut se montrer inopinément, et demander, du ton d'un maître irrité, la cause du désordre où nous sommes l'un et l'autre. « Vous exposerez-vous à porter une main coupable sur l'homme à qui je me suis donnée? Ajouterez-vous un crime aux obstacles, sans nombre, qui nous séparent déja? Ne sentez-vous pas que je me jetterai entre M. d'Apremont et vous, et que je recevrai le premier coup? » Il ne m'a pas répondu un mot, et j'ai jugé, à la sombre expression de sa figure, à la contraction continuelle de ses muscles, qu'il était inébranlable dans sa résolution.

Quel bizarre assemblage de contradictions que le cœur humain! Je me suis livrée à de nouvelles alarmes, et je n'ai plus écouté que le cri de mon cœur. Convaincue que le langage de la raison, de la prudence, de l'amour même, ne pouvait rien sur son ressentiment, j'ai voulu essayer si d'innocentes caresses n'auraient pas cette force entraînante, qui soumet, qui éteint toutes les autres sensations. Je n'avais rien à craindre de lui, ni de moi : Jeannette et son mari étaient présens.

Je me suis approchée; j'ai pris sa main; je l'ai portée sur mon cœur, et sur mes lèvres. Je l'ai enlacé dans mes bras; je l'ai pressé sur mon sein; ma bouche effleurait son front, ses joues, et lui adressait, par intervalles, les plus tendres supplications. Quel moyen, Claire! Qu'il est puissant et doux à la fois! Malheureuse, combien je regretterai de l'avoir employé! Il était rouge encore; mais ce n'était plus l'indignation qui colorait sa figure enchanteresse; c'étaient l'amour et tous ses feux; ses yeux en peignaient le délire; j'allais triompher, je n'en doute pas; il se serait éloigné, quand M. d'Apremont et des Audrets ont paru.

« Que vous ai-je dit? s'est écrié le monstre. Le
« désordre est à son comble, vous le voyez, et j'a-
« voue que je ne le croyais pas. » Jules s'est dégagé de mes bras avec violence; il a été droit à M. d'Apremont. « Cet homme, lui a-t-il dit, vient
« de faire à madame d'infâmes propositions. Il l'a
« menacée de tous les maux, qui peuvent accabler
« une femme honnête, si elle refusait de se rendre
« à ses désirs. Irrité de ses refus et de ses mépris,
« il a commencé à exécuter son cruel projet. Il
« s'est hâté de vous prévenir, parce qu'il croit que
« la première impression est la plus forte, et la
« plus durable. Mais sa lâche hypocrisie cédera à
« l'évidence: je vais, monsieur, vous rapporter les
« faits. — Ne croyez pas, monsieur, m'abuser sur
« vos intentions perfides, et calomnier impuné-
« ment un ami, qui m'est sincèrement attaché, et
« que vous n'accusez que parce qu'il a dévoilé
« votre odieuse conduite. — Impunément, dites-

« vous, monsieur? Il est deux êtres de qui je peux
« supporter la menace, M. de Méran et vous. Le
« lâche qui vous abuse, se tait, et il fait bien. —
« Monsieur, je n'ai pas l'habitude de m'emporter
« devant des femmes. Nous nous expliquerons dans
« un lieu plus convenable. — Je suis à vos ordres,
« monsieur. »

De ce moment, je n'ai vu que Jules bravant le
fer meurtrier; je me le représentais percé de
coups, renversé sur la poussière, la rougissant du
sang le plus noble et le plus précieux. Je me suis
élancée; je me suis jetée aux pieds de M. d'Apremont; je l'ai supplié de m'entendre. Il m'a écoutée;
mais il m'a laissée à genoux.

« Monsieur, avant que vous eussiez pensé à m'é-
« pouser, je connaissais l'homme qui veut me char-
« ger de votre haine et de votre mépris. Il avait
« porté ses vues criminelles sur mademoiselle d'A-
« premont, sur la nièce de celui qu'il ose appeler
« son ami. Je l'ai entendu la menacer de lui faire
« perdre votre fortune, si elle rejetait ses vœux;
« j'ai entendu mademoiselle d'Apremont lui ré-
« pondre, avec le froid dédain que lui portent
« tous ceux qui le connaissent. Furieux, impatient
« de se venger, il vous a amené à me remarquer,
« il a fait valoir auprès de vous quelques qualités,
« quelques talens, et son libertinage ayant sans
« cesse besoin d'un aliment nouveau, il m'a dé-
« claré que je serais votre femme, qu'il me pos-
« séderait, ou qu'il me rendrait le plus misérable

« des êtres. Vous voyez déja l'effet de ses menaces.
« Ce n'est plus à un époux bienveillant et sensible
« que je m'adresse; je parle à un maître prévenu,
« qui ne croit plus à mon honnêteté, ni à ma
« franchise, et qui me laisse devant lui dans la
« position la plus humiliante. — Relevez-vous,
« madame, et donnez-moi quelques preuves de ce
« que vous venez d'avancer. — Tout ce que je
« viens de vous dire est consigné dans des lettres
« détaillées, écrites à madame de Villers. Par vous,
« sans doute, s'est écrié le monstre. La belle
« preuve, vraiment! Monsieur, ai-je repris, je
« ferai venir ces lettres. Vous en suivrez l'esprit
« depuis la première jusqu'à ce jour. Vous verrez
« que, long-temps avant que je vous connusse,
« j'avais l'habitude de déposer tous mes secrets
« dans le sein de mon amie, vous trouverez, dans
« ces lettres, un caractère de vérité que l'impos-
« ture n'imite jamais. »

Que risquais-je en parlant ainsi? Je ne pouvais
me dissimuler que M. d'Apremont n'ignorerait pas
long-temps que Jules est l'objet de cette passion
insurmontable, dont je lui ai fait l'aveu le jour
où il m'a proposé sa main.

« Mes lettres, ai-je ajouté, peuvent vous pa-
« raître insuffisantes : interrogez votre nièce elle-
« même. Elle s'est tue jusqu'à présent, parce que
« cet homme lui a déclaré qu'il opposerait, à ses
« justes plaintes, l'influence qu'il a sur vous, et
« qu'elle ne serait pas écoutée. — Madame, ma-

« dame, celle dont vous parlez m'a toujours dé-
« testé. Cent fois elle m'a donné lieu de croire
« que les bontés dont m'honore son oncle ont
« allumé sa haine. D'ailleurs quelle confiance aurait
« mon ami dans ce qu'avancerait une femme qui
« n'a pas su se respecter? Que voulez-vous dire?
« s'est écrié M. d'Apremont. — Il m'en coûte,
« mon ami, de vous révéler un secret affligeant;
« mais il s'agit ici de ma réputation, de votre es-
« time, et il m'est permis de ne rien ménager :
« d'ailleurs ce mystère sera bientôt dévoilé. La
« grossesse de madame de Courcelles est plus
« avancée qu'elle devrait l'être. Certaines femmes
« s'empressent de détourner d'elles l'attention, en
« inculpant avec éclat, en traduisant, au tribunal
« public, un homme irréprochable. La cause se
« discute vivement, longuement; le moment de la
« délivrance arrive, sans que l'avide curiosité ait
« pu calculer les époques, et peut-être ces deux
« dames s'entendent-elles pour nous jouer, vous
« et moi. »

M. d'Apremont était atterré; je m'étais traînée
à demi morte sur un sopha, et Jules cherchait
Jeannette, que cette scène terrible avait éloignée.
S'il eût entendu des Audrets, il n'eût pas été
maître de lui.

« Hé! pourquoi, a repris le monstre, ces dames
« ne seraient-elles pas d'accord? elles ont besoin
« l'une de l'autre. La coquetterie de madame de
« Courcelles prouve, qu'en se mariant, elle n'a

« obéi qu'aux circonstances; elle a besoin que son
« mari soit occupé ailleurs, et ne voie pas ce qui
« se passe chez lui. Madame d'Apremont ne peut
« refuser de la bienveillance à celle qui lui rend
« son amant, et toutes deux sont intéressées à vous
« tromper. Enfin, sans s'arrêter à des lettres, à de
« frivoles dépositions, voyez les faits, mon ami;
« ils parlent, et c'est à eux qu'il faut croire. Vous
« venez de surprendre madame dans les bras de
« M. de Courcelles, et telle est en eux l'habitude
« du désordre, qu'ils n'ont pas craint de s'y livrer
« en présence de leurs gens. Mon cœur saigne en
« vous présentant ces tristes réflexions. Je me re-
« pens amèrement d'avoir contribué à votre ma-
« riage; mais puis-je me taire, mon ami, quand
« je suis ouvertement accusé d'avoir voulu séduire
« votre nièce et votre femme, et ne dois-je pas
« rappeler toutes les circonstances qui peuvent
« vous rendre suspect l'acharnement de mes en-
« nemis? »

M. d'Apremont était pâle, défait; il pouvait à
peine articuler, il balbutiait des mots sans suite...
« L'habitude du désordre! s'est-il enfin écrié, non,
« barbare, elle ne l'a pas; elle était pure quand
« elle a reçu ma main. Sa conduite depuis a été
« irréprochable. Il y a trois jours seulement que
« nous sommes à Paris, et une femme honnête ne
« passe pas, aussi rapidement, de l'innocence au
« crime. La présence même de ses gens, qui vous
« paraît prouver contre elle, est précisément ce

« qui me rassure : la femme la plus dissolue se
« cache pour se livrer à ses transports. Élevée
« avec M. de Courcelles, madame d'Apremont a dû
« conserver au moins de l'amitié pour lui, et ils
« ont pu goûter les douceurs d'un sentiment esti-
« mable. Enfin, un véritable ami ne fait pas de
« semblables aveux; il plaint celui que trompe
« une épouse infidèle, et il se garde bien de lui
« plonger un poignard dans le cœur. Éloignez-
« vous, homme insensé ou cruel; laissez-moi re-
« naître à l'illusion, qui me rendait la vie si pré-
« cieuse, et sans laquelle il me serait maintenant
« impossible d'exister. »

Rassurée par ces paroles de paix, je me suis
levée, j'ai couru à M. d'Apremont, j'ai pris ses
mains, je les ai mouillées des larmes de la reconnaissance; il m'a ouvert les bras, je m'y suis
précipitée. « Vois, a-t-il dit à des Audrets, vois,
« reconnais l'expression de la vérité. Une femme,
« je le sais, peut être faible à tout âge; mais à
« celui d'Adèle, on n'a pu faire une étude ap-
« profondie du mensonge; on ne sait pas encore
« masquer la perfidie. C'est toi qui trompes, ou
« qui t'es trompé, et dans l'un ou l'autre cas, il
« faut nous séparer. »

La scène avait changé de face. L'opinion, le
cœur de M. d'Apremont se prononçaient en ma
faveur, et déja je me croyais délivrée des obses-
sions de l'infâme. « Vous m'éloignez de vous, a-t-il
« dit à M. d'Apremont, parce que votre honneur

« m'est cher, et que ma vive amitié n'a pu sup-
« porter les atteintes qu'on lui porte chaque jour.
« La voix d'une femme coupable l'emporte sur
« les droits que quinze ans d'affection et de soins
« m'avaient acquis sur vous. Vous le voulez, je
« pars; mais du moins je vous laisserai convaincu
« que l'imposture s'est armée contre moi, et que
« ma conduite à votre égard a toujours été celle
« d'un honnête homme. Voilà une pièce qui dé-
« truit toutes les allégations qu'on a opposées à
« mon témoignage. Prenez, lisez, jugez. »

Il a tiré de sa poche la lettre de madame Rigaud.
M. d'Apremont l'a lue avec un serrement de cœur,
dont je ne peux te donner d'idée. Il s'est levé tout
à coup; ses yeux étincelans se sont portés sur
moi; il s'est avancé avec une violence qui m'a
glacée d'effroi, et il s'est arrêté, sans doute par
le sentiment de ce qu'il se doit à lui-même. « Per-
« fide, vous m'avez parlé d'un amour insurmon-
« table; mais vous m'avez caché ces caresses brû-
« lantes, ces transports, dont le souvenir seul est
« déshonorant pour vous et pour moi. Le nom
« de M. de Courcelles est resté au fond de votre
« cœur, et vous me l'auriez nommé en arrivant à
« Paris, vous m'auriez placé entre vous et lui, si
« vous n'aviez conçu l'affreux projet de consom-
« mer le crime, que dès long-temps vous avez
« ébauché. »

Jules est rentré avec Jeannette, et M. d'Apremont a lu à haute voix cette phrase accablante!

« Je crois que ces jeunes gens, si dignes de vous
« intéresser, sont unis par des nœuds que la mort
« seule peut rompre, et si vous désirez des détails
« plus particuliers, Jeannette, qui a toute la con-
« fiance de mademoiselle de Méran, pourra vous
« en donner. »

« Sortez, a-t-il dit avec menaces à la bonne
« jeune femme, sortez de l'hôtel, avec votre mari,
« et que je ne vous revoie jamais. Celui qui a sé-
« duit ma nièce, a-t-il ajouté, en s'adressant à
« Jules, celui qui se montre ouvertement l'amant
« de ma femme, ne doit plus se flatter d'être cru.
« Rougissez de votre conduite; réparez-la, s'il est
« possible, et gardez-vous de jamais paraître dans
« cette maison. — Ainsi donc le vice triomphera,
« et l'innocence tombera sous ses coups ! — L'in-
« nocence, dites-vous! lisez à votre tour cette
« lettre foudroyante, et démentez-la si vous le
« pouvez.

« Je ne nierai rien, a répondu Jules; mais je
« présenterai les faits sous leur véritable point de
« vue. J'ai séduit votre nièce, dites-vous? Je con-
« viens que j'ai obtenu ses faveurs avant le ma-
« riage; mais je me suis hâté de réparer sa faiblesse
« et la mienne. Est-ce ainsi que se conduit un
« séducteur? Madame et moi nous sommes aimés,
« avec une extrême tendresse. Mais si l'honneur
« n'eût été le mobile de toutes nos actions, nous
« ne nous serions pas bornés à d'innocentes ca-
« resses; nous aurions mis M. de Méran dans

« la nécessité de consentir à notre mariage, et
« M. d'Estouville n'eût pu laisser, dans l'avilisse-
« ment, le dernier rejeton d'une famille illustre.
« Je vous ai respecté, sans que vous en sussiez
« rien. Au moment de votre départ de Velzac,
« j'avais donné mes ordres; je m'exilais de Paris;
« j'allais vivre dans les terres de madame la com-
« tesse, et je n'ai été retenu ici que par l'accident
« qui lui est arrivé, et que vous connaissez comme
« moi. Vous m'avez surpris dans les bras de ma-
« dame d'Apremont? Toutes les portes seraient-
« elles restées ouvertes, si votre présence avait
« été redoutable pour nous? Furieux contre celui
« qui, seul, pense à vous déshonorer, j'exhalais
« mon ressentiment en termes peu mesurés, et
« madame m'adressait les instances les plus vives,
« les remontrances les plus affectueuses, pour
« m'engager à éviter toute espèce d'éclat, et à
« ménager votre repos. Qu'y a-t-il de répréhen-
« sible dans ce que nous avons fait, et quelles
« inductions en pouvez-vous tirer contre nous?

« Mais je vais lire cette lettre, qui vous paraît
« la preuve irrécusable d'une intelligence crimi-
« nelle...................................
« Pourquoi monsieur a-t-il interrogé madame Ri-
« gaud? Quel intérêt avait-il à connaître les sen-
« timens secrets de madame d'Apremont, si déja
« il n'avait conçu des projets? Pourquoi aurait-il
« conservé cette lettre, s'il n'avait eu l'intention
« de s'en faire une arme contre elle, et pourquoi

« aurait-il attendu à s'en servir jusqu'à ce jour,
« si sa position, à l'égard de madame, n'avait
« changé tout à coup ce matin? N'est-il pas évi-
« dent que la communication de cette lettre est
« l'effet d'un sentiment subit de colère et de ven-
« geance?... Dieu! grand Dieu! quel trait de lu-
« mière? Cette lettre a été écrite un mois avant
« votre mariage. Voyez, monsieur, voyez la date.
« C'est quand cet homme l'a reçue, qu'il devait
« vous la montrer, vous faire connaître que le
« cœur de madame était prévenu pour un autre,
« empêcher une union qui pouvait faire le malheur
« de tous deux. Cette confidence alors eût été
« franche et louable. Aujourd'hui, elle ne peut
« couvrir que des desseins coupables, et ce sont
« ceux que je vous ai dévoilés.

« Tout ce que je vois, tout ce que j'entends, a
« repris M. d'Apremont, me donne la triste con-
« viction que jamais je n'obtiendrai la tendresse
« de madame. Mais ne doit-elle rien à ses sermens,
« à ses devoirs, à mon amour, à mes égards, à
« mes largesses? M. de Courcelles ne sent-il pas
« ce que la délicatesse lui prescrit en ce moment?
« — J'obéirai à sa voix, monsieur. Je ne cherche-
« rai point à voir madame, et je m'éloignerai de
« Paris, aussitôt que la santé de madame de Cour-
« celles me le permettra. — Cette conduite est
« noble, et je ne peux rien demander de plus.
« Des Audrets, faut-il que je perde à la fois tout
« ce qui m'attachait à la vie? Parlez, malheureux;

26.

« justifiez-vous du dessein affreux qu'on vous im-
« pute, et qu'au moins l'amitié me reste pour
« fermer les plaies cruelles qui déchirent mon
« cœur.

— « Que je me justifie! et de quoi? d'une as-
« sertion vague, dont on ne donne aucune preuve,
« et qui ne tend, je le répète, qu'à éloigner
« un surveillant fâcheux. Si j'aimais madame au
« point de trahir les devoirs les plus saints de
« l'amitié, aurais-je facilité son mariage avec vous?
« Ne me serais-je pas proposé moi-même, et dans
« l'extrême médiocrité où elle vivait, n'étais-je
« pas un parti sortable? Ne me serais-je pas du
« moins assuré de ses dispositions, et de celles de
« sa famille à mon égard? On me fait un crime
« d'avoir interrogé madame Rigaud, et de vous
« avoir caché sa réponse jusqu'à ce jour. N'était-il
« pas naturel, lorsque votre passion s'est pronon-
« cée, que ma tendre sollicitude voulût connaître
« celle à qui vous alliez vous unir? Lorsque j'ai
« reçu cette lettre, monsieur venait d'épouser
« mademoiselle d'Apremont. Trop aimable, pour
« n'être pas tendrement chérie, j'ai dû penser
« qu'en effet monsieur était infidèle, et que le
« dépit éteindrait dans le cœur de madame, un
« amour désormais sans espoir. Qu'aurais-je gagné
« d'ailleurs en vous communiquant cette pièce?
« Vos désirs ne connaissaient plus de frein; la
« raison eût été impuissante; vous ne m'auriez
« pas même écouté, et cependant, plus tard, des

« souvenirs cruels se seraient reproduits, et au-
« raient détruit à jamais votre repos. Je viens,
« dit-on, de vous la faire lire cette lettre, parce
« que ma position, à l'égard de madame, a changé
« tout à coup ce matin. Oui, sans doute elle a
« changé, puisque ce n'est qu'aujourd'hui que la
« calomnie s'est ouvertement prononcée, et m'a
« réduit à la triste nécessité de me défendre. Quel
« homme raisonnable me blâmera d'avoir usé de
« tous mes moyens, et pourra croire que l'intérêt,
« beaucoup trop direct, que prend M. de Cour-
« celles à cette scène, soit dicté par cette délica-
« tesse dont il parlait tout à l'heure, et dont vous
« attendrez long-temps les effets! — Malheureux!
« — Point de mots, jeune homme, des choses.
« Vous vouliez, dites-vous, quitter Paris, et vous
« n'y êtes retenu que par l'accident arrivé à ma-
« dame de Courcelles. Une femme qui reçoit tous
« les jours, qui donne à dîner, et qui fait les
« honneurs chez elle, n'a plus besoin de vos se-
« cours. Mais vous avez été bien aises de vous
« appuyer d'un prétexte qui vous permît de vous
« voir et de vous rapprocher. En effet, madame
« vous mande ici, et il n'est pas difficile de de-
« viner pourquoi vous accourez; vous vous livrez
« à des caresses, que réprouve cette délicatesse
« que vous invoquez si légèrement, et quoi que
« vous en disiez, laisser les portes ouvertes, quand
« on a des gens affidés, est beaucoup plus adroit
« que de les fermer. Enfin M. d'Apremont et moi

« nous entrons, avec quelques précautions, je
« l'avoue; vous êtes surpris, et incapables de ré-
« fléchir dans une position aussi critique, vous
« m'accusez, moi, étranger de tout ce qui se passe
« entre vous. Sans doute, il est commode, pour
« cacher ses projets, d'en supposer aux autres.
« Mais pour donner à cette fable l'air de la vrai-
« semblance, il vous aurait fallu plus de temps,
« pour la composer, et la mûrir. »

Ce calme, cette astuce, cette persévérance dans le dessein de me nuire, ont porté l'égarement de Jules au dernier période. Aveuglé par la colère, oubliant qu'il allait assurer le malheur du reste de ma vie, il s'est élancé sur des Audrets le pistolet au poing. « Tirez, monsieur, lui a dit le
« monstre, avec un sang-froid inconcevable;
« ajoutez une action criminelle aux plus perfides
« insinuations. Est-ce en vous présentant chez
« M. d'Apremont avec des armes cachées, que
« vous croyez lui prouver que vous n'y êtes entré
« que pour faire éclater l'innocence ? L'homme
« droit ne prévoit rien, ne craint rien, et s'ex-
« plique. Celui au contraire qui a tout à redouter
« d'un époux outragé, se met en mesure de se
« défendre. »

Jules n'est pas fait pour être un assassin. Il a marqué de l'irrésolution, et cependant il avait le doigt sur la fatale détente. Je me suis élancée sur lui; j'ai arraché l'arme de ses mains. Il a frémi du danger où je m'exposais en la saisissant par le bout du canon. Il s'est reculé en chancelant ; il s'est appuyé sur une cheminée. La pâleur de la mort était sur son visage; ses yeux s'éteignaient. J'ai jeté l'arme au loin ; je me suis approchée de lui, et, oubliant à mon tour le témoin redoutable devant qui je parlais, j'ai supplié mon amant de ne donner aucune suite à cette affaire. Mes expressions, mon accent, étaient sans doute ceux de l'amour le plus tendre, puisque M. d'Apremont n'a plus été maître de lui. Il m'a saisi le bras avec violence ; il m'a entraînée ; il m'a conduite à mon appartement ; il m'y a enfermée à double tour.

Ce n'est pas de moi que je me suis d'abord occupée : tu le croiras sans peine. Je me suis traînée à ma fenêtre, et j'ai vu Jules et des Audrets sortir en se menaçant. Je me suis sentie défaillir ; j'ai espéré, un moment, que le trépas mettrait un terme à tant de maux... Ah! Claire, je l'ai déja remarqué, on souffre, on pleure, on ne meurt pas.

Le monstre a du courage, je n'en doute plus. Si mon amant succombe, je ne lui survivrai pas ; j'attenterai à ma déplorable existence. En attendant l'évènement, je suis en proie à toutes les angoisses du désespoir...

Deux heures se sont écoulées ; je les ai passées, accablée sous la verge du malheur, dans l'état le plus douloureux, où puisse tomber l'innocence et la faiblesse. Ma porte s'est ouverte enfin. Une femme âgée, et que je n'ai jamais vue, m'a demandé mes ordres. Des ordres! ah! je le vois, c'est une surveillante qu'on m'a donnée. Elle sera sans compassion, parce que la vieillesse est insensible à des maux qu'elle ne peut plus éprouver, et dont souvent elle perd le souvenir. Ainsi, je ne dois plus compter sur Jeannette; m'en voilà séparée sans retour. Je ne recevrai plus de ces lettres où ton amitié me soutenait contre l'infortune et contre mon cœur. N'importe, je ne cesserai pas de t'écrire; je ne veux plus de distractions à mes douleurs. Qu'elles me minent; qu'elles me tuent.

CHAPITRE XX.

Suite du précédent.

Je vois de mes croisées Jeannette et son mari traverser la cour. Ils sont chargés de leurs effets, et ils vont passer cette porte, qui ne s'ouvrira plus pour eux. La bonne jeune femme s'arrête devant mon appartement; elle me regarde d'un air attendri et douloureux. C'est maintenant que je sens le vide qu'elle va laisser autour de moi. Nous parlions de lui, et elle recueillait mes soupirs et mes larmes. Elles tomberont désormais sur mon cœur; elles me suffoqueront. J'ai couru à mon secrétaire; j'ai mis dans ma bourse ce qui me restait d'or; je l'ai jetée à ces vrais amis, que je ne dois plus revoir.

Des Audrets rentre. Sa main droite est enveloppée d'un mouchoir. Le ciel a-t-il défendu, protégé l'innocence? Jules a-t-il triomphé?

Je n'ose me livrer à cette idée consolante. J'ai ouï dire que souvent les deux adversaires sont blessés; qu'ils restent quelquefois sur la place. L'image de Jules mourant me poursuit sans relâche; je ne peux résister au tourment que j'endure.

Je parle à Thérèse, c'est le nom de la vieille femme qu'on a mise auprès de moi. Elle me répond avec un laconisme désespérant. Ce que ses réponses me laissent pénétrer, c'est qu'elle a l'ordre de me servir, de me satisfaire sur tout ce que je lui demanderai. Mais certaines réticences me font sentir qu'elle ne se chargera d'aucune lettre de moi, ni pour moi. Elle m'a parlé avec moins de réserve de M. d'Apremont. Il ne donne aucune marque de colère; il est profondément affligé. Non, Claire, cet homme n'est pas méchant, et il serait facile encore de le ramener à celui qui m'a ôté son estime et le repos. Mais il me perdra; il l'a juré, et il sera fidèle à son inique serment.

Les questions que je faisais à Thérèse, avaient pour objet principal de l'engager à savoir quel accident est arrivé à des Audrets. Il n'était pas présumable qu'on lui répondît assez brièvement, pour qu'elle ne pût saisir aucun détail de ce malheureux combat. J'ai représenté à cette femme que l'ami de son maître doit lui inspirer de l'intérêt, et qu'il convenait qu'elle s'informât comment il s'est blessé. Elle m'a répondu que cette démarche ne lui paraissait pas nécessaire, et qu'elle pourrait annoncer de sa part une curiosité déplacée. Elle s'est retirée dans l'antichambre, et je suis passée dans mon cabinet, d'où je t'écris ce qui est arrivé, et les cruelles réflexions que mon état provoque sans cesse.

Comment colorera-t-on dans le monde, et aux yeux des gens de la maison, la réclusion forcée où l'on me tient, et la nécessité où l'on croit être de me mettre sous la garde d'une femme sévère? Il faudra donc que M. d'Apremont me déshonore, ou qu'il consente à passer pour le plus injuste, le plus cruel des hommes. Cette première idée me paraît d'une importance telle, pour lui et pour moi, que je ne balance pas à lui écrire. Je m'exprime avec une grande modération, et cependant je lui fais sentir les conséquences qu'entraîne le parti auquel il s'est arrêté. Je proteste encore de mon innocence; mais de peur de l'aigrir davantage, je me tais sur la calomnie et ses machinations. Dieu permettra un jour que la vérité se découvre.

Thérèse a lu la suscription de ma lettre, et elle a consenti sans peine à la porter à son adresse. J'entends tourner la clé de ma première porte; ce son me fait un mal affreux; il m'humilie et m'irrite à la fois. Moi, traitée comme une femme coupable! Eh! qu'ai-je fait qu'user du droit, bien légitime, de me défendre?

Je vois trop que je n'ai aucun acte de complaisance à attendre de Thérèse, et je me suis mise dans l'impossibilité de la gagner, en donnant ce que j'avais à Jeannette. Mes diamans sont encore à ma disposition; mais l'être le plus vénal n'accepte pas d'objets de cette nature. Ils se reconnaissent partout. Ah! si Jules vit encore, il trouvera des moyens de m'instruire de son sort, et par conséquent du mien. Si dans vingt-quatre heures je ne vois rien, je n'entends rien, j'en concluerai que la vie ne sera plus pour moi qu'un insupportable supplice, et j'aurai le courage de m'en affranchir, j'en jure par l'amour.

Cette résolution n'est pas de celles qu'un moment de désespoir fait naître, et que le moment qui suit fait évanouir. Il vaut mieux cesser d'être que souffrir sans relâche. Cette vérité est incontestable, et je la pèse dans le calme de mon ame... Du calme! Elle n'en connaît plus celle qui veut mourir, et comment supporterai-je la vie? Si Jules existe, il faudra donc que je combatte encore, et que la honte succède à ces combats; car je le sens, ma bonne amie, tant que mon cœur palpitera, ce sera pour Jules; toujours il brûlera de s'unir au sien, et si l'infortune, ou mon bonheur, me présente mon amant, et qu'il ose entreprendre, je serai à lui... Eh! serais-je si condamnable de céder à l'amour? Quels sont les droits d'un homme, dont l'injustice a rompu tous les nœuds que j'avais formés malgré moi? Dois-je quelque chose à celui qui ne ménage plus rien? Ne dois-je pas tout, au contraire, à celui qui possède exclusivement mes affections, et qui s'en est toujours montré digne? J'oublie qu'il a été faible avec mademoiselle d'Apremont. Elle a surpris ses sens; mais son cœur n'a pas cessé d'être à moi.

Affreux raisonnement! Est-il quelque chose qui dispense de la vertu? Je conserverai la mienne, et je n'en ai qu'un moyen... la mort.

Ainsi, que Jules vive ou non, la mort, toujours la mort.

Thérèse rentre et ne me rapporte pas de réponse. Loin de revenir sur ce qu'il a fait, M. d'Apremont ne daigne plus même écouter mes plaintes. Il n'est plus mon époux, il ne veut plus l'être, il me rend à moi-même.

Les croisées de mon cabinet ouvrent sur la rue. Je regarde à chaque instant, et je ne vois ni Jules, ni personne qui lui appartienne. Mes yeux se portent sur un grand tableau, suspendu à un fort clou à crochet... Ce clou... un lacet... tu m'entends, Claire... Demain, demain. La journée finit; les ténèbres s'épaississent, et je ne distingue plus ceux qui passent dans la rue. Je ferme ma croisée; je m'assieds en face du tableau. Je contemple ce clou avec une joie barbare... Ce clou!... oui, ce clou.

Thérèse vient me dire que je suis servie. Les

insensés! mange-t-on quand la tête est perdue et que le cœur est déchiré? Je prends un couteau; je le cache, je ne sais par quel motif; mais il peut arriver que j'en aie besoin.

Oh! que cette nuit est longue! Je vais, je viens, je m'assieds, je me lève; je ne peux trouver de repos nulle part, ni dans aucune position. Thérèse dort profondément. La clé de la porte d'entrée est sous son oreiller; j'en vois le bout, je peux la prendre. Mais l'extérieur de mon appartement est gardé sans doute, et puis le suisse... D'ailleurs où irais-je, à l'heure qu'il est, seule, sans argent?... Il faut rester. Douze heures encore, et je terminerai mon agonie.

Je vois les premiers rayons du jour; je me remets à ma croisée; j'y respire un air frais; il me soulage un peu. Ah! Claire, que la nature est belle, qu'elle est attachante pour l'être misérable, qui se prépare à fermer ses yeux, pour ne les rouvrir jamais!..............................

Dieu, mon Dieu, que ne vous dois-je pas!... Je tombe à genoux, Claire; j'incline ma tête devant la Divinité; je lui rends grace.

Avant de te dire ce qui vient de se passer, je vais te donner une description abrégée des lieux, sans laquelle tu ne m'entendrais pas.

L'hôtel se compose d'un corps-de-logis, entre-cour et jardin, et de deux ailes formant un angle droit avec le bâtiment principal, qu'habitent

M. d'Apremont et des Audrets, et duquel on ne peut rien voir de ce qui se fait dans les rues adjacentes. Mon appartement tient le premier étage tout entier d'une de ces ailes. Au-dessus est une terrasse à l'italienne; au rez-de-chaussée est un autre appartement, le plus riche de l'hôtel, qui ne sert qu'aux jours de cérémonie, et qui, dans aucun cas, ne s'ouvre à trois heures du matin. Thérèse est couchée dans une chambre qui a vue sur la cour. Ainsi, je suis seule, absolument seule du côté où je peux recevoir quelques éclaircissemens sur le sort du bien-aimé.

J'étais à ma croisée; mes yeux plongeaient, à droite et à gauche, dans la rue. Quelquefois ils se portaient douloureusement, machinalement sur les maisons situées en face de moi. Une fenêtre s'ouvre; un homme y paraît; il fait un grand mouvement; il fixe mon attention; je regarde... Je reconnais Firmin.

Oh! combien j'avais raison de te dire que les extrêmes se touchent! Une révolution subite s'opère en moi; mon cœur se dilate; ma bouche sourit à l'espérance et à Firmin, dont l'air satisfait m'annonce d'heureuses nouvelles. Je ne pense plus à mourir; je ne m'occupe que de Jules. Mais comment Firmin m'instruira-t-il? La rue est large; s'il parle, ce sera si haut, qu'il pourra être entendu par d'autres personnes, qui n'auront pas d'intérêt à être discrètes. Je mets un doigt sur ma bouche; Firmin répète le même signe. Il est convenu que nous garderons le silence; mais comment nous entendrons-nous?

Firmin se retire dans le fond de sa chambre. Là, il fait le semblant d'écrire avec l'index de la main droite sur la paume de la main gauche. Il me montre ensuite mon secrétaire, qu'il peut voir, et un autre signe me rappelle à la croisée... J'y suis; j'y suis. Il faut que j'écrive, et je viendrai ensuite jeter ma lettre à Firmin par la fenêtre. Je commence. Je vais faire au bien-aimé une peinture touchante de ma situation, et j'implorerai son secours, si toutefois il peut m'en donner. Mais comment saurai-je s'il est blessé ou non? Je le demanderai à voix basse à Firmin, quand il viendra recevoir ma lettre. Il me semble, au reste, qu'il ne peut pas y avoir de danger, puisqu'il désire que je lui écrive, et que sans doute il pourra me lire. Cette idée me fait un bien!... Le bruit d'un carreau de vitre cassé me fait tourner la tête. C'est Firmin qui, par de nouveaux signes, me fait connaître que je ne l'ai pas entendu, et me rappelle à la croisée. Veut-il que j'écrive là? Que signifie cette bizarrerie? N'importe. J'approche une petite table; j'y mets de l'encre, du papier, une plume. Je regarde Firmin; je l'interroge des yeux. Un mouvement de tête me répond que c'est là ce qu'il désire. Je ne pénètre pas ses motifs, et j'écris : un second carreau cassé me fait relever, et Firmin retourne dans le fond de la chambre.

Pourquoi cette table et les objets dont je l'ai chargée, si je ne dois pas écrire? Je m'y perds. Je suis Firmin des yeux; je suis attentive à tous ses mouvemens. Il me fait voir des feuilles de carton, sur chacune desquelles est une très-grande lettre majuscule. Il me présente une M et il me montre ma petite table... Enfin, m'y voilà : c'est lui qui va dicter. Moyen ingénieux et consolateur, l'amour seul a pu t'inventer.

J'écris cette M, et Firmin prend une autre feuille sur laquelle est un seul point : je mets le point. Firmin trépigne de joie, je vois que je l'ai compris.

Il tire un papier de sa poche; il le consulte attentivement, avant que de présenter chaque lettre, et en assez peu de temps, j'écris ce que tu vas lire : « Jules jouit de la meilleure santé, et « le monstre doit la vie à une légère blessure, qui « ne lui a plus permis de tenir son épée. Votre « sort changera bientôt, espérez. Ce soir à minuit, « Firmin viendra prendre ce que vous aurez écrit « pour Jules ou pour madame de Villers, et il at- « tachera au bout d'un ruban, que vous lui des- « cendrez, une lettre détaillée. »

Espérez, m'a-t-il fait écrire. Ah! Claire, quand mon amant vit; quand je suis l'objet de sa tendre sollicitude; quand il me dit que je dois espérer, puis-je penser à mourir? Mais à quel genre d'espérance faut-il que je m'abandonne? Sans doute il n'entend point parler des douceurs de l'amour. J'ai été faible une fois, nous étions libre l'un et l'autre, et il s'est montré grand et généreux. Le sera-t-il moins maintenant que les institutions sociales s'élèvent contre notre amour? Ah! qu'il le soit, qu'il le soit pour tous deux! Je suis sans force contre mon cœur.

Je présume qu'il a trouvé quelque moyen de démasquer le traître; de ramener M. d'Apremont à des sentimens de bienveillance; de rétablir ma réputation à ses yeux, et dans l'opinion des personnes qui connaissent ma déplorable aventure. La considération et le repos ne valent pas les jouissances du cœur; mais ils sont indispensablement nécessaires à qui se respecte soi-même.

Ce soir, je fermerai ce paquet, je le descendrai à Firmin, avec une lettre que j'ai commencée pour Jules. Je la quitte de temps en temps, parce qu'il me semble que l'amour s'y montre trop à découvert; mais puis-je lui écrire sans lui parler amour? Je déchire, je recommence; c'est encore l'amour, toujours l'amour. Cependant je lui dois de la reconnaissance, et je ne peux me dispenser de lui écrire. Mais, bon Dieu, quelles expressions! Je me dépite, je déchire encore, je me lève, je me remets à ma croisée. Firmin est resté dans sa chambre, il me regarde, il me fait des signes que je n'entends pas : qu'importe, puisque tout est convenu entre nous.

Il reprend ses cartons, et j'écris encore sous sa dictée. « Je louai cete chanbre pour aitre a porté « de savoir ce qui se passe ché vous. Jeu ne sui « pas conu à l'autel, et jeu peu mi intrauduir sou « quelleque praitexte, si vous avé besoin de moi. « Daifiez-vous de Thairaise, et conté sur mon dai- « voument. »

Il est aisé de voir qu'il n'avait pas reçu de modèle pour ce billet-ci.

J'attends avec la plus vive impatience la lettre de ce soir, elle me donnera des détails. Mais plus je réfléchis, plus j'ai lieu de croire que Jules a pris des mesures vigoureuses, et que je lui dois beaucoup. Je ne l'aimerai pas davantage : dès long-temps mon amour est tout ce qu'il peut être.

J'ai enfin terminé ma lettre ; j'en suis mécontente ; mais je ne peux m'exprimer avec plus de modération. Je vais fermer ce paquet. Tu me répondras sous le couvert de M. de Courcelles...

. . . .
. . . .

Je venais de cacher mes papiers, quand des Audrets est entré. Je me suis réfugiée dans mon cabinet, dont la croisée était restée ouverte, et je pouvais me faire entendre de Firmin, si le monstre eût osé entreprendre quelque chose. J'ai été indignée de voir Thérèse entrer et s'asseoir

dans ma chambre à coucher, dont j'avais négligé de fermer la porte qui donne dans mon cabinet. J'ai marqué mon mécontentement de cette familiarité. « Madame, m'a dit le barbare, dans la po-
« sition où vous êtes, vous avez besoin de tout
« le monde, et personne n'a besoin de vous. Mé-
« nagez cette femme, à qui j'ai remis une partie
« de l'autorité que M. d'Apremont m'a donnée
« sur vous. J'ai plus d'influence que jamais sur
« son esprit; je suis le maître ici, et je me con-
« duirai selon la détermination que vous allez
« prendre. Je ne vous ai mise encore que dans
« une situation fâcheuse; je peux ramener votre
« mari, ou aggraver vos maux jusqu'à vous ré-
« duire au dernier désespoir. Voulez-vous que je
« sois votre amant ? Non, ai-je répondu, en me
« levant avec un mouvement de force et de co-
« lère, dont je ne me croyais pas capable. Là, là,
« a repris Thérèse, on en a réduit de plus déci-
« dées que vous. » J'ai senti aussitôt ce que j'avais à redouter de ces deux êtres détestables; je n'ai point balancé, et j'ai appelé à mon secours. Des Audrets a osé porter la main sur moi; il m'a éloignée de la fenêtre, il l'a fermée, et se plaçant entre elle et moi, il a continué de me parler avec le calme d'un scélérat consommé. « Les désirs que
« vous m'avez dès long-temps inspirés, sont de-
« venus peu à peu une passion que je ne peux
« plus maîtriser. Peut-être a-t-elle été portée jus-

27.

« qu'à l'exaspération par l'amour que vous avez
« pour ce jeune homme, et la jalousie que j'en
« ressens. Il faut que je la satisfasse, n'importe à
« quel prix. La réponse, que vient de vous faire
« Thérèse, vous prouve que je peux entrer chez
« vous la nuit comme le jour. Ainsi ne vous pré-
« parez pas à une résistance qui serait inutile. Je
« reviendrai tout à l'heure sur ce sujet-là.

« Je vais maintenant vous dire ce que j'ai fait,
« et ce que je me propose de faire ; il faut que
« vous sachiez précisément ce que vous avez à
« espérer ou à craindre.

« J'ai lu la lettre pathétique que vous avez écrite
« à votre mari. Vous deviez croire que j'avais
« prévu les suites d'un éclat, et que je les ai pré-
« venues. Vous serez dégradée ; mais il entre dans
« mon plan que ma maîtresse jouisse de la con-
« sidération propre à flatter mon orgueil, et à re-
« lever mon triomphe.

« Il est inutile de fermer les yeux et de vous
« boucher les oreilles. D'Apremont n'est pas à
« l'hôtel, et je peux élever la voix.

« La première mesure que j'ai prise, quand
« vous avez été enfermée dans votre appartement,
« a été d'envoyer à la terre de Champville, vos
« femmes et tous les domestiques. Ils sont partis,
« sans rien savoir de ce qui se passe ici, avec
« l'ordre de tout mettre en état à Champville. Ils
« ont été remplacés aussitôt par des gens pour qui

« vous êtes valétudinaire et mélancolique. On
« dira la même chose, dans le monde, à ceux
« qu'on aura intérêt de tromper.

« Si M. de Courcelles ne se décide prompte-
« ment à quitter Paris, vous serez transférée à
« Champville, où vous ne verrez que moi et vo-
« tre mari; moi toujours, lui quand cela me
« plaira. Maintenant entendons-nous. Je n'exige
« pas que vous m'aimiez; mais je veux que vous
« en ayez l'air, et que vous receviez mes ca-
« resses avec l'abandon et la gaieté, qui seules
« peuvent me satisfaire. Quand je vous aurai
« amenée à ce point, je verrai ce que je pourrai
« faire pour vous; j'adoucirai votre sort.

« En attendant, je vais jouir du plaisir d'une
« double vengeance. Je punirai votre Jules du
« tort qu'il a de vous plaire, et je détruirai la
« tranquillité de sa femme, que je n'aime plus,
« mais à qui je ne pardonnerai jamais de m'avoir
« dédaigné. J'ai monté la tête à d'Apremont sur
« la faiblesse de sa nièce, et je lui ai persuadé
« que c'est en rompant ouvertement avec elle, et
« en l'instruisant des sentimens que conserve son
« mari, qu'il éloignera ce jeune homme de vous.
« Elle ne l'a jamais aimé; mais elle sera jalouse
« par orgueil. Elle est violente; elle le tourmen-
« tera sans relâche. Il est difficile qu'elle ne pré-
« fère pas un des freluquets qui forment sa cour.
« Mes émissaires auront aujourd'hui des notions
« certaines à cet égard. Qu'elle trompe ou non son

« mari, je tournerai les apparences contre elle ;
« une lettre anonyme persuadera Jules. Je mettrai
« la division et la haine dans ce ménage.

« Je ne m'en tiendrai pas là, si vous persistez
« dans l'aversion que vous me marquez, et si vous
« ne cédez qu'à la force ou à la crainte. Dans
« quelque jours je serai guéri de ma blessure ; je
« défierai de nouveau votre amant, et vous sa-
« vez que le sort des armes est sujet à changer.
« Enfin, je ferai écrire d'Apremont à vos parens,
« pour qui vous vous êtes sacrifiée, et je vous
« frapperai en eux, en empoisonnant leur vieil-
« lesse. Je les ferai mourir de chagrin, en vous
« chargeant de tout ce que la calomnie a de plus
« fort et de plus spécieux. Prenez un parti, et
« décidez-vous promptement. Je suis fatigué d'at-
« tendre.

« Allons, ma jolie petite dame, a repris la vieille,
« laissez-vous persuader. Le mot *intrigue* vous
« blesse les oreilles : là, là, dans quelques années
« le mot vous sera agréable, parce que vous au-
« rez pris goût à la chose. Toutes les femmes
« ont un bon ami, c'est la règle, et n'est-il pas
« bien commode de l'avoir chez soi, surtout
« quand il a la confiance du mari ? Pourquoi
« passer vos plus beaux jours dans les chagrins
« que M. des Audrets ne cessera de vous susci-
« ter ? Croyez-moi, jouissez avec lui des agrémens
« de la vie. La main, qui vous tient sur le bord
« du précipice, peut à l'instant le remplir et le

« couvrir de fleurs. Allons, mon petit ange, que
« la meilleure intelligence s'établisse entre vous.
« Venez donner le baiser de paix à monsieur. »

Furieuse, exaspérée, je me suis réfugiée à côté de mon guéridon; j'ai porté la main sur mon ouvrage, dans lequel j'ai caché le couteau; j'étais décidée à en frapper quiconque s'approcherait de moi. Incertains, irrésolus, ils se regardaient tous deux, lorsqu'un certain bruit s'est fait entendre à la première porte de mon appartement, et a captivé leur attention. « Je vous dis
« qu'il faut que je parle à M. des Audrets. » J'ai reconnu la voix de Firmin, et j'ai commencé à respirer librement. « Je vous répète que personne
« n'entre chez madame, a répondu... un domes-
« tique, probablement. — Je me présente ici par
« ordre de M. d'Apremont, et je suis le médecin
« de madame. » La porte s'est ouverte aussitôt; le monstre y a couru; il n'était plus temps; Firmin était entré. Il s'est avancé d'un air grave, et en multipliant les révérences. Des Audrets le fixait, en marchant à reculons. Firmin fermait les portes de toutes les chambres qu'il traversait. Ils sont entrés dans mon cabinet. « Vous êtes médecin,
« dites-vous, a repris le scélérat, après avoir un
« peu réfléchi, et vous venez ici par ordre de
« M. d'Apremont? Vous êtes un imposteur. —
« D'un ton plus bas, s'il vous plaît, a continué
« Firmin, en serrant la main blessée de des Au-
« drets, jusqu'à lui faire faire d'horribles contor-

« sions ; pas de résistance. Vous n'avez qu'un
« bras; moi, j'en ai deux des plus robustes. Te-
« nez-vous tranquille, croyez-moi. Madame Du-
« pont, asseyez-vous là, dans le coin, a côté de
« monsieur, et écoutez-moi. »

Thérèse a pâli, lorsque Firmin a prononcé son
nom de femme, et des Audrets a tressailli. Qui
est cette malheureuse? Mon amant tient-il déjà
le fil de cette nouvelle trame?.. Firmin a repris
la parole. « Vous vous êtes permis, monsieur, des
« procédés odieux à l'égard de madame, puis-
« qu'elle a demandé du secours. Vous l'avez tirée
« avec force, et vous avez fermé sa croisée pour
« étouffer ses justes plaintes. Je ne suis pas mé-
« decin; mais je suis honnête homme, et je viens
« secourir la faiblesse contre l'oppression. J'at-
« tendrai ici M. d'Apremont. Je présume que le
« masque qui vous a si long-temps couvert, vous
« et la Dupont, est levé en ce moment, et que
« le ressentiment de celui que vous nommiez vo-
« tre ami, sera proportionné à l'abus que vous
« avez fait de son aveugle confiance. Point de ré-
« plique, et surtout gardez-vous l'un et l'autre
« d'appeler. Au premier cri, je vous assomme
« tous deux.

« Remettez-vous, madame. Votre position va
« changer, et votre mari, honteux de s'être laissé
« tromper aussi grossièrement, s'empressera sans
« doute de réparer ses torts. »

Thérèse était accablée, le monstre écumait de

colère. Firmin, immobile dans sa position, les contenait l'un et l'autre. La porte cochère s'est ouverte; une voiture est entrée au grand trot. Des Audrets s'est levé pour s'approcher de la croisée. Firmin l'a cloué sur son fauteuil. « Du « courage, m'a-t-il dit, madame; voilà des libé- « rateurs. »

J'ai vu descendre du carrosse M. d'Apremont, deux hommes que je ne connaissais pas, et une jeune dame. Trois domestiques, sans livrée, étaient derrière la voiture, et sont entrés avec les maîtres. Je prévoyais une scène violente, sans savoir encore quel en serait le sujet. L'approche de la crise m'avait fait oublier ce que venait de dire Firmin; je tremblais de tout mon corps.

J'ai entendu ouvrir la porte de mon appartement avec un saisissement, un effroi que je ne peux dépeindre. J'ai fait un effort sur moi-même, je me suis traînée au-devant de M. d'Apremont. « Vous triomphez, madame, m'a-t-il dit, et le « crime va subir la peine qui lui est due. » Ces paroles m'ont rendue à moi-même, et j'ai pu suivre la marche des événemens que je vais te détailler.

Un des hommes que j'avais vu descendre de voiture, ceux que j'avais pris pour des domestiques, sont entrés, avec M. d'Apremont, dans mon cabinet. Le premier a tiré une écharpe de sa poche; il s'en est décoré. Puis s'adressant à Thérèse anéantie, il lui a demandé si elle le reconnaissait.

Deux des hommes qui le suivaient se sont rangés à droite et à gauche de la malheureuse; le troisième m'a demandé la permission d'écrire sous la dictée du commissaire. Il a tiré des papiers de sa poche, il s'est mis à mon secrétaire. M. d'Apremont lançait à des Audrets des regards foudroyans; le scélérat n'a pas baissé les yeux.

Le commissaire a pris la parole, et s'adressant à Thérèse : « Vous avez été, lui dit-il, reprise de « justice, il y a cinq ans. Six mois de réclusion « auraient pu vous corriger, si un cœur vicieux « était susceptible de changer. Depuis que vous « avez recouvré la liberté, vous avez fait métier « de corrompre de jeunes femmes. Vous y avez « réussi quelquefois, et votre adresse a, jusqu'à « présent, dérobé votre conduite à l'œil vigilant « de la police. Aujourd'hui, tout est découvert : « répondez aux questions que je vais vous faire.

« Qu'est devenue madame de Ferval, que vous « avez déterminée à quitter son mari pour la li-« vrer à cet homme, à des Audrets, qui l'a bien-« tôt abandonnée, et qui l'a laissée entre vos « mains? — Elle est venue volontairement chez « moi, et elle en est sortie quand elle l'a voulu. « — Vous mentez. Vous avez fait de ses charmes « un commerce infâme; vous l'avez forcée à se « prostituer. Vous ne lui avez pas rendu la li-« berté; mais elle est parvenue à s'échapper de « chez vous. Son mari, homme prudent, a étouffé « cette affaire. Ce qui se passe à présent fera tout

« rechercher, tout rapprocher, et on purgera la
« société d'un monstre tel que vous.

« De quel droit ou par quel ordre deux furies,
« qui vous remplacent à votre domicile, y rete-
« naient-elles de force une demoiselle de Tarbes,
« qui est enceinte des faits de des Audrets, et
« que son père cherchait vainement dans les lieux
« les plus cachés de Paris ? — M. des Audrets l'a
« mise en pension chez moi ; il m'a dit qu'elle
« est sa parente, que son esprit est aliéné, et que
« j'eusse à veiller exactement sur elle. — Et de-
« puis huit jours qu'elle est chez vous, avez-vous
« eu quelque preuve de cette prétendue aliénation
« d'esprit ? — J'en ai eu mille, monsieur le com-
« missaire. Mensonge atroce, s'est écrié la jeune
« personne, en s'élançant, avec son père, dans
« mon cabinet. Cet homme a voulu me séduire
« pendant le séjour qu'il a fait cet été au château
« de Velzac ; je l'ai repoussé. Il a gagné ma femme
« de chambre, et un breuvage soporifique m'a
« mise à sa discrétion. Je me suis réveillée dans
« ses bras, et il m'a fait horreur.

« Bientôt je me suis aperçue que son crime
« avait des suites ; j'ai craint le meilleur des pè-
« res, et je lui ai caché mon état. J'ai écrit à cet
« homme une lettre suppliante. Je sentais que sa
« femme serait la plus misérable des créatures ;
« mais je consentais à me sacrifier à l'honneur de
« ma famille. Il s'est bien gardé de me répondre
« par écrit : il a senti que ce serait me donner

« des armes, que je ne manquerais pas de tour-
« ner contre lui. Il m'a envoyé un émissaire, in-
« sinuant, adroit, astucieux, qui a eu l'air de me
« plaindre; qui m'a protesté que je lui inspirais
« le plus vif intérêt, et qui a gagné toute ma con-
« fiance. Il m'a représenté que je ne pouvais don-
« ner la preuve d'aucun fait, et qu'un éclat serait
« inutile et déshonorant; mais que M. des Au-
« drets était incapable de résister à mes larmes,
« et que le seul parti que j'eusse à prendre était
« de venir à Paris, où mon mariage se ferait in-
« failliblement. J'ai cru ce misérable; j'ai fui la
« maison paternelle, et je me suis livrée à ces
« monstres qui voulaient se défaire de moi. Ils
« m'ont conduite chez cette femme, où les mau-
« vais traitemens auraient, en effet, bientôt pro-
« duit cette démence, qui leur sert de prétexte
« aujourd'hui; qui m'eût ôté la mémoire du crime,
« et les moyens de m'élever contre son auteur.
« Voyez, madame, m'a dit cette infortunée, en
« découvrant son sein, voyez la trace des coups
« dont on m'a accablée hier. »

A l'aspect des meurtrissures dont cette pauvre
fille est couverte, le père furieux s'élance sur des
Audrets. Il a fallu des efforts multipliés pour le
tirer de ses mains. Le scélérat a entrepris de se
disculper. Il a prétendu que tout Paris avait eu
madame de Ferval; que jeune alors, il avait pu
vouloir la posséder aussi, et qu'il ne pouvait être
responsable de ce qu'elle est devenue quand il

l'a eu quittée. Il a prétendu n'avoir rien eu de particulier avec la jeune personne qui était présente. Il a ajouté qu'il l'avait vue à Tarbes ; que, dans l'embarras où son inconduite l'avait mise, elle s'est adressée à lui, et qu'il avait cru pouvoir lui donner un asile. « Et c'est dans une maison « de débauche que vous avez placé mademoiselle! « a repris avec force le commissaire. Les contu-« sions qu'elle vient de découvrir déposent contre « vous et vos complices.

« Et c'est la Dupont, c'est une femme qui a « tous les vices, et que vous connaissez parfaite-« ment, que vous placez auprès de l'épouse de « l'homme que vous appelez votre ami ! » Des Audrets a voulu répliquer. « Tout est connu, lui « a dit le commissaire. La femme de chambre de « mademoiselle, que vous vous êtes hâté de placer « à Paris, vient d'être arrêtée. Elle a nommé le « pharmacien de Tarbes qui a donné l'opium ; elle « a avoué l'usage que vous en avez fait. Les deux « femmes qui étaient chez la Dupont sont aussi « sous la main de la police, et n'ont pu nier des « faits constatés jusqu'à l'évidence. Il ne me reste « qu'à m'assurer de vous et de cette misérable, et « je vous arrête l'un et l'autre. Une instruction « criminelle, un jugement équitable et sévère, « vengera la société offensée, par vous, dans « plusieurs de ses membres. — Que résultera-t-il « de ce procès ? Je serai emprisonné pendant « quelque temps ; mais madame de Ferval sera

« publiquement déshonorée; on saura que ma-
« demoiselle, de gré ou de force, a fait un enfant,
« et que madame d'Apremont a été en relation
« directe avec la Dupont. Il faudrait que les in-
« dividus, qui composent ces trois familles, eus-
« sent perdu le sens commun, pour ne pas sentir
« les suites qui résulteraient, pour eux, d'une
« semblable procédure, et pour ne pas les pré-
« venir. D'après cet aperçu, très-simple, je n'ai
« rien à redouter. »

« — Ceux que vous avez si cruellement outra-
« gés, ont, je l'avoue, un intérêt réel à étouffer
« cette affaire, et ils y sont disposés. Mais ils vous
« prescrivent des conditions. Vous quitterez à
« l'instant cet hôtel, pour n'y rentrer jamais. Vous
« épouserez mademoiselle, parce qu'il n'y a que
« ce moyen de lui rendre l'honneur. Il sera sti-
« pulé par le contrat, qu'elle habitera chez son
« père, et vous vous obligerez par un acte parti-
« culier, qui contiendra l'aveu de vos crimes, à
« ne jamais approcher de son domicile. Je vais
« vous conduire en prison, comme s'il ne s'agis-
« sait que d'une mesure de police ordinaire, et
« vous y resterez, jusqu'à ce que vous ayez satis-
« fait à ce qu'on exige de vous. Vos complices
« seront détenues à perpétuité, comme femmes
« de mauvaise vie. Elles seront, ainsi que vous,
« soustraites à la vigilance des tribunaux, et vous
« devez tous la redouter à un point, qui ne vous
« permettra jamais de l'appeler sur vous. L'auto-

« rité supérieure sera instruite de tous ces détails,
« et les familles intéressées sont assez recomman-
« dables, pour qu'elle approuve les instructions
« que viennent de me donner mes supérieurs im-
« médiats. Présentez vos mains, monsieur. »

« Quoi! s'est écrié le monstre, on me traiterait
« comme un vil criminel! Et qu'êtes-vous? a ré-
« pondu le commissaire. » Un des trois hommes
qui l'accompagnaient, a tiré des fers de sa poche.
L'infâme a voulu opposer quelque résistance. On
l'a terrassé, garrotté; on l'a porté dans la voiture;
on y a traîné la Dupont. Firmin a suivi, sans
qu'on lui ait fait une question; sans qu'on ait
même paru le remarquer. Je suis restée avec
M. d'Apremont.

Sa physionomie était sombre, et cependant ses
yeux exprimaient des sentimens doux. Ils se portaient sur moi; ils s'en éloignaient; ils y reve-
naient encore. De profonds soupirs s'échappaient
par intervalles. J'ai jugé qu'il m'aime encore, et
qu'il n'était pas impossible de le calmer, et d'a-
doucir ses maux et les miens. « Vous connaissez
« maintenant, lui ai-je dit, à quel point mes im-
« putations à l'égard de des Audrets étaient fon-
« dées. — Vous et ma nièce m'avez dit la vérité;
« j'en suis convaincu, madame. Oh! combien le
« misérable m'a trompé! ma prévention en sa fa-
« veur, ma confiance aveugle m'ont rendu injuste
« envers vous. Vous êtes libre, madame, et je
« vais mettre tous mes soins à vous faire oublier

« mes torts... Mais Adèle, vous en avez eu de
« votre côté et de graves. M. de Courcelles... —
« Hélas! monsieur, nos sentimens sont indépen-
« dans de notre volonté. Si on pouvait disposer
« de son cœur, le mien serait tout à vous. Notre
« conduite seule peut être soumise à la raison et
« au devoir, et à cet égard qu'avez-vous à me re-
« procher? — Ne m'obligez pas à vous rappeler
« des choses, dont le souvenir me tue. — Je suis
« innocente, monsieur, je vous le jure. — Inno-
« cente! Non, madame, vous ne l'êtes pas. Vous
« m'avez avoué, j'en conviens, avant de rece-
« voir ma main, que vos affections ne vous ap-
« partenaient plus. J'ai eu la faiblesse ou la pré-
« somption de croire que je les mériterais; que je
« les obtiendrais un jour. J'ai commis une faute,
« impardonnable à un homme qui avait de l'ex-
« périence, et je ne vous la reproche pas. Mais
« vous avez refusé de me nommer M. de Cour-
« celles. Plus sage, plus prévoyante, ou moins
« dissimulée, vous m'auriez révélé ce secret tout
« entier, et vous ne seriez pas maintenant à Paris.
« Mais vous nourrissiez l'espérance de revoir ce
« jeune homme et vous brûliez de vous en rap-
« procher. — Je ne nierai pas, monsieur, que je
« l'ai revu avec beaucoup d'intérêt; mais je ne le
« cherchais pas. Il devait quitter Paris; il vous l'a
« déclaré, et c'est moi qui lui en avais donné l'or-
« dre de Velzac. — J'aime à croire, madame, que
« votre honneur et le mien n'ont reçu aucune

« atteinte directe. Mais ces caresses, qui blessent
« le devoir, dont j'ai été le témoin, et qui ne
« peuvent sortir de ma mémoire... — Elles étaient
« pures, monsieur; j'en fais le serment à la face
« du ciel, ainsi que celui de ne les renouveler
« jamais. Voulez-vous un garant certain de ma
« bonne foi? Je vous conjure de me conduire à
« Champville; je n'y vivrai qu'avec vous et pour
« vous, et je n'entretiendrai aucune espèce d'in-
« telligence avec M. de Courcelles. »

J'étais vraie en ce moment. La douceur de
M. d'Apremont avait tourné vers lui toutes mes
affections, l'amour, l'amour seul excepté. Je me
rappelais ce que lui doivent mes parens; ce que
je lui dois moi-même. La reconnaissance, l'amitié
et la compassion agissaient fortement sur moi.
Rassuré par mes promesses, entraîné par le ton
de la vérité, vaincu par son amour, il m'a ouvert
ses bras, et je m'y suis précipitée. Il m'a pressée
tendrement sur son cœur, et... Ah! Claire, que
ce raccommodement m'a coûté cher! Incapable
de me résigner, je me suis du moins soumise.

M. d'Apremont a renvoyé à l'instant les domestiques que des Audrets avait placés autour de
moi. Il m'a donné ensuite une marque de confiance à laquelle j'ai été sensible. Il m'a engagée
à sortir, à me dissiper. J'ai répondu, à cette offre,
avec la délicatesse qu'il devait attendre de moi,
et qui a paru le flatter : je lui ai déclaré que je
ne sortirais qu'avec lui, jusqu'à ce que je fusse

éloignée de M. de Courcelles; que d'ailleurs ne connaissant à Paris que Jules et sa femme, et n'ayant pas le goût des plaisirs, je désirais rester chez moi.

Il a fait venir un vieux valet de chambre, qui lui porte un sincère attachement, et il lui a ordonné de tout préparer pour notre départ. C'est alors que je suis revenue à un sentiment que tout condamne et que je ne peux vaincre. Je n'ai pensé qu'avec un serrement de cœur affreux au moment de quitter une ville qu'habite l'homme adoré. N'importe, j'ai promis, et je partirai sans résistance, sans me permettre même la moindre observation. Je suis vouée au malheur; j'en ai la certitude; je subirai mon sort.

J'avais une extrême envie de savoir comment on avait découvert les infamies de des Audrets; je n'osais interroger directement M. d'Apremont. J'ai jeté quelques mots assez insignifians qu'il était le maître de saisir, et auxquels il pouvait sans impolitesse ne pas donner de suite. Il m'a devinée, et il s'est empressé de me satisfaire.

Le misérable l'avait prévenu contre sa nièce et son mari, au point de lui faire dédaigner toute espèce de ménagement. Il lui a reproché sa faiblesse de la manière la plus dure; il lui a fait sentir qu'elle s'est sacrifiée à un ingrat. Elle a appris que son mari ne l'a jamais aimée, et que la violence de la passion, qui le domine, éloigne d'elle jusqu'à l'espoir de le ramener. M. d'Apremont se repent du fond du cœur de s'être laissé aller à une brutalité, qui est si loin de son caractère. Mais les regrets ne servent à rien : il lui est impossible de revenir sur le coup qu'il a porté.

Madame de Courcelles est trop pénétrante pour n'avoir pas reconnu d'abord, dans un homme naturellement doux, la violence et la méchanceté de des Audrets. Elle n'a pu nier qu'elle ait été faible; mais elle a essayé de prouver, par sa résistance aux vues du scélérat, qu'elle n'est point une femme sans mœurs, et elle a ajouté que le mariage avait effacé sa faute. L'indifférence de son mari, dont jusqu'alors elle n'avait pas de certitude, lui a tiré d'abord quelques larmes; mais revenant bientôt à son caractère, elle a dit assez gaiement à son oncle, que des époux raisonnables ont respectivement bien des choses à se pardonner. Ce trait de légèreté a affecté M. d'Apremont, et il me donne une sorte de conviction que les idées de des Audrets, sur la galanterie de madame de Courcelles pourraient n'être pas sans fondement.

Jules est rentré chez lui à la fin de cette étrange conversation. Il a conjuré M. d'Apremont de le suivre, et il lui a juré sur sa tête qu'il allait lui donner les preuves les plus authentiques de l'avilissement et de la perfidie de des Audrets. M. d'Apremont était disposé à saisir tout ce qui pouvait me justifier d'avoir, calomnieusement, accusé ce misérable. Il a suivi Jules, qui l'a conduit chez la Dupont. Le commissaire et ses gens y étaient déja rendus. Déja on s'était assuré des deux créatures, ministres des iniquités, et de la froide cruauté de Thérèse. Il ne restait plus que des Audrets à convaincre : on a fait monter en voiture la jeune personne de Tarbes et son père; M. d'Apremont et le commissaire s'y sont placés avec eux. Tu sais le reste.

Mais comment le père de cette infortunée s'est-il trouvé là ? comment Jules est-il arrivé au repaire de la Dupont? Voilà ce dont M. d'Apremont, entraîné par la rapidité de l'action, n'a pas pensé à s'informer. La lettre, que j'attends à minuit, m'instruira des détails. Une lettre! une lettre de Jules!... dois-je la recevoir au moment même de la réconciliation la plus sincère... du moins de la part de mon mari?... Mon mari! voilà la première fois que je lui donne ce titre... Hé, ne lui appartient-il pas? non, non, je ne peux le lui refuser. C'est moi qui le lui ai donné; qui le lui ai donné volontairement... Mais serais-je coupable, en marquant à Jules combien je suis reconnaissante de ses soins? Où est le mal d'apprendre, de lui, par quels moyens il a opéré une révolution aussi subite dans le cœur de M. d'Apremont? Cette lettre sera brûlante, peut-être. Hé, l'amour et tous ses feux ne le brûlent-ils pas déja? Que peut y ajouter une lettre? Me refuserai-je la dernière consolation qui peut-être m'est réservée? Et puis, n'est-ce pas lui seul qui peut te faire parvenir ce paquet, et t'instruire de tant d'événemens ? Dois-je renoncer aussi aux douceurs de l'amitié?... Malheureuse, dans quelles fluctuations se perd mon pauvre cœur!

M. d'Apremont m'a priée de me mettre à mon piano, et je me suis empressée de lui complaire. J'ai touché pendant des heures entières; il ne se lassait pas de m'écouter, et de louer mon exécution. Elle devait être bien imparfaite : je n'étais pas à ce que je faisais. A la musique a succédé le trictrac. A chaque instant, je perdais des points d'école. Il a bien voulu attribuer mes distractions à la scène du matin, et il m'en a parlé avec une bonté, qui m'a fait venir plusieurs fois les larmes aux yeux. Cependant, mon imagination trop active me rappelait malgré moi... tu sais qui. Ses graces, ses services, son amour, le mien me poursuivaient sans relâche. Ah! que cette journée a été longue! Je me suis échappée un moment pour t'écrire; il me restera ce soir peu de chose à ajouter, et je fermerai ce paquet.

Sur les dix heures, il a réfléchi que je n'avais personne qui pût m'aider à faire ma toilette de nuit; il s'est offert de m'y aider. J'ai senti qu'accepter la proposition était un moyen certain de n'être pas libre à minuit : l'aspect de certaines choses agit toujours, plus ou moins fortement, sur lui. Je l'ai remercié, avec une politesse froide bien propre à éloigner des idées... tu m'entends. Il a insisté avec une ardeur qui m'a effrayée, et il m'a conduite dans ma chambre. Son œil animé s'est porté sur un meuble, qui fut, qui est pour toi l'asile de la volupté, et qui n'a jamais été pour ton amie qu'un lieu de sacrifices et de douleurs. Je me suis plainte d'une fatigue excessive, d'un violent mal de tête. J'ai demandé grace. Il me l'a difficilement accordée; mais enfin je l'ai obtenue.

Il est revenu sur ses pas; il m'a demandé pourquoi je m'enfermais. J'ai répondu que nous étions presque seuls à l'hôtel, et que j'avais peur. Il m'a protesté qu'il ne me quitterait pas de la nuit. J'ai frissonné; il a remarqué ce mouvement, et il l'a attribué à un peu de fièvre. Il a été chercher ce qu'il a cru propre à me soulager, et il s'est mis à côté de moi. Ma peau était brûlante; il a jugé que j'avais besoin de repos. Bientôt ses yeux se sont fermés; j'ai attendu qu'il dormît, et profondément. Je me suis levée doucement, bien doucement; j'ai écrit ces quinze ou vingt lignes. Je descendrai ce paquet par la fenêtre de mon cabinet. Il sera attaché à un ruban très-long, dont je nouerai le bout autour de mon bras. Au plus léger mouvement qui partira de la rue, je me releverai et j'irai monter la lettre si désirée : il me la faut, je la veux. Je la cacherai, et je reprendrai ma place. Tout cela se fera assez promptement pour qu'il ne puisse rien calculer, s'il venait à s'éveiller.

CHAPITRE XXI.

Événemens nouveaux.

Tout s'est passé ainsi que je l'avais projeté. Cette lettre est en mon pouvoir. Mais te le dirai-je, Claire ? à peine l'avais-je lue, que le remords a froissé mon cœur. Quitter clandestinement le lit d'un époux, rendu, quelques heures avant, à l'amour et à la confiance; s'éloigner de lui pour aller recevoir des témoignages d'une passion, que la circonstance rend plus criminelle, une telle conduite est non-seulement répréhensible au fond, mais elle a quelque chose de bas, qui m'ôte ma propre estime. En dépit des tristes réflexions qui me tourmentent, je reviens à une jouissance à laquelle je ne peux renoncer; je lis, je relis cette lettre, comme j'ai lu, relu celles qu'il m'a écrites depuis que je suis mariée, et dans celle-ci, comme dans les autres, son style est réservé et décent. Je cherche en vain le mot *amour*, et je le sens, je le vois à chaque ligne. S'il m'envoyait une feuille de papier blanc, j'y lirais, je crois, tout ce qu'il pense, tout ce qu'il éprouve, tout ce qu'il me dirait, s'il laissait parler son cœur.

Je passe aux détails, que je désirais si vivement connaître, et tu vas savoir quelles sont les ressources de l'amour, combien il est ingénieux. Je dépouille le récit de ces expressions, épisodiques et si pénétrantes, pour ne m'attacher qu'aux faits.

Jules a prévu qu'à la suite de la scène orageuse que je t'ai décrite, des Audrets ne resterait pas oisif, et qu'il s'occuperait sans relâche à réaliser ses menaces. Firmin, qui n'est pas connu ici, a été placé en observation dans une allée, en face des croisées de mon appartement. Un écriteau a frappé sa vue. Il a loué, à l'instant, la chambre où je l'ai reconnu, et il y a porté ce qui était nécessaire pour correspondre avec moi.

Le vieux Ambroise, aussi inconnu à l'hôtel que Firmin, a reçu l'ordre d'épier les démarches de des Audrets, dont il avait le signalement exact; de le suivre partout, et d'indiquer, sans délai, à Jules les endroits où il s'arrêterait. Ambroise et Firmin m'étaient dévoués autrefois; ma position actuelle semble avoir ajouté à leur dévouement, et à leur zèle. Leur intelligence, leur activité ont préparé tous les événemens.

Jules a su que le monstre venait d'entrer, avec quelque mystère, dans une maison de la rue des Bourdonnais, et il a pensé que ses précautions mêmes tendaient à masquer quelque projet criminel, qu'il était important de déjouer. Il est monté dans le cabriolet qu'il avait mis à la disposition d'Ambroise; ils ont volé.

Ambroise reste à la porte d'une allée; Jules franchit les escaliers, jusqu'à l'étage le plus élevé. Où va-t-il, que veut-il? Où des Audrets est-il entré? Le bien-aimé prête une oreille attentive;

il espère que le crime pourra se déceler; rien ne fixe encore ses idées... Tout à coup, il entend ouvrir une porte au-dessous de lui; il regarde à travers les barreaux de la rampe; il voit sortir des Audrets, avec une femme, qui lui est inconnue.

Quand le cœur est brûlant, quand la tête est exaltée, on ne calcule rien, on ne réfléchit même pas : Jules va frapper à la porte qui vient de se fermer. Que dira-t-il, que demandera-t-il, que répondra-t-il, s'il est lui-même interrogé?

Deux femmes âgées, fort décemment mises, viennent lui ouvrir. Son œil plonge au fond d'un appartement, meublé avec une sorte d'élégance. Il va, il vient, il tourne, il s'arrête. Les deux vieilles lui demandent, pour la dixième fois, ce qu'il veut. Un organe rauque, des expressions des halles, qui contrastent avec l'ameublement et la mise de ces femmes, lui font connaître le lieu où il est. Il se remet aussitôt; s'annonce comme l'ami de des Audrets, et s'explique en amateur. Tout en lui exprime l'opulence et le goût du plaisir; le nom de des Audrets inspire, à ces femmes, une confiance sans bornes. Quelques pièces d'or, jetées sur une table, les gagnent tout-à-fait.

« M. des Audrets se presse trop, dit l'une d'elles.
« Il sait que je n'avons encore pu persuader c'te
« petite bageule-là. Voyez, au surplus, si vous
« serez pus chanceux qu'nous. » On lui ouvre un

cabinet, caché avec art sous des draperies. Une jeune fille est étendue sur une ottomane, l'unique meuble qui soit là; son visage est caché dans ses mains; son attitude est celle de la douleur.

Jules s'enferme avec elle; il s'approche; il hasarde quelques mots insignifians; il ne reçoit pas de réponse. Des larmes abondantes coulent sur les bras de l'infortunée; il croit voir une victime, et il tressaille de joie. Il s'annonce comme un libérateur, et elle lève péniblement la tête. Les plus beaux yeux du monde expriment une profonde affliction. Jules lui parle encore; elle se tait; mais il est facile de juger que la crainte la force au silence. La vérité a un accent qui persuade : peu à peu Jules inspire quelque confiance à cette fille intéressante; il est instruit des crimes de des Audrets.

Il sort en disant que la petite est opiniâtre; mais qu'il en a réduit de plus difficiles, et qu'il reviendra le soir. Fort de ce qu'il a appris, il court chez le commissaire du quartier. Le père de l'infortunée, qui, depuis plusieurs jours, secondait les recherches de la police, est aussitôt mandé. Il arrive; on part; on cerne l'infâme maison; on entre; on arrête les deux furies; tu sais le reste.

Je reviens à cette lettre, si intéressante pour moi; mais qui m'est parvenue par des moyens si condamnables. Les marques d'affection et de confiance que M. d'Apremont ne cesse de me prodiguer, ajoutent à mes regrets et à ma reconnaissance : il n'y a pas une heure qu'il est entré chez moi, pour m'annoncer qu'il me rend Jeannette et son mari. « Vous parlerez à la jeune femme, « je le sais, de quelqu'un qui vous est bien cher ; « mais je sais aussi ce que les procédés peuvent « sur un ame comme la vôtre : vous parlerez quel- « quefois d'un mari qui vous adore, et que vous « jugez digne de quelque retour. Vous soulagerez « votre cœur, par des épanchemens, que le mien « invoquerait en vain, et auxquels je ne dois pas « encore prétendre ; mais vous lui donnerez aussi « des forces contre vous-même, en opposant en- « fin, à ses mouvemens impétueux, la raison et « le devoir. Éloignée bientôt de l'objet d'une mal- « heureuse passion, vous reprendrez insensible- « ment de l'empire sur vous-même, et vous m'ac- « corderez une amitié tendre et franche, que « j'aurai su mériter, et à laquelle je sens que je « dois borner tous mes vœux. »

Que pouvais-je répondre, Claire, à des expressions de la plus touchante bonté ? Il est des positions où on ne trouve pas de mots ; mais il est un langage plus expressif que la parole. Je ne sais ce que disaient mes yeux, ma physionomie, mon geste, le moindre de mes mouvemens ; mais je ne voyais que mon mari, je ne pensais qu'à lui ; mon cœur était tout à lui. Je me suis jetée dans ses bras ; je l'ai comblé des plus tendres caresses, et, en provoquant les siennes, je sentais que je remontais à l'estime de moi-même. Quelques heures avant, il avait ravi mes faveurs; je les lui ai prodiguées. Oh! qu'il était heureux! Dans quelle délicieuse extase il est resté plongé! Par quelles expressions brûlantes il m'a remerciée de lui avoir fait connaître une félicité, qu'il n'avait pas éprouvée encore, dont il n'avait pas même d'idée! Le croiras-tu, Claire? j'ai senti, en ce moment, que je pouvais vivre pour lui seul. J'ai voulu justifier sa tendresse, et mériter sa protection contre moi-même par une franchise entière, absolue : j'ai été prendre les lettres de Jules; je les lui ai présentées; je lui aurais aussi donné son portrait, si je l'avais eu encore.

Je me suis bientôt repentie de ce que je venais de faire. A mesure qu'il lisait, sa figure devenait froide et même sévère. « Ces lettres, a-t-il dit
« enfin, seraient celles d'un honnête homme, si
« l'exacte probité permettait d'écrire clandestine-
« ment à une femme, qui a des engagemens sacrés
« à remplir. Et vous, ma bonne amie, ignoriez-
« vous ce que vous prescrivait votre devoir? —
« Eh! monsieur, si je ne voulais me soumettre à
« ses lois les plus rigoureuses, si je n'avais pris
« la ferme résolution de ne plus correspondre
« avec M. de Courcelles, vous aurais-je remis ses
« lettres? Elles vous prouvent, au moins, que lui
« et moi vous avons constamment respecté. —
« C'en est assez, Adèle, c'en est assez. Votre
« bonheur futur tient à l'oubli absolu du passé. »

Cet entretien a été interrompu par le domestique de des Audrets, qui est venu demander les effets de son maître. Ce misérable n'a pas eu le temps de prendre une chemise, quand on l'a conduit en prison. M. d'Apremont a fait appeler son valet de chambre, et lui a ordonné de remettre tout ce qui appartient à M. des Audrets. Il s'est approché du domestique, et lui a glissé dans la main une bourse pleine d'or. Que de générosité, de grandeur! Comme cet homme-là se venge! Je sentais que je n'aurais pas été capable de tant de magnanimité, et cette réflexion m'a humiliée.

Une bonne action porte naturellement à en faire une seconde, si l'occasion s'en présente. M. d'Apremont avait traité sa nièce avec une rigueur qu'elle méritait peut-être, mais qu'il avait portée à l'excès. J'ai cru la haine que j'avais vouée à cette femme éteinte sans retour, et j'ai donné à entendre à mon mari qu'il lui devait une sorte de réparation. Il est parti à l'instant même, en me remerciant de lui rappeler un devoir, et en m'assurant que l'importance et la rapidité des événemens avaient pu seules le lui faire oublier.

Oh, oui, la journée d'hier a été féconde en événemens! Combien il en devait arriver encore aujourd'hui!

M. d'Apremont était à peine sorti de l'hôtel, que Jeannette est entrée chez moi. J'ai couru au-devant d'elle; je l'ai pressée dans mes bras. Nous avons mêlé nos larmes. Revenues à nous-mêmes, nous avons voulu causer. Que de choses nous avions à nous dire; que d'empressement à nous interroger; que de questions partaient à la fois, et demeuraient sans réponse! Mais quel dévouement d'une part, quelle affection de l'autre! Cette jeune femme se partage entièrement entre son mari et moi.

Le plaisir de nous retrouver ensemble s'est calmé insensiblement, et des sensations nouvelles ont bientôt succédé à celles, qui d'abord m'avaient occupée exclusivement. L'aspect de Jeannette m'a rendue à des impressions que, pendant quelques heures, j'ai crues totalement effacées. Argentan, Velzac, les jardins, les bosquets, le marronnier, les baisers de feu, cette porte du parc, par où il est sorti, et que Jeannette a refermée sur lui, je me suis tout retracé avec un serrement de cœur, dont je ne peux te donner d'idée. Présomptueuse que je suis! J'ai cru avoir surmonté l'amour, et je l'ai retrouvé avec mes souvenirs!

Cependant je voulais vaincre, Claire, je le voulais sincèrement. « Ne parlons plus de lui, Jean-
« nette, me suis-je écriée, je t'en supplie, n'en
« parlons plus. Parle-moi de M. d'Apremont, de
« ses droits, de son indulgence. Rappelle-moi sans
« cesse à ce que je lui dois. Dis-moi que l'amour,
« sans espoir, ne saurait durer toujours; qu'un
« second attachement peut relever, ranimer un
« cœur froissé, abattu, et le pénétrer enfin de
« cette félicité, dont il s'est fait une si douce
« image. » Je lui disais tout cela, Claire, et je me

croyais de bonne foi. Mais je pleurais en lui parlant ainsi ; j'appelais sur mes lèvres, sur mon cœur, ces caractères enchanteurs, dont je venais de me dépouiller. Jeannette pleurait avec moi, et gardait le silence. Que pouvait-elle me dire, bon Dieu ! C'est en me parlant d'un seul homme qu'elle aurait fixé mon attention, et elle savait que m'en parler, c'était jeter de l'huile sur du feu.

Mes chagrins, mes vœux secrets, les événemens m'ont tellement occupée, que j'ai négligé, depuis plusieurs mois, de te parler de M. et de madame de Méran. Mon père, que mon état brillant, et l'opulence qu'il a recouvrée, ont charmé d'abord, s'ennuie à présent à Velzac, et cela n'est pas étonnant : l'ambition, la vanité, ne sont que des passions de tête ; elles laissent le cœur vide, et il est la source des vrais biens. Ma mère, toujours résignée, végète, sans peines et sans plaisirs, dans un superbe château. Elle m'écrit souvent ; ses lettres forment un cours d'excellente morale ; mais tu sais ce que peuvent des raisonnemens sur une femme passionnée. Mes réponses sont inspirées par la plus sincère affection, et cependant je me suis imposé une réserve qui doit donner une teinte de sécheresse à tout ce que je lui écris.

J'ai pensé un moment à leur faire part de ce qui s'est passé hier et aujourd'hui. Je sentais que les premières impressions s'effacent difficilement, et que j'avais tout à gagner, en prévenant l'effet des menaces de des Audrets. J'ai réfléchi ensuite que cet homme, démasqué, déshonoré, n'obtiendrait pas de confiance; qu'il est intéressé à ménager des hommes en crédit, auxquels il a donné contre lui des armes puissantes; enfin j'ai vu que je troublerais sans nécessité le repos de ma pauvre mère, et une forte émotion pourrait lui être fatale. Une fleur, déja avancée, se soutient long-temps encore, lorsqu'elle est à l'abri des orages; elle ne résiste pas au vent impétueux qui vient la frapper.

Tu penses bien que ce plan de vie intime avec M. et madame de Courcelles, ce plan formé à Velzac, et que déja j'avais intérieurement rejeté, serait anéanti, lors même que nous n'irions pas nous fixer à Champville. M. d'Apremont me marque beaucoup de confiance; mais il a l'expérience que donnent les années, et il sait qu'on ne met pas du poison à la portée d'un malade en délire.

La fin du jour s'approche, et il ne rentre pas. Qui peut donc le retenir si long-temps chez M. de Courcelles?... Un domestique se présente; il me remet un billet... Il est de M. d'Apremont.

Il m'écrit qu'une suite de scènes effrayantes ne lui permet pas de quitter sa nièce; que notre départ pour Champville est nécessairement différé, et qu'il m'engage à ne pas l'attendre.

L'ambiguité de ce billet m'inquiète, m'alarme. J'interroge le domestique: il ne sait rien de ce qui s'est passé dans l'intérieur des appartemens; il a seulement entendu parler avec beaucoup de chaleur; il a vu sortir M. de Courcelles, qui appelait Julie à grands cris; un autre domestique a reçu l'ordre d'aller chez M. d'Estouville, et de le prier de se rendre de suite à l'hôtel; M. d'Apremont est sorti et rentré plusieurs fois; l'accoucheur a été mandé. Voilà tout ce que j'ai pu apprendre.

J'ai présumé d'abord que les plaisirs bruyans, les veilles, et peut-être quelque faute de calcul, avaient avancé le moment critique et douloureux. Mais qu'a de si *effrayant* un événement attendu, naturel, et par conséquent inévitable?... Peut-être des symptômes alarmans, quelque accident imprévu font-ils craindre pour madame de Courcelles. Mais de quel secours peuvent lui être messieurs d'Apremont et d'Estouville? Je m'y perds.

S'il n'était dans les convenances et dans ma volonté d'éviter Jules à l'avenir, je me rendrais de suite à son hôtel. Le danger, où cette femme est probablement exposée, a éteint en moi toute espèce de ressentiment : je sais aimer ; je ne peux point haïr. D'ailleurs, c'est l'enfant du bien-aimé, que des soins assidus sauveraient peut-être, et, je le sens, cet enfant a des droits réels à mon affection.... N'importe, je n'irai pas dans cette maison. Mais je vais y envoyer Jeannette. Jules la verra avec plaisir; elle peut être utile; elle saura au moins ce qui se passe; elle viendra m'en rendre compte. Je la charge de dire à M. d'Apremont que l'obscurité de son billet m'affecte, et que je le prie de terminer l'incertitude où je suis.

Jeannette est partie. Que ferai-je, en attendant son retour? Je prends un livre : c'est la *Nouvelle Héloïse*. Toujours trop préoccupée pour lire souvent, ni long-temps, je m'attache cependant aux ouvrages qui me retracent quelque chose de ce qui se passe dans mon cœur. Lecture dangereuse, je le sais ; mais mon imagination n'est-elle pas plus puissante que ces écrits, réfléchis, calculés, qui ne m'offrent que de l'amour battu à froid ? Lire, c'est échapper à moi-même.

A propos de ce livre, crois-tu qu'il soit dans la nature qu'une fille bien née, qui a résisté à l'impulsion d'un premier baiser, prépare et arrête de sang-froid le moment de sa défaite? Est-il dans la nature qu'un époux, instruit de ce qui s'est passé, fixe chez lui l'amant de sa femme? Est-il dans la nature que deux êtres, qui s'adorent, soient ensemble à tous les momens du jour, et ne cèdent jamais? Ils s'égarent une fois dans les rochers de Meilleraie; ils y trouvent les souvenirs les plus touchans; ils éprouvent les plus vives émotions; ils sont séparés du reste de l'univers, et la vertu triomphe! Je ne m'établis pas arbitre entre le public et ce livre ; mais je le juge selon mon cœur : Jean-Jacques n'aimait pas quand il l'a écrit.

La nuit s'avance, et je ne vois personne. Je passe de l'inquiétude à la crainte... Pourquoi ne puis-je aller dans cette maison? J'appelle Jérôme; je l'envoie chez M. de Courcelles. Il dira à M. d'Apremont qu'à l'instant même je veux voir lui ou Jeannette, et que je ne réponds pas de ce que je ferai, si on me laisse plus long-temps en proie à l'anxiété qui me tourmente.

Un quart-d'heure n'était pas écoulé, quand Jérôme est rentré avec sa femme. Elle était pâle, défaite, elle se soutenait à peine... « Jules, Jules! « me suis-je écriée... — Ne craignez rien pour lui, « madame. — M. d'Apremont!... — M'a ordonné « de vous dire qu'il rentrera bientôt. — Que s'est-« il donc passé?... — Madame de Courcelles, son « enfant... — Hé bien? — La mort, la mort!... — « Ils sont morts, dis-tu!... — On le craint, on le « croit. Je ne sais... Je ne puis... » Elle est tombée dans les bras de son mari.

Une révolution terrible s'est opérée en moi. Jules, libre, s'est offert à mon imagination, avec sa beauté, ses graces, son cœur brûlant d'amour... Un retour subit sur moi-même m'a rappelé le nœud qui me lie. J'ai laissé tomber ma tête sur ma poitrine, et je n'ai pu proférer une parole.

M. d'Apremont est rentré enfin dans un état d'abattement, qui m'a touchée. Je suis allée à lui; je l'ai conduit à mon ottomane; je m'y suis placée près de lui. Je tenais sa main; je le regardais avec douleur et curiosité; j'attendais qu'il parlât. La malheureuse, la malheureuse! s'est-il écrié à différentes reprises. Je lui adressais des questions auxquelles il ne répondait que par des mots sans suite. Le désordre de ses idées m'effrayait. J'ai

29.

tout fait pour le rendre à lui-même; j'y ai réussi enfin. Il a parlé.

Madame de Courcelles était sur une chaise-longue : ce genre de siége est le trône de la coquetterie. Il favorise le développement des graces; il donne, à tous les mouvemens, une teinte de volupté. Son oncle a remarqué de la pâleur et même quelque tiraillement dans les muscles du visage, qu'il a d'abord attribués à son état. Mais son mari avait l'œil animé, la respiration courte et difficile; l'impatience se manifestait dans ses gestes, dans la promptitude avec laquelle il changeait de position. M. d'Apremont a senti qu'il s'était élevé quelque nuage entre les deux époux : on ne lui a pas laissé ignorer long-temps ce qui se passait.

« Qu'allez-vous penser de M. de Courcelles? « a-t-elle dit à son oncle. Il a le travers impardon-
« nable de vouloir qu'une femme ne soit pas la
« maîtresse chez elle. — Je veux, madame, qu'un
« mari ne soit pas nul dans sa maison; que ceux
« qui la fréquentent ne contractent pas l'habitude
« de l'y voir comme un étranger, et ne se permet-
« tent pas, surtout, de le traiter en homme sans
« conséquence. — Hé, monsieur, vient-on chez
« une jolie femme pour faire la cour à son mari?
« — Depuis long-temps je m'aperçois, madame,
« que les hommages, très-marqués, qu'on vous
« prodigue, sont déplacés à mon égard, et vous
« auraient paru offensans, si vous aviez réfléchi
« à ce que vous devez à tous deux. — De la jalou-

« sie, monsieur ! Prenez garde, vous allez vous
« donner un ridicule... — Aux yeux des étourdis,
« que vous accueillez avec trop de bienveillance.
« Leur suffrage me rangerait dans la même classe
« qu'eux, et j'ai la noble ambition de prétendre
« à l'estime des honnêtes gens. — Finissons, s'il
« vous plaît, monsieur ; terminons une discussion,
« qui n'a que trop duré. Voyons ; que prétendez-
« vous, que voulez-vous ? — Que vous fermiez
« votre porte à des êtres que vous n'auriez ja-
« mais dû recevoir. — Je ne ferai jamais cela,
« monsieur. — Hé bien ! je le ferai, madame. »

Cette fermeté, à laquelle elle n'était pas accoutumée, le dépit de se voir maîtriser, lui ont tiré quelques larmes. Elle s'est plainte à son oncle du despotisme de son mari ; elle a déclaré ne pouvoir supporter l'affreuse solitude, à laquelle il la condamnait. Elle lui a demandé, avec hauteur, si c'est là le prix qu'il réserve au sacrifice qu'elle lui a fait, et Jules s'est oublié jusqu'à donner à entendre qu'il ne lui tient aucun compte d'une faiblesse qui l'a contraint à l'épouser. De ce moment, la colère d'un côté, l'indignation de l'autre, ont tout exagéré, tout dénaturé. Jules, poussé à bout, par l'arrogance de sa femme, lui a demandé si les jeunes gens, qui lui font la cour, sont des élèves de Duverlant, de Beauclair, de Vertpré, et si son jardin a été le théâtre de quelque scène, du genre de celle qui s'est passée dans le pavillon chinois de Velzac.

M. d'Apremont ignorait ces particularités, et madame de Courcelles se flattait qu'elles n'étaient pas connues de son mari. Furieuse de se voir démasquer devant son oncle, elle n'a plus gardé de mesures; elle a accablé son mari des reproches les moins mérités; elle est descendue jusqu'à l'invective; et, trop faible pour résister long-temps à la violence de ses sensations, elle est tombée sur un siége, privée de sentiment.

M. d'Apremont était dans le plus cruel embarras : il sait combien il est délicat de s'immiscer dans de semblables démêlés, et il ne restait, qu'abusé par l'espoir que sa présence ramènerait enfin M. et madame de Courcelles à la décence et à la modération.

Il rend à Jules la justice de convenir que l'état douloureux où il a vu sa femme l'a désarmé à l'instant. Il a couru à sa toilette; il cherchait un flacon d'éther, que sa précipitation même l'empêchait de trouver. En retournant tout ce qui était dans ce meuble, une lettre lui est tombée sous la main; il y a porté les yeux machinalement. Les premiers mots ont fixé son attention, et à peine a-t-il eu parcouru quelques lignes, que l'intérêt qu'il portait à sa femme a fait place à la fureur la plus violente et la plus fondée. « Tenez, « monsieur, prenez, lisez, s'est-il écrié, en pré- « sentant la lettre à M. d'Apremont. »

Point de détours; aucune de ces périphrases décentes, qui ôtent aux expressions du vice ce qu'elles ont de dégoûtant. Tout était clair, positif; l'incrédulité même n'aurait pu conserver aucun doute, et l'indulgence ne trouvait plus d'accès dans le cœur du mari, ni même dans celui de l'oncle.

Cependant on ne laisse pas mourir une femme coupable, et on ne fait pas entrer ses gens dans des choses qu'on voudrait pouvoir se cacher à soi-même. Jules s'est souvenu que la vie de son enfant tenait peut-être à la prompte terminaison de cette crise. Il court prendre dans son appartement, ce qu'il n'a pas trouvé chez son épouse. Un paquet cacheté est sur sa cheminée. Il ouvre, il lit un détail circonstancié de l'inconduite de sa femme, et on lui indique le tiroir de son secrétaire, où en sont déposées les preuves les plus convaincantes. Déja, il en avait une irrécusable; mais il voulait accabler la malheureuse, par la multiplicité et l'évidence des faits.

Il descend. La jeunesse et la nature avaient produit l'effet qu'on devait en attendre : elle avait recouvré l'usage de ses sens. Jules, exaspéré, hors de toute mesure, lui lit la lettre qu'il a trouvée dans la toilette, et lui demande la clé de son secrétaire d'un ton à la faire trembler. Elle refuse cette clé; Jules prend un chenet et fait sauter la serrure. Ici se dévoile, dans toute son étendue, cet incroyable mystère de dissimulation, et de perversité.

Cet enfant n'appartient pas à Jules. Il est d'un

officier, parent de madame de Valny. Le chirurgien-major du régiment, après avoir inutilement employé toutes les ressources de l'art de détruire, a fait disparaître les traces de la volupté, et a opéré une restauration suffisante pour tromper un jeune homme sans expérience. Il fallait trouver une victime; il la fallait à l'instant : la misérable a choisi le plus beau, le plus sensible, le plus aimable, le plus confiant, le plus honnête des hommes, et non contente de l'avoir trompé avant son mariage, elle s'est livrée ensuite à un libertinage effréné.

Quelques-unes de ces lettres indiquent l'époque, où le désir de plaire et le genre d'habitudes qu'il exige, ont enfin éveillé des sens trop long-temps assoupis. Le colonel se félicite d'avoir saisi le moment favorable; mais privé des dons de la fortune, il a senti la nécessité de n'être qu'amant. Peut-être aussi n'a-t-il pas été fâché de trouver un prétexte d'éviter un engagement plus sérieux : les plaisirs faciles inspirent toujours une sorte d'éloignement pour le mariage; on se décide, rarement surtout, à épouser celle qu'on a cessé d'estimer.

L'intimité qui régnait entre ce jeune homme et mademoiselle d'Apremont, a été nécessairement suspendue du moment où le chirurgien lui a donné ses soins, jusqu'à celui où Jules a cru triompher de sa vertu. Alors, le colonel est rentré dans ce qu'il appelle ses droits; il insulte à la crédulité de celui qui veut bien couvrir les distractions de l'amour. M. d'Apremont était révolté de l'amertume des railleries, et de l'indécence des expressions.

La campagne qui vient de s'ouvrir, a rappelé le colonel à ses drapeaux, et il a été promptement oublié et remplacé. Il paraît que ceux qui se sont présentés ont été accueillis, et l'art, avec lequel cette femme menait des intrigues sans résultat, a été heureusement employé, jusqu'ici, pour masquer ces désordres. Mais il vient un jour où tout se découvre, jusque dans les moindres détails. La diversité des écritures établit le nombre des amans. M. d'Apremont a cru devoir garder le silence à cet égard, et il m'a paru inconvenant de le presser. Que m'importe, après tout, de savoir à quel point elle est déshonorée ? Mon cœur se brise, quand je pense que son infamie rejaillit, en quelque sorte, sur celui dont elle a avili le nom. Le reste m'est indifférent.

Cependant, je n'ai pu m'empêcher de marquer mon étonnement de ce qu'une femme, aussi adroite, a conservé des lettres, qui pouvaient la perdre, et dont la possession ne devait rien ajouter à ses plaisirs. M. d'Apremont m'a franchement avoué qu'il n'en existait aucune qui précédât la jouissance, et que la licence du style, en flattant la corruption de celle à qui elles sont adressées, a pu seule la déterminer à les garder; que cette femme était d'ailleurs dans une sécurité absolue, et, en effet, il fallait une suite d'événemens aussi extraordinaires, pour porter un homme, bien né, à violer le secret de la correspondance de sa femme.

Ici, M. d'Apremont, affligé, tourmenté, s'est arrêté un moment pour se livrer à ses réflexions; elles devaient être poignantes. Les miennes me ramenaient, sans cesse, à un seul objet : cette lettre, où le colonel insulte à la crédulité du malheureux époux, aura nécessairement des suites. Un homme, tel que Jules, ne supporte pas un pareil outrage. Je ne me sentais pas la force de le désirer; mais je voulais savoir ce que j'ai à espérer ou à craindre, et j'ai ramené M. d'Apremont sur une scène, que je jugeais loin encore d'être terminée.

L'épouse dégradée sentait qu'elle n'avait plus rien à ménager, et elle a cessé de se contraindre. Elle a bravé la vengeance de son mari, et le ressentiment de son oncle. Jules, plus révolté encore de cet excès d'impudence, et par conséquent moins capable de rien prévoir, tenait à la main ces lettres, qu'il venait de lire avec l'accent du désespoir. Elle a cru pouvoir employer, avec succès, le moyen qui lui a réussi chez mon père, pour soustraire et anéantir les preuves de son infamie. Elle s'est élancée sur son mari, pour lui arracher ces lettres et les déchirer. Jules s'est abandonné à un mouvement terrible. Il a rassemblé toutes ses forces, et a repoussé cette femme avec une telle violence, qu'elle est allée tomber à l'autre extrémité de la chambre. M. d'Apremont s'est précipité; il était trop tard. La tête avait donné contre un coin de la cheminée, et le centre avait porté sur le bras d'un fauteuil.

L'infortuné Jules devait se livrer successivement à tous les extrêmes. La vue du sang de cette malheureuse a fait sur lui la plus forte impression, et il est passé, tout à coup, de la fureur aux plus vives alarmes. Mais que pouvaient deux hommes dans une circonstance aussi critique ? M. de Courcelles est sorti; il a appelé Julie à grands cris, et les forces de cette fille ont été insuffisantes. Il a fallu faire venir les autres femmes. L'épouse criminelle, incapable de se contenir, se laissait aller à l'impétuosité de son caractère, et, dès ce moment, la honte de cette maison a été connue.

Jules, confus, humilié, a entraîné M. d'Apremont dans son appartement. Il lui a parlé avec la candeur de son âge, et la franchise d'un excellent cœur. Que pouvait lui reprocher M. d'Apremont? Trompé par un ami, à qui il avait donné toute sa confiance; déshonoré, en quelque sorte, par une nièce, sur qui il avait autrefois rassemblé ses plus chères affections, il a mêlé ses larmes à celles du bien-aimé.

Julie est venue annoncer que madame éprouvait de fortes douleurs. « L'enfant du crime ne « devait pas vivre », s'est écrié Jules, revenu à ses premiers transports. Il a saisi, avec force, la main de Julie : « Qui de vous est entré, depuis midi, « dans mon appartement? Qui a déposé, sur ma « cheminée, cette lettre anonyme? Qui que ce « soit, qui l'ait écrite, il est mon ennemi. Ré- « pondez, répondez, vous dis-je; qui est entré « dans mon appartement? »

Julie pouvait dire qu'elle l'ignorait, et Jules aurait senti que ses interrogations ne pouvaient amener aucun éclaircissement : quel domestique avouerait une faute qu'il peut cacher, par une simple dénégation? Julie s'est troublée; elle a pâli, elle a balbutié. La colère, les menaces de son maître, lui ont arraché des larmes, qui peut-être eussent parlé en faveur de son innocence: En tirant son mouchoir, elle a fait tomber un papier, qui, d'abord, n'a pas fixé l'attention ; la précipitation avec laquelle elle l'a ramassé, a fait naître des soupçons. Jules le lui a demandé; elle a balancé à le lui remettre; il l'a arraché de ses mains, et il n'a vu qu'un mémoire de menues dépenses.

L'éloignement, très-marqué, de Julie à livrer un papier d'aussi peu d'importance, a tout à coup éclairé Jules. Il a tiré la lettre anonyme; il en a comparé l'écriture à celle du mémoire, et malgré les efforts qu'on avait faits pour déguiser la première, il est resté convaincu qu'elles sont de la même main.

Il a parlé, il a tonné, il a foudroyé cette fille.

Elle pouvait entreprendre de justifier sa conduite, en attribuant à son attachement pour M. de Courcelles, et à sa délicatesse, blessée du rôle qu'on lui faisait jouer dans ces intrigues, une démarche qui, présentée ainsi, eût paru moins répréhensible, et qui pouvait être pardonnée. Terrifiée, atterrée, elle n'a trouvé que la vérité à opposer à l'orage qui allait fondre sur elle.

Des Audrets, à qui il faut sans cesse des plaisirs et des victimes, a persuadé et vaincu Julie, par des présens et des promesses. Peut-être cet homme astucieux ne cherchait-il en elle qu'un instrument, dévoué aux vengeances qu'il méditait, et dont il avait eu l'impudeur de me parler, en me menaçant moi-même de tout son ressentiment. Quoi qu'il en soit, Julie, tombée dans sa dépendance, par les suites de leur commerce, et par la crainte d'en être abandonnée, a consenti à épier sa maîtresse, et à rendre compte de ses moindres démarches à son séducteur. C'est lui qui, loin de prévoir le coup qui était prêt à le frapper, à forcé cette fille à écrire, sous sa dictée, la lettre anonyme, et à la faire parvenir à M. de Courcelles. Un logement, des meubles, une pension suffisante devaient être le prix de sa docilité.

Ainsi, ce misérable effectue successivement tous ses projets, et en intéressant à ses crimes des familles respectables, il les réduit à n'oser implorer, contre lui, la sévérité des lois. Mais M. d'Apremont le connaît, à présent, et si le monstre osait écrire à mon père, mon mari proclamerait mon innocence. Je reprends mon récit.

Les gens de l'hôtel ignoraient encore les événemens de la veille. Quand Julie a su que des Audrets est démasqué, emprisonné, elle est tombée dans un désespoir, dont Jules a eu pitié. Il lui a donné une somme assez forte, et l'a congédiée à l'instant.

Une seconde femme est venu annoncer que les douleurs se succédaient rapidement. Jules, ramené à ses sentimens naturels, par l'acte de bienfaisance qu'il venait de faire, a ordonné d'un ton assez calme qu'on allât chercher l'accoucheur. Mais bientôt ses yeux se sont reportés sur ces lettres, qui attestent les outrages qu'il a reçus, et le manége odieux dont il a été la dupe. Les passions orageuses l'ont tourmenté de nouveau ; le mépris, la fureur, la soif de la vengeance l'agitaient tour à tour. M. d'Apremont s'efforçait de le rendre à lui-même ; il lui prodiguait ces raisonnemens, qui ne peuvent rien sur les plaies de l'ame, et qu'on daigne à peine écouter. Jules a fait appeler Firmin ; il lui a ordonné de prendre une voiture, d'aller chez M. d'Estouville, et de le ramener avec lui, quoi qu'il fît ou qu'il pût dire.

L'accoucheur s'est présenté. Il a déclaré, avec les ménagemens d'usage, que probablement l'enfant était mort, et que l'état de madame n'offrait rien de rassurant.

L'idée d'une femme mourante, des suites de la

violence de son mari, a jeté Jules dans un profond accablement. Il est sorti pour s'accuser lui-même. « Sa conduite a été horrible, s'est-il écrié;
« mais a-t-elle mérité la mort? Devais-je la lui
« donner? les tribunaux ne m'auraient-ils pas
« vengé, et cet enfant, étranger au crime de sa
« mère, ne devait-il pas être sacré pour moi?
« J'ai empoisonné le reste de ma vie; le remords
« me suivra partout... Le remords! en a-t-elle
« éprouvé, celle qui accumulait outrage sur ou-
« trage; qui joignait la perfidie à l'avilissement,
« l'ironie à l'insulte? Étais-je, moi, dans une po-
« sition à rien calculer? Pouvais-je prévoir l'effet
« d'un mouvement, qui ne tendait qu'à me con-
« server les preuves de la plus basse trahison?
« Non, je ne voulais pas sa mort; je ne la désire
« pas en ce moment, et si elle périt, elle n'en
« peut accuser qu'elle. »

M. d'Estouville est entré en ce moment : Firmin l'avait instruit des particularités qu'on n'avait pu cacher aux domestiques. Jules est allé au-devant de lui : « M. d'Apremont, a-t-il dit, est l'oncle
« de madame de Courcelles. S'il y avait la moin-
« dre obscurité dans les faits, il se prononcerait
« contre moi, et vous voyez, monsieur, qu'il me
« prodigue les consolations et ses soins. Interro-
« gez-le sur les événemens affreux, qui se sont
« passés ici : je suis las de m'occuper de ces in-
« famies. »

M. d'Apremont a tiré M. d'Estouville à l'écart;

ils se sont entretenus long-temps. Mon mari sentait que Jules a les droits les plus réels à une vengeance éclatante; mais il désire éviter à sa nièce un jugement infamant. M. d'Estouville, tourmenté, incertain, ne savait à quel parti s'arrêter. Il s'est approché de son neveu; il a voulu lui parler; la parole expirait sur ses lèvres. « Que « me direz-vous, monsieur? s'est écrié Jules. Que « peuvent des mots, contre des choses? il est des « malheurs sans remède, et ceux qui accablent « cette maison sont votre ouvrage. Vous vous « repentez, maintenant. A quoi remédieront vos « regrets, et ces larmes qui mouillent votre pau- « pière?

« J'adorais une femme accomplie; j'en étais « tendrement aimé, et le bonheur de toute ma « vie ne vous a inspiré aucun intérêt. Vous m'a- « vez arraché à tout ce qui me la rendait chère, « pour me jeter dans les bras d'une prostituée. « M. de Méran, madame de Villers vous ont vai- « nement fait connaître le danger; vous vous êtes « joué de la sainteté du mariage; vous n'avez vu « dans ce lien qu'un contrat; vous avez voulu « mettre de l'or avec de l'or, et vous m'avez rendu « le plus infortuné des hommes. »

Jules n'avait pas mandé son oncle pour l'accabler de reproches; il voulait seulement lui prouver qu'il n'avait aucun tort envers celle que son cœur avait constamment repoussée. Il s'est laissé entraîner par la force des circonstances.

Il s'est levé; il a marché à grands pas; il s'est assis; il s'est relevé. Ses yeux étaient ardens, ses muscles contractés, ses lèvres tremblantes laissaient échapper des menaces; il est sorti de l'appartement. Son oncle et M. d'Apremont ont couru sur ses pas. « Malheureux jeune homme, où allez-« vous?—Je vais demander des chevaux de poste. «—Que voulez-vous faire?—Je pars pour l'armée; « je cherche le colonel; je lave mon injure dans « son sang.—Fut-il le seul amant de votre femme, « et vous battrez-vous avec dix jeunes gens sans « mœurs? — Je ne connais que le colonel; c'est « sur lui que tombera l'orage. — Êtes-vous sûr « de ne pas succomber? — Je n'aurai pas survécu « à mon déshonneur, à mon désespoir. — Hé « bien! monsieur, si vous résistez à votre oncle, « vous défendrez-vous contre madame d'Apre-« mont, au nom de qui je vous parle en ce mo-« ment? Elle n'a cédé, en m'épousant, qu'à la « piété filiale alarmée; elle vous a conservé tous les « sentimens que ne réprouvent pas son devoir; « son existence tient peut-être à la vôtre. Expo-« serez-vous, au même coup, celle qui vous fut « si chère, et l'homme qui occupera toujours une « place marquante dans son cœur. »

Oh! Claire, Claire, je ne peux te rendre l'effet qu'a produit sur moi tant de magnanimité. M. d'Apremont ne peut aimer Jules, je le sais; c'est pour moi qu'il a employé le plus puissant des moyens qui pussent le rattacher à la vie; il a invoqué jusqu'à mon amour pour calmer ce malheureux! Je te l'avoue, j'ai fixé mon mari avec un intérêt, un plaisir, qui tenaient de l'ivresse. J'ignore si la reconnaissance portée à l'excès peut ressembler à de l'amour; mais mon cœur était plein de lui. Je suis tombée alternativement à ses pieds et dans ses bras; je lui ai prodigué les noms les plus tendres... Insensée! je ne sentais pas que j'adorais en lui un dieu qui me conservait mon amant.

Firmin se tenait constamment dans une chambre voisine. Étranger à une coupable curiosité, il n'écoutait que pour être utile: le zèle a besoin d'être éclairé. Affligé de l'exaspération qui torture son maître, il sort, il court à la poste; il ne veut pas qu'on donne de chevaux. Il ne sait pas encore de quel prétexte il se servira; il n'en trouvera pas, peut-être; mais, s'il le faut, il emploiera la force pour empêcher Jules de partir... Il rencontre le valet de chambre de madame de Valny; il est frappé de la tristesse profonde qu'exprime la figure de cet homme. Il l'interroge; il est arrivé un bulletin de l'armée, le colonel a été tué à l'affaire de Montereau. Firmin arrache le papier des mains du valet de chambre; il revient; il rentre; il monte. « Le ciel a fait justice, dit-il, en mettant le bul-« letin sur une table. »

Une révolution soudaine s'est opérée dans tous les esprits. MM. d'Estouville et d'Apremont, rassurés sur l'existence de Jules, ont respiré un moment. Mais à peine délivrés d'un fardeau, ils sont revenus à la position de Jules et de sa femme, qui devenait à chaque instant plus alarmante. Les transports qui, depuis quelques heures, agitaient l'infortuné jeune homme, avaient décomposé ses traits, et l'état de madame de Courcelles empirait sensiblement. La colère de Jules, long-temps fixée sur le colonel, se portait sur un autre objet: les atrocités de des Audrets se retraçaient à sa mémoire. Il lui fallait une victime, et c'est ce monstre qu'il désignait. MM. d'Estouville et d'Apremont étaient disposés à abandonner un tel homme à sa vengeance; mais comme l'avait judicieusement remarqué des Audrets lui-même, on ne pouvait le perdre sans dévoiler des secrets, qui couvriraient de honte certaines familles, et qui en livreraient d'autres à la malignité et aux sarcasmes du public. « Madame de Ferval, répon- « dait Jules, s'est chargée elle-même de publier « son déshonneur, et un événement de plus ou de « moins ne peut rien sur sa réputation; l'inno- « cence de la demoiselle de Tarbes est prouvée « jusqu'à l'évidence, et je ne peux me cacher que « l'éclat qui s'est fait ici va me rendre la fable de « Paris. Qu'y a-t-il donc à ménager? Qu'il périsse « le misérable, à qui je n'ai donné aucun sujet de « plainte, et qui me range au nombre de ses pros- « crits. Qu'il paie de sa tête la lettre anonyme, qui « a achevé d'enfoncer le poignard dans mon sein. » M. d'Apremont ne se dissimulait pas qu'un mari jaloux prête toujours au ridicule, et que lorsqu'il confie la vertu de sa femme, ne fût-ce que pour deux heures, à un être du genre de la Dupont, il devient l'objet des railleries de la cour et de la ville. On raisonnait, on discutait, on ne décidait rien. La nuit s'avançait, les forces s'épuisaient ; chacun sentait le besoin du repos. M. d'Apremont est sorti, après avoir fait promettre à Jules de ne rien entreprendre avant son retour.

CHAPITRE XXII.

On vit, on souffre à Champville.

Firmin est venu le matin de bonne heure. Il nous a annoncé que l'enfant était mort, et qu'on désespérait de la vie de sa mère. J'ai pensé à Jules, aux remords qui allaient renaître, à l'état cruel dans lequel il tomberait. J'ai engagé M. d'Apremont à se rendre près de lui.

Dans quel état je suis tombée moi-même, lorsque j'ai été seule ! Ma vie entière s'est présentée à moi ; je l'ai scrutée avec impartialité, et je me suis trouvée coupable. J'ai voulu sauver mon père, en disposant de ma main sans mon cœur : mais était-il réellement en danger ? Le médecin n'a-t-il pu être gagné ? N'ai-je pas cédé trop facilement aux apparences ? Jules m'avait donné, j'en conviens, l'exemple de l'infidélité ; mais une infidélité volontaire n'est-elle pas un crime, et ce crime ne l'ai-je pas commis? Ne savais-je pas, d'ailleurs, que j'allais reconnaître l'amour, le plus vrai, le plus vif par l'indifférence la plus absolue? Pouvais-je me dissimuler que je nourrissais dans le fond de mon cœur une flamme adultère, et qu'il suffirait, peut-être, d'un instant d'oubli de soi-même pour outrager un homme respectable?

Claire! Jules va être libre, et je suis engagée! cette idée est poignante; elle me poursuit sans relâche. Peut-être cette idée cruelle a-t-elle produit la sévérité avec laquelle je viens de me juger. Je me rappelle qu'au moment où j'ai consenti, j'ai éprouvé ce noble et secret orgueil, qui suit toujours une bonne action. Étais-je vraie alors avec moi? ou suis-je aujourd'hui en proie à d'inutiles regrets?

Et qu'importe, après tout? Le mal est sans remède : voilà une vérité, dont il faut que je me pénètre, au sentiment de laquelle je dois opposer un courage nouveau. Oui, je me souviendrai que M. d'Apremont m'a comblée de bienfaits, ainsi que ma famille; que s'il a cédé un moment aux insinuations d'un homme odieux, il a réparé ses torts, par tous les moyens dont peut disposer un homme, qui a le cœur bien placé. M. d'Apremont a cinquante ans; mais il jouit d'une santé parfaite; sa figure est noble, son esprit cultivé, ses manières aimables, et il m'adore. Ne puis-je aimer cet homme-là? Je l'aimerais sans doute, sans la passion délirante, insurmontable, qui me subjugue, et qui paraît s'être identifiée avec moi. Eh bien! je fuirai; j'irai m'ensevelir à Champville, avec mon époux; je n'y verrai que lui; je l'opposerai à mon amour. Mon imagination brûlante imprimera peut-être sur ses traits ceux de l'homme adoré; je parviendrai peut-être à m'abuser moi-même; je l'accablerai des plus tendres caresses, et je le rendrai le plus heureux des hommes.

C'en est fait: la malheureuse femme a fini aujourd'hui à onze heures, et le ressentiment de son mari s'est éteint avec elle. C'est alors qu'il s'est reproché, plus amèrement qu'il ne l'avait fait encore, la violence involontaire qui a précipité son épouse au tombeau. « Elle ne méritait pas la mort, « elle ne la méritait pas, répétait-il sans cesse, et « je me suis souillé d'un meurtre abominable. » MM. d'Estouville et d'Apremont ont senti qu'ils ne pouvaient éloigner cette pensée déchirante, qu'en lui retraçant cette suite d'actions criminelles, qui avaient d'abord excité son indignation. Il était cruel, pour mon mari, d'avoir à rappeler les désordres de sa nièce; mais il sentait la nécessité de rallumer la colère, pour étouffer le remords. Le malheureux était excédé des combats que lui livraient des émotions toujours opposées. On voyait ce qu'il souffrait; on le plaignait; mais il fallait tout sacrifier à sa conscience: le plus grand des malheurs, pour un honnête homme, est de n'oser plus descendre dans la sienne.

Ah! Claire, si j'avais pu être là, mon seul aspect lui eût fait oublier une femme méprisable; l'amour eût ramené le calme dans son cœur, et la sérénité sur son front; mais je ne peux décemment reparaître à son hôtel; je le désirais cependant; je le désirais avec une force, qui m'a presque entraînée. J'ai combattu, j'ai vaincu, et je m'applaudis à présent et de ma résistance et de ma victoire.

Touché, au-delà de toute expression, de la délicatesse qui a dirigé M. d'Apremont, à travers cette longue suite d'événemens, Jules s'est empressé de lui remettre les preuves de l'inconduite de sa femme, et ces lettres ont été brûlées à l'instant. On lui a fait sentir ensuite que les poursuites qu'il voulait commencer contre des Audrets, compromettraient essentiellement la mémoire de celle à qui il avait pardonné, et il a consenti à abandonner ce misérable à son sort.

M. d'Estouville l'a arraché de son hôtel, et l'a conduit dans le sien. M. d'Apremont s'est chargé d'ordonner la pompe funèbre. L'infortuné est décidé à sortir de Paris, où tout lui retracerait des souvenirs affreux. Il ira, dit-il, demeurer à Velzac; il fermera les yeux de M. et madame de Méran. Ah! je le devine, Claire: il croira retrouver auprès de mes parens quelque chose de moi. Ils lui ont refusé ma main; mais son intérêt seul les a portés à l'éloigner. Ils ont conservé pour lui le plus tendre attachement; il reviendra, près d'eux, aux sentimens doux, et il jonchera de fleurs leurs derniers pas.

Ils parleront de la pauvre Adèle; ils la plaindront quelquefois; ils l'aimeront toujours.

M. d'Estouville, en mariant son neveu, lui a donné cent mille livres de rente. Cette fortune lui reste, et je suis sûre qu'il en fera le plus noble emploi. Le bien de madame de Courcelles, morte sans enfans, revient à son oncle, qui m'a tout donné en m'épousant. Ainsi il est vraisemblable que je serai l'héritière de celle qui m'a ôté plus que la vie. Jeux bizarres de la fortune!

Jamais je ne mettrai le pied sur un champ qui aura appartenu à mademoiselle d'Apremont. Je me déferai de ces biens; j'en aiderai l'honnête indigence : ce sera en épurer la source.

Quel jour ai-je osé prévoir? Ah! Claire, y penser, c'est être coupable. Mais l'idée de Jules libre ne devait-elle pas me replier sur moi-même, et comment, lorsque je médite, arrêter mon imagination? Non, je ne forme aucun vœu, le ciel m'en est témoin. Qu'il conserve l'homme respectable auquel il m'a donnée; qu'il rende le repos à mon cœur; qu'il y fasse régner enfin celui qui le mérite à tant de titres.

Est-ce bien là ce que je veux?.. Ce pauvre cœur est l'image du chaos; je n'y démêle plus rien. Claire, prends pitié de moi.

Notre départ pour Champville est fixé à demain. M. d'Apremont m'a demandé si je permettrais à

Jules de venir prendre congé de moi. Je lui ai répondu franchement que cette entrevue serait douloureuse pour tous deux, et qu'elle pourrait entraîner de graves inconvéniens. Attendait-il cette réponse? Je ne sais; mais elle lui a causé une vive satisfaction, et il n'a pu me la cacher.

En effet, Claire, pourquoi le reverrai-je? Pour m'attendrir sur ses malheurs; pour contempler, avec amertume, cette main qui est redevenue la sienne; pour chercher du poison dans ses yeux; pour regretter, plus fortement, d'en être séparée; pour acquérir la triste certitude qu'il continue de partager mes souffrances... Non, non, il est temps de ne plus rien accorder qu'au devoir.

Jérôme a couru une partie de la journée, pour acheter des bagatelles, que nous ne pourrions nous procurer à Champville. En traversant le Pont-Neuf, il a reconnu des Audrets dans un cabriolet de place. Sans doute, il a fait tout ce qu'on avait exigé de lui, et il a recouvré sa liberté. Rendre cet homme à lui-même, c'est faciliter de nouveaux crimes. Que d'autres que nous appellent, sur sa tête, des vengeances déjà trop méritées.

Jeannette n'est pas sortie de l'hôtel, depuis qu'on me l'a rendue. La bonne jeune femme se serait reproché de n'être pas toujours à portée de me secourir, pendant cette longue suite d'orages. Elle vient de s'ouvrir à moi, vaincue enfin par la nécessité. Elle touche presque au moment d'être mère, et je ne m'en étais presque pas doutée. L'excellente créature a poussé la délicatesse jusqu'à me dérober sa joie, bien légitime sans doute; mais qui eût fait une blessure de plus à mon cœur. Jamais elle n'a paru devant moi, que vêtue de manière à me cacher son état. Mais nous allons sortir de Paris, et elle n'a pu se procurer encore la moindre des choses qui lui sont nécessaires. Elle me demande deux heures; elle me les demande comme une grace! Ah! qu'elle pourvoie aux besoins de l'amour et de la nature. Qu'elle choisisse, qu'elle prenne; je paierai tout. Puis-je faire un plus digne usage de mon argent? Gorgée d'or, je n'ai pas eu encore un moment heureux. Je goûterai du moins le plaisir de faire du bien à une femme que j'aime, et si je ne peux m'acquitter de tout ce que je lui dois, elle saura que je suis reconnaissante.

Jeannette va être mère! Et le ciel me refuse cette faveur! L'enfant, que j'aurais donné à mon mari, eût été un intermédiaire tout puissant entre lui et moi; il m'eût attirée vers son père; il eût fini par me le rendre cher. L'amour maternel doit suffire pour remplir un cœur; j'aurais pu enfin aimer sans remords. Mon Dieu, qui m'ordonnez de combattre, accordez-moi donc la seule arme qui puisse me rendre victorieuse.

Les voitures sont prêtes. M. d'Apremont a la bonté de me demander si je suis bien sûre de ne pas regretter Paris; si la vie uniforme, que je vais mener, ne sera pas désagréable à une femme de mon âge? Il m'assure qu'il me verrait, sans peine, goûter les plaisirs qu'offre une grande ville; il ajoute qu'il est encore temps de me prononcer, et qu'il est disposé à renvoyer les chevaux de poste. Que ferais-je à Paris, où tu n'es plus, Claire, et dont Jules va s'éloigner? Je n'y trouverais qu'un désert, et je préfère celui où M. d'Apremont sera témoin de mes actions, même les plus indifférentes. Je le remercie, avec le ton de la sensibilité la plus vraie; je lui proteste que je veux lui consacrer ma vie, et justifier les bontés dont il me comble à chaque instant. Il me présente la main; nous montons en voiture.

Je ne te peindrai pas ce que j'ai éprouvé en sortant de cette ville, où Jules est encore. Rappelle-toi ce que je t'ai écrit, après avoir tourné les murs de Paris, en allant d'Argentan à Velzac : les mêmes circonstances ramènent nécessairement les mêmes sensations.

La route s'est faite sans gaieté et sans mélancolie. Je pensais beaucoup, et je tâchais de tourner mes réflexions à mon avantage : je faisais l'énumération des qualités du seul homme que je verrai désormais; je lui en cherchais en vain de nouvelles; j'étais forcée de convenir qu'il les a toutes. Il y a eu des momens où ma vanité a joui; mon cœur est resté froid.

Le château de Champville est assez beau; le parc est superbe. Je suis insensible à tout cela.

J'erre dans les appartemens, dans les bosquets, sans rien voir. Je crois que je cherche quelque chose, et je sais cependant que ce que je cherche n'y est point... Plus de marronnier, plus de chiffre... non, il n'y en a plus.

Les domestiques que des Audrets a envoyés pour m'entourer à Paris de ses affidés, ignorent ce qui s'y est passé. Ils étaient impatiens d'en avoir des nouvelles, et inquiets de les trop attendre. Le moment de notre arrivée a été une fête pour eux. Ils m'ont comblée des marques de leur attachement. Je leur ai fait du bien à tous, et j'en reçois la récompense.

J'ai trouvé, à une des extrémités du parc, une grotte en rocailles. Elle est couronnée de verdure; à l'entrée est un gazon émaillé de fleurs. Là, mes méditations ne sont interrompues que par le chant des oiseaux; mais lorsque je les écoute, des idées pénibles viennent m'assaillir : ils sont étrangers à tout ce que nous appelons des besoins; l'ambition, l'orgueil, l'avarice, le luxe, passions factices, qui troublent le monde, n'ont point d'accès auprès d'eux. Ils aiment, ils le font entendre; on ne leur oppose ni le rang, ni la pauvreté, ni cette fatigante prévoyance de l'avenir, qui empoisonne les jouissances de l'homme. L'objet de leur amour se rend, dès que le désir se fait entendre. Alors, plus de rivalités, plus d'infidélités à craindre; le bec amoureux, qui se croise avec celui de sa compagne, n'a pas de baisers à effacer; les petits qui vont éclore, sont incontestablement les siens... Heureux oiseaux!

M. d'Apremont semble respecter la retraite que j'ai adoptée. Il ne s'y présente que lorsque je l'y ai invité; il y reste peu, et il ne m'adresse que des choses obligeantes. Sa conduite envers moi ne se dément jamais : il est toujours l'époux le plus prévenant, le plus obligeant, le plus sensible. Pourquoi ne l'ai-je pas connu trois ans plus tôt? Il aurait eu tous mes vœux; il eût été l'objet de toutes mes espérances; il les eût réalisées. Je suis de bien bonne foi, Claire, en te parlant ainsi, et je vais te le prouver, en te développant mon cœur, jusque dans ses replis les plus cachés.

Quand M. d'Apremont me quitte, je ne peux éviter les comparaisons, et elles ne sont pas à son avantage. La jeunesse, la beauté et l'amour sont du côté de Jules. Que puis-je opposer à cela? De l'estime? Elle est insuffisante? Mon devoir? L'absence du danger me rassure; je crois pouvoir me livrer à tout mon amour, et, je le sens, il n'est pas d'amour sans désirs. J'appelle, j'invoque, je supplie Jules; je lui ouvre mes bras; je crois le presser sur mon sein; je lui donne, je reçois cent baisers de feu; la nature cède à la force de l'imagination; la rosée de l'amour... Je reviens à moi, confuse, humiliée; je me promets de m'interdire ces écarts, et ma faiblesse m'y ramène malgré moi.

Les hommes n'ont rien à me reprocher, je le

sais; mais ma conscience est là, et je suis coupable devant elle. Quelle différence y a-t-il réellement entre le crime matériel, et celui qu'on commet dans son cœur; auquel on s'abandonne avec transport, qu'on brûle sans cesse de répéter? Je vais te paraître plus condamnable encore; mais je n'aurai rien de caché pour toi : M. d'Apremont est heureux de mes caresses, et ce n'est point à lui que je les accorde. Jules me poursuit jusque dans ses bras; mes yeux se ferment, ma mémoire me sert, l'illusion naît, bientôt elle est complète. Mon mari croit que j'ai épuisé avec lui ce que la volupté a de délices, et c'est mon amant que j'ai couronné de roses et de myrtes.

Ce déplorable égarement ne doit pas durer; j'y mettrai un terme. Je ne renoncerai pas à ma grotte; mais Jeannette m'y accompagnera, et je lui devrai d'heureuses distractions. Je me ferai des occupations, sérieuses et utiles. On m'a donné des talens agréables, et on m'a enseigné ces petits ouvrages, qu'on croit, trop généralement, propres à remplir le vide de nos journées. Les arts échauffent le cœur; les travaux des femmes n'occupent que leurs doigts, et c'est à mes sens que je veux échapper. J'ai abandonné le chant. Je prendrai des livres; j'en lirai d'intéressans d'abord, pour contracter l'habitude de la lecture. Je passerai ensuite à des ouvrages qui m'instruiront, en m'ornant l'esprit.

Le curé est le seul homme qu'on puisse recevoir ici. Il est d'un âge mûr; sa gaieté est inaltérable, sans doute, parce que son ame est pure. Il a dans l'esprit une teinte d'originalité, qui amuse M. d'Apremont, et qui lui sert à développer, sans pédantisme, une érudition assez étendue. Il donne volontiers dans les systèmes, comme tous ceux qui ont l'imagination ardente, et le piquant du coloris fait passer des choses, qui peut-être ne sont que paradoxales. C'est ainsi que j'ai jugé dans les deux visites qu'il nous a faites, et c'est lui que je choisirai pour me diriger dans mes études. Ma confiance ne s'étendra pas plus loin. Je trouverai en lui le remède; mais il ignorera toujours le mal qu'il aura traité, et qu'il guérira, je l'espère. Il est des choses qu'une femme ne doit avouer à aucun homme, quelque respectable que soit sa profession. Jules lui-même ignorera toujours la faiblesse que je viens de te confier, et tu es la seule au monde à qui j'en pouvais faire l'aveu.

Je quitte M. d'Apremont. Je lui ai communiqué mon nouveau plan de vie, et je lui ai demandé son approbation. « Vous voulez, m'a-t-il dit, « joindre la culture de l'esprit à des qualités éminentes, aux talens, et à tous les charmes qui « séduisent, subjuguent, entraînent. Remplissez « votre destinée, soyez la première des femmes. » La première des femmes! ces mots ont retenti dans mon cœur; ils l'ont froissé. La première des femmes! Heureuse encore celle qui se repent, qui s'accuse, qui veut sincèrement se corriger, et se rendre digne de l'estime de son mari !

Un homme tel que M. d'Apremont ne devait pas se borner à un simple acquiescement. Il est dans son goût, comme dans ses habitudes, de prévenir mes désirs, quand il peut les connaître. Il s'est puni de son peu de pénétration, en s'empressant de lever les difficultés que le bon curé aurait pu lui opposer. Il est allé le trouver; il s'est informé de ce que vaut sa cure, et de quelle manière il vit. Le curé est pauvre; ils le sont presque tous. Cependant il a soin d'une vieille domestique, qui ne peut guère, à présent, que prier pour son bon maître, et il aide les indigens de la paroisse.

Son dîner était servi; c'était un petit morceau de lard, presque caché dans une assiette de choux. « Monsieur le curé, lui a dit M. d'Apremont, vous « m'excuserez en faveur des embarras que m'a cau- « sés mon établissement ici, si je ne suis pas venu « plus tôt remplir un devoir de paroissien, et pour « faire ma paix avec vous, je viens sans façon « vous demander à dîner. » Claire, ce trait m'a paru sublime, et quand le curé me l'a raconté, j'ai embrassé M. d'Apremont, en répandant des larmes d'admiration et de tendresse.

La proposition de mon mari a interdit le bon prêtre. Il a rougi; il a balbutié... « Monsieur le curé, « les apôtres mangeaient ce qu'ils trouvaient, et je « ne dois pas être plus difficile qu'eux. Ne me

« refusez pas ce que je vous demande, si vous ne
« voulez que, comme eux, je secoue, en sortant
« de chez vous, la poussière de mes souliers. » La
citation a fait rire le curé. Il a appelé Marguerite.
Marguerite est venue clopin-clopant, apporter la
serviette blanche. On s'est mis à table, et au morceau de lard ont succédé des œufs et d'excellent
beurre frais. « Voilà de l'extraordinaire, M. le
« curé. — J'en conviens, M. le comte, mais on
« ne reçoit pas tous les jours son seigneur, et si
« vous me permettez de citer à mon tour, il est
« écrit : rendez à César ce qui appartient à César. »

Ce dîner, si frugal, a cependant été très-gai,
ce qui prouve que la gaieté ne vient pas de la
cuisine. Elle n'est pas non plus à la cave, car le
vin du curé est détestable. Les convives doivent
l'apporter avec eux ; mais les affaires, les passions,
les soucis se mettent à table avec nous, et rien
n'est si triste qu'un grand dîner.

« M. le curé, vous donnez à vos pauvres la
« moitié de ce que vous rapporte votre cure. —
« Oui, monsieur. — Et vous ne pouvez leur don-
« ner que six cents francs ? Pas davantage. — Si
« les indigens recevaient le double... — Il n'y au-
« rait plus de pauvres ici, parce qu'il n'y a pas
« de paresseux. Ce que je leur donne les empêche
« de mourir ; mais si je procurais des outils à ce-
« lui-ci, quelques avances à celui-là, ces bonnes
« gens gagneraient leur vie. — Écoutez-moi, M. le
« curé. Il y a au château une chapelle, où les

« propriétaires, mes prédécesseurs, faisaient cé-
« lébrer la messe tous les dimanches : je rétabli-
« rai cet usage. Il y aura quelques formalités à
« remplir, je le sais; j'arrangerai cela avec M. l'é-
« vêque.

« Madame d'Apremont sent qu'une femme rai-
« sonnable doit s'occuper d'autre chose que de
« broderie et de romances. J'ai reçu l'éducation
« qui convient à un homme du monde, et j'avoue
« franchement que je suis incapable de diriger les
« études d'une femme d'esprit, qui a déja acquis
« quelques connaissances. Voulez-vous prendre
« cette peine-là? Douze cents francs, ma table,
« et un logement convenable vous paraissent-ils
« un dédommagement proportionné au surcroît
« de travail que j'attends de vous? — C'est beau-
« coup, c'est beaucoup, monsieur le comte. — Pour
« vous, peut-être; c'est peu pour moi. — Mais ma
« bonne Marguerite... — Elle prendra soin du pres-
« bytère, et mon maître-d'hôtel aura soin d'elle.
« — J'accepte, monsieur le comte, avec une joie,
« une reconnaissance!... La reconnaissance ne sau-
« rait être de votre côté; c'est le juste tribut que
« vous offrira un jour madame d'Apremont. »

Mon mari lui a laissé un quartier de sa pension, et il n'était pas à cent toises du presbytère,
que déja le bon curé trottait par le village, et dis-
tribuait l'argent qu'il venait de recevoir. Il s'est
rendu ensuite au château. La satisfaction brillait
dans ses yeux; le sourire était sur ses lèvres. Un

instant après, une douzaine de malheureux sont entrés dans les cours, et ont demandé à parler à monsieur le comte. On les a admis, et ils lui ont adressé les plus vifs remercîments au sujet des douze cents livres qu'il veut bien accorder, par an, aux pauvres de la paroisse. M. d'Apremont a embrassé le curé. « On ne doit pas faire de con-
« ditions avec un homme tel que vous, lui a-t-il
« dit. Vous tirerez à l'avenir sur moi, et je ferai
« honneur à vos engagemens. »

La soutane du curé a une pièce au coude. Mais là-dessous est un bon cœur : cela ne se trouve pas toujours sous un habit brodé.

Le curé n'est pas universel; je ne le crois pas même très-profond, dans certaines parties; mais il sait beaucoup plus que peut apprendre une femme, qui ne veut pas consacrer sa vie à l'étude. Nous avons passé la soirée à faire un état des livres qui me sont nécessaires.

Le curé est gai avec esprit; sa piété n'a rien qui sente l'affectation; sa morale est douce et insinuante. Il éloigne la conversation de tout ce qui nous est personnel à M. d'Apremont et à moi. Je prévois, avec plaisir, qu'il ne s'immiscera jamais dans nos affaires intérieures, et qu'il n'aura pas la ridicule prétention de nous diriger.

Depuis quatre jours qu'il est avec nous, je ne lui ai reconnu qu'un travers, et qui n'en a point? Il a la manie d'écrire; il vise à l'originalité, et il attache de l'importance aux opuscules qui s'échappent de sa plume. Sa sollicitude ne se borne pas aux limites de sa paroisse ; ses vues s'étendent fort au-delà : il se permet de donner des avis au gouvernement. Il vient de finir un mémoire sur les moyens de payer la dette publique, en réduisant les impôts existans. Ce mémoire m'a fait rire, c'est peut-être le seul effet qu'il produira. Mais le rire devient rare, et on doit de la reconnaissance à celui qui nous y ramène. Je vais te transcrire cette petite pièce. Elle te donnera une idée de la tournure d'esprit de mon instituteur.

Mémoire sur les moyens de payer la dette publique, en réduisant les impôts existans.

Il y a vingt-cinq ans que je propage l'esprit évangélique, et que j'absous les péchés. L'absolution ne corrige pas le pécheur, et les pénitences auxquelles je les soumets, très-agréables au ciel sans doute, sont sans fruit pour l'état. Pourquoi *n'utiliserait*-on pas les faiblesses humaines, puisqu'on ne peut les extirper? On ne redresse pas un arbre tortu; mais on parvient à en tirer de bons fruits.

J'ai remarqué que le péché dominant, et presque universel, est celui de l'orgueil. J'entends les hommes parler de tout, d'un ton avantageux, et souvent de ce qu'ils n'entendent pas. Ils s'occupent aujourd'hui des finances, et ils comblent le *deficit* avec une étonnante facilité. Les ministres seuls sont dans l'embarras. Ils se fatiguent, envain, à chercher de nouvelles ressources. La masse des impôts ne leur paraît pas susceptible d'être augmentée, et en effet à quoi s'attacherait le fisc, lorsque je ne peux respirer, sans payer, que dans la rue?

Cette difficulté, qui paraît insurmontable, est pour moi très-facile à détruire. L'orgueil, messieurs, l'orgueil! c'est lui qu'il faut imposer; c'est lui qui deviendra pour vous une source inépuisable. Mais comment imposer l'orgueil? Je vais vous le dire, messieurs, car il ne suffit pas d'établir un principe, il faut le développer, le diviser, le subdiviser, rendre enfin ses idées tellement palpables, que l'entendement le plus obtus les sente, les saisisse, et les adopte.

Pourquoi ce jeune homme est-il flatté d'avoir un cheval fringant et richement enharnaché? Parce qu'il a de l'orgueil. Pourquoi aime-t-il à piaffer dans les rues et dans les promenades publiques? Parce qu'il a de l'orgueil. Qui jouit, lorsqu'une belle dame applaudit à son adresse, et paraît touchée de ses graces? Son orgueil. Il y a en France vingt mille jeunes gens, qui aiment à piaffer, et à recueillir les suffrages des belles dames. Leurs confesseurs leur font dire des *miserere*, et, le vendredi-saint même, ils courent caracoler à Long-Champ. Puisque le péché d'orgueil a pour eux tant d'attraits, ils ne balanceront pas à payer, par année, cent francs à l'état. Or vingt mille fois cent francs, font deux millions.

Le vieillard impotent, qui se fait traîner dans un cabriolet, ou dans un carrosse, paraît céder à la nécessité ; mais il regarde avec dédain le pauvre piéton qu'il éclabousse ; voilà de l'orgueil. Le jeune homme, à qui la nature fait sentir le besoin impérieux de se servir de ses membres, et qui monte dans un carrosse, ne se juche là que par orgueil. La petite femme, qui ne peut se déterminer à crotter sa chemise brodée et ses souliers de taffetas blancs, semble n'avoir une voiture que par esprit d'économie. Mais comme c'est par orgueil qu'elle fait broder le bas de sa chemise, et qu'elle a des souliers blancs, elle sera, ainsi que les autres, soumise à mon impôt.

J'estime qu'il y a en France soixante mille cabriolets de toute espèce, en y comprenant la carriole d'osier, qui, pour la grosse fermière, est un objet de luxe et par conséquent d'orgueil. Je les taxe à vingt-cinq francs, et ils me rendent deux millions quatre cent mille livres.

Je crois que les carrosses sont, aux cabriolets, ce qu'un est à quatre. Quand on nourrit un cocher, un laquais, un cuisinier, une femme de chambre et trois chevaux, tous animaux de luxe et d'orgueil, puisqu'il y a superflu, on peut, sans se plaindre, payer quatre cents francs au trésor public. Or, quinze mille carrosses, imposés à ce taux, rendent six millions.

Pourquoi cet adolescent soigne-t-il sa personne ? C'est parce qu'il se croit joli garçon. Pourquoi se croit-il joli garçon ? C'est parce qu'il a de l'orgueil. Nous avons en France à peu près quatre millions d'adolescens. L'orgueil d'un quart de ces jouvenceaux est fondé, et par conséquent incorrigible : il est incontestable que ce quart doit être sujet à l'impôt. Viennent ensuite les épaules inégales, les jambes grêles, torses, grasses, les jambes de bois, les manches d'habit dans lesquelles il n'y a que du vent, ce qui n'empêche pas qu'on se trouve fort bien pour un bossu, un boiteux, un manchot. Orgueil, orgueil ! Et cet orgueil, plus impardonnable que celui des premiers, ne mérite pas de pitié. Je frappe, indistinctement, sur les uns et sur les autres. J'établis dans chaque ville un bureau où on délivre des brevets de *joli garçon*, à tous ceux qui veulent en prendre. Comme il convient que le gouvernement s'occupe du perfectionnement de l'espèce, nul ne sera admis à se marier, s'il n'est porteur d'un brevet de *joli garçon*. Les petites filles auront peut-être de la peine à trouver un homme gentil, en vertu de son brevet. Mais comme il y a du choix, et qu'on ne contraint personne, elles continueront à prendre qui bon leur semblera.

Tous les jeunes gens, sans exception, sentiront l'avantage d'un pareil brevet, dont, cinquante ans après, personne ne contestera la vérité. Ils jouiront d'avance du plaisir de le faire voir à leurs petits-enfans, et ils accourront à mon bureau. J'entends que le pauvre puisse profiter, ainsi que le riche, d'un bien qui doit être commun à tous; je fais bon marché de mes brevets, et chacun aura le droit d'être *joli garçon* pour la bagatelle de cinquante francs. Nous comptons quatre millions d'adolescens; je les multiplie par cinquante, et je trouve ici deux cents millions.

J'imposerais volontiers les jolies filles, et celles à qui on soupçonne des prétentions à la beauté. Mais les femmes m'ont dit à l'oreille, et je dois les en croire, que pas une laide ne s'imagine être jolie, et que celles qui le sont ne font aucun cas de leurs charmes. D'ailleurs la retenue édifiante du sexe ne permettrait à aucun des individus, qui le composent, de se présenter publiquement à mon bureau. Ainsi, d'une main, je fais remise aux dames de deux cents millions, que, de l'autre, je leur reprendrai bientôt avec les intérêts.

Et les célibataires, messieurs, les célibataires! que dirai-je de cette classe inutile et parasite, véritable fardeau du globe? Il est écrit: quand un arbre ne porte pas de fruit, il faut le couper et le jeter au feu. Je ne désire pas qu'on coupe les célibataires; mais je veux qu'ils paient. Je ne compte point, parmi eux, les vieilles filles, qui ne sont vierges que parce qu'elles n'ont pu faire autrement. Je ne parle pas non plus des artisans. Ceux-là se marient tous, parce qu'il leur faut une femme, qui leur fasse la soupe et des enfans, et qui se laisse battre le dimanche et le lundi. Je traduis, à mon bureau, ces libertins opulens et orgueilleux, qui croient honorer leurs amis, en s'en faisant les coadjuteurs, et leurs femmes, en daignant festoyer leurs appas. J'en détermine le nombre à cinquante mille, et ce n'est pas trop. Je les taxe à mille écus, et mille écus multipliés par cinquante mille, font juste cent cinquante millions.

Revenons aux femmes, messieurs. J'y ai renoncé de la manière la plus authentique. Mais j'aime à en parler, et il n'y a pas de péché à cela. Elles ne font aucun cas de la beauté, et cela est certain, puisqu'elles le disent. Mais elles ont un cœur, et ce cœur n'est pas de bronze. Semblables, en général, à Madeleine pécheresse, puissent-elles l'imiter dans sa pénitence : c'est ce dont je doute un peu. En attendant, je les divise en quatre classes.

Première. Les filles et femmes vertueuses. Il y en a, et même de jolies. Celles-ci ne paieront rien.

Deuxième. Les filles et femmes dites *du peuple*, qui ont l'orgueil d'appartenir à de bons bourgeois, et qui se donnent pour le schall à palmes, et la robe de levantine.

Troisième. Les filles et femmes d'une classe plus relevée, et qui ont l'orgueil de s'allier clandestinement aux plus illustres familles, et qui aiment beaucoup les diamans et un équipage.

Quatrième. Les femmes faibles, mais décentes, qui ne donnent et ne reçoivent rien; mais qui veulent avoir du plaisir, et qui ont l'orgueil de prétendre aux honneurs de la vertu.

Je vous vois venir, messieurs les critiques. Vous m'allez démander comment je reconnaîtrai les femmes non sujettes à l'impôt, et comment je m'y prendrai pour imposer les autres. Je répondrai à tout, et d'une manière péremptoire.

Je comprends dans les filles et femmes de la seconde classe toutes celles qui travaillent à vingt sous par jour; qui vont au bal deux fois la semaine, et qui portent, sur elles, une valeur qu'elles gagnent à peine dans leur année. Elles reçoivent nécessairement un supplément de salaire, et nous savons d'où et pourquoi vient ce supplément-là.

Les filles et les femmes, dont les pères et les maris ont un revenu de trois mille à dix mille francs, et qui nous éblouissent par leur luxe, plus encore que par leur beauté, sont rangées de droit dans la troisième classe.

Comme il est dû un dédommagement honorifique aux femmes qui font abnégation d'elles-mêmes, au point de s'imposer les plus rigoureuses privations, celles qui ne se refusent rien seront marquées d'un signe d'infamie. Il sera établi des inquisiteurs, chargés d'inscrire, sur leurs registres, les filles et les femmes, dont la dépense excède les moyens d'existence connus.

Toutes, sans exception, seront tenues de porter une fleur jaune à leur bonnet, ou à leur chapeau.

Mais comme ces fleurs jaunes pourraient causer du scandale dans les rues, dans les promenades, aux spectacles, et surtout sur la tête de telle jolie demoiselle, qui joue Nanine ou Paméla; que des avanies pourraient être la suite dudit scandale; que les passans prendraient inévitablement parti pour ou contre, ce qui finirait par amener une guerre civile à coups de poing et de bâton; que, d'ailleurs, on doit indulgence au pécheur, soit qu'il s'amende ou non, on sera dispensé de porter la fleur jaune, en payant une contribution, réglée ainsi que je vous le dirai tout à l'heure.

Vous sentez que le vieux artisan, qui promène à son bras la grisette, qu'on prend pour sa fille; que le commis, qui se cache, dans une guinguette, avec une femme, qu'on prend pour la sienne; que monsieur le marquis, monsieur le comte, monsieur le duc, qui ont l'air d'être en bonne fortune, auront pour la fleur jaune un éloignement invincible. Une parure de diamans n'empêcherait pas celle qui la porte de porter aussi l'uniforme des demoiselles qui font chut, chut, de leur fenêtre, ou au coin de la rue, et l'orgueil de ces messieurs serait justement blessé de la comparaison, car enfin on tient au vice, mais on ne veut pas que sa maîtresse en soit l'enseigne. Ils s'empresseront de payer pour paraître avoir des femmes qui valent quelque chose, et je trouve à la fois et contribuables et cautions, avantage dont le gouvernement n'a pas joui jusqu'à ce jour.

Je crois pouvoir compter, sans exagération, deux millions de femmes de la seconde classe. Je ne leur demande que la modique somme de vingt-cinq francs par an, et je trouve d'un coup de plume cinquante millions.

Les femmes de la troisième classe, beaucoup plus opulentes, paieront plus cher par cette raison. J'en porte le nombre à cinquante mille. Je les taxe, par an, à quinze cents francs, et je tire soixante-quinze millions de nos grands seigneurs, de nos financiers, et de nos gros propriétaires.

J'arrive à la quatrième classe, et c'est à celle-là qu'on m'attend. En effet, par où joindre, et comment attaquer des femmes qui se respectent, qui s'enveloppent des voiles du mystère, qui observent rigoureusement les bienséances? Les méchans, qui ne peuvent juger de ces choses-là que par aperçu, prétendent que sur douze femmes, il y en a dix qui s'éloignent de la voie du salut, et je certifie, moi, après une longue expérience, et comparaison faite des bonnes et des mauvaises années, qu'il n'y en a que huit.

J'estime qu'il y a en France huit millions de femmes mariées. Je retranche de ce nombre celles qui ont passé quarante ans; je réduis à six millions celles qui sont aptes à pécher, et je ne veux reconnaître que quatre millions de pécheresses.

Très-exactes à remplir les pénitences, que leur ont jusqu'ici imposées leurs confesseurs, elles le seront également à verser tous les ans entre leurs mains, et par douzièmes, la somme de cent cinquante francs, et quatre millions multipliés par cent cinquante font bien six cents millions.

« Et comment établirez-vous la comptabilité de « cette foule de receveurs ? Qui les contrôlera ? — « Je conviens que lorsqu'une administration finan- « cière ne tient pas de registres ostensibles, il n'est « pas possible de la contrôler. Je sais aussi que « des espèces, qui passent par autant de mains, « doivent s'user insensiblement. Supposons, pour « tout concilier, que messieurs les receveurs usent « cent millions, il en restera cinq cents, et c'est « encore fort joli. — Et si une partie de vos dé- « centes pécheresses ne peut payer sa cotisation ? « — On surchargera les plus riches, pour alléger « les autres. — Je n'ai plus rien à dire. — Je le « crois bien. »

Je passe maintenant à des objets d'un moindre rapport ; mais qui ne sont pas à dédaigner.

Un comédien qui lit, avec succès, au public, des vers qu'il n'a pas faits, s'identifie tellement avec l'auteur, qu'il a l'orgueil de se croire lui, et comment ne le croirait-il pas, lorsque son nom, placé sous le titre d'une pièce usée, suffit pour attirer la foule, et qu'on l'arrête à chaque vers pour l'applaudir ? Les lois ajoutent encore à l'orgueil de l'acteur, et semblent le rendre légitime : il est une époque où monsieur le comédien devient l'héritier du poète, au préjudice de ses enfans, qui demanderont peut-être l'aumône à celui qui, pour savoir lire les vers de son père, touche vingt mille livres de part chaque année.

Il est très-juste qu'un excellent comédien soit estimé et bien payé; mais il est aussi injuste qu'il dépouille les enfans de l'auteur, qu'il serait extravagant à ceux-ci de dire aux enfans du comédien : c'est en lisant mon père que le vôtre a gagné ce qui est chez vous; ainsi tout cela m'appartient. Au reste, la loi existe, et il faut la respecter tant qu'elle existera. Mais il est permis d'en rappeler le *considérant*, et en voilà l'esprit pour le comédien : *Votre père a fait des vers; donc ils sont à moi.*

Il est peut-être permis encore de remarquer, en toute humilité, qu'il serait plus naturel que les enfans héritassent de leur père, et le gouvernement de Corneille, Racine, Molière et autres, dont personne ne réclame l'héritage.

Si le théâtre payait un droit d'auteur pour toutes les pièces sans exception, le public serait mieux servi. On lui donne sous une belle tragédie le *Florentin*, ou la *Coupe enchantée*, parce que La Fontaine ne touche plus de part d'auteur, attendu qu'il est mort. Mais selon le nouvel ordre de choses que j'établis, on donnera de préférence les ouvrages qui plaisent, et ce sont ordinairement les meilleurs : personne ne doute de cela.

Comptons avec messieurs les comédiens. Il y a en France cent et quelques troupes. Les honoraires des auteurs vivans vont à peu près à trois cent mille francs, et on joue, et pour cause, trois quarts, sur un, d'ouvrages qui ne paient pas. J'enrichis le trésor de neuf cent mille francs.

Ce marchand tient beaucoup au luxe de l'enseigne, et il a raison : cela attire les badauds. Mais ce marchand a l'orgueil de ne douter de rien, et il n'est pas même assez instruit pour s'apercevoir que cette enseigne présente autant de fautes que de mots, ce qui nous fait grand tort dans l'esprit des étrangers. Il faut que l'orgueil mercantile soit imposé comme les autres.

Nul ne pourra faire placer une enseigne, avant d'en avoir fait rectifier les platitudes écrites à un bureau institué à cet effet. Il est constant que moins une administration est dispendieuse, et plus il reste à la caisse : mon bureau ne coûtera rien du tout. Je le fais tenir par les grammairiens de l'Institut, qui seront enchantés de gagner enfin leurs honoraires.

Il y a incontestablement, en France, six millions de marchands de toute espèce, et les enseignes doivent se renouveler au moins tous les six ans. Je me contente du droit modique de six francs par enseigne, et voilà encore six millions.

On disait autrefois d'un président au parlement : il a un bel état. On disait d'un maréchal de France : il a un état brillant. On disait d'un fermier-général : il tient un grand état. Le tailleur, le cordonnier, le porteur d'eau disaient modestement : mon métier. Aujourd'hui, tout le monde a l'orgueil de prétendre avoir un état, et il y a en France huit millions d'êtres, qui parlent sans cesse de leur état, qu'ils n'ont point. Payez, orgueilleux, payez. Mais il n'est pas juste que l'orgueil du marchand d'eau soit taxé aussi haut que celui du marchand de vin, et pour être équitable envers tous, on formera des échelles de proportion. En attendant, j'impose à trois francs, l'un dans l'autre, mes huit millions d'hommes à *état*, et je trouve ici vingt-quatre millions.

J'aime à revenir sur le temps passé : c'est la critique la plus sûre et la plus impartiale du présent. Autrefois une boutique était une boutique, et un magasin un magasin. La boutique était le lieu où on vendait en détail ; le magasin était celui où on vendait en gros. Aujourd'hui l'orgueil ne veut plus de boutiques, et la plus petite mercière fait écrire sur la sienne : *magasin*. Il y a en France quatre millions de boutiques qui pourront passer pour des magasins, en payant chacune vingt-cinq francs. — Cent millions.

Le célèbre Rollin, avant que d'être recteur de l'Université, s'honorait du titre de professeur de belles-lettres, et il honorait sa profession, par son amour pour les sciences, son utilité et son désintéressement. Ses successeurs ont plus ou moins suivi, et suivent encore cet exemple. C'est de cette seule école que sont sortis les hommes qui ont illustré la France, et que doivent en sortir, peut-être, de nouveaux génies qui se mûrissent par l'étude. Du temps du bon Rollin, un maître en fait d'armes, un maître de danse, un maître de musique étaient appréciés à leur juste valeur, et ils se contentaient du titre modeste de *maître*. A présent, ces messieurs se font payer fort cher; courent les rues en cabriolet, et, prenant le suffrage de quelques femmelettes pour l'opinion de toute la France, ils se rangent orgueilleusement sur la ligne des Rollin. Parbleu, vous paierez aussi, messieurs qui *démontrez*, qui ne professez point, et qui voulez être professeurs. La folie humaine a pu, sur toute la surface de la France, vous multiplier jusqu'à cent mille, et à cent francs par tête de *rigaudons*, de *gérésol* et de *tirez droit*, vous me rendrez dix millions, et vous serez *professeurs* envers et contre tous.

Or, comme la meilleure manière de prêcher est de prêcher d'exemple, moi, qui ai l'orgueil de faire des projets, je m'impose à cinquante francs.

Récapitulons maintenant la jolie petite masse dont je fais présent au trésor public.

Par messieurs les jeunes gens qui aiment à caracoler.................... 2,000,000 fr.
Par ceux et celles qui se procurent le petit plaisir d'éclabousser leur prochain avec leurs cabriolets...... 2,400,000

D'autre part......	4,400,000 fr.
Par ceux qui éclaboussent avec leurs carrosses.................	6,000,000
Par messieurs les porteurs de brevets de *joli garçon*.............	200,000,000
Par messieurs qui ne veulent point avoir de femmes à eux.........	150,000,000
Par les dames de seconde classe....	50,000,000
Par les dames de troisième classe...	75,000,000
Par les dames de quatrième classe..	500,000,000
Par messieurs les représentans de Racine et de Molière, etc.........	900,000
Par l'impôt sur les enseignes......	6,000,000
Par les messieurs et dames à *état*...	24,000,000
Par les messieurs et dames à *magasins*........................	100,000,000
Par messieurs les *professeurs* de danse, musique, etc.................	10,000,000
Par moi, *homme à projets*.........	50
TOTAL..............	1,126,300,050 fr.

FIN DU DIX-NEUVIÈME VOLUME.

Nota. La suite D'ADÉLAIDE DE MÉRAN commence le 20ᵉ volume.

TABLE

DES CHAPITRES CONTENUS DANS CE VOLUME.

Chapitre Ier. Introduction.............. Page 6
Chapitre II. Premières anxiétés d'un jeune cœur. 11
Chapitre III. Le jeune cœur s'ouvre à la félicité. 25
Chapitre IV. Première séparation............. 48
Chapitre V. Une petite fête.................. 69
Chapitre VI. Le premier baiser d'amour....... 84
Chapitre VII. Le second baiser............... 94
Chapitre VIII. Quel coup!................... 113
Chapitre IX. Jusqu'où ira l'infortune......... 125
Chapitre X. L'entrevue...................... 144
Chapitre XI. Départ pour les Pyrénées........ 160
Chapitre XII. On arrive à Velzac............. 185
Chapitre XIII. Personnages nouveaux......... 204
Chapitre XIV. Mademoiselle d'Apremont...... 224
Chapitre XV. Suite du précédent............. 250
Chapitre XVI. Persécution, infidélité......... 283
Chapitre XVII. On a pu le prévoir............ 329
Chapitre XVIII. Départ pour Paris............ 349
Chapitre XIX. Jules et des Audrets........... 371
Chapitre XX. Suite du précédent............. 408
Chapitre XXI. Événemens nouveaux.......... 439
Chapitre XXII. On vit, on souffre à Champville................................... 468

FIN DE LA TABLE.

www.ingramcontent.com/pod-product-compliance
Lightning Source LLC
Chambersburg PA
CBHW050602230426
43670CB00009B/1230